經學研究叢書・經學史研究叢刊

近百年來日本學者
《三禮》之研究

工藤卓司　著

推薦序

　　學術界一般的印象都認為日本漢學家善於整理文獻，並編輯成工具書，日本昭和三十九年（1964）東洋史論文目錄編集委員會編，日本學術振興會發行的《日本における東洋史目錄》，就是日本漢學家集體合作的成果，是學者研究東洋史不可或缺的工具書。

　　但是，我們如果仔細加以分析，日本漢學家所整理的文獻和編輯的工具書也相當有限，如就經學著作的整理來說，將日本江戶時代經學著作集為一叢書的僅有關儀一郎的《日本儒林叢書》、《日本名家四書註釋全書》、服部宇之吉的《漢文大系》、早稻田大學出版部的《漢籍國字解全書》和最近大空社出版的《論語叢書》而已。這幾種叢書收書的種數，還不到江戶時代經學著作的二分之一。這和韓國成均館大學大東文化研究院出版的《韓國經學資料集成》一百四十五冊，收書的數量達到九成，又有完備的檢索系統。兩相比較，勝負立判。

　　如就文集的整理來說，日本漢學家相良亨等編的《近世儒家文集集成》，僅出版十六冊，收文集十六種而已。反觀韓國方面，近年以無與倫比的魄力，出版了兩套文集叢書；一是景仁文化社出版的《韓國歷代文集叢書》，預計出版五千冊，現已出版三千五百冊；另一是韓國古典翻譯院的《韓國文集叢刊》，已出版正集三百五十冊，續集九十冊。從兩國整理傳統文獻數量的多寡，也可看出日本漢學已逐漸失去活力，如不即時搶救，恐不免衰亡。

　　雖然如此，並不表示日本已沒有學者在研究經學，據我所知，仍舊有不少青年學者從事經學研究，且頗有成就，例如北京大學的橋本

秀美教授，京都大學的古勝隆一教授、中央大學的水上雅晴教授、早稻田大學的永富青地教授，在臺灣任教的佐藤將之、藤井倫明、工藤卓司教授，都是日本漢學研究的後起之秀。

工藤卓司博士，日本九州大分縣人，日本廣島大學文學士（2001年3月）、碩士（2003年3月）、博士（2006年3月）。就學期間，先後獲得「日本中國學會賞」（2005年10月）和「廣島大學學生表彰」（2006年3月）等獎項。二○○七年八月來臺擔任臺灣大學中文系鄭吉雄教授主持「清儒經典詮釋方法與理論的研究計畫」之博士後研究人員。二○○八年起申請到中央研究院中國文哲所擔任博士後研究人員，研究成果〈近一百年日本《禮記》研究概況——1900-2008年之回顧與展望〉，頗得學界讚賞。該文已在《中國文哲研究通訊》第十九卷四期（2009年12月）刊出。後又陸續撰寫〈近一百年日本《周禮》研究概況〉、〈近一百年日本《儀禮》研究概況〉，皆已在學術期刊中刊出。

工藤博士，在廣島大學就學期間，主要是研究賈誼思想，博士論文《賈誼新書の研究》（2006年3月）完成後，又繼續發表了五篇相關之論文。來臺灣以後，將研究領域擴大到先秦兩漢的研究。研究的主題也由思想史的研究跨入儒家經典的研究。從工藤博士所撰日本有關《三禮》研究的概述，可知他對日本禮學研究有相當深入的了解。為了讓國際漢學界更能了解日本研究經學的成果，乃請他與我共同擔任主編，邀請日本青年學者撰寫《近一百年日本學者的經學研究》作為學者研究日本經學的入門書。可惜還有不少文章還沒交稿，工藤教授乃將自己所纂的《三禮》部分抽出，再加增訂，取名為《近百年來日本學者《三禮》之研究》，由萬卷樓圖書公司出版。

本書前有序論，正文分四章，附錄〈近百年來日本學者《三禮》研究論著目錄〉。第一章為總論，第二章探討《周禮》的研究，第三章探討《儀禮》的研究，第四章探討《禮記》的研究。各章下又細分成數小節，條理分明，資料蒐羅鴻富，相關資料的解說也都恰到好

處，是近百年來最為用心編輯的經學工具書。

　　有這一部書要了解日本近百年來研究《三禮》的狀況，就易如反掌，這是工藤教授對經學最大的貢獻。如果其他各經的研究概況也都能在近期內完成，集成一部《日本近百年來經學研究》，將是日本經學研究的劃時代著作，功莫大焉。

林慶彰

二〇一六年一月十二日誌於

士林礦溪街知魚軒

自序

　　本書是論述近百年來日本學者研究《三禮》的成果。此所謂的「近百年」，主要指自一九○○年至二○一○年前後。「日本學者」，大部分當然指日本人，但是，也包含臺灣、大陸等出身的人士，所以此「日本」並不代表國家或國籍，只不過表示學者所使用之「語言」。因此，本書所討論、蒐集的範圍乃限於自「一九○○年」至「二○一○年」前後的、以日文來撰寫的《三禮》——即《周禮》、《儀禮》與《禮記》研究之成果。

　　「禮」是中國文化史上最重要的概念之一，而《三禮》則在中國學之中居於相當重要的地位，實無庸贅言。林慶彰先生即曾指出，近年來日本的經學家人數已不多，甚至有衰微的趨勢，[1]這趨勢尤其是在禮學方面更為明顯。但是，日本學者近百年來對《三禮》方面的研究成果卻頗為豐碩，尤其是二十世紀前期堪稱日本《三禮》研究的「黃金時代」。雖是如此，中文學界的人士，除了較為聞名學者的論著之外，鮮少有人認識日本學者的研究成果，其最大的原因就是「語言」上的限制。日本學者大部分的論著，即使論點多元、內容豐富、論述細膩，也因為僅以日文來撰寫，導致其他語言學界人士在翻閱、參考上的不便。林慶彰先生很早就注意到這一點，整理近現代日本學

1　請參林慶彰：〈自序〉，林慶彰（主編）、馮曉庭、許維萍、大藪久枝、橋本秀美（編）：《日本研究經學論著目錄（1900-1992）》（臺北：中央研究院中國文哲研究所，《圖書文獻專刊》1，1993年10月），頁3。

者研究經學的論著，出版了《日本研究經學論著目錄（1900-1992）》
一書。此書不僅對中文學界，實對日文學界亦有重大貢獻。本書主要
是受林著的啟發，重新蒐集一九○○年以來日本學者《三禮》研究的
成果，並用中文來論述較為重要論著的內容與特色。

那麼，本書何以選一九○○年為起點？「明治維新」運動在明治
元年（1868）導致了近世的閉幕與近代的開幕，或幕藩體制的終焉與
國民國家的到來，但是，「近世」與「近代」之區分在實際上——即
日本人的精神活動上並沒有如政治體制之變遷那麼明確。高坂正顯
（1900-1969）《明治思想史》指出：「明治二十年代初頭是精神革命
的時代，其亦是明治的第二革命，對很多民眾而言，同時也是新日本
這種口號頗有魅力的時代。代替政治的熱狂與破壞，民眾尤其在精神
上要求新日本的建設。」（旁點，高坂）[2]明治二十年（1887）左右就
是精神上往「新日本」之轉折點，即是自「天保老人」至「明治青
年」的轉換。漢學界當然也受到了其「精神革命」的影響，「明治青
年」就漸漸擺脫訓注式的學問方式，開始採用西方式的研究方法。另
一方面，「天保老人」所推動的「歐化」運動亦在明治二十年左右告
一段落，「明治青年」則開始對此加以反省，誠如和辻哲郎（1889-
1960）所云：「明治十年代顯然是歐化主義的時代，反之，二十年代
看似是反動的時代。」[3]「歐化」時代的學問以傳統的訓注式為主；

---

2 高坂正顯：《明治思想史》（東京：理想社，《高坂正顯著作集》，第7卷，1969年2
　月），頁276；高坂正顯（著）、源了圓（解說）：《明治思想史》（京都：燈影社，
　《京都哲學撰書》第1卷，1999年11月），頁326。原文：「明治二十年代の初めは、
　精神革命の時代であり、明治の第二の革命であり、新日本という標語が多くの
　人々にとって魅力のあった時代であった。政治的熱狂と破壊の代わりに、新しい
　日本の建設が特に精神の面で求められた時であった。」

3 和辻哲郎：《日本倫理思想史（四）》（東京：岩波書店，2012年2月），頁257。原
　文：「明治十年代が顯著に歐化主義の時代であったのに對して、二十年代は反動
　の時代であったように見える。」

「反動」時代則反而開始引進西方式的學術方法，頗有意思。而「反動」自然產生對東亞文化的重構，其時，「禮」概念也是成為日本人士要討論的對象。經過甲午戰爭（1894-1895），「明治青年」對「禮」或《三禮》的研究成果陸續呈現。一九○○年前後可謂是：在《三禮》方面，新知識分子引進了新的學術方法，而開始有了新的研究成果之年代。於是，本書以一九○○年為開始點，而論述自明治（1868年1月1日至1912年7月30日）、大正（1912年7月30日至1926年12月25日）、昭和（1926年12月25日至1989年1月7日）以及平成（1989年1月7日～至今）共四個時代近百年來的日本學者對《三禮》之研究。

筆者曾在二○○八年八月至二○一○年六月之間擔任中央研究院中國文哲研究所博士後研究，承蒙蔣秋華教授誠懇指導，而在二○○九年六月，「中央研究院中國文哲研究所博士後及博士候選人研究成果發表會」席上，筆者發表了〈近一百年日本《禮記》研究概況——1900-2008年之回顧與展望〉一文，[4]即本書第四章的舊稿。當時，林慶彰教授乃提供給我寶貴的建議：「是否也邀請日本青年學者撰寫其他經書的研究概況？」這份工作，因為編者不德之故，已過了六年仍未完成，深感遺憾。但是，筆者後來發表〈近一百年日本《周禮》研究概況——1900-2010年之回顧與展望〉（本書第二章舊稿）[5]與〈近一百年日本《儀禮》研究概況——1900-2010年之回顧與展望〉（本書第三章舊稿）。[6]另在二○一四年六月，受國立高雄師範大學經學研究所

4　此文登載於《中國文哲研究通訊》第19卷第4期（2009年12月），頁53-101，又後加以修改，即是本書第四章。

5　拙文：〈近一百年日本《周禮》研究概況——1900-2010年之回顧與展望〉，林慶彰（主編）：《經學研究論叢》第20輯（2012年12月），頁357-424，即是本書第二章。

6　拙文：〈近一百年日本《儀禮》研究概況——1900-2010年之回顧與展望〉，《中國文哲研究通訊》第23卷第3期（2013年9月），頁133-181，即是本書第三章。

之邀，以〈近代以來日本《三禮》研究的特色及其問題意識〉為題進行學術演講（本書第一章舊稿）。現對以上四篇加以重新整理、修訂、改寫，編成本書主要的部分。

本書之得以順利完成，首先要感謝不具名審查委員的寶貴意見。其次，也要向各位師長道謝，尤其在日本廣島大學時，筆者承蒙野間文史老師、市來津由彥老師與橋本敬司老師的細心指導；而來臺之後則蒙受國立臺灣大學中國文學系鄭吉雄老師（現任香港教育學院文學及文化學系講座教授）、中央研究院中國文哲研究所蔣秋華老師、國立臺灣大學中國文學系李隆獻老師、國立清華大學中國文學系祝平次老師、國立臺灣大學哲學系佐藤將之老師以及中央研究院中國文哲研究所林慶彰教授等不斷地鼓勵與支持，否則不可能有現在的我。另外，本書在中文寫作方面，傅凱瑄、林則堯與申晏羽諸先生不顧修課，於百忙之中幫忙潤筆、修改拙文；在編輯、出版方面，則有了萬卷樓圖書股份有限公司梁錦興總經理、張晏瑞副總經理和邱詩倫先生的大力協助，於此致上誠摯的謝意；最後，筆者能專心邁進研究，就是因為有家祖父政憲（1924-2008）、家祖母初美（1926-2008）、家嚴、家慈三十多年來無悔地為不肖之子費心付出，岳父、岳母亦在廣島代我幫忙妻子、照顧女兒，而內人幸子、女瑞生及新的生命給我溫馨的關懷與默默的支持，謹誌謝意。就此而見，本書的完成，並非僅屬於我個人身上的，實為與我相關之人士與家人合作的結果。

本書論述內容，因為筆者淺才而筆力不足，並有資料上的限制，疏漏、錯謬之處必多，博雅君子，幸垂教焉。

謹識於臺灣新北寓居

二〇一五年十一月九日

目次

序論

　　本書是梳理日本學者近代以來（即明治時期之後）研究《三禮》——《周禮》、《儀禮》及《禮記》的龐大文獻中的問題意識、研究內容、主要觀點、研究史上的影響以及其學術意義。正如本書的規模和內容所示，日本學者的《三禮》研究，光是其範圍限制於一九〇〇年以後的一百五十年左右，其總量相當龐大，但其絕大部分的論著，尚未翻成中文或其他語言。也由於其龐大數量之故，其研究著作的大部分仍處於不諳日語的學者、研究生難以捉摸從何利用的狀態。因此，迄今在日本之外出版的相關研究著作中，鮮少參考到這些豐富的研究成果。對如此情形感到可惜的學者，應該不只筆者一個人。筆者在過去七年，為了改善目前的如此情形，針對日本《三禮》研究相關著作，進行了地毯式且系統的蒐集，而在閱讀相關文獻之後，以評述論文的方式陸續發表於中文學界。本書是將這些論文結合，並且在卷末附上相關研究的論著目錄來成冊的。庶幾中文界的學者、研究生以及讀懂中文的漢學家，透過本書的評述能夠理解日本學者近代以來對《三禮》研究的主要見解，以期相關研究更為豐富。

一　研究緣起——「禮」與《三禮》研究的意義

　　在進入本論之前，筆者首先欲提供針對我們為何需要討論「禮」或《三禮》的若干看法。藉此希望呈現我們研究「禮」與《三禮》的

相關問題所帶來的意義。中日學者都深刻地體會「禮」在東亞歷史文化中的重要。譬如，錢穆（賓四，1895-1990）曾經主張：「中國的核心思想就是『禮』。」[1]日本的小糸夏次郎（1908-1946）亦指出過：「不僅是人倫日常的行為，自冠昏喪祭鄉射朝聘等宗教的世俗的行事到政治的制度、組織，全是禮教所具備，此處可見中國文化的特殊性。」[2]「禮」這一概念，不僅是指人在實際生活上的禮節、禮貌、禮儀等修養或待人處世的方法，亦包括政治思想與制度等和治國有關的知識，甚至還蘊含了宇宙、世界相關的道理。[3]因此，「禮」自古以來即為中國知識分子行動、思考的準則。在這個意義上，「禮」實代表傳統中國文人的精神與文化的核心，[4]也就是錢穆所謂的「核心思想」。因此，「禮」在傳統經學中似乎也居於其核心的地位。清末經學大師皮錫瑞（鹿門，1850-1908）曾稱：「六經之文，皆有禮在其中。六經之義，亦以禮為尤重。」[5]他認為，「禮」就是經學中最重要的概念。

在傳統經學中，「禮」的思想主要由《三禮》——即《周禮》、

1　Jeery Dennerline., *Qian Mu and the World of Seven Mansions* (New Haven and London: Yale University Press, 1988), p10. 原文："The heart and mind of China is the li." 今引自鄧爾麟（著）、藍樺（譯）：《錢穆與七房橋世界》（北京：社會科學文獻出版社，1995年12月），頁8。

2　原文：「人倫日常の行為は勿論、冠昏喪祭鄉射朝聘の、宗教的世俗的行事から政治的制度組織に至るまで、悉く禮教の具備せざるはないところに、支那文化の特殊性が觀られるのである。」小糸夏次郎：〈禮の思想と構造・序說〉，西晉一郎、小糸夏次郎：《禮の意義と構造》（東京：國民精神文化研究所，《國民精神文化研究》第24冊，1937年3月；東京：畝傍書房，1941年9月），頁22；頁26。

3　請參周何：《禮學概論》（臺北：三民書局，1998年1月），頁20。

4　錢穆云：「There are no Western-language equivalents for the word *li*（在西方語言中沒有『禮』的同義詞）」。引自 Jeery Dennerline., *Qian Mu and the World of Seven Mansions*, p.9；鄧爾麟：《錢穆與七房橋世界》，頁7。

5　〔清〕皮錫瑞：《經學通論》（臺北：臺灣商務印書館，1969年9月），頁81。

《儀禮》與《禮記》三部經典的文本而構成。在內容上,所謂《三禮》文本分別涉及了對於「禮」的不同層面的論述:《周禮》敘述理想的政治制度[6];《儀禮》記載古代貴族的儀式[7];《禮記》則是關於「禮」的理論以及儀式的解說。[8]但《三禮》所記錄的「禮」,並非僅是古代世界的陳跡,它仍然持續影響著中世、近世與近代以來的中國。因為對東亞文化的影響甚深之故,到了近代,「禮」或「禮教」反而遭到五四運動時期的中國知識分子的強烈批判。譬如,反傳統的旗手吳虞(又陵,1872-1949)讀魯迅(周樹人,1881-1936)〈狂人日記〉高喊說:「到了如今,我們應該覺悟!我們不是為君丰而生的!不是為聖賢而生的!也不是為綱常禮教而生的!(中略)我們如今應該明白了!吃人的就是講禮教的!講禮教的就是吃人的呀!」[9]魯迅與吳虞雖然激烈地批評禮教,但是他們的言論卻也從反面證明了「禮」在傳統中國文化中的地位有多麼重要。

　　「禮」在當代社會的價值系統中也獲得了重視。美國的哲學家赫伯特・芬格萊特(Herbert Fingarette, 1921-)在一九七〇年代非常著名的孔子哲學研究中主張:「一個具體的人通過禮義(ritual)、姿態(gesture)和咒語(incantation),獲得不可思議的力量,自然無為地

6　葉國良〈周禮概說〉云:「《周禮》全書約四萬五千字,敘述大一統國家分官設職的詳細規劃。」葉國良、李隆獻:《群經概說》(臺北:大安出版社,2005年8月),頁135。

7　葉國良〈儀禮概說〉云:「《儀禮》一書,記載周代貴族的人生禮儀」。葉國良、李隆獻:《群經概說》,頁143。

8　葉國良〈禮記概說〉云:「所謂『禮記』,原是『禮之記』的意思。『禮』指《儀禮》,(中略)『記』是經的補充資料,或闡述,或發揮。」葉國良、李隆獻:《群經概說》,頁159。

9　吳虞:〈喫人與禮教〉,《新青年》第6卷第6號(1919年11月),頁578-580。另請參目加田誠:〈禮教喫人〉,《文學研究》第56輯(1957年7月),頁5-27,後收於《中國文學論考》(東京:龍溪書舍,《目加田誠著作集》,第4卷,1985年7月),頁351-393。

直接實現他的意志」，稱之為「神奇魅力（magic power）」。[10]的確我們都應該體驗過，如親戚聚會或老幼共享聚餐時，儘管未放置名牌於桌上，也沒有人指定與會者的座位，但各人就自然而然入席。如此，《三禮》對於我們理解中國傳統思想或文化具有關鍵性的地位；而且，中國傳統文化亦曾傳播到東亞各國，如日本、琉球、韓國、越南等，對東亞文化圈有不小影響。

至此，若我們看到日本的情形，不可諱言，德川時代以前的不少儒者也堅信「禮」就是他們國家、社會的綱紀。那麼，當代日本社會中的情形又是如何？的確，在日本從事《三禮》學的研究者數量在過去半世紀不斷減少。不過，耐人尋味的是，在最近幾年可以觀察出日本社會有重新評價儒學、儒教的趨勢。眾所周知，現代日本社會正在進入極度高齡化、少子化的社會，因而導致社會風氣相當閉塞，面對這種社會矛盾、陷入於缺乏人倫關懷的狀態。也由於日本的貧富差距近年有擴大的趨勢，民眾日漸感到來自西方資本主義的侷限。再加上，在二〇一一年三月十一日發生的「東日本大震災」所帶來的災後情形，均給予了日本整體社會重新開始思考人際關係、規律的重要契機。一些知識分子由此開始關注儒學（或儒教）與佛教重倫理的一面。此外，也為了突破如上日本社會的閉塞狀態，這種以儒學或儒教為代表的東方思想，漸漸獲得了不少日本人的關注。

值得注意的是，在這樣日本思想界的新的社會風氣中，可代表日本思想界的刊物之一《現代思想》，在二〇一四年發行以「現在為何需要儒教（いまなぜ儒教か）？」為主題的專題號。[11]此事實可暗示當今日本社會對儒學的兩種期待：第一，日本民眾指望，儒學會對現

---

10 Herbert Fingarette, *Confucius: The Secular as Sacred*, 引文見彭國翔、張華（譯）：《孔子：即凡而聖》（江蘇：江蘇人民出版社，2002年9月），頁3。

11 《現代思想》第42卷第4號（2014年3月）。

代社會發揮維持、恢復或重新建構人倫、秩序的功能;第二,日本人欲以東方的儒學思想解構或交替來自西方的思想、價值。目前日本社會面臨這種危機時,日本固有的「國學」卻尚未受到注意,也因而似乎未提供解決問題的方案、或在思考、討論此重大問題時的參考依據;反之,來自中國的儒學卻成為思想與討論的基礎,備受注目。於此研究潮流中,不少人士也開始關注「禮」思想的可能性,如日本作者一條真也(本名佐久間庸和,1963-)《尋求禮——人為什麼需要儀式(禮を求めて——なぜ人間は儀式を必要とするのか)?》一書是以《論語》「禮」相關的言論為基礎,論述「禮」在現代社會中的可能性,甚至提倡「天下布禮」。[12]至此我們要進一步思考的一點是,儒學一方面是在中國文化中最主要的思想,無論顯隱,同時也是構成日本社會、日本文化、日本人的主要成分之一。但由於「儒學」或「儒教」在世界各地的社會意義並不相同,因此,日本社會或日本知識分子的「禮」觀也應該具備與其他地區不同之固有的社會上以及思想上的意義。

總之,「禮」這一概念及其相關思想淵源於中國古代,而經過兩千年以上的中國封建時代或前近代一直都支持君主制度,並要求個人甚為嚴謹的身體舉止。因此,一般而言,如五四運動的知識分子般,現代的日本人也依據自由主義的立場,皆認為「禮」是壓迫到個人的自由,對現代社會毫無意義,而給予負面的評價。然而,另一方面,如上所述,日本社會一旦陷入於某種危機時,為了「維繫社會秩序、穩定道德人心的力量」,[13]其社會和人民就開始懷念、尋求「禮」,甚至會不惜犧牲所謂「自由」的身心。如此對「禮」矛盾的態度暗示了

---

12 一條真也:《禮を求めて——なぜ人間は儀式を必要とするのか》(東京:三五館,2012年5月)。

13 林素英:〈原《少年禮記》序・構築理想的國度〉,今引自《陌生的好友——禮記》(臺北:萬卷樓,2007年8月),頁3。

日本人的思維方式。如此，對日本人和其社會而言，「禮」不但具備在現代社會中的各種價值或社會功能和意義，而且是透過人們對「禮」的態度，能夠觀察到日本人特有的思維方式。

二　過去的《三禮》研究

以往研究禮學以及《三禮》的情形如何？陳來（1952-）指出：「『禮』根本是一個無所不包的文化體系。」[14]可見禮學研究絕非一日之功。在這種情況下，禮學研究不可能僅依個人的力量開始，務必參照先進所論。民國時期的學者黃侃（季剛，1886-1935）曾謂：「禮學所以難治，其故可約說也。一曰古書殘缺；一曰古制茫昧；一曰古文簡奧；一曰異說紛紜。」[15]然因為如此，許多學者討論「禮」與《三禮》相關的問題，從古迄今已有眾多關於《三禮》的研究成果，不僅包括從傳統經學、義理或思想史的角度切入，甚至有從政治學、政治制度、宗教學及民俗學的觀點出發，研究取徑繁多，不勝枚舉。

近年不少專家對近代以來《三禮》研究的成果加以整理：例如日本學者齋木哲郎（1953-）編《禮學關係文獻目錄》載錄自一九〇五年至一九八四年在中日兩地的禮學相關論著二六六五篇[16]；林慶彰（1948-）主編《經學研究論著目錄》收錄關於《三禮》的中文研究共計二三一二篇，[17]《日本經學研究論著目錄（1900-1992）》則著錄

---

14 陳來：《古代宗教與倫理：儒家思想的根源》（臺北：允晨文化，2005年6月），頁235。

15 黃侃：〈禮學略說（上）〉，《文藝叢刊》第2卷第2期（1936年1月），頁1-33，後收於黃侃：《黃侃論學雜著》（臺北：漢京文化事業有限公司，1984年7月），頁444-481。今引自《黃侃論學雜著》，頁444。

16 齋木哲郎（編）：《禮學關係文獻目錄》（東京：東方書店，1985年10月）。

17 林慶彰（主編）：《經學研究論著目錄（1912-1987）》（臺北：漢學研究中心，1994年4月）；《經學研究論著目錄（1988-1992）》（臺北：漢學研究中心，1995年6月）；《經

日本學者研究《三禮》的成果六九五篇（均含《大戴禮記》）[18]；《十三經論著目錄》中含有黃俊郎（1942-）編〈禮記論著目錄〉[19]及劉兆祐（1936-）所編《周禮、儀禮、三禮論著目錄》，[20]收錄先秦迄一九九三年的中外有關《三禮》之研究論著，共達一一三九○篇，其中含有近代以後的論著[21]；王鍔（1965-）《三禮研究論著提要》則除涵蓋自漢代至近代歷代學者研究《三禮》（含《大戴禮記》）的專著二七九五篇外，亦載錄一九○○年至二○○四年國內外研究《三禮》的論文三二七五篇。[22]近年學者另開始關注「民國時期（1912-1949）」的經學研究，其中禮學研究相關的有林慶彰主編《民國時期叢書》，載錄了廖平、向宗魯、吳承仕、陳衍、黃公渚、李安宅、張錫恭、曹元忠、劉詠漘、吳之英、駱成驤、姚文枏、蔡介民、葉紹鈞、杜明通、劉光蕡及姚明煇等人的論著[23]；耿素麗、胡月平選編《三禮研究》則

學研究論著目錄（1993-1997）》（臺北：漢學研究中心，2002年4月）。所謂的「國人」，除涵蓋臺灣、香港、新加坡等人外，兼包括大陸人士。

18 林慶彰（主編）：《日本經學研究論著目錄（1900-1992）》（臺北：中央研究院中國文哲研究所籌備處，1993年10月）。

19 黃俊郎（編）：〈禮記論著目錄〉，國立編譯館（主編）、許錟輝、黃俊郎（編）：《尚書、禮記論著目錄》（臺北：洪葉文化，《十三經論著目錄（三）》，2000年6月）。

20 國立編譯館（主編）、劉兆祐（編）：《周禮、儀禮、三禮論著目錄》（臺北：洪葉文化，《十三經論著目錄（四）》，2000年6月）。

21 另有國立編譯館（主編）、黃俊郎（編著）：《中華叢書・十三經著述考・禮記著述考（一）》（臺北：國立編譯館，2003年1月）；國立編譯館（主編）、劉兆祐（編著）：《中華叢書・十三經著述考・三禮總義著述考（一）》（臺北：國立編譯館，2003年7月）、《中華叢書・十三經著述考・周禮著述考（一）》（臺北：國立編譯館，2003年10月）及《中華叢書・十三經著述考・儀禮著述考（一）》（臺北：國立編譯館，2003年11月），考述先秦迄近世《三禮》之相關著述，可參，然未含近現代論著。

22 王鍔：《三禮研究論著提要》（蘭州：甘肅教育出版社，2001年12月；增訂本：2007年9月），除古籍資料外，也收錄1900年至2004年國內外研究《三禮》的論文。

23 請參林慶彰（主編）：《民國時期經學叢書》第1輯（臺中：文听閣，2008年7月），第38冊；第2輯（臺中：文听閣，2008年7月），第38冊；第3輯（臺中：文听閣，2009年9月），第29-36冊；第4輯（臺中：文听閣，2009年9月），第28-32冊。

收錄了《三禮》相關的期刊論文一八六篇。[24]可見近代以來研究《三禮》的成果可稱豐碩。

另外，已有學者對上述研究進行了初步的回顧。例如，大陸方面已有周何（1932-2005）〈六十年來之禮學〉、劉豐（1972-）〈學術史的回顧〉及彭林（1949-）〈禮學研究五十年〉及《三禮研究入門》[25]；臺灣方面則有車行健（1966-）〈《三禮》研究〉[26]與林慶彰〈近二十年臺灣研究《三禮》成果之分析〉[27]等。這些研究回顧相當程度上幫助我們清楚地掌握當代大陸與臺灣的《三禮》研究情形。

那麼，在如上所列的相關目錄中載錄近代以來日本學者對《三禮》相關研究的文獻之情形如何？雖然齋木哲郎《禮學關係文獻目錄》、林氏《日本經學研究論著目錄（1900-1992）》及王氏《三禮研究論著提要（增訂本）》著錄了近代以來日本學者《三禮》相關的著作已多達約三○○種，不過均還未包括最近十年的相關著作。[28]除了

24 耿素麗、胡月平（選編）：《三禮研究》（北京：國家圖書館出版社，《民國時期資料分類彙編》，2009年5月）。

25 周何：〈六十年來之禮學〉，程發軔（主編）：《六十年來之國學（第1冊：經學之部）》（臺北：正中書局，《正中文庫》，第9輯，1977年11月），頁363-397；劉豐：〈學術史的回顧〉，氏著：《先秦禮學思想與社會的整合》（北京：中國人民大學出版社，《中國社會史研究叢書》，第2輯，2003年12月），頁2-29；彭林：〈禮學研究五十年〉，《中國史學》第10號（2000年12月），頁33-56及《三禮研究入門》（上海：復旦大學出版社，《研究生‧學術入門手冊》，2012年1月）。彭教授另有池田恭哉（譯）：〈近代中國禮學研究の苦境と突破〉，《中國思想史研究》第32號（2012年3月），頁51-73；《中國古代禮儀文化》（北京：中華書局，2013年4月），可參。

26 車行健：〈《三禮》研究〉，收於林慶彰（主編）：《五十年來的經學研究》（臺北：臺灣學生書局，《臺灣學生書局四十週年紀念叢書》，2003年5月），頁161-188。

27 林慶彰：〈近二十年臺灣研究《三禮》成果之分析〉，收於浙江大學古籍研究所（編）：《禮學與中國傳統文化》（北京：中華書局，《浙江大學古籍研究所中國古典文獻學研究叢書》，2006年12月），頁160-167。

28 齋木先生所搜集的著作目錄是自一九○五年至一九八四年，林先生所編則自一九○○年至一九九二年，王書亦至二○○四年為止，近年著作則未收錄。

如上的目錄未載錄近十年的成果之外，其文獻也都僅是著作目錄，缺乏內容方面的介紹。[29]而且，因為日本學者大都僅使用日語寫作，日本之外的學者即使充分利用這些著作目錄，還是會碰到較大的困難。

三　本書的構想

　　基於對如上問題的考量，本書的撰作目的有二：第一，在齋木和林書的基礎上，重新蒐集近百年（1900-2010）來日本學者研究《周禮》、《儀禮》及《禮記》的成果，並且勾勒出日本學者近代以來研究《三禮》的問題意識、研究內容、主要觀點、研究史上的影響以及其學術意義。

　　關於本書所探討、著錄的範圍，時間以自一九〇〇年至二〇一〇年為主。李慶（1948-）曾將近代日本漢學的歷史分為七個階段，即：一、萌生期（明治維新-1894年）；二、確立期（1894-1918）；三、成熟和迷途期（1919-1945）；四、轉折期（1945-1960）；五、新發展期（1960-1971）；六、新興盛期（1972-1988）；七、一九八九年以後。[30]本書主要以確立期以後為範圍，是因為一九〇〇年等於明治三十三年，德川時代結束後已過了一段時間，而出生於明治時代的人物開始活躍之新的時代，所以本書將一九〇〇年前後為起點，而討論

29　齋木《禮學關係文獻目錄》，原有計畫將其收錄範圍限於《三禮》相關的論著，而對各文加以提要，然因為在時間和工作上面對困難，後來放棄，見於〈はじめに〉，頁3。

30　李慶：《日本漢學史（第一部）起源和確立》（上海：上海外語教育出版社，2002年7月）；《日本漢學史（第二部）成熟和迷途》（上海：上海外語教育出版社，2004年3月）；《日本漢學史（第三部）轉折和發展》（上海：上海外語教育出版社，2004年6月）。2010年12月，與《日本漢學史（第四部）新的繁盛》、《日本漢學史（第五部）變遷和展望》一拼，由上海人民出版社重新出版。

日本學者從明治經大正、昭和至二〇一〇年的《三禮》研究。接著，至於本書所謂的「日本學者」，不止指日本人，也包含外國人士。對此，本書乃採林書的基準，如：

1. 日本人士在本國出版或本國期刊發表的論著。
2. 日本人士在外國期刊發表之論文。
3. 外國人士在日本刊物發表之論文。
4. 外國人士在對日本經學研究成果的介紹和批評。
5. 日本人士翻印之中國人著作。

本書論述，雖以重要學者的著作為主，但近現代日本學者論《三禮》，不限於著名學者的撰著，也有埋沒於歷史的名著。無論知名與否，筆者盡量尋獲有助於《三禮》研究的著作，而對之加以系統地分析。

就本書的構成而言，本書除「序論」和「附錄」外，分為四個部分，各章皆用中文分別評述：（1）日本學者研究禮學、（2）《周禮》、（3）《儀禮》及（4）《禮記》主要研究的觀點和意義。透過本書的探討，中文界的讀者可以理解近現代日本學者研究《三禮》的個別暨整體情況。

至於本書各章的主題和內容如下：

第一章為〈近代以來日本《三禮》研究的特色及其問題意識〉。此章首先簡單描述日本《三禮》學的沿革，指出了明治二十年（1887）以後，日本人對《三禮》的討論大幅增加，進而迎接了日本《三禮》學的「黃金時期」。接著，探討近代以來日本《三禮》學的特色及其問題意識為：第一，日本近代以來經過兩次「脫亞入歐」至「興亞反動」的時代，近代日本人論「禮」常與「興亞、反動」的社會運動連

接為一；第二，論「禮」或《三禮》雖有「反動」的傾向，一方面承襲德川漢學的遺產，另一方面積極引進西方學術的方法，展開了《三禮》學的新局面；第三，日本學者較重文獻學、思想史的研究特色，是因為濃厚地繼承德川考證學嫌「空學」重「實學」的特色，而且近代日本學者相信其亦是近代科學的方法；第四，因為日本近代禮學與戰前「國體」的言論密切相關，所以戰後禮學研究僅能在學術界生存，很少討論當代性或思想問題了。在這種脈絡上，日本學者頗為關注《三禮》的文獻問題，反之，討論後代《三禮》注疏、《三禮》本身的思想及整體性的研究不多。此章可說是本書的導論，同時也為結論。

　　第二章至第四章是分別討論日本學者研究《周禮》、《儀禮》與《禮記》的成果，除「前言」與「結語」外，均立「合刻本與日譯」、「文獻學研究」與「內容的研究」或「思想研究」等三節，對日本學者的《三禮》研究進行探討。筆者在文中最為費心的是：不嫌繁瑣，盡量在論述中多包含相關研究，並詳細地描述各篇重要論著所思考的脈絡。換言之，讀者看本書論述時，就可以清楚地知道日本學者以何為根據來下判斷，如何得到結論。各章所得到的結論如下：

　　首先，第二章〈日本學者《周禮》之研究〉指出，日本學者的《周禮》研究多聚焦於成書問題，他們對《周禮》成書時期的看法大致可以分為八種：西周末年說、戰國齊說、戰國燕說、戰國說、戰國後期以後說、秦代說、秦漢說及西漢末年說。如此文獻學方面的研究，的確是日本《周禮》研究的一大結果，筆者認為，如何在文獻學的基礎上，進一步構築思想史或思想系統，正是未來研究者最重要的問題。不少學者已注意到《周禮》中的陰陽五行思想、時令說、法家思想等，但似未進一步討論這些思想在當時有何種意義？對後世又有何影響？等問題。

　　接著，第三章為〈日本學者《儀禮》之研究〉。《儀禮》研究有許多意義，尤其是研究中國古代家族制度、社會制度及風俗時，我們不能輕忽《儀禮》中的條文。日本學者的研究也涉及多方面，貢獻不小，特別是有關〈喪服〉的研究成果，相當紮實。反之，日本學者鮮少討論《儀禮》在「經學」上的意義，如《儀禮》在西漢經學中的意義或在後代經學的影響等。《儀禮》原是「經」，之後卻被《周禮》與《禮記》奪取「經」的地位，不少人亦曾指出《儀禮》的難讀；另一方面它也吸引了知識分子的關注，產出相當多與《儀禮》有關的著作。對筆者而言，此點頗為有趣，但為何《儀禮》一直未被淘汰而遺留下來呢？我們應該正視這樣的問題。

　　最後，第四章則為〈日本學者《禮記》之研究〉，舉出了兩個特色：第一，前人的研究多半是以文獻學上的問題為中心展開。他們一直研究《禮記》或《禮記》諸篇的作者、成篇時代與編纂時代等。第二，因為《禮記》的「駁雜性」與「叢書性」，大部分的學者皆認為《禮記》沒有統一性，所以有許多分篇研究的成果。這種看法的根底，仍然存在著溯及各篇原型的文獻學上的思考。與此相反，《禮記》思想研究並不多。的確，有的論文稱為「思想研究」，其實始終是「思想史研究」，並不是「思想研究」。此可能是因為近一百年的日本中國哲學研究一直把重點放在「思想史的構成」。

　　本書後面附錄了〈近百年來日本學者《三禮》研究論著目錄〉，由五個部分而成，即（1）《三禮》及禮學總論；（2）《周禮》；（3）《儀禮》；（4）《禮記》及（5）其他。（1）《三禮》及禮學總論，再分為「專著」和「論文、論說」兩項目；關於（2）《周禮》、（3）《儀禮》、（4）《禮記》的部分，均由「註譯、校勘、索引」、「專著」和「論文、論說」三個項目而成；（5）其他，則含有「概說」與「研究目錄、研究回顧」。各項所載錄的論著，皆依出版時間先後排列。

　　總而言之，孔子在《論語‧述而》中自稱：「好古，敏以求之者也。」[31]孔子之所以「好古」，是因為他從中看到「知新」的可能性。《禮記‧中庸》進一步稱：「溫故而知新，敦厚以崇禮。」筆者對此句的當代解讀是：研究禮學與《三禮》的價值，即是為了讓現代東亞人「知新」，仍有可資「溫故」的材料。的確，如黃侃所言：「禮學浩穰，遽數之不能終其物；悉數之乃留，更僕未可終也。」[32]筆者期盼讀者透過本書能夠獲悉近代以來日本學者研究《三禮》的整體面貌。

31　程樹德：《論語集釋》（北京：中華書局，1990年8月），頁480。
32　黃侃：〈禮學略說（上）〉，頁1；《黃侃論學雜著》，頁444。

第一章
近代以來日本《三禮》研究的特色及其問題意識

前言

　　古代日本因於模仿唐制，影響所及，日本知識分子亦相當留意《三禮》，由《十七條憲法》、律令內容、宮都結構等都可以窺知古代日本人對《三禮》的重視。但《三禮》或「經學」在日本思想史上的地位，不能說一直都很高。其主要原因有二：一是日本與中國的社會原理、結構，特別是家族形態之不同；二是政治制度之不同。[1]因此，在中世以後的日本，「禮」的精神雖滲透到日本文化的深層，然《三禮》本身則並未獲得多數人的關注。近世日本，始於荻生雙松（徂徠，1666-1728）的蘐園學派有服部元喬（南郭，1683-1759）、村松之安（生卒年未詳）、上野義剛（海門，1686-1744）、井口文炳（蘭雪，1719-1771）、大竹之浩（麻谷，1723-1798）、川合衡（春川，1750-1824）等人，或以其考證學聞名的豬飼彥博（敬所，1761-1845）與朝川鼎（善庵，1781-1849）等學者，皆對《三禮》學有發揮之處。不過在德川時代，《三禮》相關的研究依然被視為「無用」，

1　請參田世民：《近世日本における儒禮受容の研究》（東京：ぺりかん社，2012年3月），頁18-19等。另可參大隅清陽：《律令官制と禮秩序の研究》（東京：吉川弘文館，2011年2月）。大隅指出，日本律令制不同於由禮與法而構成的中國律令制，而是由氏族制與官僚制而成。

南宋朱熹（1130-1200）《家禮》雖然在實踐上較受重視，但與其他經書相比，禮學還是並未盛行。[2]

　　然而，到了近代，禮學終於獲得日本知識分子的關注，《三禮》相關的研究也大幅增加。二十世紀前期可稱是日本《三禮》學最盛行的時代。那麼，為何在日本近代突然出現《三禮》研究的「黃金時代」呢？其背後存在著如何脈絡？其特色為何？

　　本書主要針對自一九〇〇年以來日本《三禮》研究進行全面回顧，此章首先簡介日本《三禮》研究史的沿革，其次試圖討論近代以來日本人對「禮」、《周禮》、《儀禮》及《禮記》研究的特色及其問題意識。

第一節　日本明治時期以前的《三禮》學

一　《三禮》在古代日本的流傳

　　《三禮》何時傳到日本，由於缺乏明確的證據，已不可考。然而，一般認為是從繼體天皇七年（513），百濟的五經博士段楊爾（生卒年未詳）帶來日本第一部《禮記》開始。[3]推古天皇十二年（604），厩戶王（聖德太子，574-622）制定《十七條憲法》。其第一條開頭是「以和為貴」，有人說即是取自《禮記‧儒行》。[4]另外，在

2　詳請參吾妻重二：〈江戶時代における儒教儀禮研究——書誌を中心に——〉，《アジア文化交流研究》第2號（2007年3月），頁255-270。

3　《日本書紀》，卷17，曰：「（繼體天皇）七年夏六月，百濟遣姐彌文貴將軍、洲利即爾將軍，副穗積臣押山，貢五經博士段楊爾。」小島憲之等：《日本書紀》，卷2，收入《新編日本文學全集》（東京：小學館，1996年），第3卷，頁300-301。關於此點，可參考市川本太郎：《日本儒教史‧上古篇》（東京：汲古書院，1989年10月）及內野熊一郎：《日本漢文學研究》（東京：名著普及會，1991年6月）等。

4　《日本書紀》曰：「（推古天皇十二年）夏四月丙寅朔戊辰，皇太子親肇作憲法十七

天平寶字元年（757）所施行的《養老律令・學令》有：「凡經，《周易》、《尚書》、《周禮》、《儀禮》、《禮記》、《毛詩》、《春秋左氏傳》，各為一經。《孝經》、《論語》，學者兼習之。」又云：

> 凡教授正業：《周易》，鄭玄、王弼注；《尚書》，孔安國、鄭玄注；《三禮》、《毛詩》，鄭玄注；《左傳》，服虔、杜預注；《孝經》，孔安國、鄭玄注；《論語》，鄭玄、何晏注。
> 凡《禮記》、《左傳》各為大經，《毛詩》、《周禮》、《儀禮》各為中經，《周易》、《尚書》各為小經。通二經者，大經內通一經，小經內通一經。若中經即併通兩經。其通三經者，大經、中經、小經各通一經。通五經者，大經並通。《孝經》、《論語》皆須兼通。[5]

《養老律令・學令》規定的是日本大學中教授的學科。可見在大學「明經」科目中，《禮記》被列為「大經」，《周禮》與《儀禮》則為「中經」。根據學者的研究，《養老律令》源自於大寶元年（701）參

條。一曰，以和為貴，無忤為宗」云云（同前註，頁542-543），《禮記・儒行篇》有「禮之以和為貴、忠信之美、優游之法」。但是，有人說是取自《論語・學而篇》「有子曰，禮之用和為貴，先王之道斯為美」。《十七條憲法》的成立時期也有兩種說法：津田左右吉以「國司國造」（第十二條）的記述不符合推古朝的政治制度等為理由，把《十七條憲法》看作是與《日本書紀》同時代編出來的（見津田左右吉：《日本上代史研究》〔東京：岩波書店，1930年4月〕，頁180-189）；與此相反，坂本太郎認為「國司」已經存在於推古朝而肯定《日本書紀》的記述（見坂本太郎：《聖德太子（新裝版）》〔東京：吉川弘文館，1985年6月〕，頁82-99）。無論如何，七二〇年成書的《日本書紀》中有著「以和為貴」的文辭，雖然我們得先考慮《論語》與《禮記》的關係，但日本古代的知識分子對中國文化很感興趣，《論語》之外，他們應該也意識到《禮記・儒行》的存在。

5　惟宗直本：《令集解》，卷15，收於《新訂增補國史大系》（東京：吉川弘文館，1943年12月），卷23，頁447-449。

考唐朝《永徽律令》（650年制定）制定而成的《大寶律令》，並且內
容非常相似。因此，《養老律令・學令》中的條文有可能承襲自《大
寶律令》。假使《大寶律令》中已經包含這些條文，那麼《周禮》和
《儀禮》最晚亦在七世紀末之前就已經傳到日本了。而在八世紀中葉
之後，敕書、奏書中也再三出現《三禮》中的文句。例如，《續日本
紀》提及孝謙天皇（749-758在位）在天平寶字元年（757）親覽《周
禮》[6]；吉備真備（695-775）則向高野天皇（稱德天皇，764-770在
位）講授《禮記》與《漢書》[7]；九世紀之後，《三禮》的流傳與引用
更為廣泛。右大臣藤原內麻呂（756-812）在弘仁三年（812）的上奏
中，也引用了《禮記・文王世子》當中的文句。[8]不僅如此，天長十
年（833）所編撰的「令」的解說書《令義解》亦大量引用了《三
禮》相關的詞句。[9]藤原佐世（847-897）《日本國見在書目錄》中，與
《周禮》相關的書籍有：

　1.《周官禮》　十二卷　鄭玄註
　2.《周禮義疏》　十四卷

6　菅野真道等：《續日本紀》，卷20，收於黑板勝美（編）：《新訂增補國史大系〈普及
　　版〉》（東京：吉川弘文館，1935年12月，1968年5月普及版），頁231。

7　菅原真道等：《續日本紀》，卷33，黑板勝美（編）：《新訂增補國史大系〈普及
　　版〉》，頁423。

8　藤原冬嗣等：《日本後紀》，卷21，黑板勝美（編）：《新訂增補國史大系〈普及
　　版〉》（東京：吉川弘文館，1934年11月，1975年6月普及版），頁118。其他引《三
　　禮》之文，另散見於《續日本紀》、《日本後紀》、《續日本後紀》及《日本三代實
　　錄》等，可參。

9　據奧村郁三（編）：《令義解所引漢籍備考》（吹田：關西大學出版部，2000年3
　　月），《周禮》相關（包括只引書名之處及注疏等）之文有一〇四條；《禮記》有關
　　的引文則有八十五筆；《儀禮》則有十二筆。至於其他經書，如《毛詩》，七十五
　　筆；《尚書》，八十一筆；《周易》，三十一筆；《春秋》，九十一筆；《論語》，六十九
　　筆；《孝經》，五十九筆；《爾雅》，一〇三筆。

3.《周官禮抄》　二卷

4.《周禮義疏》　六卷　冷然院

5.《周官禮義疏》　卅卷　汙重撰

6.《周官禮義疏》　十卷

7.《周官禮義疏》　十九卷

8.《周官禮義疏》　九卷

9.《周禮疏》　唐賈公彥撰

10.《周禮音》　一卷

11.《周禮圖》　十五卷

12.《周禮圖》　十卷

13.《周禮圖》　十卷鄭玄、院〔阮〕諶等撰

與《禮記》相關書籍則有：

1.《禮記》　廿卷　漢九江大守戴聖撰鄭玄註

2.《禮記》　廿卷　魏術軍王肅註

3.《禮記抄》　一卷　鄭代註

4.《禮記子本義疏》　百卷　梁國子助教皇偘〔侃〕撰

5.《禮記正議〔義〕》　孔穎達撰

6.《御刪定禮記月令》　一卷　冷然院錄云一卷第一卷

7.《月令圖讚》　一卷　何楚之撰

8.《禮記音》　徐爰撰

與《儀禮》相關的只載《儀禮》十七卷（鄭玄註）及《儀禮疏》五十卷（唐賈公彥撰）兩書而已。這個數目不但比《周官》、《禮記》相關書籍來得少很多，而且是群經當中為數最少的。事實上，《日本國見

在書目錄》除了分別收錄各經相關著述之外，並且還載錄了通論類的書籍。例如，《三禮》三十卷（陸善經註）、《三禮義宗》（崔靈恩撰）、《三禮大義》三十卷（梁武帝撰）、《三禮開題義悎》（崔通意撰）、《吉凶禮》一卷、《喪服九族圖》一卷及《古今喪服要記》一卷（冷然院）等。這些書籍大都是由遣隋使、遣唐使等交流東傳的。

從日本七世紀到九世紀的文獻來看，這個時期的日本知識分子相當重視《三禮》。這是因為日本古代時期的國家制度模仿唐制，而唐制以周禮為基礎，所以這個時期的日本知識分子必須熟悉《三禮》的知識，尤其是《禮記》和《周禮》。甚至到了平安時代（794-1191）後期的貴族藤原賴長（1120-1156）所寫的日記《臺記》當中，我們還可以看見不少與《周禮》相關的記載，[10]以及他所閱讀《禮記》篇章的記錄。[11]這說明了自七世紀以降，《三禮》在古代日本貴族社會中一直是具有其重要性的。

---

10 藤原賴長《臺記》，卷3，曰：「今日所見，及一千三十卷，因所見之書目六，載左」，記載諸書名，包含《周禮》十二卷、《儀禮》十四卷、《禮記》二十卷（永治元年，1141年）及《新定三禮圖》二十卷（康治二年，1143年）。請參增補「史料大成」刊行會：《增補史料大成》（東京：臨川書店，1965年11月），卷23，頁98。另關於賴長學習《周禮》的記錄，見於久安二年至四年（1146-1148），請參《臺記》，卷6，《增補史料大成》，卷23，頁195；《臺記》，卷7，《增補史料大成》，卷23，頁239；《臺記》，卷8，《增補史料大成》，卷23，頁274等。關於《儀禮》，則見於從久安元年至久安二年（1145-1146），請參《臺記》，卷5，《增補史料大成》，卷23，頁168及《臺記》，卷6，《增補史料大成》，卷23，頁195等。

11 《臺記》在康治二年九月十二日云：「又見〈檀弓上〉。是〈檀弓上、下〉、〈學記〉、〈中庸〉重可見也。為殊勝之卷故也。」又在同月十五日云：「〈中庸〉見了。始見《三禮圖》。」《臺記》，卷3，《增補史料大成》，頁97。另外，賴長學習《禮記》的記錄，見於康治二年至久安元年（1143-1145），請參《臺記》，卷3，《增補史料大成》，卷23，頁110；《臺記》，卷4，《增補史料大成》，卷23，頁138及《臺記》，卷5，《增補史料大成》，卷23，頁168等。

二　程朱學的東傳與日本《三禮》學

　　宋代程朱學的東傳與《三禮》在日本知識階層中的影響力之消長有密切的關聯。關於程朱學東傳的時間有很多不同的說法。〈泉涌寺不可棄法師傳〉曰：「五經三史奧粹，本朝未談之義，（不可棄）法師甫陳，左府聞之，無不歎異。」[12]不可棄法師，即律宗僧俊芿（月輪大師，1166-1227）。俊芿於正治元年（1199）渡宋，建曆元年（1211）歸國時購買儒書二五六卷。伊地知季安（1782-1867）認為其中可能含有程朱學相關的書籍，[13]故久保得二（天隨，1875-1934）和足利衍述（1878-1930）等學者亦以俊芿為日本宋學之始。[14]西村時彥（天囚，1865-1924）則認為日本宋學始於臨濟宗僧圓爾（聖一國師，1202-1280）與蘭溪道隆（大覺大師，1213-1278）。圓爾在嘉禎元年（1235）渡宋，仁治二年（1241）歸國，他所講述的南宋圭堂居士《大明錄》多處引用程顥（明道，1032-1085）之說，而圓爾著有

---

12 信瑞：〈泉涌寺不可棄法師傳〉，塙保己一（編）；太田藤四郎（補）：《續群書類從》，第9輯上（東京：續群書類從完成會，1927年7月；1958年6月訂正三版），頁55。

13 伊地知季安《漢學紀源・新註》云：「當時本邦有僧名俊芿者，字曰我禪，俗藤氏，肥後飽田郡人，建久十年浮海遊宋，明年至四明，實寧宗慶元六年，而朱子卒之歲也。居十二年嗣法北峯，士庶尊崇至畫其像，乞瑞律師為之贊辭，以納祖堂，而其歸則多購儒書（二百五十六卷），同于我朝，乃順德帝建曆元年，而寧宗嘉定四年劉熵刊行四書之歲也。（俊芿之歸也，購《律宗經疏》三百二十七卷、《天台章疏》七百十六卷、《華嚴章疏》百七十五卷、雜書四百六十三卷、與上儒書通計二千百三卷，同于本邦，見其傳。）據是觀之，《四書》之類入本邦，蓋應始乎俊芿所齎同之儒書也，書竢博識爾。」收於薩藩叢書刊行會（編）：《薩藩叢書》，第2編（鹿兒島：薩藩叢書刊行會，1906年8月），頁32-33。

14 請參久保天隨：《日本儒學史》（東京：博文館，1905年11月），頁98-110；足利衍述：《鎌倉室町時代之儒教》（東京：日本古典全集刊行會，1932年12月），頁13-31。

《三教要略》，其藏書目錄《普門院藏書目錄》亦著錄有《晦庵大學》、《晦庵中庸或問》、《論語精義》及《孟子精義》等；蘭溪是在寬元四年（1246）從中國進入日本的臨濟宗僧，西村認為，從他的語錄中可以看見他在相當程度上受到了程朱學的影響。[15]而井上哲次郎（1856-1944）與岩橋遵成（1883-1933）則認為一山一寧（寧一山，一山國師，1247-1317）才是日本宋學之祖。[16]一山一寧是在正安元年（1299）受元成宗（1294-1307在位）之命渡日，後歷任鎌倉建長寺、圓覺寺、淨智寺及京都南禪寺等住持，對後宇多天皇（1274-1287在位）頗有影響。儘管日本宋學之祖是誰，眾說紛紜，但是宋學最晚在十三世紀中就已經傳入日本，卻是可以確定的事實。

自從南北朝至室町時代之間，宋學逐漸滲透於日本的學術界，禪僧虎關師鍊（本覺國師，1278-1346）深入研究宋儒的學說，[17]中巖圓月（佛種慧濟禪師，1300-1375）和義堂周信（空華道人，1325-1388）部分對程朱學給予高度評價，[18]岐陽方秀（不二道人，1361-

---

15 請參西村天囚：《日本宋學史》（東京：梁江堂書店，1909年9月），頁23-37。

16 井上哲次郎：〈朱子學起源・總說〉，收於氏著：《日本朱子學派之哲學》（東京：富山房，1905年12月），頁605-615；岩橋遵成：《日本儒教概說》（東京：寶文館，1925年1月），頁56-59。

17 虎關雖在《元亨釋書・榮西傳贊》云：「仲尼沒而千有餘載，縫掖之者幾許乎，只周濂溪獨擅興繼之美矣。」虎關師鍊：《元亨釋書》，卷2，收於域外漢籍珍本文庫編纂出版委員會（編）：《域外漢籍珍本文庫》，第3輯（重慶：西南師範大學出版社；北京：人民出版社，2012年），子部，第18冊，頁308。然在《濟北集・通衡》到處批判程朱排佛之說，云「朱氏非醇儒矣。」

18 中巖亦在《中正子》糾正程朱排佛論、性情論等，但另一方面評朱子為：「可以繼周紹孔者也。」詳見足利衍述：《鎌倉室町時代之儒教》，頁252-270。關於義堂，在應安四年（1371）六月三日云：「凡孔孟之書，於吾佛學，乃人天教之分，齊書也，不必專書，姑為助道之一耳。經云：『法尚可捨，何況非法。』如是講則儒書即釋書也。」請參義堂：《空華老師日用工夫略集》，收於近藤瓶城（編）：《續史籍集覽》，冊3（東京：近藤出版部，1930年2月），頁78。另在康曆二年（1380）九月

1424）則對《四書集註》加以「和點」，有助於朱子學普及到日本各地。[19]在這種情況下，博士家的學問亦有變化。當時明經家有中原氏與清原氏，二家的學問原是以漢唐古註為主，然清原業忠（1409-1467）講授《論語》、《孟子》依舊用古註，《大學》、《中庸》則以新註；清原宣賢（1475-1550）亦折衷古、新兩註。[20]由此可知，程朱學當時已成為相當重要的學術議題，可能是反映自古代至中世日本社會的變動。

　　這種學術界的氣氛可能對《三禮》研究有所影響。《禮記》受到程朱學者的重視，所以也受到中世日本知識分子的注重。例如清原宣賢所著《曲禮抄》和《月令抄》，均一方面以唐孔穎達（574-648）《禮記正義》為主，另一方面也參考南宋陳澔（1260-1341）《禮記集說》，《大學聽塵》與《中庸抄》則盡心講述朱熹《大學章句》及《中庸章句》的義理；中原、清原二家亦屢次講授《禮記》。對之，讀《周禮》與《儀禮》二書者，雖有北畠親房（1293-1354）等人，然

二十二日云：「近世儒書有新舊二義，程朱等新義也。宋朝以來，儒學者皆參吾禪宗，一分發明心地，故註書與章句學迥然別矣。四書盡於朱晦庵，々及第以大惠書一卷為理性學本云云。」又在同月二十四日對「儒書新舊二學不同如何？」答曰：「漢以來及唐儒者，皆拘章句者也。來儒乃理性達，故釋義太高，其故何？則皆以參吾禪也。」義堂：《空華老師日用工夫略集》，《續史籍集覽》，第3冊，頁184-185。由此可知，義堂所謂的「孔孟之書」指程朱學。

19 南浦文之〈與恭畏阿闍梨書〉云：「昔者，應永年間，南渡歸船載《四書集註》與《詩集傳》來，而達洛陽。於是惠山不二岐陽和尚始講此書，為之和訓，以正本國傳習之誤。」今參日本國會圖書館デジタルコレクション的《南浦文集》：http://dl.ndl.go.jp/info:ndljp/pid/2543963?tocOpened=1，卷下。

20 請參和島芳男：《中世の儒學》（東京：吉川弘文館，1965年3月），頁163-199；水上雅晴：〈清原家の《論語》解釋──清原宣賢を中心に〉，《北海道大學文學研究科紀要》第125號（2008年6月），頁65-118；水上雅晴：〈清原宣賢の經學──古注の護持と新注の受容〉，《琉球大學教育學部紀要》第76號（2010年2月），頁51-65等。

已不多了。[21]這一方面是由於《周禮》與《儀禮》難讀,另一方面是
因為程朱學以《四書》、《五經》為主的體系並未包括此二書。

平安時代以後,宮廷儀式逐漸有了日本特有的模式,源高明
(914-983)、藤原公任(966-1041)及大江匡房(1041-1111)等人編
纂「有職故實」的書[22];到了鎌倉室町時代,小笠原氏與伊勢氏亦奠
定了以武士的「弓、馬、禮」為主要內涵的禮法。[23]筆者認為,這種
現象除了呼應國風文化的盛行或武士階級的抬頭之外,可能亦與《三
禮》學,尤其《周禮》學、《儀禮》學的式微密切相關。

三 德川時代的《三禮》學

德川時代,可謂是日本儒學多元化的時代。初期有藤原肅(惺
窩,1561-1619)與林信勝(羅山,1583-1657),尤其羅山參與幕政
之後,朱子學在德川儒學史上一直處於有利地位,後也有「寬政異學
之禁」:松平定信(1759-1829)在寬政二年(1791)禁止學者在昌平
坂學問所教朱子學之外的學問。然德川時代的儒學並未被一元化,中
江原(藤樹,1608-1648)與熊澤伯繼(蕃山,1619-1691)等尊崇陽
明學,伊藤維禎(仁齋,1627-1705)與荻生雙松(徂徠,1666-

---

21 水上雅晴指出:清家文庫所藏的《周禮》,幾乎都沒有學習的痕跡;在《儀禮》方
   面,清家文庫唯一收藏南宋楊復《儀禮圖》的抄本,此表示清原家從未依古註而研
   究《儀禮》。請參氏著:〈清原宣賢の經學──古注の護持と新注の受容〉,頁59。

22 源高明《西宮記》、藤原公任《北山抄》與大江匡房《江家次第》,後有順德天皇
   《禁秘抄》、後醍醐天皇《建武年中行事》和一條兼良《公事根源》等。

23 請參末松剛:《平安宮廷の儀禮文化》(東京:吉川弘文館,2010年5月);二木謙
   一:《中世武家儀禮の研究》(東京:吉川弘文館,1985年5月)等。關於有職故
   實,另請參石村貞吉(著)、嵐義人(校訂):《有職故實(上、下)》(東京:講談
   社,1987年8月)。

1728）則批評朱子學而分別開創「古義學」和「古文辭學」，甚至佐藤坦（一齋，1772-1859），雖曾師事中井積善（竹山，1730-1804），也在林衡（述齋，1768-1841）歿後為幕府大學頭，然因為他兼修朱王之學，所以被稱為「陽朱陰王」。

儒學普及到日本全土的各階級，亦是德川時代思想界的特色。在德川時代前期，薩摩（現鹿兒島縣）有「薩南學派」，始於桂庵玄樹（1427-1508），輩出南浦文之（1555-1620）等；土佐（現高知縣）則有「海南學派」，南村梅軒（生卒年未詳）的再傳弟子谷素有（時中，1598-1650）奠基，後有野中良繼（兼山，1615-1664）與山崎嘉（闇齋，1619-1682）等學者；水戶藩（現茨城縣）藩主德川光圀（1628-1701）亦招聘朱之瑜（舜水，1600-1682），而編纂《大日本史》，奠定了「水戶學」的基礎。此外，隨著幕政自武斷政治到文治政治的變化，諸藩也各自建立了藩校獎勵學問，較有代表性的藩校有岡山學校（岡山藩，1669）、明倫館（長州藩，1718）與弘道館（水戶藩，1841）等，這些藩校亦確實有助於儒學的傳播。更是岡山藩（現岡山縣）藩主池田光政（1609-1682），另建閑谷學校（1670）開放儒學於庶民階級；伊藤維禎所建的古義堂（京都，1662）、中井積善、積德（履軒，1732-1817）兄弟所代表的懷德堂（大阪，1724）、廣瀨建（淡窗，1782-1856）的咸宜園（日田，1805）及藤澤甫（東畡，1794-1864）、恒（南嶽，1842-1920）父子的泊園書院（大阪，1825）等私塾的活動，在德川儒學史上亦值得留意。儒學於此成為「町人文化」的一部分。

儒學在德川時代多元化而普及於日本全國，然這種趨勢也似未有助於日本《三禮》學。《禮記》由於被包括在《五經》中，所以受不

少學者的關注，在德川時代陸續出版「訓點本」[24]和相關著作。[25]對此，日本中世以來已不讀《周禮》與《儀禮》，近世日本亦然。林信勝在〈《周禮》跋〉說：「近代讀（《周禮》）者鮮矣」，[26]河野子龍（恕齋，1743-1779）在〈刻《儀禮》序〉則描述中國《儀禮》學寂寥的情況云：「嗚乎，專門之學廢，而士之習禮節者益少，明氏排《儀禮》，學官獨立《禮記》，陳氏之說遂孤行，而世之讀《儀禮》者亦鮮。」[27]這種情況，日本亦同。故布施維安（蟹養齋，1705-1778）《讀書路徑》曰：

> 《周禮》與《儀禮》，禮之本文也；《禮記》，是補充禮之本文不足之處，並仔細說明本文，畢竟是禮之末書也。此三書並稱《三禮》。今只有《禮記》置於《五經》，不讀《周禮》和《儀

---

24 藤原肅、林信勝、山崎嘉、貝原篤信（益軒，1630-1714）、後藤世鈞（芝山，1721-1782）、伊藤長胤（東涯，1670-1736）、賀島矩直（加藤圓齋，生卒年未詳）、曾我部元寬（容所，1735-1788）、葛山壽（葵岡，1748-1824）和萩原萬世（大麓，1752-1811）等學者都有《禮記》的訓點本。

25 例如穗積以貫（能改齋，1692-1769）《禮記國字解》十六卷、平賀晉民（中南，1722-1792）《禮記鄭注辨妄》五卷與《禮記纂義》二十四卷、小篠敏（東海，1728-1801）《禮記傍注》八卷、豐島幹（豐洲，1736-1814）《禮記說約》二十五卷、岡野融（石城，1745-1830）《禮記纂說》十卷、龜井昱（昭陽，1773-1836）《禮記抄說》十四卷、山縣禎（太華，1781-1866）《禮記備考》五卷、賀島矩直《禮記鄭注補正》十五卷、藍澤祇（南城，1792-1860）《禮記講義》八卷、米谷寅（金城，1759-1824）《禮記釋解》二十八卷等。請參張文朝（編譯）：《江戶時代經學者傳略及其著作》（臺北：萬卷樓，2014年3月）。

26 長澤規矩也（編）：《和刻本經書集成（正文之部）》（東京：古典研究會，1975年12月），第2輯，頁232。

27 長澤規矩也（編）：《和刻本經書集成（古注之部）》（東京：古典研究會，1976年12月），第2輯，頁322。

禮》，甚無道理。應先讀《周禮》與《儀禮》，其後始讀《禮記》。[28]

可見，當時讀《周禮》與《儀禮》者，與《禮記》相比，亦並不多。

張文朝（1960-）近日出版《江戶時代經學者傳略及其著作》，[29] 其中整理了德川時代的經學著作，值得參考。據此書，《禮記》相關共有四十一筆，[30]《周禮》方面共計四十六筆，[31]《儀禮》方面則有三十筆。[32] 雖還有《二禮》相關的四筆與《三禮》有關的十五筆，然

---

28 長澤規矩也（編）：《江戶時代支那學入門書解題集成》（東京：汲古書院，1975年7月），第1集，頁438-439。原文：「周禮儀禮ハ禮ノ本文ナリ、禮記ハ禮ノ本文ノタラヌ所ヲタシ、又本文ノ子細ヲ明シタルモノニテ、畢竟禮ノ末書ナリ、此三ヲ三禮ト云、今禮記ノミヲ五經ニイレテ、周禮儀禮ヲヌイテ讀ヌハ、甚不埓ナコトソ。先ツ周禮儀禮ヲヨンテ、其後ニ禮記ヲ讀ヘキコトソ。」

29 張文朝（編譯）：《江戶時代經學者傳略及其著作》（臺北：萬卷樓，2014年3月）。此書是從關儀一郎、關義直共編《近世漢學者傳記著作大事典》（東京：井田書店，1943年；東京：琳琅閣書店，1981年7月四版）選出有經學著作的學者，編譯成經學研究專書的。詳請參張文朝：〈自序〉，頁11。

30 其中作者重複的有：中村之欽（惕齋，1629-1702）《筆記禮記集傳》十六卷（刊）與《月令廣義》一卷；平賀晉民《禮記鄭注辨妄》五卷與《禮記纂義》二十四卷；冢田虎（大峯，1745-1832）《冢氏禮記正文》四卷（刊）與《禮記贊說》四卷。

31 此數字似多於《禮記》，然其中包括井口文炳（蘭雪，1719-1771）《考工記管籥及附續》三卷與《考工記國字解》二卷；賀島矩直《周禮說筌》六卷與《周官解箋》六卷；清水嘉英（江東，1740-1795）《周禮詁訓》與《周禮解》；桃世明（西河，1748-1810）《周禮窺》六卷與《考工記圖考》；永井襲吉（星渚，1761-1818）《周禮考文》與《周禮義》；平賀晉民《周官名物抄》二卷、《周官集成》十八卷及《周官義疏刪》四卷；齋藤高壽（芝山，1743-1809）《周禮井田圖說》三卷、《周禮王城朝廟圖說》四卷、《周禮刑法錄》二卷、《周禮武教錄》二卷、《周禮復古圖官》八卷以及《周禮學校圖說國字解》三卷，所以專治《周禮》者實有三十四家。

32 此數字也含有清水嘉英《儀禮詁訓》與《儀禮義》；川合孝衡（春川，1751-1824）《儀禮質疑》八卷（刊）與《儀禮釋宮圖解》一卷；豬飼彥博（敬所，1761-1845）《儀禮義疏》（校）、《儀禮鄭注正誤》二卷及《儀禮禮節改正圖》一卷；平元重德（謹齋，1810-1876）《儀禮考》、《儀禮私錄》、《儀禮備考》、《儀禮儀法會要》以及《儀禮續考》，所以專治《儀禮》者實為二十二家。

《三禮》相關著作的總計，與其他經書相比，寥若晨星。[33]吾妻重二
（1956-）指出：因為儒教儀禮與日本自古以來的風俗或「有職故
實」不一致，所以儒教儀禮的研究在日本只不過是一部分儒教學者的
趣味而已。他另一方面從實踐儒禮的觀點，強調德川時代《家禮》研
究之必要，[34]此亦反證了當時《三禮》研究之「不振」，尤其是《周
禮》和《儀禮》。

第二節　日本明治以後對「禮」的言論

明治維新以來，日本漢學面臨了一種危機，因為許多知識分子視
儒學為支持德川幕藩體制的封建思想加以激烈批評，如福澤範（諭
吉，1835-1901）、森有禮（1847-1889）等人由政教分離的西方思想
的立場攻擊政教一致的儒學思想，[35]上田萬年（1867-1937）則主張

---

33 依張文朝教授所統計，《易》類六二四筆；《書》類一八三筆；《詩》類二四五筆；
　　《春秋》類二四五筆（含《三傳》）。詳請參張文朝：《江戶時代經學者傳略及其著
　　作‧凡例》，頁2。楊晉龍先生在該書〈楊序〉中亦指出：「其中以《易》類六百二
　　十四部最多，其次則《論語》四百零一部、《詩》類二百四十五部、《大學》二百四
　　十四部；最少的則是《公羊傳》類三部、《穀梁傳》類四部和《爾雅》類七部；若
　　以《四書》為一類，則高達一千二百零四部。」張文朝：《江戶時代經學者傳略及
　　其著作‧楊序》，頁7。可知德川儒學的研究重點。此外，內野台嶺詳細介紹林泰輔
　　《日本經解總目錄》（未刊），其統計數字如下：《周易》三九五部（二一二家）；
　　《尚書》一四七部（一一一家）；《詩經》一七三部（一三一家）；《禮》一四四部
　　（九一家）；《春秋》二二四部（一六四家）等，亦可參。內野台嶺：〈日本經解に
　　就いて〉，德川公繼宗七十年祝賀記念會（編）：《近世日本の儒學》（東京：岩波書
　　店，1939年8月），頁1127-1149。
34 吾妻重二：〈江戶時代における儒教儀禮研究──書誌を中心に──〉，《アジア文化
　　交流研究》第2號（2007年3月），頁255-270。另請參田世民：《近世日本における儒
　　禮受容の研究》（東京：ぺりかん社，2012年3月）。
35 另阪谷素云：「今世論者以日支未開明歸於孔子之道毫無進步之工夫，而說吾邦亦
　　受其害（今世論者、日支の開明せざるをもって、罪を孔子の道進步の工夫なきに

「漢文科」廢止論，[36]甚至前島密（鴻爪，1835-1919）提出了「漢字廢止論」。[37]然另一方面明治初期的知識分子，無論肯定或否定，均曾在藩校等受過儒學教育，無庸贅言。「歐化」運動過於極端，有些知識分子就開始對此批評。中村正直（敬宇，1832-1891）在明治二十年（1887）五月八日演講〈漢學不可廢論〉，[38]元田永孚（東野，1818-1891）與井上毅（梧陰，1844-1895）在明治二十三年所起草的《教育ニ關スル勅語》（即《教育勅語》）充滿了儒學思想。和辻哲郎（1889-1960）言：「明治十年代顯然是歐化主義的時代，反之，二十年代看似是反動的時代。」[39]中村、元田、井上所作可謂是一種「反動時代」的反映。

在這種對「歐化」反動的趨勢下，「禮」終於獲得知識分子的關注。西村茂樹（泊翁，1828-1902）在明治八年（1875）云：「維新以

歸し、わが邦もまたその害を受るを說く）。」〈養精神一說〉，《明六雜誌》第40號（1875年8月），今據山室信一、中野目徹（校註）：《明六雜誌（下）》（東京：岩波書店，2009年8月），頁312。

36 請參三浦叶：《明治の漢學》（東京：汲古書院，1998年5月），頁408。三浦先生另提到小泉澂《頑固漢學者論述譚》。小泉在此書中一方面肯定漢學的必要性，另一方面多指出漢學者在教育上的缺點，並論述儒學均是「淺近之說」，無利於「學術本體的研究」。然他亦云：「但所取者修身學而已（但取ル所ノモノハ修身學ノミ）」，值得留意。小泉澂：《頑固漢學者論述譚》（東京：吟月閣，1887年2月），頁143-145。

37 前島早在慶應二年（1866）向將軍德川慶喜提出〈漢字御廢止之議〉，因為此文在明治三十二年（1899）以後面世，因而不少研究者對此懷疑。然前島另有〈國文教育之儀ニ付建議〉、〈國文教育施行ノ方法〉（以上是明治二年）、〈學制御施行ニ先夕チ國字改良相成度卑見內申書〉及〈興國文廢漢字議〉（以上是明治六年）等，可見前島確是漢字廢止論者。

38 中村正直：〈漢學不可廢論〉，中村正直（述）、木平讓（編）：《敬宇中村先生演說集》（松井忠兵衛，1888年4月），頁103-130。

39 和辻哲郎：《日本倫理思想史（四）》（東京：岩波書店，2012年2月），頁257。原文：「明治十年代が顯著に歐化主義の時代であったのに對して、二十年代は反動の時代であったように見える。」

來，學問之風頗有變化，孔孟之道已衰退，西方理學未進入，其狀如日已沒月未昇之時。」[40]加藤常賢（維軒，1894-1978）則從社會禮規的觀點對日本社會自維新以來的變化加以說明：

> 明治、大正時代，在思想上真是混亂的時代，中、青年人皆蔑視作為社會生活規矩的禮法，我想，在社會生活、個人生活上，與其說是依各人獨自的判斷來生活，不如說是放恣生活，如此說也不為過。（中略）加之，在思想、生活上引進與吾國傳統完全不同的歐美文化，而更加混亂。因此完全沒有餘裕反省吾國傳統的社會禮規。這是在明治大正時代未建立我們國民的、社會的、家族的禮規之原因。然今日眾多人提倡禮規的必要，可以一般認為是終反省自己而回顧歷史的時代所帶有的必然現象。[41]

可見近代日本禮學研究的興起，一方面與實際社會及生活的需求密切相關。

---

40 原文：「維新以來學問の風一變し、孔孟の道はすでに衰え、西國の理學はいまだ入らず、其の狀あたかも日すでに沒して月のいまだ昇らざる時のごとし。」西村茂樹：〈修身治國非二途論〉，《明六雜誌》第31號（1875年3月），山室信一、中野目徹（校註）：《明六雜誌（下）》，頁82。

41 加藤常賢：《禮の起源と其の發達》（東京：中文館書店，1943年4月），後改為《中國原始觀念の發達》（東京：青龍社，1951年3月），〈序〉，頁1-2。原文：「明治・大正の時代は全く思想的には混亂時代であって、中青年の人々は社會生活の規矩たる禮法を蔑視して、社會生活個人生活に、各人獨自の判斷に從つて生活したと謂ふよりは、自恣的生活をして來たと謂つても敢て過言でないと思ふ。（中略）加ふるに思想に生活に吾國の傳統と全然異る歐米のものが輸入されたのであるから、一層に混亂を加へること、なつた。吾國の傳統的社會的禮規を反省する餘裕などは全然なかつたのである。これ明治大正時代に吾々の國民的社會的家族的禮規の建設のことのなかつた所以である。が今日禮規の必要が叫ばれるに至つたのは、一般的に自己を反省して歷史を顧るに至つた時代の必然の現象と考へられる。」

　　日本學者論「禮」的意義，大致可分為兩個方向：其一為探討「禮」在古代社會或儒教中的意義，如內野台嶺（1884-1953）〈儒教における禮の地位〉、[42]手塚良道（1889-1961）〈支那古禮の基本觀念に就いて〉、[43]長谷川萬次郎（如是閑，1875-1969）〈儒教に於ける「禮」の意義と其の「變質」〉、[44]石井文雄〈儒教の禮樂に就いて〉、[45]服部武（1908-）〈禮に見はれた古代支那人の精神〉、[46]山本幹夫（1903-2001）〈中禮の構造〉、[47]武內義雄（述庵，1886-1966）《禮の倫理思想》[48]及木村英一（1906-1981）〈舊支那社會における禮の作用について〉[49]等的成果。

　　內野認為，「禮」雖始於祭祀，後來擴大到許多方面，與政治相即不離，既是規範人的行為，亦是所以保持國家統制的法則，不僅如此，又有維持天地秩序的功能；手塚則主要依據清儒凌廷堪之說，認為禮的基本觀念置於仁義和天理，而以朱熹「一本萬殊」說明天理、性情、人倫、威儀一貫之理；武內一文則分別探討《古禮經》和《儀

42　內野台嶺：〈儒教における禮の地位〉，《漢文學會會報（東京文理科大學漢文學會）》第2號（1934年2月），頁18-41。

43　手塚良道：〈支那古禮の基本觀念に就いて〉，收於氏著：《儒教道德於君臣思想》（東京：藤井書店，1935年2月），頁411-455。

44　長谷川如是閑：〈儒教に於ける「禮」の意義と其の「變質」〉，《思想》第155號（1935年4月），頁161-176。

45　石井文雄：〈儒教の禮樂に就いて〉，《斯文》第19編第3號（1937年3月），頁17-32。

46　服部武：〈禮に見はれた古代支那人の精神〉，《東方學報（東京）》第8冊（1938年1月），頁231-245。

47　山本幹夫：〈中禮の構造〉，《哲學雜誌》第55卷第639號（1940年5月），頁1-33。

48　武內義雄：《禮の倫理思想》（東京：岩波書店，《岩波講座倫理學》，第10卷，1941年10月），後收於《武內義雄全集》，第3卷（東京：角川書店，1979年1月），頁443-474。依「附記」可知，此文原預定是由第八高等學校教授常盤井賢十（1906-）來撰寫，然常盤井突然出不能執筆的狀況，因而由武內替他撰著。

49　木村英一：〈舊支那社會における禮の作用について〉，《東亞人文學報》第2卷4號（1943年3月），頁616-642。

禮》（今禮經）的倫理思想，而釐清禮的倫理思想自《古禮經》的
「宗教性」至《儀禮》的「倫理性」之演變，都屬於傳統漢學的脈絡。

　　長谷川、服部、山本及木村的四文則與此不同，較有特色。遠藤
隆吉（1874-1946）曾云：「古代的禮，是盡人情的至美者，也是由此
規制人類行為者。」[50]長谷川如是閑亦從藝術的角度對「禮」加以論
述，認為：「語言、行動在中國古典藝術，並非個性的感情表現，而
是類型的象徵形式，且皆是『禮』的形式。」[51]「禮」在《論語》中
依舊極為「實質的、常識的、人情的、氣氛的」，但孔子之後逐漸喪
失道德性與合理性，一方面變成形上學的宇宙論（原文：「アストロ
ロジー」，即astrology），另一方面陷入職業性繁瑣主義，他此處看出
「禮」的「變質」。此點與服部一文有相似之處，服部武是漢學大師
服部宇之吉（隨軒，1867-1939）之子，他首先指出禮的本質為「社
會的調和性」，與儒教連結之後有了「變質」，並認為禮本是「道德與
藝術的融合」，在孔子思想中亦是「合理統制理性與感性的態度」「以
自由與調和為本質」，然到了漢代，與建構禮之哲學性形上學同時，
禮論陷於完全無意義的觀念論，此就是「禮永久停止了不斷創造性進
步的一刻」。[52]山本幹夫則從倫理學的觀點，探討「中禮」的結構，而
指出其特色有二：政治性格與對立者的總合，並是以「為政者的有德
性」和「被治者的無德性」為背景，他進而論述，「中」並非指兩極

---

50 引自遠藤隆吉：《東洋倫理學》（東京：早稻田大學出版部，早稻田大學四十二年度
　文學科第一學年講義錄，1909年），頁318；（東京：早稻田大學出版部，早稻田大
　學四十三年度文學科第一學年講義錄，1910年），頁214。原文：「古代の禮は人情
　の至美を盡くした者で之れに由りて人間行為を規制せんとする者である。」

51 長谷川如是閑：〈儒教に於ける「禮」の意義と其の「變質」〉，頁607。原文：「言
　語、行動は、そこでは個性的の感情表現ではなく、類型的の象徵的形式になつて
　ゐるが、しかもそれはすべて『禮』の形式である。」

52 服部武：〈禮に見はれた古代支那人の精神〉，頁13。原文：「禮が其の不斷の創造
　的進步を永久に停止した時であつたのである。」

端的中態，而是表示兩極端相即一如。木村英一一文則出發於舊中國
社會的「停滯性」，探討「禮」在其中的作用。他首先將舊中國社會
分為二：支配階級與被支配階級，而認為被支配階級各自各屬「封鎖
性共同社區（原文：封鎖的ゲマインシャフトGemeinschaft）」，或生
活於「被封閉的社會」；反之，支配階級社會（官僚社會）整體擁有
一種井井有條的組織，是具備道德的階級制度，即是禮的組織，兩者
之間有天壤之別。然此禮的組織或道德的階級制度所謂的「道德」，
起源於家族制社會，他又指出，因為支配階級與被支配階級兩者都以
家族制度為基礎，所以對庶民社會亦能誇示威嚴，此有助於中國社會
的穩定性及固定性。支配階級為何需要「禮」？木村認為，被支配者
社會是以生存競爭為主的「自然狀態」，支配者社會倒是毫無秩序的
「自由競爭」狀態，因此必須採用非常嚴格的階級制度，此就是
「禮」。以上可見，長谷川、山本、木村之文是一種嘗試，一方面基
於東方思想，另一方面利用西方概念，而重新思考中國的「禮」思
想，頗具啟發性，至今亦仍有可參之處。

　　此外有西晉一郎、小糸夏次郎共著《禮の意義と構造》。[53] 西晉一
郎（1873-1943），是中國思想史研究者西順藏（1914-1984）之父，
東京帝國大學哲學科畢業後，任教於廣島高等師範學校及廣島文理科
大學，亦是日本倫理學界的泰斗，因而世人將他與西田幾多郎
（1870-1945）並稱為「兩西」，主著有《倫理學の根本問題》等；小
糸夏次郎（1908-1946）則是西氏高足，一九三三年廣島文理科大學
畢業後，歷任國民文化研究所助手、廣島文理科大學講師及滿州建國

---

53 西晉一郎、小糸夏次郎：《禮の意義と構造》（東京：國民精神文化研究所，《國民
　精神文化研究》，第24冊，1937年3月；東京：畝傍書房，1941年9月）。西晉一郎與
　小糸夏次郎的傳記，請參關口順：〈小糸夏次郎小傳〉，《埼玉大學紀要（教養學
　部）》第46卷第1號（2010年9月），頁203-215等。

大學助教授。《禮の意義と構造》分別有兩大部分：西所著〈禮の意義〉與小糸所撰〈禮の思想と構造〉。首先介紹〈禮の意義〉，篇幅雖不長，並其內容實與西氏《東洋道德研究》中的一篇〈禮記に見えたる禮の意義〉[54]相同，然在文中多處看到作者以「禮」所代表的亞洲文化自負而排斥與亞州民眾性情不合的歐美文化，可見西氏根據「國體」思想嘗試建構國民道德，而他在此脈絡上認為：「西方學者將原始民族的習慣定為廣義地有宗教性的，而視從其中分化而來的道德性為發展、進步，是因為他們以他們自己國家的文化史為準據；與此不同，禮則從當初既有道德性，其在發達之後亦尚保有宗教性意義，若兩者分離，就連一亦不能成」，[55]並云：「禮就是完美的道德，因此同時也是完美的宗教」[56]等，可知西氏論述與後文所述的田崎仁義（1880-?）、本田成之（1882-1945）、齋伯守及加藤常賢等不同，頗有獨特之處。

其次，小糸〈禮の思想と構造〉是由四個部分而成：第一為「序說」，此處提到此文研究的目的為：「透過對禮作為支那文化的形態在思想上如何被人看待，又作為現實的社會組織擁有如何基本結構加以考察，以查明支那文化基礎的一端。」[57]第二〈儒家の禮說〉與第三

---

54 西晉一郎：〈禮記に見えたる禮の意義〉，《東洋道德研究》（東京：岩波書店，1940年1月），頁1-21。

55 西晉一郎：《東洋道德研究》，頁12；西晉一郎、小糸夏次郎：《禮の意義と構造》，頁13。原文：「西洋の學者が原始的民族の慣習を廣義に宗教的と名づけ、そこから道德的のものが分化することを發展進步と思做すは、自分等の國の文化の歷史を準據として居るからであつて、禮は當初から道德的でもあり、發達の後に於ても宗教的意義を大に存するので、二者離れては各〻一を成すことは出來ぬ。」

56 西晉一郎：《東洋道德研究》，頁16；西晉一郎、小糸夏次郎：《禮の意義と構造》，頁17。原文：「禮こそは完全なる道德であり、それ故又同時に完全なる宗教である」。

57 西晉一郎、小糸夏次郎：《禮の意義と構造》，頁31-32。原文：「（この研究は）支那

〈禮の思想の發達〉，詳論禮思想從原始經孔、孟、荀到董仲舒之間的演變，而釐清原有宗教性的儀禮逐漸往政治性、道德性的方向發展，最後獲得宇宙論意義。第四〈禮の構造〉，小糸認為歷代學者所提出的「吉、凶、賓、軍、嘉」（《周禮・春官・大宗伯》）、「冠、昏、喪、祭、射、鄉、朝、聘」（《儀禮》、《禮記・禮運》等）、「家禮、鄉禮、學禮、邦國禮、王朝禮」（朱熹《儀禮經傳通解》）等禮之分類方法不妥當，因為中國民族的生活原理上既然在家中與家外截然不同，一為親親主義；一為賢賢主義，因而應隨之將其分為「家族形態」與「社會形態」兩種，此亦是他獨有的觀點。宇野精一（1910-2008）評之為：「可否說：家族生活與社會生活各受原理不同的主義之支配？至少可以指出在他的論述中到處有了矛盾之處。」並云：「多少有似非支那學專家的缺點，亦有顯露似津田博士的論調之處」。[58]津田左右吉（1873-1961）曾發表過〈儒教の禮樂說〉，[59]探討

文化の形態としての禮について、それが思想の上で何如に考へられ、又現實の社會組織として何如なる基本的構造を有してゐたかを考察することによつて、支那の文化基礎の一端を究明せんとするものである。」

58 宇野精一：〈（書評）《禮の意義と構造》〉，《漢學會雜誌》第9卷第3號（1941年12月），頁106-109，後收於《宇野精一著作集》（東京：明治書院，1989年6月），卷5，頁265-268。今引自頁108；頁268。原文：「家族生活と社會生活と原理的に異る主義が支配したといへるかどうか。少くとも氏の論には處々に矛盾があるやうに思はれるのである。」「支那學の專門家でないらしい缺點が多少あり、津田博士的な論調が見られる所もある」。

59 津田左右吉：〈儒教の禮樂說（其一）〉，《東洋學報》第19卷第1號（1931年3月），頁1-48；〈儒教の禮樂說（其二）〉，《東洋學報》第19卷第2號（1931年8月），頁66-98；〈儒教の禮樂說（其三）〉，《東洋學報》第19卷第3號（1931年12月），頁59-83；〈儒教の禮樂說（其四）〉，《東洋學報》第19卷第4號（1932年3月），頁91-136；〈儒教の禮樂說（其五）〉，《東洋學報》第20卷第1號（1932年7月），頁61-98；〈儒教の禮樂說（其六）〉，《東洋學報》第20卷第2號（1932年12月），頁98-117；〈儒教の禮樂說（其七）〉，《東洋學報》第20卷第3號（1933年3月），頁51-120，後題為〈儒教の禮樂說〉，收於氏著：《儒教の研究》，第1卷（東京：岩波書店，1950年3月），頁

自先秦到漢代儒教禮樂說的推移，其發展過程相似於小糸說，此或許是宇野所言「似津田博士的論調之處」。雖然，此書確實亦是日本近代禮學最有代表性的著作之一，至今尚有參考價值。

近代日本學者論「禮」的意義，另一個方向即是考究「禮」在當代日本社會中的意義。首推服部宇之吉〈支那古禮と現代社會〉與〈支那古禮と現代社會（承前）〉，[60]本是在日本學會講演的筆記，從國會、自由自治、風教與階級的三個觀點，指出中國古禮與現代社會密切相關，此實出於「針對儒教賦予新的生命，使之為新時代的權威」，[61]不待贅言。服部另在昭和十六年（1941）出版《儒教倫理概論》，其中云：「此（筆者註：禮的實踐）對現今社會甚為重要，我相信亦是一種所以培養身為大國民的素養之道」，[62]亦強調禮的實踐在當時社會的重要性，可見一位漢學家在古代與近代世界之間的掙扎。

其次是高田眞治（1893-1975）〈禮の思想に就いて〉，[63]此一文是

197-417及《津田左右吉全集》，第16卷（東京：岩波書店，1965年1月），頁197-417。津田指出：儒家所提倡的禮樂原是不可實行的，到了漢代，儒家一方面說明禮樂可隨時改變，另一方面企圖依他們所主張制定帝王的儀禮與樂，他們長期紙上空談的先王之禮遂在王莽時實現，然此時先王之禮僅呈現於朝廷儀禮，未帶教化功能，王氏政權因此滅亡。

60 服部宇之吉：〈支那古禮と現代社會〉，《東亞之光》第9卷第11號（1914年11月），頁71-77；〈支那古禮と現代社會（承前）〉，《東亞之光》第9卷第12號（1914年12月），頁38-49。服部另有《禮の思想（附實際）》（東京：岩波書店，岩波講座・東洋思潮〔東洋思想の諸問題〕，1935年11月）。

61 服部宇之吉：〈現代に於ける儒教の意義〉，《斯文》第1編第1號（1919年2月），頁19-36。引文自頁20，原文：「儒教に新生命を與へ之をして新しき時代に於ける權威たらしむ」。

62 服部宇之吉：《儒教倫理概論》（東京：冨山房，1941年11月），頁385。

63 高田眞治：〈禮の思想に就いて〉，《斯文》第18編第9號（1936年9月），頁1-14。高田另有〈東洋思想の特徵と禮樂の道〉，《斯文》第19編第12號（1937年12月），頁13-31，後收於《東洋思潮の研究》，第1卷（東京：春秋社，1944年3月），頁180-202。松岡慎一郎有〈禮の思想〉，《史泉》第4號（1956年3月），頁19-30，高田〈禮の思想に就いて〉有同脈之處。

高田在昭和十一年（1936）五月三日中央放送局演講時的草稿，首先
整理禮的意義和本質，接著談到德治與法治在維持國家社會的秩序、
治安上的關係，而後論述正名思想為一種實現禮的統治之方法。高田
本人也承認此文大致上是參照穗積陳重（1855-1926）〈祭祀及禮と法
律〉及服部宇之吉〈禮の思想〉二文，所以此文在學術上幾無參考價
值，然此文強調正名思想，是因為當時日本逐漸顯露右傾化，甚至此
年二月發生「二二六事件」，高田憂慮如此「下剋上的風潮」，所以最
後云：「現時最必要的，是禮的秩序，亦是正名思想。」[64]

　　內野台嶺〈禮の現代的意義〉[65]一文亦與高田論文相同，以昭和
初期為背景，探討禮論的特質而企圖運用此於當代。內野所指出的特
質有五：其一是「報本反始的精神」，指出是牽涉到祖先崇拜和祭政
一致的主張，所以認為禮對以祖先崇拜和祭政一致成立的「我國國
體」有重大意義；其二為「階級的差別相」，既是因為模範天地自
然，亦是為了預防犯分亂理，以免陷入「下剋上」與「惡平等」；其
三，「排斥虛禮」，禮論雖重「修外的、飾外的」，然其精神優先於形
式，內野藉此批判當時的「生活改善論者」；其四則為「互相禮讓」，
當時亦有著「僅主張權利，一向不顧義務」的人，內野因此也加以批
判；最後是「變通（融通）性」，禮原是非常流動，他注意不要陷入
「劃一主義」、「官僚主義」。如此，內野身處於昭和初期，在面對社
會問題時指望禮思想的可能性。

　　此外，隨著明治二十年代以後東亞意識的崛起，日本人就開始重
新思考東亞文化的價值，此也是近代日本禮學研究的動力之一。三島
毅（中洲，1831-1919）早在明治二十三年於東京學士會院演講時論
「禮」與「法」的關係，而擔憂「近來西洋法律學傳來後，世間萬

64　高田眞治：〈禮の思想に就いて〉，頁14。
65　內野台嶺：〈禮の現代的意義〉，《漢學研究》第2號（1937年4月），頁2-13。

事，最重法律」的情況，而提出「古禮即今法說」，認為無論禮或法，其理為一。[66]鵜澤總明（1872-1955）〈禮と法〉一文[67]則一方面承認西洋的法與東洋的禮在本質上相同，另一方面在制定日本獨自法律的必要上，重視「禮治的精神」，以東洋古典為研究法理上的寶典。東川德治〈禮の種類〉[68]將「禮」的意義歸於人在社會中生活時該遵守的標準「中」，認為無論廣義或狹義，「禮」在周代以前都具有與後世法律相同的效力，亦是相當關懷「禮」與「法」息息相關。相良政雄（1898-1941）〈法學思想と古の禮について〉[69]也是探討「禮」「法」關係，一方面承認「法」在當代政治的重要性，另一方面指出，來自西方的法學思想原基於「反抗心理」，釀造「鬥爭」的政治，反之，禮則為「讓」的形式、道德的延長，因而認為必須以東洋文明的「禮」彌補法學思想的缺點。[70]他們論點有所不同，然在近代日本早期研究「禮」「法」關係的論述中，多少含有解構西方文化的意圖，

---

66 三島毅：〈古禮即今法の說〉，《中洲講話》（東京：文華堂，1909年11月），頁120-138。

67 鵜澤總明：〈禮と法〉，《東洋文化（東洋文化學會）》，第2號（1924年2月），頁9-28。他另有〈禮法の本質──經學と法學との統合研究への新提案──〉，《大東文化學報》第7、8輯合併號（1942年11月），頁1-30，筆者仍未得見。

68 東川德治：〈禮の種類〉，《東洋文化（東洋文化學會）》第110號（1933年8月），頁63-69。

69 相良政雄：〈法學思想と古の禮について〉，《東洋文化（東洋文化學會）》第136號（1935年10月），頁11-18。

70 日本第一位法學博士穗積陳重（1855-1926）亦撰寫〈禮と法〉，而釐清「禮法分化」的過程。他認為，社會發展的初期為了有秩序的共同生活，需要範圍廣大的「禮」，但隨著國家具備機構、國權擴大作用，部分禮儀的規定逐漸變為法律的規定。穗積並將荀子視為禮治之終，管子則為法治之端，是此文獨特的看法。穗積陳重：〈禮と法〉，原載《法學協會雜誌》第24卷第1-2號（1906年1-2月），頁碼未詳，後收於穗積重遠（編）：《穗積陳重遺文集》，第3冊（東京：岩波書店，1934年1月），頁201-224。此文為《祭祀及禮と法律》（東京：岩波書店，《法律進化論叢》，第2冊，1928年7月）的基礎。

「禮」是相對於西方的「法」而象徵「東洋的精神」。在此意義上，近代日本人論「禮」亦反映相對於「脫亞」的「興亞」之言論。

但在一九四〇年代，齋伯守發表了〈禮法分化說に對する試論〉，[71]認為「禮」是「社會法」；「法」則為「國家法」，但從客觀規範的觀點而言，兩者相同，所以不可謂「禮法分化」。島田正郎（1915-2009）有〈中國法に對する禮の意義〉，[72]首先連結「禮」與君子（教養人）、「法」與庶人（非教養人），指出前者必須實踐禮的規則，後者則必受法的約束，並用中文的書面語與口語之例而說明，「禮」雖起源民間風俗，但後為純潔化、標準化，因而不帶地方色彩，擁有賦予統一中國社會的作用。此文雖有不成熟之處，滋賀秀三（1921-2008）高度評價。另有田中利明（1935-1986）〈禮と法——前漢までの經緯——〉[73]與大野實之助（1905-?）〈禮と法〉，[74]田中則關注「禮」與「法」在中國政治史上密切不離，認為聯繫二者的關鍵為「孝」與「擔任政治的有知者所擁有的選良意識」；大野亦主張「禮」與「法」同為「使人能經營既正確又有秩序生活的行為規準」，而強調青少年教育中的「禮」的重要，是因為在大野的眼中，日本戰後的青少年缺乏遵法精神。如此，齋伯、島田、田中與大野的

---

71 齋伯守：〈禮法分化說に對する試論〉，龍谷學會（編）：《京都漢學大會紀要（龍谷學報附錄）》（京都：興教書院，1942年4月），頁32-37。

72 島田正郎：〈中國法に對する禮の意義〉，《法律論叢》第24卷第4號（1951年4月），筆者未見。此處參照滋賀秀三：〈（書評）島田正郎〈中國法に對する禮の意義〉〉，《法制史研究》第3號（1953年11月），頁242的評語。

73 田中利明：〈禮と法——前漢までの經緯——〉，《待兼山論叢》第3號（1969年12月），頁47-66。

74 大野實之助：〈禮と法〉，東洋文化研究所創設三十周年記念事業委員會（編）：《東洋文化研究所創設三十周年記念輪集——東洋文化と明日——》（東京：無窮會，1970年11月），頁35-50。引文自頁48，原文：「人が正しい秩序ある社會生活を營むための行為の規準」。

確與以往研究者相同，承認「禮」與「法」密切相關，但對「禮」
「法」的基本瞭解，已不同於一九三〇年代前的學者注重東方的
「禮」優於西方的「法」這種觀點，值得留意。

　　儘管「反動」或「興亞」，近代日本知識分子在方法論上勢必難
免受西方文化的影響，亦不可否認。如論「禮」的起源，較為早期有
田崎仁義〈禮の原始的意義と其三段の變化〉，[75]多用社會學、民俗學
等成果而主張，「禮」始於「宗教性意義的禮」，接著分出「道德性意
義的禮」，最後產生「法令刑律」，共有三段變化。本田成之〈古禮
說〉[76]亦認為，「禮」起於樸素的宗教性儀式，原是表象「敬虔」的觀
念；祭祀的對象原為代表天文現象的神靈，後為祖先的人靈，「禮」
隨之獲得倫理性，而隨著家族制度、封建制度的成立，開始強調
「孝」；「孝」衍生出冠昏吉凶的諸禮。齋伯守有〈禮治思想の淵
源──特に文字より見たる禮の起原──〉一文，[77]也認為「禮」起
源於在祭祀性社會中的宗教儀容。加藤常賢〈禮の原始的意味〉[78]則

75　田崎仁義：〈禮の原始的意義と其三段の變化〉，《國家學會雜誌》第34卷第12號
　　（1920年12月），頁52-69；後收於氏著：《增補支那古代經濟思想及制度》（京都：
　　內外出版，1932年4月），頁281-298。田崎另有：〈支那古代の「禮」に就て（其一）
　　（「禮」なる文字の解剖）〉，《東亞經濟研究》第17卷第1號（1933年1月），頁1-12，
　　從文字的結構來探討「禮」在古代中國的意義。他認為「示」是表徵作為崇拜對象
　　的神主、靈牌等，「豐」是代表盛神饌之器，因而「禮」意為「宗教行事本身的莊
　　嚴而有秩序的狀貌、恭敬而謹慎的心情」（頁12）。

76　本田成之：〈古禮說〉，《支那學》第1卷第8號（1921年4月），頁19-31。

77　齋伯守：〈禮治思想の淵源──特に文字より見たる禮の起原──〉，《思想と文學》
　　第1輯（1935年7月），頁36-46。

78　加藤常賢：〈禮の原始的意味〉，《精神科學》昭和12年第1卷（1937年1月），頁129-
　　166。另請參加藤常賢：〈支那古代の宗教的儀禮に就て〉，《斯文》第2編第6號
　　（1920年12月），頁29-41；〈支那古代の宗教的儀禮に就て（續）〉，《斯文》第3編第
　　1號（1921年2月），頁25-37，專論「消極的儀禮」與「積極的儀禮」，二文都後收於
　　《中國古代文化の研究》（東京：二松學舍大學出版部，1980年7月），頁82-102。

利用法國社會學者艾彌爾‧涂爾幹（Émile Durkheim, 1858-1917）的
神聖（tabu-mana）觀念，分析有別於後代「狹義的宗教性儀禮」的
古代「廣義的宗教性儀禮」為兩種：一是解消「不純淨性」的「消極
的儀禮（Negative rite）」；另一是為了感受到「融合觀念」的「積極
的儀禮（Positive rite）」，而注意到以飲食之禮為主的「積極的儀禮」
位於一切儀禮最後、最重要、最高潮的階段，因此認為「禮」的目的
始終在完成「積極的儀禮」，亦推測「禮」字原是飲器的名稱。加藤
後年在此文的基礎上撰寫《禮の起源と其の發達》，[79]也探討禮思想的
發展過程，但此書較為出色的仍是論「禮」的起源之處，[80]就此點而
言，至今尚有參考價值，可謂是日本禮學上的重要著作之一。後有石
黑俊逸（1914- ？）〈先秦儒家以前の禮の概念〉，[81]探討孔子以前
「禮」概念的演變。他首先參考王國維（觀堂，1877-1927）、郭開貞
（沫若，1892-1978）和商承祚（1902-1991）等金石學者的研究成
果，認為「禮」原作「豐」，意為「醴」，後衍生出獻醴的祭祀之義，
與「示」結合而遂成為「禮」，接著依據在《書》、《詩》中「禮」的

---

79 加藤常賢：《禮の起源と其の發達》（東京：中文館書店，1943年4月），後改為《中
　　國原始觀念の發達》（東京：青龍社，1951年3月）。

80 參小畑龍雄：〈（紹介）禮の起源と其の發達〉，《史林》第29卷第2號（1944年5
　　月），頁72-74；以及森三樹三郎：〈（書評）《禮の起源と其の發達》〉，《支那學》第
　　11卷第3號（1944年9月），頁139-147。尤其是後者，一方面承認該書上半部相當精
　　彩，另一方面指出下半部比上半部遜色，其理由歸為三點：（一）加藤所探討的並
　　非「禮」的發達，而是「禮思想」的發達；（二）即使說是禮思想的發達，其探究
　　的重點實限於「倫理思想」一點；（三）加藤將禮的「起源」與「本質」混為一談
　　等。此書雖有不少問題，然對後人的影響頗為大，如：佐藤嘉祐：〈禮の本質につ
　　いて〉，《倫理學年報》第5集（1956年6月），頁126-135；濱久雄：〈禮の起源とその
　　展開──凌廷堪の《禮經釋例》を中心として──〉，《東洋研究》第183號（2012年
　　1月），頁45-69，皆在此書的基礎上有所補充。

81 石黑俊逸：〈先秦儒家以前の禮の概念〉，《山口大學文學會誌》第3卷第2號（1952
　　年11月），頁65-82。

用例而指出「禮」一方面從祭神的儀式擴大到祭奠祖先的儀式，另一方面從對人的奉供擴大到規範人的儀禮，最後為儒家所採納。可見當時日本人論「禮」之起源，在方法論上積極利用海外的最新研究，既自由，亦多元。[82]

如此，近代日本人因為有實際生活上或國際政治上的需求而相當關懷「禮」這一概念，日本近代禮學研究在這種歷史背景下展開，一方面繼承自古以來的學問傳統，另一方面引進西方學術的多種方法，進而開創禮學的新面向。二十世紀前期可稱是日本禮學研究最盛行的時代。

然日本學者論「禮」，昭和二十年（1945）之後大幅減少。並雖有貝塚茂樹（1904-1987）、[83]佐藤嘉祐（1899-？）、[84]鈴木由次郎

---

82 近年則有石川英昭（1949-）《中國古代禮法思想の研究》（東京：創文社，《東洋學叢書》，2003年1月），是深受巴西學者羅伯托・曼格貝拉・昂格爾（Roberto Mangabeira Unger, 1947-）和美國學者安守廉（William P. Alford, 1948-）二人討論中國禮法問題的啟發，從法哲學的角度探討「禮」「法」的對立與其融合的結構。有馬卓也：〈書評：石川英昭著《中國古代禮法思想の研究》〉，《中國哲學論集》第28、29合併號（2003年10月），頁138-152。此文高度評價石川書為：「特別是各章運用『禮』『法』『仁』『群』『術』『勢』等用語，而釐清自孔子經荀子至韓非子的從『禮治』往『法治』的移行過程，包含著專治中國哲學研究者未曾論及的許多卓見，此書可謂是今後探討同樣問題的研究者非參考不可之研究書（とりわけ、孔子から荀子を經て韓非子に至る『禮治』から『法治』への移行を、『禮』『法』『仁』『群』『術』『勢』などの用語を驅使して解き明かす各章は、中國哲學を專門とする研究者たちが過去に言及し得なかった數々の卓見を含んでおり、今後、同種の問題を扱う研究者たちが必ず參照せねばならない研究書であると言えよう）。」（頁152）

83 貝塚茂樹：〈禮〉，創文社編集部（編）：《新倫理講座（2）——道德とは何か》（東京：創文社，1952年6月），頁123-128，後收於《貝塚茂樹著作集》，第5卷（東京：中央公論社，1976年9月），頁383-391。

84 佐藤嘉祐：〈禮の本質について〉，《倫理學年報》第5集（1956年6月），頁126-135。

（1901-1976）、[85]內野熊一郎（1904-2002）、[86]田中利明、[87]栗原圭介（1913-）、[88]神矢法子（1948-）、[89]藤川正數（1915-？）[90]及小島毅（1962-）[91]等的言論在內容上有些可觀之處，就筆者的觀察而言，都似不出於戰前學者討論的範圍內。

　　戰後學者較加留意的，已非「禮」概念本身，而是某人、各時代、各領域中的禮學、禮思想之意義等。為何有如此變化？筆者認為，雖受眾多要素的影響，然最大原因可歸於昭和二十年日本帝國的戰敗。如服部、高田與內野所述，「禮」與戰前日本的「國體」、家族制度、社會息息相關，所以無論在政治上或學術上，甚至在一般民眾的生活上，「禮」確實也扮演了相當重要的角色。換言之，「禮」與當時日本社會相即不離。但二戰後雖保留了天皇制度，然勢必改變以「禮」為基礎的近代「國體」，[92]學者亦避諱談「禮」，假如探討

85　鈴木由次郎：〈明日の倫理──禮の再認識──〉，《自門》第8卷第7號（1956年7月），筆者未見，頁碼未詳。

86　內野熊一郎：〈禮樂について〉，《兒童心理》第12卷第6號（1958年6月），頁74-78。

87　田中利明：〈禮〉，本田濟（編）：《中國哲學を學ぶ人のために》（東京：世界思想社，1975年1月），頁83-88。

88　栗原圭介：〈禮樂思想形成における相關關係と禮的機能〉，《日本中國學會報》第29集（1977年10月），頁1-14以及〈經典に見える「禮」の概念〉，池田博士古稀記念事業會（編）：《池田末利博士古稀記念東洋學論集》（廣島：池田博士古稀記念事業會，1980年9月），頁379-400。

89　神矢法子：〈禮の規範的位相と風俗〉，《史朋》第15號（1982年12月），頁1-12。

90　藤川正數：〈禮の構成とその理念〉，《櫻美林大學中國文學論叢》第9號（1984年3月），頁1-25。筆者未見。

91　小島毅：〈禮〉，《月刊しにか（特集：儒教のキーワード──21のことばと思想）》第8期第12號（1997年12月），頁34-37。

92　重野安繹：〈周孔ノ教〉，《東京學士院會雜誌》第10編第9號（1888年11月），頁457-469。重野云：「周孔之教，雖千殊萬別，概言之，是禮一字而已。（中略）凡國家必有其性質，謂之為國體。國體者，因於民心所安而立也。支那之民心，安於周孔之教，故其國體以此而立。我日本同在東洋中，風氣既同，人種亦然。此是所以其

「禮」也在其中失去了當代性意義；並且日本戰敗導致了歐美文化急速進入日本社會，日本民眾就開始注重個人主義、自由主義與資本主義等，甚至輕忽或否定由「禮」支持的家族制度和傳統文化，都失去了對「禮」的關心和崇敬；重科學研究的氣氛又造成研究主題細分化，一方面增加了日本獨特的細膩研究，另一方面減少了宏觀的探討。

這種趨勢，如果可以稱為「歐化」，日本學者近年又漸漸開始一種「反動」，重新思考儒教在人間的重要性，「禮」亦是頗受重視的項目之一。近代以來日本禮學研究，經過兩次自「歐化」往「反動」的過程，值得留意。

第三節　日本近代以來《三禮》研究的特色

那麼，在此情況下的《三禮》研究之特色有何？本文以下分為（一）日譯與版本研究；（二）成書研究與思想史研究，各別嘗試探討從中可以看到的近代以來日本《三禮》研究的特色。

一　日譯與版本研究

首先是日譯。到了明治時期，日本政府宣布「國語ノ送假名法」（明治四十五年，1912），展開口語體文章的教育，文語體的漢文漸漸遠離一般民眾的生活。[93]知識分子雖有自古以來的「訓讀法」，一般

教適合我民心（原文：周孔の教、千殊萬別ありと雖も、之を概言すれば、禮の一字なり。（中略）凡そ國には、必其性質あり、之を國體といふ、國體は、民心の安んずる所に因りて立つものなり、支那の民心は、周孔の教に安んず、故に此を以て其國體立つ、我日本同く東洋中に在り、風氣も同く、人種も略同じ、是れ其教の、我民心に適せる所以なり）。」

93　詳請參井上圓了：〈漢學の運命〉，《東洋哲學》第8編第2號（1901年2月），頁1-4。

人已不再是容易讀懂漢籍的世代，所以漢籍的日譯事業自為相當重要的研究事項。德川時代實已有翻譯漢籍為日文的嘗試，是反映當時庶民「識字率」上升；反之，近代翻譯中國典籍的事業倒是以「識字率」降低為歷史背景。

　　在這種狀況下，不少漢籍叢書陸續出版，戰前有《漢文大系》、《漢籍國字解全書》、《國譯漢文大成》與《有朋堂漢籍叢書》；戰後則有《新釋漢文大成》和《全釋漢文大系》。這些漢籍叢書都包括《禮記》，卻不含《周禮》與《儀禮》。至今《周禮》全譯僅有本田二郎（1939-）《周禮通釋》，《儀禮》全譯亦只有川原壽市《儀禮釋攷》與池田末利（1910-2000）《儀禮（Ⅰ-Ⅴ）》而已。另《禮記》部分譯也有小林一郎、安岡正篤（1898-1983）、竹內照夫（1910-1982）、荒井健與下見隆雄（1937-）的成果，《周禮》與《儀禮》則各有一篇，此亦與全譯的情形相應。上山春平（1921-2012）曾指出過，《周禮》未收錄明治大正時代的註釋系列應與德川時代儒學的傳統有關，[94]筆者認為《儀禮》亦然。而翻譯《三禮》註疏的成果，《周禮》有池田秀三（1948-）〈周禮疏序譯注〉、大竹健介〈周禮正義（抄）解讀〉和〈周禮正義（抄）解讀承前〉與原田悅穗《訓讀周禮正義》；《儀禮》有倉石武四郎（1897-1975）〈賈公彥の儀禮疏——喪服篇——（一）〉、影山誠一《喪服經傳注疏補義》、《少牢饋食禮注疏補義》和《有司徹注疏補義》、蜂屋邦夫（1938-）編《儀禮士冠疏》與《儀禮士昏疏》、石田梅次郎與原田種成（1911-1995）共著〈訓注儀禮注疏

94　上山春平：〈《周禮》の六官制と方明〉，《東方學報（京都）》第53冊（1981年3月），頁111，云：「明治・大正期の注釋シリーズ、《漢籍國字解全書》、《漢文大系》、《國譯漢文大成》などのどれにも《周禮》が入っていないということは、江戶時代の儒學の傳統とかかわりがあるにちがいない。」《上山春平著作集》，第7卷（京都：法藏館，1995年7月），頁437-438。

（第一回）〉；《禮記》則有禮記注疏研究班〈禮記注疏檀弓篇譯注
（1-23）〉以及末永高康（1964-）〈禮記注疏譯注稿（1-3）〉。很遺憾
這些翻譯註疏工作均未完成。

其次，版本研究。日本學者對《三禮》這一方面的研究雖不多，
但其校勘極為準確，頗有參考價值。較為代表性的成果有加藤虎之亮
（天淵，1879-1958）《周禮經注疏音義校勘記（上、下）》、服部宇之
吉〈儀禮鄭注補正（1-3）〉、倉石武四郎《儀禮疏攷正（上、下）》、
常盤井賢十（1906-）《宋本禮記疏校記》、安井朝康（朴堂，小太
郎，1858-1938）《身延本禮記正義殘卷校勘記》與《禮記正義殘卷校
勘記》及吉川幸次郎（1904-1980）〈禮記注疏曲禮校記〉等。尤其是
加藤《周禮經注疏音義校勘記》，因為此書網羅中日兩地現存所有的
文本，所以野間文史（1948-）評之為：「此書不僅在日本，甚至在中
國，也是十三經注疏校勘記中的最佳之作」。[95]上述的翻譯工作是以這
種相當精緻的版本研究為基礎，都頗有參考價值。

近代日本學者當初多少承襲德川考證學的系統。在《三禮》方
面，服部宇之吉的確是哲學科出身而學過西方哲學及其方法論，然另
一方面果然是島田重禮（篁村，1838-1895）的弟子。島田曾師事海
保元備（漁村，1798-1866）與安積重信（艮齋，1791-1861），他的

---

95 野間文史（著）、董嶺（譯）：〈近代以來日本的十三經注疏校勘記研究〉，彭林（主
編）：《中國經學》第11輯（2013年6月），頁15-57，日文版收載於野間文史：《五經
正義研究論攷——義疏學から五經正義へ》（東京：研文出版，2013年9月），頁367-
433。引文原文為：「日本のみならず中國を含めても、十三經注疏の校勘記として
は最も優れた著作である」（中文版，頁27；日文版，頁387）。野間另有《周禮索
引》和《儀禮索引》二書，現代在網路上已有檢字系統，然此二書既是一字索引，
亦可檢索成語或頻出詞彙，出版當時受許多學者的注目，至今仍有參考價值。野間
文史：《周禮索引》（福岡：中國書店，1989年9月）；《儀禮索引》（福岡：中國書
店，1988年6月）。

學問以宋學為主，其方法則多用考證學。開創京都支那學的狩野直喜
（君山，1868-1947）亦是島田之學徒，倉石、吉川及常盤井則可說
是島田再傳的弟子。安井朝康原為安井衡（息軒，1799-1876）的外
孫。息軒除了朱子學者篠崎弼（小竹，1781-1851）與古賀煜（侗
庵，1788-1847）之外，曾受過考證學者松崎復（慊堂，1771-1844）
的學問。朝康則一方面繼承息軒的學術系統，另一方面受島田的影
響。加藤虎之亮師事三宅正太郎（真軒，1853-1934），三宅亦重「實
事求是」，讀漢籍前必求學生從事校勘，見於加藤〈周禮經注疏音義
校勘總說（一）〉。[96]

　　然明治以來的學問已不再單是「糾正注疏的異同」的考證學，而
是「一一考究事物道理」的「實學」。[97]在此意義上，當時考證學的流
行不僅是承襲德川時代的學問傳統，亦是與近代西方科學的流入息息
相關，此點不可忽略。例如重野安繹（成齋，1827-1910）認為：考
證學相當於西方歸納法，「若事事物物都依照證據思考，即使有錯
誤，亦立刻會知道。（中略）此是近來學問的開端。」[98]近代日本學者
拋棄宋明重新奇、高遠、空疏之風，走向作為「實學」的考證學之
路。[99]大鳥圭介（1833-1911）云：「從支那學傳入的學科中，除了政

96　請參加藤虎之亮：〈周禮經注疏音義校勘總說（一）〉，《東洋文化（無窮會）》第143
　　號（1936年3月），頁1。另請參西田幾多郎：〈三宅真軒先生〉，《西田幾多郎全
　　集》，第10卷（東京：岩波書店，2004年5月），頁387-389。

97　重野安繹：〈漢學と實學〉，薩藩史研究會（編）：《重野博士史學論文集》（東京：
　　雄山閣，1938年2月），卷上，頁413。

98　重野安繹：〈學問は遂に考證に歸す〉，《東京學士會院雜誌》第12編第5號（1890年
　　6月），頁191-211。原文：「事々物々、悉く證據を取つて考へ合はすれば、縱令間
　　違つたことがあつても直に分かる。（中略）其れか近來の學問の開けと云ふもの
　　であらう。」

99　島田重禮：〈校勘之學〉，《東京學士會院雜誌》第20編第4號（1898年4月），頁157-
　　175。

事、歷史與地理，又卑近的道德、經濟學之外，大抵皆是空學，可稱
是殆無益於當今人間社會。」[100]可見近代日本有重「實學」之風，近
代學者注重考證學與這種趨勢有關。他們從事翻譯和版本研究，都以
這種趨勢為背景，不可忽略。

二　成書研究與思想史研究

　　近代日本《三禮》研究在成書研究和思想史研究上的成果相當豐
富，尤其是《周禮》和《禮記》，因為二經成書時期以及東漢鄭玄
（127-200）加註之前的傳受過程皆不甚明顯，所以日本學者提出過
多種說法。

　　關於《周禮》成書時期，主要有八種看法：一、林泰輔（1854-
1922）的西周末期說；二、宇野精一（1910-2008）、佐藤武敏
（1920-）與山田崇仁（1970-）的戰國齊說；三、平勢隆郎（1954-）
的戰國燕說；四、神谷正男（1910-？）與吉本道雅（1959-）的戰國
說；五、林巳奈夫（1925-2006）的戰國末年說；六、田中利明與大
川俊隆的秦代說；七、井上了（1973-）的秦漢說；八、津田左右吉
的西漢末期說，眾說紛紜（詳請參本書第一章第二節）。加賀榮治
（1915-1998）曾說過：「以成書過程來說，《周禮》雖然確實依據相
當古老的、有來歷的資料（〈考工記〉等就是其中之一），然我們應分
別考慮現在所見一大行政組織法的官制之書的完成時期與其所據資料
的時代性。」[101]可參。

---

100 大鳥圭介：〈學問辯〉，《東京學士會院雜誌》第8編第3號（1886年），頁32-48。原
　　文：「支那學ヨリ受ケシ學科中ニテ、政事歷史地理又卑近ノ道德經濟學ノ外ハ、
　　大抵空學ニテ當今ノ人間社會ニハ殆ト寸益ナシトイフモ可ナラム。」（頁44）
101 加賀榮治：〈「禮」經典の定立をめぐって〉，《人文論究》第50號（1990年3月），頁

　　《禮記》成書相關的問題更為複雜，服部宇之吉舉出了三個要
點：第一，《禮記》的原本為何？晉陳邵〈周禮論序〉主張：戴德刪
《古禮》二〇四篇為八十五篇，即《大戴禮》；戴聖刪《大戴禮》為
四十九篇，即《小戴禮》，但兩《戴記》有重複之處。而唐徐堅等編
《初學記》認為，戴德首先刪后蒼《曲臺記》一百八十篇，戴聖再刪
為四十六篇。第二，《禮記》原有多少篇？依《隋書・經籍志》的記
載，戴聖所編原是四十六篇，東漢馬融（79-166）加入三篇後，始為
四十九篇；唐杜佑（735-812）《通典》則論述戴聖刪《大戴》為四十
七篇，然馬融高足鄭玄〈六藝論〉云：戴聖傳《禮》四十九篇，又不
同於《隋志》和《通典》。第三，《漢書・藝文志》未有兩《戴記》相
關記載，而僅著錄「《記》百三十一篇」。服部最後還是認為《禮記》
四十九篇是在西漢末年戴聖所編；桂五十郎（湖村，1868-1938）除
了馬融增三篇說外，同意《隋志》的記載；安井朝康與林泰輔否定
《隋志》的說法，指出《大戴禮》與《禮記》之間的相同性，視兩篇
為姊妹篇；武內義雄發現原本《大戴記》中十六篇是類似《小戴
記》，而支持陳邵說，也推測《小戴記》原有四十七篇；津田左右吉
出發於《漢志》未載兩《戴記》，認為東漢初年未有《大戴禮記》與
《禮記》，在東漢和帝（在位88-105）時的曹褒（？-102）始先從
「《記》百三十一篇」中抽出精華而成《禮記》四十九篇，而後整理
其殘餘而編纂《大戴禮記》等。近年因為有了出土文獻，井上亙就留
意到作為「冊書（簡策）」的書物單位及其機能性，認為《禮記》是
收集作者未詳的文辭而重疊並且複合地編入的彙編（詳請參本書第三

1-23。原文：「成書となる上での《周禮》が、かなり古い由緒ある資料（〈考工
記〉などは、まさにこれに該當する）に據っていることは、ほぼ間違いないとし
ても、今見るような一大行政組織法的官制の書としてでき上がる時期は、その所
據資料の古さとは、やはり區別して考えられるべきであろう。」（頁12）

章第二節），值得留意。[102]

　　《儀禮》文獻上的問題則實不比《周禮》、《禮記》之多，是因為《儀禮》傳受過程較為清楚，然仍有成書時期的問題，近代日本學者還是對此提出了三種說法：一、林泰輔的春秋初期說；二、川原壽市與林巳奈夫的春秋末期說；三、影山誠一、本田成之、松浦嘉三郎（1886-1945）及池田末利等的戰國末年說（詳請參本書第二章第二節）。

　　加賀榮治又說：「關於《禮經》或《禮記》的形成過程，尤其是其文獻化的過程，僅靠今日可看到的資料，就只能大概地瞭解。（中略）我們應該尋問：《禮》的《記》扎根的過程中，其大量堆積意味著什麼？原不是以文獻化為目的的禮，為何最後形成多量的禮文獻？作為中國禮觀念的基本性格相關，或者作為中國民族文化觀念的本來性格相關的這些問題。」[103]加賀要求學者探究「禮」文獻化的意義在何處，因為這問題是與中國禮觀念的基本性格、中國民族文化觀念的本來性格密切相關。此反而顯示近代日本《三禮》研究的重要目的，不在於文獻化的「意義」，而在文獻化的「時間」。

　　除上述論《三禮》成書問題的學者外，還有重澤俊郎（1906-1990）、板野長八（1905-1993）、澤田多喜男（1932-2009）、町田三

---

102 井上亘：〈《禮記》の文獻學的考察——「冊書」としての《禮記》——〉，《東方學》第108輯（2004年7月），頁35-20。

103 加賀榮治：〈「禮」經典の定立をめぐって〉，原文：「《禮經》ないし《禮記》の形成過程、とりわけその文獻化の過程は、こんにちみ得る資料だけでは、概然的にとらえる以外不可能といってよいからである。（中略）むしろ、われわれは、《禮》の《記》が定着するに至った段階で、そのおびただしい堆積は、いったい何を意味するのか。もともと文獻化を志向するものでない禮が、結果として、多量の禮關係文獻を形成するに至ったわけは、いったいどうしてか。中國における禮觀念の根本的性格にかかわるものとして、また、中國民族の文化觀念の本來的性格にかかわるものとして、それを問うべきであろう。」（頁22）

郎（1932-）、伊東倫厚（1943-2007）、淺野裕一（1946-）、堀池信夫
（1947-）及吉田照子（1949-）等學者，皆的確探討過《三禮》的思
想問題，然最後將其研究成果歸於成書或成篇問題。對之，廣池千九
郎（1866-1938）、後藤俊瑞（1893-1961）、佐野學（1892-1953）、森
三樹三郎（1909-1986）、平岡武夫（1909-1995）、赤塚忠（1913-
1983）、谷田孝之（1915-）、田中麻紗巳（1937-）、今濱通隆（1943-
）、山田勝芳（1944-）、高木智見（1955-）及橋本昭典（1968-）等討
論《三禮》思想所含有的「意義」相關問題，卻仍屬於少數。近代日
本學者多研究的對象並非「哲學」或「思想」本身，而是「思想
史」，此亦可視為近代日本研究者嫌「空學」而重「實學」的反映。

結語

　　本章首先簡單描述日本《三禮》學的沿革。因為七、八世紀日本
模仿唐制，《三禮》，尤其是《周禮》與《禮記》受到了日本知識分子
的重視，然到了十、十一世紀，國風文化的興起與武士的抬頭等引起
了社會情勢的變動，知識分子就很少讀《三禮》了。程朱學在十三世
紀傳入日本之後，儒學在日本漸有發展，特別在德川時代透過藩校、
私塾等，不僅是皇族、貴族與武士階層，亦滲透到了部分一般民眾，
形成了「町人文化」的一部分。但《三禮》方面的研究成果在這種儒
學盛行的情況下也甚為寥落，禮學研究的關心大多集中於《文公家
禮》。到了明治時代，這樣情形就大有變化。尤其是明治二十年後，
日本人對《三禮》的言論大幅增加，而迎接了日本《三禮》學的「黃
金時期」。此當然一方面是要考慮出版界的動向，但另一方面是與近
代日本社會、世界情勢和日本人的近代意識密切不離。

　　接著，探討近代以來日本《三禮》學的特色及其問題意識。本文

指出以下幾點：第一，日本近代以來經過兩次「脫亞入歐」至「興亞反動」的時代，近代日本人論「禮」常與「興亞、反動」的社會運動連接為一。第二，論「禮」或《三禮》雖有「反動」的傾向，一方面承襲德川漢學的遺產，另一方面積極引進西方學術的方法，展開了《三禮》學的新局面。第三，日本學者較重文獻學、思想史的研究特色，是因為濃厚地繼承德川考證學嫌「空學」重「實學」的特色，而且近代日本學者相信其亦是近代科學的方法。第四，因為日本近代禮學與戰前「國體」的言論密切相關，所以戰後禮學研究僅能在學術界生存，很少有討論當代性、思想問題了。

　　管見所及，日本學者多關注《三禮》文獻上的問題，為此全付精力，而提出了各自各樣的見解。最近幾年來，許多出土文獻陸續被發現，因此有些學說必須商榷，然他們的思考過程、思維脈絡並非無價值的，讀者可參閱。

　　與此相比，日本人研究《三禮》有幾點進一步可探討之處：其一，後代《三禮》註疏研究不多。雖池田秀三、野間文史、間嶋潤一（1950-2012）、高橋忠彥（1952-）、吾妻重二、水上雅晴及橋本秀美（1966-）等學者皆從事這方面的研究，但還有可深入討論的空間，因為中國人《三禮》相關的著作不限於《注疏》，知識分子自東漢至近代之間撰述了眾多論「禮」的言論，不勝枚舉，此亦是探究《三禮》時不可忽略。其二，《三禮》思想相關的研究，亦在日本並不多。即使討論到哲學、思想相關的問題，也將其重點放置於「思想史」的建構，而非主要探討「思想」本身。尤其是《周禮》與《儀禮》，雖然《周禮》有津田左右吉、宇野精一、重澤俊郎、山田勝芳、堀池信夫；《儀禮》則有池田末利、赤塚忠、小南一郎（1942-）、藤川正數、高木智見等學者的成果，然不可說是相當豐富，還待開發。其三，與分篇研究之多相比，缺乏整體性研究。此一方面當然是

與《三禮》的文獻性質密切相關，如《禮記》確實是匯集先秦以來的禮文獻而成，因而從先秦思想研究的觀點切入，就似無法做整體性研究。但另一方面也是日本中國學的特色所導致的。不少海外學者高度肯定日本中國學相當細緻的實證性，然此特點很容易帶來一個缺陷：即是看不到全局。日本學者的成果缺乏整體性，有可能與這種日本中國學的特色密切相關。

　　三浦國雄（1941-）曾在〈中國研究この五十年──哲學、思想〉一文中指出：一九六〇年代前半，日本中國學界迎接了一個轉折點，從前的經學研究喪失了與思想（史）研究頡頏的力量，不再是中國哲學研究的主流了，而現在日本的中國哲學研究又迎接了戰後第二的轉機。[104]在這種情況下該如何進行「經學」研究，何況是《三禮》研究？我們日本學者現在就必須面對這個問題。

---

104 三浦國雄：〈中國研究この五十年──哲學、思想〉，日本中國學會（編）：《日本中國學會五十年史》（東京：汲古書院，1998年10月），頁63-82。

第二章

日本學者《周禮》之研究

前言

　　眾所周知，歷史上《周禮》走過來的路並不平坦。西漢武帝（西元前156-前87）早就批判《周禮》為「末世瀆亂不驗之書」，[1]東漢何休（129-182）亦謂之為「六國陰謀之書」，[2]其後《周禮》往往受到排斥。《四庫全書總目》即曰：「《周禮》一書，上自河間獻王。於諸經之中，其出最晚。其真偽亦紛如，聚訟不可縷舉。」[3]《周禮》文獻學上的問題更為複雜，主要是因有古文、今文學派的鬥爭。西漢末期的劉歆（？-23）表彰《周禮》、《春秋左氏傳》等古文學，引起今文學派激烈批判。此後一直到清末民初的廖平（1852-1932）、康有為（1858-1927）等學者，持續對《周禮》提出質疑。《周禮》在文獻上的問題，實難有定論。不僅如此，還有政治上的問題。現代學者彭林（1949-）指出：「關於《周禮》的爭論，又往往帶有學派鬥爭和政治鬥爭的複雜色彩。」[4]劉歆以《周禮》作為王莽施政的基礎，北宋王安石（1021-1086）、明建文帝（1377-1402）都依據《周禮》施政，卻皆以失敗告終。因此，《周禮》雖是經書之一，多數學者對其評價並不

1　〔唐〕賈公彥：〈序周禮廢興〉，〔東漢〕鄭玄（註）、〔唐〕賈公彥（疏）：《十三經注疏·周禮注疏》（臺北：藝文印書館，1955年），頁8。

2　同前註。

3　〔清〕紀昀等：《欽定四庫全書總目》（臺北：藝文印書館，1974年），頁398。

4　彭林：《《周禮》主體思想與成書年代研究（增訂版）》（北京：中國人民大學出版社，2009年11月），頁1。

高。不過，《周禮》面世以來，也吸引不少知識分子的關注，東漢鄭
玄（127-200）就以《周禮》為中心而構築三禮的一大系統，而日本
德川時代的學者布施維安（蟹養齋，1705-1778）《讀書路徑》云：

> 此《周禮》，漢末王莽時始行於世，故有並非古代之書的懷
> 疑。王莽、宋王荊公、明建文帝皆根據《周禮》為政，使國民
> 困難，引起亂逆。因此，疑是者益多。然王莽、荊公、建文帝
> 實誤用《周禮》，並非《周禮》之咎。此書詳審縝密，無疑是
> 聖人之作。[5]

如此《周禮》一方面既成為眾矢之的，另一方面始終仍是「聖人之
作」。

那麼，日本人如何看待《周禮》？本文擬從三個部分簡述近百年
來日本學者研究《周禮》的成果：一、《周禮》的和刻本與日譯；
二、《周禮》文獻學研究；三、《周禮》內容的研究，最後並將展望未
來的《周禮》研究。

第一節　《周禮》的和刻本與日譯

《周禮》何時傳到日本，與其他經典相同，未有明確的證據。天
平寶字元年（757）所施行的《養老律令・學令》有：「凡經，《周

5　長澤規矩也（編）：《江戶時代支那學入門書解題集成》（東京：汲古書院，1975年7
　月），第1集，頁439。原文：「此周禮、漢ノ末王莽力時ヨリ、世ニ行ルル故、古ノ
　書ニテアルマシキトノ疑アリ、王莽・宋ノ王荊公・明ノ建文帝ミナ周禮ニヨリテ
　政ヲナシテ、國民ヲ苦シメ、亂逆ヲマ子リ、ヨッテ是ヲ疑フ者マスマス多シ、然
　レトモ王莽荊公建文帝ハ、周禮ヲヨク用ヒサル誤リニテ、周禮ノ咎ニ非ス、コノ
　書ノ詳審縝密、聖人ノ作レルコト疑ナシ。」

易》、《尚書》、《周禮》、《儀禮》、《禮記》、《毛詩》、《春秋左氏傳》，
各為一經。《孝經》、《論語》，學者兼習之。」又云：

> 凡教授正業：《周易》，鄭玄、王弼注；《尚書》，孔安國、鄭玄
> 注；《三禮》、《毛詩》，鄭玄注；《左傳》，服虔、杜預注；《孝
> 經》，孔安國、鄭玄注；《論語》，鄭玄、何晏注。
> 凡《禮記》、《左傳》各為大經，《毛詩》、《周禮》、《儀禮》各
> 為中經，《周易》、《尚書》各為小經。通二經者，大經內通一
> 經，小經內通一經。若中經即併通兩經。其通三經者，大經、
> 中經、小經各通一經。通五經者，大經並通。《孝經》、《論
> 語》皆須兼通。[6]

可知當時《周禮》在大學「明經」科目之中，與《毛詩》、《儀禮》並
列於「中經」。天長十年（833）所編撰的「令」解說書《令義解》
中，引用了一〇四條的《周禮》相關（包括只引書名之處及注疏等）
之文。《禮記》有關的引文有八十五筆；《儀禮》則有十二筆，《周
禮》不但是三禮之中最多，在《令義解》所引諸經中也最多。[7]古代
日本大致模仿唐朝的律令制度，既然唐朝律令制度基於《周禮》，日
本的律令制度無疑也受到《周禮》的影響。[8]

6　惟宗直本：《令集解》，卷15，收於《新訂增補　國史大系》（東京：吉川弘文館，
　　1943年12月），卷23，頁447-449。

7　據奧村郁三（編）：《令義解所引漢籍備考》（吹田：關西大學出版部，2000年3
　　月）。《毛詩》，七十五筆；《尚書》，八十一筆；《周易》，三十一筆；《春秋》，九十
　　一筆；《論語》，六十九筆；《孝經》，五十九筆；《爾雅》，一〇三筆。

8　請參閱曾我部靜男：〈律令の根源としての周禮〉，《日本上古史研究》第1卷第3號
　　（1957年3月），頁53-54。另外，690年開工的藤原京（新益京）是從持統天皇八年
　　（694）至元明天皇和銅三年（710）的平城京遷都，總共三代十六年間的日本首

　　不只如此，依據內野熊一郎（1904-2002）《日本漢文學研究》，可知從奈良時代到平安時代，《周禮》擁有相當多的讀者。內野認為，西元七二〇年成書的《日本書紀・仁德紀》有「額田大中彥皇子將来其氷，獻于御所，天皇歡之，自是以後，每當季冬必藏氷，至春分始散氷也」，可能即是根據《周禮・天官冢宰・凌人》「凌人掌冰，正歲十有二月，令斬冰」[9]及《禮記・月令》等而來。七九七年編纂的《續日本紀・孝謙紀》云：「詔曰，朕覽《周禮》，將相殊道，政有文武，理宜然」。八二七年的《經國集・栗原年足對策》「候彼五年之間，先祫後禘，合其昭穆，序其尊卑，來百璧於助祭」也是本於《公羊》與《周禮》（《說文》所引）「三年一祫，五年一禘」之說。此外，《本朝文粹》所收錄的小野篁（802-852）〈令義解序〉「隆周三典，漸增其流」是據《周禮・大司寇》三典說；八四〇年的《日本後紀・仁明紀》「《周禮》曰，旄人掌樂」亦是引用《周禮・大司樂・旄

都，中村太一：〈藤原京と《周禮》王城プラン〉，《日本歷史》第582號（1996年11月），頁91-100；小澤毅：〈古代都市「藤原京」の成立〉，收於《日本古代宮都構造の研究》（東京：青木書店，2003年5月），頁201-238都認為，此也是根據《周禮・考工記・匠人》「匠人營國，方九里，旁三門，國中九經九緯，經塗九軌，左祖右社，面朝後市，市朝一夫」而成。反之，林部均：《飛鳥の宮と藤原京よみがえる古代王宮》（東京：吉川弘文館，2008年2月）指出小澤、中村方法論的問題點，依「王宮、王都明顯地反映支配方式（王宮・王都には支配システムが端的に反映される）」而說：「天武天皇所造成的支配方式，基本上並非根據《周禮》。既然如此，豈能難說王都只根據《周禮》而成（天武がつくった支配システムは基本的には『周禮』にもとづくものではない。にもかかわらず、王都だけが『周禮』にもとづいてつくられているということは考えにくいのではないだろうか）？」（頁224-225）此點，另參閱淺野充：〈古代宮都の成立と展開〉，歷史學研究會、日本史研究會（編）：《日本史講座第2卷・律令國家の展開》（東京：東京大學出版會，2004年6月），頁65-92。

9　《十三經注疏・周禮注疏》，頁81。

人》「旄人掌教舞散樂舞夷樂」。[10]與《禮記》相比，引《周禮》極少，但可以看出仍有不少人關注《周禮》。藤原佐世（847-897）《日本國見在書目錄》著錄：

1. 《周官禮》　十二卷　鄭玄註
2. 《周禮義疏》　十四卷
3. 《周官禮抄》　二卷
4. 《周禮義疏》　六卷　冷然院
5. 《周官禮義疏》　卅卷　汙重撰
6. 《周官禮義疏》　十卷
7. 《周官禮義疏》　十九卷
8. 《周官禮義疏》　九卷
9. 《周禮疏》　唐賈公彥撰
10. 《周禮音》　一卷
11. 《周禮圖》　十五卷
12. 《周禮圖》　十卷
13. 《周禮圖》　十卷　鄭玄、院〔阮〕諶等撰[11]

以上十三種文獻，與其他經書相比並不算少。

平安後期的貴族藤原賴長（1120-1156）所寫的日記《臺記》中，康治二年（1143）九月二十九日舉出他曾經讀過的書籍，有「《周禮》十二卷（抄）」的記載，[12]同時賴長說：「自今而後，十二月

---

10 請參考內野熊一郎：《日本漢文學研究》（東京：名著普及會，1991年6月），頁53-62。

11 藤原佐世：《日本國見在書目錄》（臺北：新文豐出版公司，1984年），頁7-9。

12 藤原賴長：《臺記》，卷3，曰：「今日所見，及一千三十卷，因所見之書目六，載

晦日錄一年所學」，久安二年（1146）十二月有「《周禮》十卷（二至十，首付高讀，加今度二反）」[13]，翌年也有「《周禮》二卷（十一、十二）」、「《周禮》三卷（一、二、三）」、「《周禮疏》十三卷（一至十三）」的紀錄，[14]久安四年又云「《周禮》三（四、五、六合疏）」、「《周禮疏》十九卷（十四至三十二）」。[15]可知賴長多關注著《周禮》。

總而言之，從這些資料來看，從奈良時代到平安時代，因為知識分子在國家制度上需要《周禮》的知識，《周禮》也相當受到重視。然而，一到武士時代，隨著國家制度的變化，讀《周禮》者也迅速減少。佐野學（1892-1953）曾說：

> 在日本王朝時代讀《周禮》者頗多。根據《大寶令》，大學、國學的科目之中都有《周禮》。這是因為王朝時代的政府結構多少有模仿中國之處，讀《周禮》有實際上的意義。但是，由於日本鎌倉時代以後發展出獨自政治形式，基本上中國的《周禮》與日本政治沒有實際關係了。[16]

左」，記載諸書名。收於增補「史料大成」刊行會：《增補史料大成》（東京：臨川書店，1965年9月），卷23，頁98。

13 《臺記》，卷6，《增補史料大成》，卷23，頁165。

14 《臺記》，卷7，《增補史料大成》，卷23，頁239。

15 《臺記》，卷8，《增補史料大成》，卷23，頁274。

16 佐野學：〈《周禮》の描く理想國〉，《殷周革命──古代中國國家生成史論──》（東京：青山書院，1951年11月），頁280-281。原文：「日本では王朝時代に《周禮》がかなり讀まれた。《大寶令》によると大學、國學ともにその科目の一つに《周禮》がある。日本では王朝時代の政府構成は多少とも中國のそれを模倣してゐたから《周禮》の讀まれたのは實際的意義があつた。しかし日本は鎌倉時代以後に獨自の政治形式を發展させたから、根本的に中國的である《周禮》は日本の政治と實際關係のないものとなつた。」

到了鎌倉時代，《周禮》在日本社會上喪失了「實際上的意義」，相反地，朱子學成為社會主流思想而逐漸抬頭。

　　在這樣的情況下，還是有重視《周禮》的人：例如日本南北朝時代的北畠親房（1293-1354）《職原鈔》主要根據《周禮》而成，企圖利用《周禮》以集權於南朝天皇。到了德川時代，林信勝（羅山，1583-1657）親自校勘《周禮》的版本（詳後），伊藤維楨（仁齋，1627-1705）一派也重視《周禮》。[17]再加上，新井君美（白石，1657-1725）《折りたく柴の記》云：「從第一次接受命令講《詩經》以來，逐年又兼講《四書》及《孝經》、《儀禮》、《周禮》等書」云云，[18]可知新井曾對將軍德川家宣（1662-1712）進講《周禮》。另外，海保皐鶴（青陵，1755-1817）《稽古談》也有多處使用《周禮》當做自己學說的根據。元祿十年（1697）刊《四部要辨》（著者未詳）云：

> 《周禮》者，漢河間獻王得之於李氏。然失〈冬官〉一篇，以〈考工記〉補之。劉歆稍收而始得著錄。《漢志》所謂「周官經六篇」也。鄭玄註之，賈公彥疏之。至於後世，柯尚遷作全經而大行於世。唐太宗曰：「《周禮》，真聖作也。」首篇「惟王建國，辨方，正位，體國，經野，設官，分戰（係「分職」的誤刻），（以）為民極」，誠乎此言也。張子曰：「其間必有末

---

17 依據佐野學：《殷周革命──古代中國國家生成史論──》，頁281。另外，吉川幸次郎〈周禮について〉，《展望》第212號（1976年8月），頁163，指出：「由於（伊藤）東涯喜歡制度學，我想他應該仔細念過《周禮》（東涯は制度の學問が好きですから、《周禮》をよく讀んだと思います）。」伊藤長胤（東涯，1670-1736）為伊藤維楨之子，著有《制度通》，論述中國政治制度的變遷與日本政治制度的關連。

18 新井白石（著）、羽仁五郎（校訂）：《折たく柴の記》（東京：岩波書店，1939年7月），卷上，頁77。原文：「はじめ某仰を奉りて、詩を講ぜしめられしより此かた、年々に四書ならびに孝經周禮儀禮等の書を兼講ぜしめられし」云云。

世增入。如盟詛之類，必非周公之意。」朱子曰：「《周禮》一
書，流出於周公之廣大心中。」又曰：「非聖人做不得。」[19]

引用唐太宗（598-649）、張載（1020-1077）、朱熹（1130-1200）之
言，強調《周禮》的重要性。荻生雙松（徂徠，1666-1728）《經子史
要覽》也說：

> 《周禮》，記周代之官職。（中略）連今世的俗禮也只看便覽，
> 不受傳授，其事不行，況先王之禮不學無以知。然傳記古禮，
> 要訣只剩下一半，不可悉知。只好仔細地熟讀《儀禮》、《周
> 禮》、《禮記》等，如有文簡而難辨的部分，暫依鄭玄注，或參
> 孔穎達疏，古禮之文雜見於《左傳》、《管子》、《孟子》、《荀
> 子》、《論語》、《家語》等書，亦可參這些古書而領解，與禮義
> 連用。有禮義猶如人有魂。[20]

---

19 長澤規矩也（編）：《江戶時代支那學入門書解題集成》，第1集，頁33-34。原文：
「周禮ハ漢ノ河間獻王コレヲ李氏ニ得タリ。サレトモ冬官一篇ヲ失ス。補ヌヲニ
考工記ヲ以テス。劉歆カンガヘヲサメテ、始テ著錄スルコトヲ得タリ。漢志ニ所
謂周官ノ經六篇ト云モノナリ。鄭玄コレヲ註シ、賈公彥コレヲ疏ス。後世ニ至テ
柯尚選、全經ヲツクリテ大ニ世ニ行ハル。唐太宗曰ク、周禮ハ真ノ聖作ナリ。首
篇ニ惟王建國、辨方、正位、體國、經野、設官、分職、為民極、誠ナルカナ此言
ヤ。張子曰、其間必末世增入ルルモノアラン。盟詛ノ類、必周公ノ意ニアラス。
朱子曰、周禮ノ一書ハ周公ノ廣大心中ヨリ流出ス。又曰、聖人ニアラズンハ做不
得。」
20 長澤規矩也（編）：《江戶時代支那學入門書解題集成》，第1集，頁261-264。原文：
「周禮ハ周代ノ官職ヲ記ス。（中略）今ノ世ノ俗禮サヘモ、次第書ハカリヲ見
テ、傳授ノ受ケ子ハ、其事ハ行ハレス、況ヤ先王ノ禮ハ學ハスンハ知ヘカラ
ス、サレトモ古禮ヲ傳ヘ記ストイヘトモ、指訣カタヘタレハ、悉ク知ヘカラス、
只儀禮・周禮・禮記ナトヲ熟讀シ、文ノ簡ニシテ辨シ難キハ、シハラク鄭玄カ注
ニシタカヒ、或ハ孔穎達カ疏ニ考ヘ、左傳・管子・孟子・荀子・論語・家語ナト

他們都重視《周禮》。

　　不過，重視《周禮》者仍屬少數，故寬永九年（1632）林信勝所寫〈周禮跋〉說：「近代讀者鮮矣」，[21]元文四年（1739）的布施維安《讀書路徑》亦云：

> 　《周禮》與《儀禮》，禮之本文也；《禮記》，是補充禮之本文不足之處，並仔細說明本文，畢竟是禮之末書也。此三書並稱三禮。今只有《禮記》置於五經，不讀《周禮》與《儀禮》，甚無道理。應先讀《周禮》、《儀禮》，其後才讀《禮記》。（中略）《周禮》相傳為周公之作，也稱為《周官》。舉出奉仕天子之諸官官名，其下說明各自職務行事、內容，為官吏者，不可不瞭解。治國、天下，無此書不行。[22]

文化六年（1806）刊重野保光點《周禮正文》附載內藤政敦〈序〉亦云：

ノ書ニ古禮ノ文雜見セリ、古書ニ考ヘテ領解スヘシ、禮義ト連用シ、禮義アルハ人ニ魂ノアルカ如シ。」

21　長澤規矩也（編）：《和刻本經書集成・正文之部》（東京：古典研究會，1975年12月），第2輯，頁232。

22　長澤規矩也（編）：《江戶時代支那學入門書解題集成》，第1集，頁438-439。原文：「周禮儀禮ハ禮ノ本文ナリ、禮記ハ禮ノ本文ノタラヌ所ヲタシ、又本文ノ子細ヲ明シタルモノニテ、畢竟禮ノ末書ナリ、此三ヲ三禮ト云、今禮記ノミヲ五經ニイレテ、周禮儀禮ヲヌイテ讀ヌハ、甚不埒ナコトソ。先ツ周禮儀禮ヲヨンテ、其後ニ禮記ヲ讀ヘキコトソ。（中略）周禮ハ、周公ノ作ト云傳ルソ、周官トモ云フ、天子ニツカヘ奉ル、諸役人ノ役ノ名ヲ舉テ、其下ニ、ツトメカタウケトリヲ、ヒツトッテノヘアラハシタルモノソ、役人タル者、ソレソレニノミコマテ叶ヌ所ニテ、國天下ヲ治ルニ、コノ書ナクテハスマヌソ。」布施維安是德島藩儒者，也是三宅重固（號尚齋，1662-1741）的弟子、崎門學者，另有《非徂徠學》等著作。

> 然則三經之在禮，譬之鼎足之鼎，失一則不可也。自世有五經
> 之稱，而後後初學唯知誦戴《記》，不知讀二《禮》。習貫為
> 常，修業之後，徒言其理已，至如制度之數、威儀之文，則芒
> 乎不省。[23]

可以看出當時存在著重視《禮記》，卻「不讀二《禮》（《儀禮》、《周
禮》）」、「不知讀二《禮》」的情況。德川時代，很少人重視《周禮》。

德川時代《周禮》和刻本也不多。依據長澤規矩也（1902-
1980）的研究，[24]《周禮》和刻本大致有三種系統：第一，周哲點本
《周禮》六卷。周哲，號愚齋（生卒年不詳），林信勝〈跋〉曰：「哲
生者，大江參議甲州牧君之家人也」，《儀禮·跋》云：「大江參議甲
州牧君之近習周哲」。「大江參議甲州牧君」可能指長州藩（現山口縣
的一部）初代藩主毛利秀元（1579-1650），「周哲」就是他的家臣。[25]
寬文十三年（1636）周哲〈序〉曰：

---

23 內藤政敦：〈序〉，收於長澤規矩也（編）：《和刻本經書集成·正文之部》，第2輯，
　 頁459-460。

24 長澤規矩也：《和刻本漢籍分類目錄（增補補正版）》（東京：汲古書院，2006年3
　 月），頁11。

25 因為毛利氏祖先是大江氏，且毛利秀元的官位達到正三位參議。德川時代後期的隨
　 筆《雨窗閒話》（著者、成立年未詳，收於《百家說林》，東京：吉川弘文館，1905
　 年10月，正編上）又云：「昔日有十個人，他們身為大猷公（第三代將軍德川家
　 光）御噺之眾，每晚登城陪大猷公講故事。毛利甲斐秀元侯、丹羽五郎左衛門長重
　 侯、蜂須賀蓬菴至鎮侯、林道春之類也（昔、大猷公御噺の眾とて、每夜登城して
　 居物語申し上げ、御夜話申し上げられし眾中十人あり。毛利甲斐秀元侯·丹羽五
　 郎左衛門長重侯·蜂須賀蓬菴至鎮侯·林道春の類也）。」可知毛利秀元當過「甲
　 斐守」，即甲州牧。在此可看出毛利秀元與林道春之間的關係。因而毛利秀元臣周
　 哲豈不可以認識林信勝而向他請教？周哲的生涯未詳，但早稻田大學所藏《御指物
　 揃》收有他所寫的序文。

予見《儀禮》、《周禮》二書，苦其難讀，且憾無倭字之訓解。
古或有之，而為失火所焚邪？抑遭亂賊而委于塵土邪？嘗竊聽
羅山先生之點焉，意必秘而不出越，不揆檮昧點之，而思授諸
童蒙者，故悉鄙情，從事于机案間，手寫白文經三霜，而漸終
其功。自漢、唐、宋、元以來注之者有多門，予惟從鄭康成之
解，則聊存古之義也。既而顧蛞蜳轉凡之譏，謁于先生需是正
之，先生使予讀其始終，被質十其一二，遂跋其卷尾。[26]

林信勝〈跋〉曰：

余嘗塗朱墨以藏于塾，今周哲生加之訓點，苟不是來就余質
正，不亦奇乎。或有起予者，或有竄定者，他日更校讎，庶乎
可也。[27]

由此可知，周哲曾經苦惱《儀禮》、《周禮》的難讀，但是當時還沒有
二《禮》日文的訓解。因此他親寫二《禮》的白文，再據鄭註而加以
訓點，而後拜訪林信勝，求教他的點本有無錯誤。信勝把事先親加過
點的版本提供給他參考，還加以訂正，附上跋文。二《禮》皆由周哲
點校後，受過林信勝的修改，可以說是周哲、信勝的合作本。

　　第二，文化六年（1809）刊重野保光點《周禮正文》三卷。內藤
政敦〈序〉曰：

我聞兼山先生之塾式，次五經以二禮，可謂善捄其弊者。而二
禮之有舊讀，米鹽蟻傳，其煩可厭。頃者重野東成攜其所校

---

26 長澤規矩也（編）：《和刻本經書集成（正文之部）》，第2輯，頁3。
27 長澤規矩也（編）：《和刻本經書集成（正文之部）》，第2輯，頁232。

《周官正文》來視余，曰：「前依鄭義正讀施訓，既經師閱，
今也將上櫻。（中略）願得太夫一言，以冠卷首。」[28]

此「兼山先生」指片山世璠（兼山，1730-1782），片山所開之塾先學
五經，再學《儀禮》、《周禮》。不過內藤認為：「二《禮》之有舊讀，
米鹽蟻傳，其煩可厭」。此「舊讀」可能是周哲點本，[29]當時人困於
《儀禮》、《周禮》的繁雜，於是重野對《周禮》加以校勘、訓點。依
小川貫通編《漢學者傳記及著作集覽》，重野保光（或葆光、東成，
櫟軒，生卒年未詳）生於攝津東成（現大阪市東部），後來成為延岡
（現宮崎縣）藩儒，曾以片山為師，著有《韓非子箋》、《莊子箋》、
《列子解》、《老子解》、《史記考》、《戰國策考》等。依照重野所言，
他根據鄭玄加以校點，經過「師閱」。然此「師」並不是片山，由卷
頭有「葵岡先生閱」的字，可知當是葛山（松下）壽（葵岡，1748-
1824），他也是片山的門人。[30]重野點本，雖根據周哲點本，然可以說

---

28 內藤政敦：〈序〉，收於長澤規矩也（編）：《和刻本經書集成》，第2輯，頁460。關
　於內藤政敦未詳，不知是否為當時延岡藩主內藤氏的親屬。

29 長澤規矩也《和刻本經書集成》，第2輯，〈解題〉說：「本集成（筆者注：《和刻本
　經書集成》）當初的計畫上，企圖影印一時很普及的山子點（筆者注：片山世璠點
　本），可是，因各方面希望收錄道春點系統本，雖然此《周禮》（筆者注：《周禮正
　文》）與周哲點本重複，但《周禮》是難讀之書，並且鄭注只不過是斷句而已，決
　定特地收入（本集成の初めの計畫では、一時弘く行はれてゐた山子點を影印しよ
　うと思つてゐたところ、道春點系統本を諸方から希望されたので、この周禮は周
　哲點本と重複するが、周禮は難讀の書であり、且鄭注が斷句に止まるので、特に
　收錄することにした）。」

30 東條琴臺：《先哲叢談續編》，卷10，曰：「兼山雖歲不耳順而歿，門下多知名之士。
　陳煥章、村雞時、萩原萬世、小林珠、葛山壽、久保愛、菅熙等數人，祖述師說，
　始終不變，號曰山子學（兼山歲耳順ならずして沒すと雖も、門下に知名の士多
　し。陳煥章・村雞時・萩生萬世・小林珠・葛山壽・久保愛・菅熙等數人、師說を
　祖述して、始終變ぜず、號して山子學と曰ふ）。」又對於葛山加注：「字子福，號
　葵岡。松下氏，烏石（筆者注：葛山烏石）之男也，江戶之人也（字は子福、葵岡

是片山門下的研究成果之一。

　　第三，永懷堂本《周禮》四十二卷，原是明金蟠、葛鼎校鄭註本，已有斷句，寬延二年（1749）皇都（京都）書肆大和屋伊兵衛、植村藤右衛門、梅村六左衛門以及江都（江戶）書肆前川六左衛門共同出版。後來的勝村治右衛門刊本、大阪文海堂刊本、群玉堂河內屋岡田茂兵衛刊本等都依據此本。

　　另外有鄭玄註《周官醫職：附醫疾令》嘉永七年（1854）刊本；以及長州藩（現山口縣的一部）學明倫館嘉永九年（1856）所出版的山縣禎《民政要編》。前者筆者未見，無法介紹；後者則在研究德川時代後期的社會思想上很有意義。山縣禎（太華，1781-1866）是明倫館教授，曾針對國體與吉田矩方（松陰，1830-1859）展開討論。山縣〈民政要編序〉云：

> 古者司徒之官，專掌教養者，其於民政也最重。而唐虞以來，此官之設亦已久矣。而能應天心而盡天工，教化之道、生養之方以至刑賞賦斂征役之法，其精詳周密，莫備於《周官‧司徒》之職也。苟為民上，而欲體天心而代天工者，不可不必熟讀之而詳明其義也。

山縣強調《周官‧司徒》在政治上的效果，主張官僚不可不熟讀。但「《周官》之文，自非儒生學士，則有難遽通解者」，於是：

> 今以國字解之者，欲使凡治民政者，上自公卿大夫，下至府史

と號す、松下氏にして、烏石の男なり、江戶の人なり）。」今據日本國立國會圖書館近代數位資料庫（近代デジタルライブラリー：http://kindai.da.ndl.go.jp/info: ndljp/pid/778301/37）。

胥徒，皆句解義通，讀之猶邦乘國史。而後知聖人體天之精意，而盡心於其天職也。獨於《周官》中舉司徒諸職切要民政者而解之，因名之曰《民政要編》。[31]

山縣企圖將《周禮》運用在實際民政上的意圖非常明顯。關於此點，下見隆雄（1937-）〈山縣太華と《民政要編》〉[32]已有研究，可參考。

由上可知，德川時代《周禮》研究的成果並不多。進入明治、大正時代，《周禮》仍沒有日譯，相較之下，《禮記》的日譯早在一九一四年出現。[33]上山春平（1921-2012）指出：

明治、大正期的註釋系列《漢籍國字解全書》、《漢文大系》、《國譯漢文大成》等都未收錄《周禮》。此應與德川時代儒學的傳統有關。[34]

---

31 長澤規矩也（編）：《和刻本經書集成（古注之部第2）》，第6輯，頁256-257。

32 下見隆雄：〈山縣太華と《民政要編》〉，《內海文化研究紀要》第20號（1991年3月），頁9-16。

33 服部宇之吉《漢文大系・禮記》（東京：冨山房，1913年）出版於一九一三年，但此並不是翻譯成完整的日文，而是保留漢文的原本形式。反之，翌年桂湖村所出版的《漢籍國字解全書・禮記國字解（上、下）》（東京：早稻田大學出版部），首先是具有訓點的漢文部分，其次為「義解」（解釋）、「字解」（字句解釋），最後是「案語」（著者的看法），採用日文來解釋其內容。詳請參本書第四章第一節：〈近一百年日本《禮記》研究概況──1900-2010年之回顧與展望──〉。

34 上山春平：〈《周禮》の六官制と方明〉，《東方學報（京都）》第53冊（1981年3月），頁111。原文：「明治・大正期の注釋シリーズ、《漢籍國字解全書》、《漢文大系》、《國譯漢文大成》などのどれにも《周禮》が入っていないということは、江戶時代の儒學の傳統とかかわりがあるにちがいない。」《上山春平著作集》，第7卷（京都：法藏館，1995年7月），頁437-438。

南昌宏（1960-）亦云：

> 在日本並不是沒讀《周禮》。但《周禮》本文是說明官職的任
> 務，文章本身缺少趣味性。這也認為是很難引起研究者關注的
> 原因。[35]

因而至今《周禮》全譯僅有本田二郎（1939-）《周禮通釋》而已。[36]
一九七七年一月，擔任校閱本田譯的原田種成（1911-1995），在
〈序〉中說：

> 關於五經，江戶時代以來有許多註釋書著作，然而三禮，尤其
> 是《周禮》與《儀禮》，說是絕無也不為過。可能是因為此兩
> 書極為難讀，本國儒者都敬而遠之。（中略）《周禮》，周哲、
> 重野保光的點本只有正文，和刻本《周禮鄭注》止於斷句，因
> 有作為難讀的書置諸不顧之嫌，國人所作的現代翻譯至今還未
> 出現。[37]

---

35 南昌宏：〈〈日本における《周禮》研究論考〉略述〉，《中國研究集刊》第10號
　（1991年6月），頁85。原文：「このように、日本において《周禮》が讀まれてい
　ないわけではなかった。ただ、《周禮》本文は官職の任務を説明したものであっ
　て、文章としての面白味に欠ける。このことも、研究者の興味を引きにくい原因
　と思われる。」

36 本田二郎：《周禮通釋（上）》（東京：秀英出版社，1977年7月）；《周禮通釋
　（下）》（東京：秀英出版社，1979年11月）。

37 原田種成：〈序〉，本田二郎：《周禮通釋（上）》，頁1。原文：「五經に關しては江
　戶時代以來、多くの注釋書が著わされているが、三禮特に周禮と儀禮とは絕無と
　言っても過言ではない。それは、この兩書が極めて煩瑣難讀であるために、邦儒
　が敬遠したからに因るものであろう。（中略）周禮については、周哲・重野保光の
　點本は正文のみであり、和刻本周禮鄭注は斷句に止まり、今日まで難讀の書とし
　て放置されて來た嫌いがあり、邦人による現代の翻譯は出現していなかった。」

於是本田昭和四十六年（1971）進入大東文化大學大學院以來，一直
研究《周禮》，總共花了六年的歲月，獨力完成《周禮通釋》。此書根
據鄭《註》、賈《疏》，參考清儒孫詒讓《周禮正義》、林尹《周禮今
註今釋》，首先附訓點於本文，接著是「書き下し文」，其次加以「語
釋」，引用賈《疏》、孫《正義》而明示根據，在「通釋」翻成現代日
語，最後加上鄭《註》的「書き下し文」。對於此書的出版，宇野精
一（1910-2008）〈《周禮通釋》上卷の發刊を喜ぶ〉一文說：「真不勝
欣幸」，[38]池田末利（1910-2000）〈推薦のことば〉也說：「我堅信本
書對於學界的貢獻不少，所以敢薦於江湖」，[39]對於此書皆有很高的評
價。本田全譯是目前日本學界唯一的成果，研究者一定要參考。

　　另外，《周禮疏》的部分翻譯有池田秀三（1948-）〈周禮疏序譯
注〉。[40]池田認為《周禮疏》就是唐賈公彥（生卒年未詳）學問的集大
成之作，其序文可以說是其精華，以往卻沒有人研究過。於是池田將
〈周禮疏序〉以及〈序周禮廢興〉加以譯註。他又指出賈〈序〉的兩
個特色：其一，強烈尊崇鄭學；其二，進步史觀。池田的日譯雖僅有
〈周禮疏序〉與〈序周禮廢興〉，不過，由於註釋相當細緻，值得參
考。而部分翻譯的成果，還有大竹健介〈周禮正義（抄）解讀〉、〈周
禮正義（抄）解讀承前〉[41]與三上順〈周禮考工記匠人釋稿（1）〉、
〈周禮考工記匠人釋稿（2）〉。[42]

---

38 原文：「誠に欣快にたへない。」

39 原文：「本書が學界に貢獻することの尠からぬことを確信しつつ、敢て江湖に薦
　　める次第である。」

40 池田秀三：〈周禮疏序譯注〉，《東方學報（京都）》第53號（1981年3月），頁547-
　　588。

41 大竹健介：〈周禮正義（抄）解讀〉，《武藏大學人文學會雜誌》第28卷1號（1996年
　　9月），頁1-76；〈周禮正義（抄）解讀承前〉，《武藏大學人文學會雜誌》第28卷2號
　　（1997年1月），頁11-123。很遺憾，只不過是把賈公彥《周禮注疏》以及孫詒讓
　　《周禮正義》的一部分翻譯成日文（書き下し文）而已。

42 三上順：〈周禮考工記匠人釋稿（1）〉，《たまゆら》第8號（1978年），頁53-65；〈周

第二節　《周禮》文獻學研究

　　《三禮》文獻學之中，引起最多爭議的就屬《周禮》。自古以來，不少學者關注《周禮》文獻上的問題。主要的原因是《周禮》雖被視為「周公之作」，但在先秦文獻中完全看不到其存在的痕跡，且《周禮》面世的過程也令人起疑。

　　文獻上，一般認為《周禮》源自被稱為《周官》的文獻。[43]《史記・封禪書》有：「《周官》曰：冬日至，祀天於南郊，迎長日之至；夏日至，祭地祇。皆用樂舞，而神乃可得而禮也。天子祭天下名山大川，五嶽視三公，四瀆視諸侯，諸侯祭其疆內名山大川。四瀆者，江、河、淮、濟也。天子曰明堂、辟雍，諸侯曰泮宮。」[44]此可能是根據今本《周禮・春官宗伯・大司樂》：「冬日至，於地上之圜，奏之，若樂六變，則天神皆降，可得而禮矣。（中略）夏日至，於澤中之方，奏之，若樂八變則地示皆出，可得而禮矣」而來。[45]〈封禪書〉又云：「自得寶鼎，上與公卿諸生議封禪。封禪用希曠絕，莫知

禮考工記匠人釋稿（2）〉，《たまゆら》第9號（1979年），頁59-72。孫詒讓《周禮正義》為底本，加以日文（書き下し文與現代語譯）、註釋。後面附上圖版，非常方便。

43　〔西漢〕司馬遷《史記・周本紀》（北京：中華書局，1959年9月），頁133，曰：「（成王）既黜殷命，襲淮夷，歸在豐，作〈周官〉。」〈魯周公世家〉，頁1522，又曰：「成王在豐，天下已安，周之官政未次序，於是周公作〈周官〉，官別其宜。」此「周官」都指《尚書・周官》，並不是今本《周禮》。此點，孔穎達曰：「此篇（《尚書・周官》）說六卿職掌，皆與《周禮》符同，則『六年，五服一朝』亦應是《周禮》之法，而《周禮》無此法也。」〔漢〕孔安國（傳）、〔唐〕孔穎達（正義）：《十三經注疏・尚書正義》（臺北：藝文印書館，1955年），頁271。

44　《史記》，頁1357。

45　《十三經注疏・周禮注疏》，頁342。另有〈春官宗伯・家宗人〉，卷27，頁424，曰：「以冬日至，致天神人鬼，以夏日至，致地示物鬽。」

其儀禮，而羣儒采封禪《尚書》、《周官》、《王制》之望祀射牛事。」[46]
此「望祀」也是今本《周禮·地官司徒·牧人》的文辭。[47]由這些紀
錄，可知《周官》似乎從西漢武帝時代起就受到知識分子的關注。
《漢書·景十三王傳》云：

> 河間獻王德（中略）修學好古，實事求是。從民得善書，必為
> 好寫與之，留其真，加金帛賜以招之，繇是四方道術之人不遠
> 千里，或有先祖舊書，多奉以奏獻王者，故得書多，與漢朝
> 等。（中略）所得書皆古文先秦舊書，《周官》、《尚書》、
> 《禮》、《禮記》、《孟子》、《老子》之屬，皆經傳說記，七十子
> 之徒所論。[48]

文中《周官》位於《尚書》之前，顯然不是《尚書》中的一篇。且既
說「皆經傳說記」，可知這些古文獻不止經文，還包括傳、說、記等
註釋之類。此蓋即《漢書·藝文志》所記載的「《周官經》六篇」及
「《周官傳》四篇」。[49]唐陸德明《經典釋文·序錄》曰：

> 或曰：河間獻王開獻書之路，時有李氏上《周官》五篇，失
> 〈事官〉一篇，乃購千金不得，取〈考工記〉以補之。[50]

---

46 《史記》，頁1397。〈武帝本紀〉，頁473，也有同樣的一文。

47 《周禮·地官司徒·牧人》云：「望祀，各以其方之色牲毛之。」（頁195）

48 〔東漢〕班固：《漢書》（北京：中華書局，1962年6月），頁2410。

49 《漢書》，頁1709。顏師古對「周官經」加註而說：「即今之《周官禮》也，亡其
〈冬官〉，以〈考工記〉充之。」（頁1710）

50 〔唐〕陸德明（撰）、吳仕承（疏證）：《經典釋文序錄疏證》（北京：中華書局，
2008年6月），頁87。

《隋書‧經籍志》亦云：

> 而漢時有李氏得《周官》。《周官》蓋周公所制官政之法，上於
> 河間獻王，獨闕〈冬官〉一篇，獻王購以千金不得，遂取〈考
> 工記〉以補其處，合成六篇奏之。[51]

兩者皆謂漢代李氏得《周官》，上呈河間獻王，但只有五篇，缺少
〈冬官〉（〈事官〉）一篇，於是河間獻王以〈考工記〉補之。[52]
　　另有一派學者則認為《周禮》出於孔壁。孔穎達（574-648）《禮
記正義‧序》云：

> 其《周禮》，〈六藝論〉云：「《周官》，壁中所得六篇。」《漢
> 書》說：「河間獻王開獻書之路，得《周官》，有五篇，失其
> 〈冬官〉一篇，乃購千金不得，取〈考工記〉以補其闕。」
> 《漢書》云得五篇，〈六藝論〉云得其六篇，其文不同，未知
> 孰是。[53]

---

51 〔唐〕魏徵、令狐德棻：《隋書》（北京：中華書局，1973年8月），頁925。

52 另外，賈公彥〈序周禮廢興〉引《馬融傳》云：「秦孝公已下用商君之法，其政酷
　　烈，與《周官》相反。故始皇禁挾書，特疾惡，欲絕滅之，搜求焚燒之獨悉，是以
　　隱藏百年。孝武帝始除挾書之律，開獻書之路，既出於山巖屋壁，復入于秘府，五
　　家之儒莫得見焉。至孝成皇帝，達才通人劉向、子歆，校理秘書，始得列序，著于
　　錄略。然亡其〈冬官〉一篇，以〈考工記〉足之。時眾儒並出共排，以為非是，唯
　　歆獨識。其年尚幼，務在廣覽博觀，又多銳精于《春秋》。末年，乃知其周公致太
　　平之迹，迹具在斯。」《十三經注疏‧周禮注疏》，頁7。可知馬融認為，以〈考工
　　記〉補〈冬官〉之缺的是劉歆。

53 〔東漢〕鄭玄（註）、〔唐〕孔穎達（正義）：《十三經注疏‧禮記正義》（臺北：藝
　　文印書館，1955年），頁8，「禮記」《疏》中也有同文（頁11）。

據此，鄭玄似乎視《周官》出自孔壁。《後漢書‧儒林傳》也承此說：「孔安國所獻《禮古經》五十六篇及《周官經》六篇，前世傳其書，未有名家。74」[54]皆謂《周官》出於孔氏壁中。但是，孔壁所得之書，《漢書‧藝文志》只說：「武帝末，魯共王壞孔子宅，欲以廣其宮，而得《古文尚書》及《禮記》、《論語》、《孝經》凡數十篇，皆古字也。（中略）孔安國者，孔子後也，悉得其書（筆者注：《古文尚書》），以考二十九篇，得多十六篇。」[55]〈楚元王傳〉亦說：「及魯恭王壞孔子宅，欲以為宮，而得古文於壞壁之中，逸《禮》有三十九，《書》十六篇。天漢之後，孔安國獻之，遭巫蠱倉卒之難，未及施行」，[56]與「禮」有關只提到《禮記》、逸《禮》，並沒說到《周官》或《周禮》，鄭玄之說也並沒有明確的根據。筆者認為，鄭玄構築以《周禮》為基礎的經學系統之過程中，需要《周禮》「有來歷」的起源，所以將《周禮》與孔壁得書之事加以附會。

由上可知，在《周官》傳承的過程中，河間獻王確實扮演了相當重要的角色。[57]獻王劉德自景帝二年（西元前155）到武帝元光五年（西元前130）在位，《周官》面世或在景、武之間，從而武帝時代起受到知識分子的關注。然《漢志》又有如下的記載：

　　六國之君，魏文侯最為好古，孝文時得其樂人竇公，獻其書，乃《周官‧大宗伯》之〈大司樂〉章也。[58]

54　〔宋〕范曄：《後漢書》（北京：中華書局，1965年5月），頁2576。

55　《漢書》，頁1706。

56　《漢書》，頁1969。

57　《漢書‧藝文志》，頁1712，亦有：「河間獻王好儒，與毛生等，共采《周官》及諸子言樂事者，以作《樂記》。」

58　《漢書》，頁1712。

西漢文帝（西元前180-前157在位）時，魏文侯的樂人竇公曾獻書，《漢志》認為此書就是今本《周禮・春官宗伯・大司樂》。雖然無法確認當時是否已收於《周官》一書中，或者是否有被稱為《周官》的書，但由《漢志》可知，在河間獻王得《周官》之前，可能已有今本《周禮》的一部分流傳。[59]

《周官》後改稱為《周禮》。東漢荀悅（148-209）《漢紀》有：「（劉）歆以《周官》十六篇為《周禮》，王莽時，歆奏以為《禮經》，置博士。」[60]《隋志》說：「至王莽時，劉歆始置博士，以行於世。河南緱氏及杜子春受業於歆，因以教授。是後馬融作《周官傳》，以授鄭玄，玄作《周官注》。」[61]《經典釋文・序錄》亦曰：「王莽時，劉歆為國師，始建立《周官經》，以為《周禮》。河南緱氏、杜子春受業於歆，還家以教門徒，好學之士鄭興父子等多往師之。賈景伯亦作《周禮解詁》。」[62]由這些記錄看來，《周官》改稱《周禮》是劉歆所為，其後《周禮》學逐漸發展起來，東漢時代有杜子春（生卒年未詳）、鄭眾（？-83）賈逵（30-101）、馬融（79-166）、盧植（？-192）、鄭玄等加以註釋。

上述是《周禮》面世以來所經歷的複雜過程。那麼，日本學者如何看文獻學上的《周禮》？

59　《禮記正義・禮器》說：「孝文帝時求得《周官》，不見〈冬官〉，乃使博士作〈考工記〉補之」（頁459），清儒俞正燮（1775-1840）亦依據《漢志》「孝文時得其樂人竇公，獻其書」而說：「《周官》孝文時已在秘府。」

60　〔東漢〕荀悅：《漢紀・孝成皇帝紀二》（北京：中華書局，2002年6月），頁435。「《周官》十六篇」應作「《周官》六篇」。

61　《隋書・經籍志》，頁925。

62　《經典釋文序錄疏證》，頁90-91。

一　林泰輔的西周末期成書說

　　林泰輔（1854-1922）一連串的《周禮》研究，可說是近百年來日本最早的成果。他對《周禮》的看法，多見於〈周官考〉[63]及〈周官制作時代考〉。[64]

　　〈周官考〉首先討論《周官》面世的問題。他認為，《周官》在武帝時面世，經過河間獻王而上奉朝廷，否認鄭玄、《後漢書·儒林傳》的孔氏壁中說。接著，他談到《周官》之名稱。劉歆改名後，「周官」、「周禮」二名暫時並行，「周禮」作為定名是在賈公彥加疏後才普遍化。林則視「周官」為原名，始終使用「周官」。最後，論述《周官》的成書問題：關於《周官》的成書，賈公彥〈序周禮廢興〉云：「眾儒並出共排，以為非是，唯（劉）歆獨識，其年尚幼，務在廣覽博觀，又多銳精于《春秋》，末年乃知其周公致太平之迹，迹具在斯。」[65]鄭註〈天官〉的序官云：「周公居攝而作六典之職，謂之《周禮》。」疏：「《禮記·明堂位》云：『周公攝政六年，制禮作樂，頒度量於天下。』」又案《書傳》亦云：『六年制禮作樂』，所制之禮，則此《周禮》也。」[66]可知他接受鄭說，完全肯定《周禮》為周公之作，並謂劉歆已識此意。但林認為，劉歆本身也沒視《周官》為

---

63 林泰輔：〈周官考〉，《史學雜誌》第13編5號（1902年5月），頁82-95。

64 林泰輔：〈周官制作時代考（1）〉，《東亞研究》第3卷12號（1913年3月），頁1-8；〈周官制作時代考（2）〉，《東亞研究》第4卷1號（1914年4月），頁17-23；〈周官制作時代考（3）〉，《東亞研究》第4卷2號（1914年5月），頁16-21，後收於《上代支那之研究》（東京：光風館書店，1915年9月），頁303-333。另外，《周公と其時代》（東京：大倉書店，1915年9月），頁785-826，附錄〈周官制作時代考〉一篇，詞彙稍有不同之處，但內容上與〈周官制作時代考（1）、（2）、（3）〉不異。

65 賈公彥：〈序周禮廢興〉，《十三經注疏·周禮注疏》，頁7。

66 《十三經注疏·周禮注疏》，頁10。

周公之親筆。此外，自古以來，懷疑《周官》者甚多，最早有漢武帝，漢末也有林孝存所著的「十論七難」，[67]不勝枚舉。於是，林整理以往學者的看法，分為七種：其一，漢何休、明季本（1485-1563）、郝敬（1558-1639）等視《周禮》為六國陰謀之書；其二，官職甚多，無法發薪。宋歐陽修（1007-1072）、黃震（1213-1281）、清萬斯大（1633-1683）等持此說；其三，繁冗瑣屑而多貪圖利益，非聖人之作。宋范浚（1102-1150）、劉炎（生卒年未詳）、黃震、明王道（生卒年未詳）等主此意；其四，孔子以及春秋時期諸大夫諸子百家引經中，並無《周禮》，而看作後世之作。清毛奇齡（1623-1713／1716）、顧棟高（1679-1759）等為代表；其五，如宋晁公武（1105-1180）《郡齋讀書志》云：「孟子謂諸侯惡其害己，皆去其籍，則孟子時已無《周禮》矣，況經秦火乎。」[68]清儒羅璧（生卒年未詳）之說近是；其六，因劉歆之偽作，否定《周官》整體存在。宋胡安國（1074-1138）、胡宏（生卒年未詳）父子、清康有為便是此種立場；其七，宋程顥（1032-1085）曰：「《周禮》不全是周公之禮法，亦有後世隨時添入者，亦有漢儒撰入者。」[69]張載、元何異孫（生卒年未詳）、明金瑤（生卒年未詳）亦然。清方苞（1668-1749）《周官辨》、《周官析疑》指出某節某句是劉歆的竄改，一方面承認大體為善，但尚有後人的竄入。林則對一到六逐一加以反駁，雖贊成第七說，但主張不是漢儒所竄入，而是西周到東周之間逐漸增加的。總之，他當時

---

67 賈公彥：〈序周禮廢興〉，《十三經注疏・周禮注疏》，頁9。

68 不知林泰輔依據何版本，可是，《新經周禮義》中有「孟子以為諸侯惡其害己，滅去其籍。則自孟子時已無《周禮》矣，況經秦火乎？」之文。〔宋〕晁公武（撰）、孫猛（校證）：《郡齋讀書志校證》（上海：上海古籍出版社，1990年10月），頁81。

69 〔清〕朱彝尊（著），林慶彰、楊晉龍、蔣秋華、張廣慶（編審），侯美珍、張惠淑、汪嘉玲、黃智信（點校）：《點校補正經義考》（臺北：中央研究院中國文哲研究所籌備處，1998年6月），頁322。

的看法是《周官》在西周初編書，但後世又有補充修改。

　　林氏十年後又發表了〈周官制作時代考〉，承前文之研究而表明：「我認為《周官》非周初之作，又非春秋以後之作，自另有出現的時代。」[70]他首先舉出了非周初的理由：其一，陰陽二字的用例。林把《周官》陰陽的用法分為六種：陽表陰裏（陽光照到與遮光的地方）、陰為雨、陰為月亮、陽天陰地、陽男陰女、陰陽為有形有象的象徵。與《詩》、《書》相比，《詩》、《書》中毫無陰陽為有形有象的象徵之用法，因此林將其看作後代的竄入。其二，使用貨幣的狀況。林認為殷代以物易物與貝貨（真貝、模仿真貝的骨貝及銅貝）流通為主，而周代一方面仍靠以物易物，一方面使用貝貨，從骨貝、銅貝逐漸發展到刀布類的金屬貨幣。與此對照，《周官》以物換物與使用金屬貨幣並行，不符合周初的情況。其三，冗員甚多。《周官》的官制甚繁雜，歐陽修等已經指出過。林因此認為，這樣官制不是在開創期產生，而是太平時代的制作，故《周官》非周初之作。

　　接著他舉出非春秋以後之作的理由：第一，關於日蝕、月蝕。《周官》日月之間未有價值的差別，但《詩・小雅・十月之交》比月蝕重視日蝕，至《春秋》完全沒說到月蝕，因而林認為《周官》最古；第二，圜土之制。此是晚上收容輕罪者的監獄，春秋戰國時代沒有此種監獄，林推測是西周時代的制度；第三，《周官》教夫婦之親，不言男女之別。然孔子屢屢提倡男女之別，所以林認為《周官》不是春秋時代所作；第四，《周官》與《管子》不一致。《管子》的論述比《周官》詳密，故《管子》當後出於《周官》，就是說《周官》著成於春秋時代的《管子》之前；第五，不壓制商業。《周官》也重

---

70 林泰輔：《周公と其時代》，頁787。原文：「余は乃ち謂へらく、周官は周初の作にあらず、又春秋以後の作にもあらず、別に自ら出現の時代ありと。」

視農業，可是並未排棄商業。不但如此，甚至可以看出保護商業的立
場，與戰國以降的思想不同；第六，使用古體文字。如《周官》中，
「暴」為「虣」；「法」為「瀍」等使用古體字之例。總之，林認為
《周官》並非春秋戰國或漢代之作。

那麼，《周官》成書於何時代呢？林云：

> 既然說非周初，又說非春秋以後，必定在其中間。中間是何時
> 代呢？即西周末年厲、宣、幽的時代也。若《周官》出現於這
> 個時代，是從周初到厲、宣、幽時代的材料而成書，在書中各
> 處留下了數百年間思想的變遷之痕跡，理所當然。[71]

他舉出了三個理由：一，厲、宣、幽時代文化盛行；二，厲、宣、幽
時代的《詩》與《周官》的官名大率一致；三，宣王時代所製造的籀
文與《周官》繁瑣的性質相似。總之，林結論為《周官》根據周初以
來的制度，內容上有增益，在西周末年成書。[72]

71　林泰輔：《周公と其時代》，頁814-815。原文：「既に周初にあらず、又春秋以後に
　　あらずとせば必ずその中間にあらざるべからず。中間とは何ぞや、即ち西周の末
　　にて、厲宣幽の時代なり。もし周官がこの時代に於て出でたるものならば、周初
　　より厲宣幽時代に至るまでの材料によりて作りたるものにて、その數百年間に於
　　ける思想變遷の痕迹を各處に留むるは、固より然るべきことなり。」
72　請參考內野熊一郎：〈「周公と其時代」における林博士の主眼目〉，林泰輔：《周公
　　と其時代》（東京：名著普及會，1988年9月復刻版）卷末附錄。另外，田崎仁義
　　〈周の官制（周官又は周禮）〉一方面認同林泰輔所說的非春秋以後成書說，但另
　　一方面批判非周初成書說（《王道天下之研究》〔京都：內外出版，1926年5月〕，頁
　　623-675）。筆者認為，田崎批判林的說法沒註明根據。宇野精一與田崎不同，逐一
　　討論林所舉出的根據而說：「概觀博士（筆者注：林泰輔）所論，非周初的證明大
　　略妥當，另外不得不肯定以古體文字為非漢代之作的證據，其他緒論都是無稽之談
　　（博士の所論を通觀するに、周初の作でない證は概ね妥當であり、また古體文字
　　を以て漢代の作にあらざる證とせられたのは全く肯定さるべきであると思ふが、

二　津田左右吉的西漢末期成書說

其次是津田左右吉（1873-1916）：〈「周官」の研究〉。[73]在此文之前，津田已在〈儒教の禮樂說〉第八章與《左傳の思想史的研究》第一篇第一章等，表明《周官》為西漢末偽作的立場。[74]該論文是專論《周官》文獻上的位置。其內容分為六個部分：一、總說；二、古典中的六官之名稱與其職掌；三、《周官》中官府的構成與六官的職掌；四、《周官》內容上的一般性質；五、《周官》中所出現的思想；六、《周官》制作的年代。在總說的部分，津田對《周官》的看法已經很明顯：他首先留意到《史記‧封禪書》等所引的「周官」這一詞，雖可說當時被稱為《周官》之書確實存在，但因所引用的詞句並未收於今本《周禮》中，從而指出《史記》所載之《周官》可能與今本完全不同。且把文獻上古書的記載和河間獻王發現古書之說結合起來的是在西漢末年，而《漢志》所載的《周政》六篇、《周法》九篇、《河間周制》十八篇三者都視為西漢末年的偽作，可見西漢末年曾有古書偽作的風潮，他主張《周官》也是其中一例。另外，津田指出《周官》已含有陰陽思想、五行思想、重視四時的概念以及時令

その他の緒論は何れも根據薄弱であると思ふ）。」《中國古典學の展開》（東京：北隆館，1949年6月），頁173；《宇野精一著作集》，第2卷（東京：明治書院，1986年6月），頁155。

73 津田左右吉：〈「周官」の研究〉，《滿鮮地理歷史報告》第15號（1937年1月），頁355-636，後收於《津田左右吉全集》，第17卷（東京：岩波書店，1965年2月），頁305-480。

74 津田左右吉：〈儒教の禮樂說（其七）〉，《東洋學報》第20卷3號（1933年3月），頁51-120，後收於《儒教の研究》，第1卷（東京：岩波書店，1950年3月），頁378-417以及《津田左右吉全集》，第16卷（東京：岩波書店，1965年1月），頁378-417；《左傳の思想史的研究》（東京：東洋文庫，1935年9月），頁41，後收於《津田左右吉全集》，第15卷（東京：岩波書店，1964年12月），頁34。

說。就他的看法而言，儒家到漢代才採納這些思想，尤其時令說在西漢末年才被儒家接受。因此津田認為《周官》當是西漢末年之作。第二章以下，他通過六官的分析，論述《周官》比《禮記・王制》晚出。津田相信《禮記・王制》在文帝時成書。假使〈王制〉以前已有《周官》，何需再制作〈王制〉？他認為，《禮記・王制》以前僅有《荀子・王制》，制度不夠完善，因而需要另撰《禮記・王制》；《周官》以前僅有《禮記・王制》，所以必須制作《周官》。《周官》比《禮記・王制》更為詳密，故時代應在其後。另外，津田認為《周官》頗有亂雜之感，正是反映了西漢末期的思想。他最後推測，《周官》可能先於《禮記》的〈燕義〉、〈昏義〉、〈射義〉、《大戴禮記・盛德》以及《逸周書》，在成帝時已經存在。[75]

三　宇野精一的戰國齊成書說

宇野精一也發表過許多與《周禮》相關的論述，例如：〈冬官未亡論に就いて〉、[76]〈王莽と周禮〉、[77]〈周禮劉歆偽作說について〉、[78]

75　參考宇野精一：〈書評：周官の研究（津田左右吉）〉，《漢學會雜誌》第5卷2號（1937年6月），頁147-149以及宇野精一：〈津田左右吉博士「周官の研究」〉，《中國古典學の展開》，頁198-206，後收於《宇野精一著作集》，第2卷，頁177-183。

76　宇野精一：〈冬官未亡論に就いて〉，《漢學會雜誌》第6卷2號（1938年7月），頁198-218，後收於《中國古典學の展開》，頁295-322以及《宇野精一著作集》，第2卷，頁259-282。

77　宇野精一：〈王莽と周禮〉，《東方學報（東京）》第11冊之1（1940年3月），頁122-129，後收於《中國古典學の展開》，頁323-334，後收於《宇野精一著作集》，第2卷，頁283-292。

78　宇野精一：〈周禮劉歆偽作說について〉，《東亞論叢》第5輯（1941年11月），頁235-241，後收於《中國古典學の展開》，頁105-116，後收於《宇野精一著作集》，第2卷，頁98-107。

〈周禮の實施について〉、[79]〈周禮の制作年代について〉[80]等。他後來將這些論文加以修改,匯集成《中國古典學の展開》。根據〈序〉,此書是昭和十一年(1936)到十六年(1941)在東方文化學院時的研究成果,他本人就撰作的目的說:「本書所探究的問題以《周禮》的制作年代為主,並論及《周禮》對後世的影響,尤其是政治上的。」[81] 宇野研究中國古典時,為何特別關注《周禮》呢?他說:

> 中國的學問,尤其經學既是人文學,同時政治學色彩也濃厚。而經書中與政治最有關的是《尚書》和《禮》。《尚書》是政治思想方面比較強的文獻,《禮》則是政治制度型態方面比較強的文獻。但是,《禮》有《周禮》、《儀禮》、《禮記》三種,並稱為《三禮》(中略)直接描述政治制度的文獻中,《周禮》是最有代表性的。(中略)作為政治思想的《尚書》可以說是紀錄所謂理想社會的典型,對現實政治作為文飾的價值最高,具體政治制度上根本不亞於《周禮》強烈的影響力。總之,為了研究經學或經書特色的政治性,探究《周禮》對現實社會上的影響就是最典型的研究方式。[82]

---

79 宇野精一:〈周禮の實施について〉,《東方學報(東京)》第13冊之1(1942年5月),頁83-108。後改題為〈周禮の實施についての諸問題〉,收於《中國古典學の展開》,頁358-381,與《宇野精一著作集》,第2卷,頁313-332。

80 宇野精一:〈周禮の制作年代について〉,《斯文》復刊第3號(1949年8月),頁3-7。

81 宇野精一:〈序〉,《中國古典學の展開》,頁1,以及《宇野精一著作集》,第2卷,頁3。原文:「こゝに扱はれてゐる問題は《周禮》の製作年代の考證を中心として、この書が後世の特に政治上に與えた影響に論及したものである。」

82 宇野精一:〈序〉,《中國古典學の展開》,頁2,以及《宇野精一著作集》,第2卷,頁4。原文:「さて禹域の學問、特に經學は人閒學であると同時に政治學的の色彩が強い。而して經書の中でも特に政治と關係が深いのは、《尚書》と禮であらう。そして《尚書》は政治方面が強く、禮は政治の制度形態の方面が強い。但し禮に

可見宇野除探究《周禮》的制作年代之外，也嘗試在《周禮》中看出
經學的特色——即政治性。

那麼，宇野如何看《周禮》的制作年代？宇野首先詳細地整理從
東漢到現代的看法，認為宋代萌芽的考證論點最有助於判斷《周禮》
制作年代。例如：《周禮》中的五行思想與諸制度所反映的是戰國時
代的世相等。另外，針對《周禮》與其他古典之間制度上的差異，宇
野贊同清儒李滋然（1847-1921）《周禮古學攷》之說。李謂：

> 《周禮》一書，多今學明文，篇中細節，即〈曲禮〉「六大五
> 官六府六工」之條目也，而井田封建職官食貨兵刑諸大端，多
> 與〈王制〉、《孟子》不合者，蓋舊籍原本，與《左傳》同藏秘
> 府，西漢劉歆，校訂《周禮》，刪汰博士明條，羼入古學異
> 說，遂使本經文例，前後不相貫融，今取全書攷之，凡與今學
> 同者，無一不采用〈王制〉，而沿襲竄改，今古雜廁，故其鉅
> 典宏綱，符於《禮經》者，每文該而事備，至於專門要義，多
> 缺不詳。（中略）余不揆譾昧，詳加深攷，究厥真贗，凡與今
> 學各經同義者，實本周公古制，特仍之以存舊籍，共與《春
> 秋》、〈王制〉、《孟子》不合者，錄為劉氏古學。[83]

は《周禮》《儀禮》《禮記》があり、三禮と併稱されるが、（中略）直接に政治制
度を記したものでは《周禮》が代表的である。（中略）而して政治思想としての
《尚書》は、いはゞ一つの理想社會の典型としての記錄であり、實際政治面に對
しては文飾としての價值が最も高く、具體的政治制度としては《周禮》の強い影
響力に讓らざるを得ない。してみると經學乃至經書の特色である政治性を考へる
には、《周禮》の實際政治社會への影響を研究することが最も典型的なものとな
ってくる。」

83 李滋然：〈周禮古學攷敘〉，《周禮古學攷》（臺北：臺灣大通書局，1970年），頁13-
16。

李滋然認為，制度、官名不合今經者是古文說，亦即劉歆所竄入。另外，宇野高度評價錢穆（1895-1990）〈周官著作年代考〉。[84]錢穆論文大致分為四個部分：（一）關於祀典；（二）關於刑法；（三）關於田制；（四）其他，指出《周禮》為戰國時代晉人所成。宇野一方面認同錢穆的戰國時代著作說，但另一方面否定晉人著作說。他透過「思想的要素」、「制度的要素」、「其他要素」三個方面展開論述。

首先是「思想的要素」。宇野首先關注的是德目。他把「中和」或「忠和」[85]視為「大學之恆言」，「三德」[86]雖比《論語》早，但〈小宰〉中的「廉」[87]與官吏的道德很密切，此與《墨子》、《管子》有共通之處，[88]可看出春秋戰國以後的法家之影響。總之，宇野認為，《周禮》的德目中包含著較為樸素的觀念，但又混入後世的思想。接著，他討論人材錄用相關的問題。《周禮‧地官‧鄉大夫》以下有賓興賢能的規定，宇野認為此說頗為抽象。另外，《周禮》所提

---

84 錢穆：〈周官著作年代考〉，《燕京學報》第11期（1932年6月），頁2191-2300。

85 例如：《周禮》的〈地官司徒‧大司徒〉有：「知仁聖義忠和」以及「以五禮，防萬民之偽，而教之中，以六樂，防萬民之情，而教之中」（《十三經注疏‧周禮注疏》，頁160-161）；〈春官宗伯‧大宗伯〉曰：「以天產作陰德，以中禮防之，以地產作陽德，以和樂防之」（同，頁282）；〈同‧大司樂〉云：「中和祗庸孝友」（同，頁337）等。

86 《周禮‧地官司徒‧師氏》曰：「以三德教國子，一曰至德，以為道本，二曰敏德，以為行本，三曰孝德，以知逆惡，教三行，一曰孝行，以親父母，二曰友行，以尊賢良，三曰順行，以事師長。」《十三經注疏‧周禮注疏》，頁210。

87 「廉善」、「廉能」、「廉敬」、「廉正」、「廉灋」、「廉辨」等語見於《周禮‧天官冢宰‧小宰》，請參《十三經注疏‧周禮注疏》，頁45。

88 《墨子‧明鬼》云：「是以吏治官府，不敢不繫廉。」《管子》除了〈牧民〉的「四維」以外，另有：「故曰，君明，相信，五官肅，士廉，農愚，商工愿，則上下體，而外內別也。」（〈君臣上〉）、「聖人在前，貞廉在側。」「有道之臣，（中略）義以與交，廉以與處，臨官則治，酒食則慈。」（〈四稱〉）、「行貨財，而得爵祿，則污辱之人在官，寄託之人，不肖而位尊，則民倍公法，而趨有勢，如此則慤愿之人失其職，而廉潔之吏失其治。」（〈明法解〉）

的學校名僅有「國學」（〈樂師〉）、「學」（〈大胥〉）、「州序」（〈州長〉）、「序」（〈黨正〉），與《孟子‧滕文公上》「夏曰校，殷曰序，周曰庠，學則三代共之」以及《禮記‧王制》「古之教者，家有塾，黨有庠，術有序，國有學」相比，《周禮》中的教育制度較為樸素。再加上，《毛詩》有「辟雍」（〈大雅‧靈臺〉以及〈文王有聲〉）和「泮宮」（〈魯頌‧泮水〉），《孟子》亦有「明堂」（〈梁惠王下〉），將其當做學校名，都始於《禮記‧王制》。[89]《周禮》卻未將「泮宮」、「明堂」用於學校名，於是宇野的看法與津田恰恰相反，認為《周禮》當早於《禮記‧王制》。其次是慈幼安富。[90]「慈幼」為增加人口的手段之一，也是春秋以後最強烈提倡的概念，與《管子》有很密切的關係。「安富」亦是春秋以後的商業活動活潑化的特點，還未至於《管子》、《晏子》商農相剋的時代。接著是統一思想。眾所周知，《周禮》中有許多統制的規定。有些人把這些思想看作統一時代的反映，宇野則根據《孟子》、《禮記‧中庸》與《管子》等，[91]說統一思想更常見於群雄割據的時代。也就是說，宇野認為《周禮》的記述符合戰國時代的情勢。最後是有關復讎的記述。《周禮‧地官司徒‧調人》曰：「凡和難，父之讎，辟諸海外；兄弟之讎，辟諸千里之外；從父兄弟之讎，不同國；君之讎，眡父；師長之讎，眡兄弟；主友之讎，眡從父兄弟。」此是描述調人調停的職掌，宇野十分看重這「調人」

89　宇野於此依據清羅墪《識遺》，卷5。

90　《周禮‧地官司徒‧大司徒》云：「以保息六養萬民，一曰慈幼，二曰養老，三曰振窮，四曰恤貧，五曰寬疾，六曰安富。」《十三經注疏‧周禮注疏》，頁158。

91　《禮記‧中庸》有：「今天下車同軌，書同文，行同倫」，俞樾《湖樓筆談》卷一視為秦代所著。另外，《管子‧君臣上》也有：「書同名，車同軌，此至正也。」宇野說，即使把這些都視為秦代的作品，那麼，如何看待《尚書‧舜典》：「協時月，正日，同律度量衡」？他認為，即使〈舜典〉有文獻上的懷疑，也不至於秦代，仍是戰國時代的著作。

職位本身的存在。若與《禮記》的〈曲禮上〉、[92]〈檀弓上〉、[93]《大
戴禮記・曾子制言上》[94]對比，就會發現在「不同國」的層位上，〈調
人〉與〈曲禮〉有共通之處。宇野也注意到《周禮》與《大戴禮記》
都承認為「師長」、「主友」的復讎，因而認為《周禮》是後世的著
作。而《韓非子・五蠹》有：「今兄弟被侵，必攻者，廉也。知友被
辱，隨仇者，貞也。廉貞之行成，而君上之法犯矣。」可知戰國末期
確有了為「知友」的復讎，宇野又據此認定《周禮》帶有法家的色彩。

　　關於「制度的要素」，宇野從官名以外的角度來加以探究。其
一，「天王」。《周禮・春官宗伯・司服》有：「凡喪，為天王斬衰，為
王后齊衰，王為三公六卿錫衰，為諸侯緦衰，為大夫士疑衰，其首服
皆弁絰。」但因《春秋》以外不見「天王」一詞，宇野認為「天王」
一詞出現在春秋之後。其二，「三公」。《春秋公羊傳・隱公五年》
有：「天子三公者何？天子之相也。天子之相，則何以三？自陝而東
者，周公主之，自陝而西者，召公主之，一相處乎內。」[95]可知當時
「三公」的概念並不明確。但是，《韓詩外傳》卷八、《尚書大傳・夏
傳》，「三公」為「司徒、司馬、司空」，《大戴禮記・保傳》則為「太

92 《禮記・曲禮上》曰：「父之讎，弗與共戴天；兄弟之讎，不反兵；交遊之讎，不
　　同國。」《十三經注疏・禮記正義》，頁57。

93 《禮記・檀弓上》曰：「子夏問於孔子曰：『居父母之仇，如之何？』夫子曰：『寢
　　苫枕干，不仕，弗與共天下也，遇諸市朝，不反兵而鬥。』曰：『請問，居昆弟之
　　仇，如之何？』曰：『仕，弗與共國，銜君命而使，雖遇之不鬥。』曰：『請問，居
　　從父昆弟之仇，如之何？』曰：『不為魁，主人能，則執兵而陪其後。』」《十三經注
　　疏・禮記正義》，頁133。

94 《大戴禮・曾子制言上》曰：「父母之讎，不與同生；兄弟之讎，不與聚國；朋友
　　之讎，不與聚鄉；族人之讎，不與聚鄰。」方向東：《大戴禮記滙校集解》（北京：
　　中華書局，2008年7月），頁530。

95 〔東漢〕何休（注）、〔唐〕徐彥（疏）：《十三經注疏・春秋公羊傳》（臺北：藝文
　　印書館，1955年），頁35。

保、太傅、太師」。與這些相比，《周禮》中的「三公」並未明言，所以宇野認為《周禮》與《公羊傳》制作時代相近。其三，「史與巫」。《周禮》除了「大史」、「小史」、「內史」、「外史」、「御史」、「女史」之外，另有下級的「史」（〈宰夫〉）。宇野認為原是政府要職的「史」變成為下級官吏，必須要一段時間。春秋初期仍然堅持封建制度，「史」所有的文學教養大致限制於士大夫階級，後來隨著封建制度的崩壞，就出現《周禮》所說下層的「史」。關於「巫」，宇野大致本於狩野直喜〈支那古代の巫、巫咸に就いて〉、〈說巫補遺〉以及〈續說巫補遺〉諸篇之說。[96]狩野主要的論點是透過《左傳》與《周禮》中「巫」和「祝」的比較，推測《周禮》早於《左傳》，宇野也認同他的看法。其四，「庶人」。《周禮·序官》規定上，士下面還有府、史、胥、徒，都是屬於庶人之官。另外，〈大宗伯〉、〈巾車〉也有關於庶人的規定。宇野將其視為戰國以後庶人地位向上的反映，尤其是宇野注意《周禮》談到「工商」的部分，認為是受到齊地工商業繁盛的影響。其五，「左右之官」。中國有對偶的看法，其中之一是左右，但是古代官名似乎未有左右的觀念，《周禮》亦然。雖有「司右」、「戎右」、「齊右」、「道右」等，這「右」並不是對應於「左」。宇野認為，左右概念用在官名始於秦漢，因而《周禮》不是秦漢時代的著作。其六，「五等爵」是公、侯、伯、子、男，另有將其分為三等級的說法散見於先秦文獻。《孟子》分為公侯、伯、子男，而《周禮》分為公、侯伯、子男。宇野視二者為源自同一時代學說之差異。總之，他認為《周禮》包含著戰國時代的思想。

　　「其他要素」，宇野舉出「曆」與「音樂」、「邦諜」相關的問題。曆法方面，他研究「歲」、「潤」、「月吉、朔」；音樂方面，探討

---

96 皆收於狩野直喜：《支那學文藪》（東京：みすず書房，1973年4月）：〈支那上代の巫、巫咸に就いて〉，頁16-27；〈說巫補遺〉，頁28-39；〈續說巫補遺〉，頁40-52。

六律六同；[97]最後談到《周禮》中間諜的重要性，說：「《周禮》完全反映了被視為春秋末期到戰國的思想制度」。[98]

最後，宇野注意到《周禮》的六官組織。除了《周禮》以外，《管子・五行》與《大戴禮記・盛德》也備有六官組織。但是《管子・五行》的六官：「當時」、「廩者」、「土師」、「司徒」、「司馬」、「李」與《周禮》的六官毫無關係。與此相比，《大戴禮記・盛德》的六官：「冢宰」、「司徒」、「宗伯」、「司馬」、「司寇」、「司空」與《周禮》完全一致。因此，宇野認定《大戴禮記》依據《周禮》而撰寫。此外，宇野在《管子・五行》中看出自五官到六官的思想過渡。為何需要「六官」呢？假使依據五行說，「五官」就已足夠。可是《周禮》採用的卻是「六官」。他引《史記・秦始皇本紀》：「始皇推終始五德之傳，以為周得火德，秦代周，德從所不勝，方今水德之始，改年始朝賀，皆自十月朔，衣服旄旌節旗，皆上黑，數以六為紀，符法冠皆六寸，而輿六尺，六尺為步，乘六馬，（中略）分天下以為三十六郡。」[99]由此認為，《周禮》也是本於終始五德說，而秦統一之前終始五德說非常流行。另外，依據《孟子・萬章下》北宮錡問孟子周室班爵制度之記事，可見當時有了對周制的關心，又有參考周制而建立新王朝制度的趨勢。總而言之，宇野結論為：

　　筆者推定，《周禮》是在周王室滅亡後，或者至少是周瀕臨滅

---

97 宇野參考青木正兒：〈樂律溯源〉，《支那學》第3卷8號（1924年7月），頁17-41；以及瀧遼一：〈古典に現はれたる律呂の解釋について〉，《東方學報（東京）》第11冊之2（1940年7月），頁113-170。

98 宇野精一：《中國古典學の展開》，頁270；《宇野精一著作集》，第2卷，頁237。原文：「周禮には春秋末より戰國にかけての思想制度の反映と見るべきものに滿たされてゐる」。

99 《史記・秦始皇本紀》，頁237-239。

亡而世人期望新王朝的出現時，依據新王朝是水德，且尚數六的終始五德說而制作的。[100]

那麼，《周禮》的作者是何人？郭開貞（沫若，1892-1978）認為是荀子弟子，[101]錢穆視《周禮》為晉人之作。[102]宇野則根據《周禮》與《管子》間密切的關係、[103]終始五德說始於齊，也最盛行於齊、戰國時代的齊魯之地為思想學術的淵藪等等，於是將《周禮》看作齊人之作。[104]

　　宇野《中國古典學の展開》收錄了多篇《周禮》相關的論考。除

100 宇野精一：《中國古典學の展開》，頁277-278；《宇野精一著作集》，第2卷，頁243-244。原文：「私は周禮は周の王室が滅亡した後、或は少くとも滅亡に瀕して次の新たなる王朝の出現を期待せられてゐる時に、新王朝は水德にして六の數を尚ぶべきものとする終始五德說に本づいて制作されたものであらうと推定する。」

101 郭沫若：〈周官質疑〉，《金文叢攷》（東京：文求堂書店，1932年7月），第1冊。

102 錢穆：〈周官著作時代考〉。

103 《周禮》與《管子》的相關研究，有小柳司氣太：〈管子と周禮〉，《東亞研究》第4卷2號（1914年5月），頁22-30，後收於《東洋思想の研究》（東京：關書院，1934年5月；再版，東京：森北書店，1942年10月），頁215-226。小柳研究的重點在於《管子》如何對《周禮》加以變更，而舉出了二十五例。此外，後有櫻井芳郎：〈管子と周禮との關係について〉，《東京學藝大學紀要（第3部門、社會科學）》第18集（1966年11月），頁108-115，櫻井結論為，《周禮》與《管子》在用語上雖有共通之處，但實在毫無關係。櫻井一九六○年前後陸續發表了〈孟子と周禮との關係について〉，《東京學藝大學研究報告（史學）》第9集（1958年3月），頁1-8；〈詩經と周禮との關係について〉，《東京學藝大學研究報告》第12集（1961年），頁1-8；〈書經と周禮との關係について〉，《東京學藝大學研究報告（史學）》第13集（1962年），頁1-6；〈禮記王制と周禮との關係について〉，《東京學藝大學研究報告》第15集第10分冊（1964年8月），頁1-6；〈左傳と周禮との關係について〉，《東京學藝大學研究報告（歷史學）》第16集（1964年12月），頁1-8，探究《周禮》與其他先秦文獻的關係。

104 宇野認為，由〈考工記〉被補充〈冬官〉的今本《周禮》，經過劉歆才成書，因而他強調不可以把今本《周禮》的成書與《周禮》制作年代，或者劉歆偽作問題混在一起討論（《宇野精一著作集》，第2卷，頁275-276）。

了如上所述的論考以外，還收錄東漢到現代的《周禮》成書說之展開。限於篇幅，本文無法詳加介紹，但筆者認為，這部分在經學研究史上，相當有意義，值得留意。

四　田中利明、大川俊隆的秦代成書說

接著介紹的是田中利明（1935-1986）〈周禮の成立についての一考察〉。[105]他主要的觀點在序中已明顯地表達：

> 此種研究（筆者註：指錢穆、郭沫若、津田左右吉、宇野精一等的研究），都是基於《周禮》中被記錄下來的字句。既然是推定《周禮》制作年代，如此研究當然是需要的，然而我認為，大家都忘了非常重要的一點。追探羅列字句而撰作內容這麼龐大的書籍者之意圖、制作動機之研究，這是不能等閒視之的重要問題。即向《周禮》本質逼近的研究相當重要，但是，至今無人做過以其為中心的研究。[106]

田中如此重視《周禮》制作者的意圖、動機，試圖推測《周禮》成立的歷史背景。於是，他首先關注「法」，指出《周禮》中的「法」是

---

105 田中利明：〈周禮の成立についての一考察〉，《東方學》第42輯（1971年8月），頁16-31。

106 田中利明：〈周禮の成立についての一考察〉，頁2。原文：「ところでこうした研究は、すべて周禮の中に記された字句を基にしてのものである。周禮の制作年代を推定する以上、こうした操作は當然必要とするものであるが、しかしここに一つ、大切なことが忘れられているように思える。字句を連ねてこの厖大な書物を作った者の意圖や制作の動機を追究して行く研究こそ、等閒にしてはならない重要な問題であると思えるのである。即ち周禮の本質に逼る研究が大切なのであり、今迄のところこれを中心とした研究が為されていないのである。」

包括「禮」與「刑」的概念，其中「禮」比「刑」佔更大比重。田中
又比較《周禮》的「禮」與《孟子》、《荀子》的「禮」。《孟子》的
「禮」為人心中的內在德性之一，反之，《荀子》的「禮」則從外在
規定人的行動。田中認為，《周禮》的「禮」較接近《荀子》。但另一
方面，《荀子》「禮」、「法」並列，與此相反，《周禮》的「禮」為
「法」所吸收。因此，田中認為《周禮》的「禮」一方面沿襲《荀
子》，一方面則受到法家流行的影響。其次，田中注意到《周禮》有
什伍之制。眾所周知，什伍之制始於秦相商鞅，其後成為秦的傳統政
策，而《周禮》採納這個政策。接著田中討論五帝的方祀。他根據
《晏子春秋・內篇・諫上・十五》與錢穆的看法，[107]指出五帝方祀在
秦始皇時代就得到定型。總之，他認為《周禮》在秦始皇時代或其後
成書。

接下來，田中探究《周禮》制作的動機。田中指出：「大致反映
出儒家傳統的理想國家之《周禮》，當然可以看作是在現實與理想之
間存在很大的差距時的制作。」[108]那麼，是何時代呢？他把《周禮》
與《荀子・王制》相比，指出〈王制〉甚為疏略，戰國末年還未有
《周禮》般龐大官制出現的趨勢。另外，秦代儒生如淳于越雖企圖把
現實改為理想，[109]但是實在難以改變秦國的現實情況，面對困難，改

---

107 《晏子春秋・內篇・諫上・十五》曰：「楚巫微見景公，曰請致五帝，以明君德，
景公再拜稽首，楚巫曰請巡國郊，以觀帝位，至於牛山而不敢登，曰五帝之位，位
于國南，請齋而後登之。」錢穆云：「晏子春秋是戰國晚年偽書。五帝之說，本盛
於燕齊海疆之方士。他說楚巫請致五帝，便見齊人當時也不祀五帝。五帝祀直到秦
始皇統一後，遂正式採用。」錢穆：〈周官著作時代考〉，頁2197。

108 田中利明：〈周禮の成立についての一考察〉，頁11。原文：「儒家の傳統的な理想
國家が一應の形となって現れている周禮は、當然現實との較差が幅広く開いたと
きに作られたものであると見ることが出來る。」

109 《史記・李斯列傳》曰：「臣聞之，殷周之王千餘歲，封子弟功臣自為之輔，（中
略）事不師古而能長久者，非所聞也。」

革的意圖就更加強烈，田中認為儒生即因此制作《周禮》。也就是說，「儒家對難得成立的統一國家抱有不滿」，[110]這些不滿、發憤導致《周禮》的制作。如上所述，田中認為《周禮》大致成書於秦始皇時代。

強調《周禮》與秦的關係，另有大川俊隆。他在〈《周禮》における齎字について〉[111]中介紹金春峰《周禮之成書及其反映的文化與時代新考》，[112]大川雖說：「我不是以齎與兩三個字的檢討而提倡《周禮》秦代成書說的」，[113]不過，他在文中主要就是經由分析「齎」字的發展過程，從「《周禮》中齎、齎、齊的意義，與戰國後期到秦代，尤其是在秦代前後的齎字之意的發展過程一致」，[114]得出秦代成書說的結論。其論據有四：第一，「齎」字出現於戰國後期，秦代有了「持遺」、「賠償的財用」、「財用」等意思。此與《周禮》中齎字的用例多共通。第二，漢初以後，「齎」字從「財用」引申為「利益」、「資質」之意。不久之後，以「資」字代表「齎」字「持遺」以外的意義，而《周禮》除了故書異文之外，未用「資」字。因此，《周禮》的用法反映秦代或者戰國後期以前的意義。第三，在戰國後期到秦代，「齎」、「齎」字另有「穀物」的意思，秦代出現專示這意義的

---

110 田中利明：〈周禮の成立についての一考察〉，頁14。原文：「折角出來上った統一國家が儒家にとっては甚しく意に滿たないものであった」。

111 大川俊隆：〈《周禮》における齎字について〉，小南一郎（編）：《中國古代禮制研究》（京都：朋友書店，1995年3月），頁165-194。

112 金春峰：《周禮之成書及其反映的文化與時代新考》（臺北：東大圖書，1993年11月）

113 大川俊隆：〈《周禮》における齎字について〉，頁192。原文：「私は齎と二・三の字の檢討を以て、『周禮』の秦代成立說を唱えるものではない。」

114 大川俊隆：〈《周禮》における齎字について〉，頁191。原文：「『周禮』における齎・齎・齊の用義は、戰國後期から秦代にかけて、特に秦代の頃の齎字の義の發展とよく符合すると云えよう。」

齏字，漢代再省略為「粢」字。《周禮》的「齍」、「齏」字都含有「穀物」的意義，此表示《周禮》的「齍」、「齏」字把秦代所生成齏字以前的原貌遺留下來。第四，西周後期起，「齊」與「齍」、「齏」通用，秦代也「齊」與「齍」通用，漢代以後則為「齊」與「資」通用。《周禮》中「齊」與「齍」、「齏」通用，「齏」、「齍」字又都有「穀物」之意，可知其成書應在西周後期至秦代而非漢代。從而大川最後指出，《周禮》在秦代成書的可能性。

五　平勢隆郎的戰國燕成書說及井上了的秦漢成書說

其次是平勢隆郎（1954- ）〈《周禮》の構成と成書國〉。[115]東京大學東洋文化研究所編《東洋文化》第八十一號是《左傳》與《周禮》的專輯，除了石黑ひさ子、小寺敦、高津純也以及呂靜等《左傳》相關的論文外，[116]還收錄以《周禮》為主題的兩篇論文，即是阿部幸信

---

115 平勢隆郎：〈《周禮》の構成と成書國〉，《東洋文化》第81號（2001年3月），頁181-212。

116 石黑ひさ子：〈《春秋》三傳と祭祀〉，頁23-54；小寺敦：〈《左傳》の引詩に關する一考察──「賦詩斷章」の背景──〉，頁55-102；高津純也〈《左傳》に引かれる《書》の性格〉，頁103-138以及呂靜〈盟誓における載書についての一考察〉，頁139-160。執筆者皆是「史料批判研究會」的成員。「史料批判研究會」源自一九九二年成立的「左傳研究會」，是研究《左傳》的文章結構，一九九八年改稱為「史料批判研究會」，出版學術雜誌《史料批判研究》。《東洋文化》第八十一號是匯集如此「史料批判研究會」成員的論文。平勢隆郎：〈序說〉，頁2。謂：「把焦點集中於至今研究成果之中檢討時間很長，檢討內容也相當豐富的《左傳》相關研究，以及在研究史上與《左傳》很密切的《周禮》，而總括成書問世的就是這本書（そこで、これまでの研究のうち、檢討時間が長く檢討の厚みもました《左傳》、および研究史の上では《左傳》と切っても切れない關係にある《周禮》に焦點をしぼり、まとめて世に送り出さんとしてできあがったのが本書である）。」

〈前漢末～後漢における地方官制と《周禮》〉[117]與平勢此文。[118]那麼，平勢如何看待《周禮》？

鄭玄以來，討論《周禮》與其他經書的差異，主要在於成書時代的差別，而平勢則關注於各經書正統觀的差異，此是他重要的觀點。也就是說，平勢認為各經書都充滿了辯護成書國的意圖。那麼，《周禮》的成書國在何處？他首先注意到的是〈冬官〉。平勢認為，《周禮》架構上原無〈冬官〉一篇。另外，《周禮·春官·大司樂》五聲（宮、商、角、徵、羽）之中沒提到商聲。依據夏正，商聲相當於北方。這些都是《周禮》重視北方的表徵。《管子·幼官》被認為是「玄官」，[119]《史記·封禪書》秦諸畤中缺少「黑帝」，都表示戰國時代有特別重視北方的趨勢。因此，平勢認為《周禮》編纂於戰國時代。接著，他討論了《周禮》的外族觀。《周禮·秋官》有「蠻隸」、「閩隸」、「夷隸」、「貉隸」，卻無「戎」，平勢認為這意味著《周禮》無視「戎」的存在。另有「司隸」之官，「掌帥四翟之隸」。「翟」即「狄」，由此可知《周禮》看重「狄」。也就是說，《周禮》特別重視「翟（狄）」，卻完全無視「戎」。此與《穀梁傳》視楚、吳、晉、秦為狄，而以齊為染上夷狄之習俗相似。可是，《周禮》談到貉與閩，《穀梁傳》卻沒提到。因此平勢認為，《周禮》與《穀梁傳》的成書

---

117 阿部幸信：〈前漢末～後漢における地方官制と《周禮》〉，《東洋文化》卷81號（2001年3月），頁161-180。

118 另附上平勢隆郎：〈《周禮》の內容分類（部分）〉，《東洋文化》第81號（2001年3月），頁213-229，是把《周禮·天官·冢宰》的經文分為「總說」、「官名」、「員數」、「職責」、「凡例」五種。

119 清末何如璋說：「舊注『幼者，始也。』『始』字無義，疑『幼』本作『玄』，故注訓為始，宋刻乃誤為『幼』字耳。『官』宜作『宮』，以形近而誤。本文有玄帝之命，又『玄宮』凡兩見，〈戒篇〉『進二子於里宮』，亦譌作『官』。」黎翔鳳：《管子校注》（北京：中華書局，2004年6月），頁104。

國不同,《穀梁傳》成書於中山,《周禮》則成書於燕。平勢的結論為:

> 由著眼於夷與翟（狄）等外族的對應、樂律名稱的特色所得的
> 結果,可以認為《周禮》一書的背後有燕的正統觀支撐著。燕
> 稱王後到滅亡的戰國中期到末期,都有考慮為成書時期的必
> 要。[120]

　　至於井上了（1973-）〈《周禮》の構成とその外族觀〉[121]一文,一
方面高度評價平勢的研究態度很有挑戰性,另一方面逐一舉出論據
反駁平勢的看法,仍然主張《周禮》乃秦漢成書之說。

六　吉本道雅的戰國成書說及山田崇仁的戰國齊成書說

　　最後是吉本道雅（1959-）〈周禮小考〉[122]與山田崇仁（1970-）
〈《周禮》の成書時期、地域について〉。[123]吉本的基本立場見於該文
第四章,即:「從文獻外部考慮的方法,不得不承認有一定的界
線。」[124]他所謂的「文獻外部」指該文獻以外的資料,他始終關注文

---

120 平勢隆郎:〈《周禮》の構成と成書國〉,頁208。原文:「夷や翟（狄）などの外族
　　に對する對應や樂律名稱の特色に着目してみた結果、『周禮』という書物を背後
　　で支えているのは、燕の正統觀ではないかと考えられた。燕が稱王して以來滅ぼ
　　されるまでの戰國中期～末までについて成書時期を考える必要がある。」
121 井上了:〈《周禮》の構成とその外族觀〉,《中國研究集刊》第30號（2002年6月）,
　　頁43-62。
122 吉本道雅:〈周禮小考〉,《中國古代史論叢》（2004年3月）,頁1-12。
123 山田崇仁:〈《周禮》の成書時期、地域について〉,《中國古代史論叢》三集（2006
　　年3月）,頁96-150。
124 吉本道雅:〈周禮小考〉,頁12。原文:「文獻の外から考える方法には一定の限界
　　を認めざるを得ないのである。」

獻本身的文辭、思想。於是,吉本以避諱為線索,探討《周禮》成書
的過程。他分析指出:「邦」與「國」在《周禮》中的分布可以分為
三類:其一,〈天官〉;其二,〈地官〉與〈秋官〉;其三,〈春官〉和
〈夏官〉。〈地官〉與〈秋官〉中,「邦」和「國」混用,〈天官〉中
「邦」極多,〈春官〉、〈夏官〉則「國」頗多。吉本據此認為,〈地
官〉、〈秋官〉是避諱「邦」以前的戰國期之文本,〈春官〉、〈夏官〉
為西漢的文本,〈天官〉則是企圖恢復原貌的王莽期之文本。也就是
說,他認為《周禮》在戰國時代已成書,但今本《周禮》是後來總括
三種文本而成。又由於今本鄭註本與杜子春本毫無文字上的差異,他
認為杜子春與今本《周禮》有很密切的關係。

　　山田認同吉本的看法,又利用歷史語言學的方法進一步研究。由
《周禮》的爵制與《春秋》、《禮記·曲禮》、《左傳》、《孟子》相比,
可以看出《周禮》最晚出,他認為《周禮》確實是西元三世紀以後秦
統一以前的文獻。那麼,《周禮》成書於何地?關於此,山田憑藉
N-gram 的方式。[125]首先他討論的是《周禮》是否為層累的編纂物?
因於《周禮》中詞彙的零散很少,有與《孟子》、賈誼《新書》共通
的傾向,山田認為《周禮》是經過一人或者少數人之手,在短時間內
成書的。接著,他研究《周禮》的成書地域。他將《周禮》與《管
子》、《司馬法》、《守法守禮等十三篇》中之詞彙加以比較,認為《周
禮》與齊地有很密切的關係。總之,他的結論為:《周禮》是西元前
三世紀以後,秦統一以前,在齊地編纂、成書。山田並對錢穆三晉成
書說、平勢戰國燕成書說以及井上秦漢成書說提出批評。

---

125 美國的數學學者克勞德·夏農(Claude Elwood Shannon,1916-2001)所提倡,調
　　查頻出文辭的方法。

七　小結

　　綜上所述，關於《周禮》成書有許多說法：一，西周末期說（林泰輔）；二，戰國齊說（宇野精一、山田崇仁）；三，戰國燕說（平勢隆郎）；四，戰國說（吉本道雅）；五，統一秦說（田中利明、大川俊隆）；六，秦漢說（井上了）；七，西漢末期說（津田左右吉）。可說諸說紛紜，未有定論。筆者認為，宇野、山田的研究較為合理。宇野的研究雖已屬於「古典」，但仍值得一讀。山田利用N-gram方式的研究很有特色，的確令人驚奇，作為一種突破性的方法頗有價值。然而《周禮》文獻學研究已經有眾多成果，除非有新的資料，否則很難有進展。[126]加賀榮治（1915-1998）曾經說過：「以成書過程來說，《周禮》雖然確實依據相當古老的、有來歷的資料（〈考工記〉等就是其中之一），但是，我們應該分別考慮現在所見一大行政組織法的官制之書的完成時期與其所據資料的時代性。」[127]筆者贊同加賀的看法。

　　除了成書問題之外，《周禮注疏》文獻學的相關研究有加藤虎之亮（1879-1958）〈周禮經注疏音義校勘總說〉[128]以及《周禮經注疏音義

126　森賀一惠：〈《周禮》の「壹」と「參」〉，《富山大學人文學部紀要》第43號（2005年8月），頁45-57是企圖從《周禮》中的「壹」與「一」、「參」與「三」的差別而討論《周禮》成書問題，可是未得到結論，非常可惜。

127　加賀榮治：〈「禮」經典の定立をめぐって〉，《人文論究》第50號（1990年3月），頁12。原文：「成書となる上での《周禮》が、かなり古い由緒ある資料（〈考工記〉などは、まさにこれに該當する）に據っていることは、ほぼ間違いないとしても、今見るような一大行政組織法的官制の書としてでき上がる時期は、その所據資料の古さとは、やはり區別して考えられるべきであろう。」

128　加藤虎之亮：〈周禮經注疏音義校勘總說（一）〉，《東洋文化（無窮會）》第143號（1936年3月），頁1-14到〈周禮經注疏音義校勘總說（三十七）〉，《東洋文化（無窮會）》第195號（1941年4月），未完。

校勘記》。[129]昭和三十二年（1957）的〈周禮經注疏音義校勘記序〉
曰：

> 大正十三年（1924）春，余立《周禮》經注疏音義校勘之志，
> 以毛晉本為據，校明重校監本。尋及李元陽本、乾隆殿本，暨
> 聞人詮本，更校元槧十行本於內閣文庫，重言本於足利圖書
> 館。又獲重修監本於上海，假宋槧修補十行本於文求堂竝校
> 之。韓板注疏本與弟芳之佐校讎。（中略）昭和五年受啟明會
> 補助金，以河住玄君為助手，據阮刻十行本校正德本於靜嘉堂
> 文庫，又校孫氏《正義》本。於是十二種經注疏音義合本竝一
> 經注音義本校竣。（中略）校讎始成實，（昭和）八年（1933）
> 六月也，乃作其《總說》二卷，獲學位。越十五年，得浙東轉
> 運司本，請小澤文四郎君校勘。二十三年依武內義雄君假得單
> 疏不全本於東北大學手校。至是多年渴望之書悉校了。（中
> 略）二十七年秋，余退教職得閒，乃修正自執鐵筆複寫三本，
> 三十年十月卒業。今茲丁酉六月得文部省研究成果刊行費補助
> 金，付寫真凸版以就正大方。（中略）立志以來三十有三年，
> 始得公于世，臨序感慨久之。[130]

可見加藤用了三十二年的工夫，終於完成了《周禮經注疏音義校勘
記》。他利用的版本相當豐富，主要的幾乎都已網羅，受到宇野精一
與野間文史等的高度評價，[131]研究《周禮》者非參考不可。

---

129 加藤虎之亮：《周禮經注疏音義校勘記（上）》（東京：財團法人無窮會常務理事清
　　田清發行，1957年10月）；《周禮經注疏音義校勘記（下）》（東京：財團法人無窮會
　　常務理事清田清發行，1958年9月）。

130 加藤虎之亮：《周禮經注疏音義校勘記（上）》，頁29。

131 宇野精一：〈書評：加藤虎之亮著「周禮經注疏音義校勘記」〉，《斯文》第21號

第三節　《周禮》內容的研究

　　本節討論的是《周禮》內容的研究。以下分為「各官研究」、「制度研究」、「整體思想研究」以及「注疏研究」四部分加以論述。

一　各官研究

1　〈天官〉

　　目前為止，〈天官〉的相關研究有四篇。首先是佐藤武敏（1920-）的〈周禮に見ゆる大宰〉。[132]佐藤發現，《周禮》中的大宰雖然擔任政治上最重要的角色，但其屬官的職掌實可說被是限制於宮中。於是他對《周禮》與金文、器物、《儀禮》、《禮記》、《左傳》等先秦考古學資料、文獻中的「宰」、「大宰」、「冢宰」加以討論，認為宮內官性的屬官之職掌就是「宰」原來的職掌，到了西周末，加上其他多種職掌，名稱也細分化。那麼，為何「宰」會成為最高官職？關於此點，他參考《論語・憲問》[133]與《荀子・王制》，[134]另據《周禮》與《管

　　（1958年），頁72，後收於《宇野精一著作集》，第5卷（東京：明治書院，1989年6月），頁285-286；野間文史（著）、董嶺（譯）：〈近代以來日本的十三經注疏校勘記研究〉，彭林（主編）：《中國經學》第11輯（2013年6月），頁15-57，日文版收載於野間文史：《五經正義研究論攷──義疏學から五經正義へ》（東京：研文出版，2013年9月），頁367-433。

132 佐藤武敏：〈周禮に見ゆる大宰〉，《人文研究》第3卷第7號（1952年7月），頁47-61。

133 《論語・憲問》云：「子張曰：『書云，高宗諒陰，三年不言，何謂也？』子曰：『何必高宗，古之人皆然，君薨，百官總己，以聽於冢宰三年。』」佐藤依據武內義雄《論語之研究》（東京：岩波書店，1939年12月）等，把〈憲問〉看作齊論。

134 《荀子・王制》云：「本政教，正法則兼聽而時稽之，度其功勞，論其慶賞，以時慎修，使百吏免盡，而眾庶不偷，冢宰之事也。」「政治亂則冢宰之罪也，國家失

子》關係密切、五帝祭祀在齊流行，因而強調《周禮》與齊的關係。宰在齊是相當高的職位。[135]佐藤認為，《周禮》受到齊文化的影響而成。其結論與宇野精一有共通之處。

接著是本田二郎〈周禮天官に見えたる飲食物と其の官吏達〉。[136]《周禮·天官》所屬的官員中，半數以上都是飲食相關的人員。本田逐一解說「膳夫」、「庖人」、「內饔」、「外饔」、「亨人」、「甸師」、「獸人」、「漁人」、「鱉人」、「腊人」、「食醫」、「酒正」、「酒人」、「漿人」、「凌人」、「籩人」、「醢人」、「醯人」、「鹽人」、「冪人」二十種職位的職務，最後指出這些官員在古代社會擔任了祭祀——政治上非常重要的角色。此文大部分雖只是把《周禮》的經文翻譯成日文，但由於當時還沒有《周禮》全譯，非常便於當時的研究者。本田後來出版了《周禮通釋》，此文的成果也已收於《周禮通釋》中。

其次，栗原圭介（1913-）〈周禮「天官」篇形成における時間論〉[137]是探究在〈天官〉形成的過程中，時間論和古代人對天的依存、期望如何關連，或者時間論如何作用。他關注於「時」的概念，指出：「禮的秩序中，以天時為頂點，其下則組織地財、鬼神與人心」，[138]使〈天官〉成立的實體為時間。栗原又云：

俗則辟公之過也。」佐藤根據《史記·孟子荀卿列傳》「荀卿趙人，年五十始來游學於齊……」等，強調《荀子》與齊的關係。

135 《管子·小匡》及《國語·齊語》「使鮑叔為宰」時，鮑叔辭退而說「若必治國家，則非臣之所能……。」因此，佐藤認為，宰於齊乃相當高的職位。

136 本田二郎：〈周禮天官に見えたる飲食物と其の官吏達〉，《大東文化大學漢學會誌》第14號（1975年3月），頁184-200。

137 栗原圭介：〈周禮「天官」篇形成における時間論〉，《東洋研究》第76號（1985年10月），頁1-34。

138 栗原圭介：〈周禮「天官」篇形成における時間論〉，頁7-8。原文：「禮的秩序においては、天時を頂點にして、その下に、地財や鬼神や人心が組織せられているのである。」

使得古代的漢民族，即剛開始接觸農耕的原始人驚異；這些前論理時代的頭腦因天地自然的運行而瞠目的，就是「時」所具有偉大的意義與其所帶來正確無誤的秩序。[139]

他強調時間與農耕的關係。雖然他的論文實在難讀，但是從時間論切入相當有趣，值得參考。

最後是南昌宏〈《周禮》天官の構成〉，[140]主要內容是參考鄭《注》、賈《疏》及孫詒讓《周禮正義》等，整理《周禮・天官》的爵等和王臣、官長。

2 〈地官〉

有關〈地官〉的專論也有四篇，神谷正男（1910-）〈《周禮》の泉府と《管子》の輕重斂散法〉、[141]濱口富士雄（1949-）〈周禮保氏五射考〉、[142]栗原圭介〈地官司徒に於ける征賦の構造と科學思想（上、下）〉。[143]

---

139 栗原圭介：〈周禮「天官」篇形成における時間論〉，頁11。原文：「そこで古代の漢民族、乃ち初めて農耕を知った原始人たちの驚きは、前論理時代の頭腦をして天地自然の動きに瞠目せしめたものは、時のもつ意味の偉大さと違うことの無い時が齎す秩序の姿であったろう。」

140 南昌宏：〈《周禮》天官の構成〉，《高野山大學論叢》第35號（2000年2月），頁65-83。

141 神谷正男：〈《周禮》の泉府と《管子》の輕重斂散法〉，《東京支那學報》第9號（1963年6月），頁43-58。

142 濱口富士雄：〈周禮保氏五射考〉，池田博士古稀記念事業會（編）：《池田末利博士古稀記念東洋學論集》（廣島：池田末利博士古稀記念事業會，1980年9月），頁329-344。

143 栗原圭介：〈地官司徒に於ける征賦の構造と科學思想（上）〉，《東洋研究》第101號（1991年12月），頁1-37；〈地官司徒に於ける征賦の構造と科學思想（下）〉，《東洋研究》第108號（1993年8月），頁43-63。

首先介紹神谷正男。如上所述,《周禮》有許多文獻學上的問題,《管子》亦然。於是神谷從思想史的觀點加以檢討,企圖釐清兩者之間的關係,再推測《周禮》與《管子》的成書年代。他首先指出泉府制度的目的為民生的安定,近於銀行般的角色,因此雖不是徹底重農抑商的政策,仍有意抑制商人的活動。接著他談到《管子·國蓄》中所見的輕重斂散法,發現與泉府有共通之處,即:「排斥以追求利益為目的的商人的商業活動,由官府的政治權力,使人民的生活安定下來」[144]之立法精神。兩者當然也有相異之處,神谷認為這是源自時代、政治情況而產生的差異。最後結論為《周禮·泉府》的思想與《管子》的輕重斂散法不是漢代的,並認為〈泉府〉先於《管子》,他排列先秦西漢的經濟思想為:《周禮·泉府》→《管子》的輕重斂散法 → 計然、范蠡的經濟政策 → 李悝的糴糶法 → 賈誼、晁錯的經濟論 → 桑弘羊的平準法 → 耿壽昌的常平倉,而批判《周禮》與《管子》成書於西漢的看法。但他雖提出上述的結論,卻沒有註明證據,不無遺憾。

接著是濱口富士雄。《周禮·地官·保氏》有:「養國子以道,乃教之六藝。一曰五禮,二曰六樂,三曰五射,四曰五馭,五曰六書,六曰九數。」[145]但是,《周禮》、先秦文獻都沒有「五射」的說明,東漢鄭眾才將其釋為「白矢、參連、剡注、襄尺、井儀」,[146]後來有了唐賈公彥說。然而濱口認為,賈說有議論之餘地,因而加以重新討論。

---

144 神谷正男:〈《周禮》の泉府と《管子》の輕重斂散法〉,頁55。原文:「利益追從を目的とする商人の商業活動を排除して、官府の政治的權力によって、人民の生活を安定させる」。

145 《十三經注疏·周禮注疏》,頁212。

146 據鄭註引鄭眾說。《廣韻·去聲·射》的解說亦有:「《周禮》有五射,白矢、參遠、剡注、讓尺、井儀。」〔宋〕陳彭年等:《新校宋本廣韻》(臺北:洪葉文化,2001年9月),頁423。

　　最後，栗原兩篇論文指出〈地官〉中的征賦被制度化的過程中，科學的思考佔有很重要的地位。他的看法是，因為古代社會的生活本於農耕發展，以土地相關的稅制為基本，因而觀察天文、均分土地、計算賦稅時，必然需要科學的知識。栗原認為，多種科學思想散見於《周禮》。

3　〈春官〉

　　在日本〈春官〉相關研究的成果較為豐富，尤其是池田末利發表了〈肆獻祼、饋食考——周禮大宗伯所見の祖神儀禮——〉、[147]〈血祭、貍沈、疈辜考——周禮大宗伯所見の地神儀禮——〉、[148]〈告祭考——周禮大祝を中心とする祈禱儀禮——〉、[149]〈燔柴考〉[150]等等，都是以《周禮‧春官大宗伯》為中心而論儒教的宗教儀禮，他把

---

147 池田末利：〈肆獻祼、饋食考——周禮大宗伯所見の祖神儀禮——〉，《廣島大學文學部紀要》第6號（1954年12月），頁25-63，後改題為〈周禮大宗伯所見の祖神儀禮——肆獻祼、饋食考——〉，收於氏著：《中國古代宗教史研究：制度と思想》（東京：東海大學出版社，1981年2月），頁645-681。

148 池田末利：〈血祭、貍沈、疈辜考——周禮大宗伯所見の地神儀禮——〉，《哲學（廣島哲學會）》第5集（1955年3月），頁29-43，後改題為〈周禮大宗伯所見の地神儀禮——血祭、貍沈、疈辜考——〉，收於《中國古代宗教史研究：制度と思想》，頁713-733。

149 池田末利：〈告祭考（上）——周禮大祝を中心とする祈禱儀禮——〉，《廣島大學文學部紀要》第21號（1962年2月），頁95-116；〈告祭考（中）——周禮大祝を中心とする祈禱儀禮——〉，《廣島大學文學部紀要》第22卷1號（1963年3月），頁81-98；〈告祭考（中）——周禮大祝を中心とする祈禱儀禮——〉，《廣島大學文學部紀要》第23卷1號（1964年8月），頁56-68。後都收於《中國古代宗教史研究：制度と思想》，頁822-893。

150 池田末利：〈燔柴考〉，森三樹三郎博士頌壽記念事業會（編）：《森三樹三郎博士頌壽記念東洋學論集》（京都：朋友書店，1979年12月），頁79-93，後收於《中國古代宗教史研究：制度と思想》，頁537-551。

「供犧」視為古代禮儀的根本。[151]

　　西岡弘（1915-2004）〈吉夢の獻〉[152]及〈惡夢の贈〉[153]、平間三季子〈《周禮》春官司几筵考──葦席を中心として──〉、[154]鳥羽田重直（1946-）〈《周禮》春官篇章考〉，[155]也論述了與《周禮·春官》相關的問題。西岡、平間、鳥羽田皆是國學院大學出身，也是受到當時在國學院大學任教的藤野岩友的影響。藤野岩友（1898-1984）是民俗學者折口信夫（1887-1953）的「五博士」之一，[156]主要著作有《巫系文學論》、[157]《中國の文學と禮俗》[158]等，也是非常著名的《楚辭》研究者。他在一九七〇年代初對《周禮》很感興趣，當時在大學講解《周禮》，又發表了兩篇《周禮·春官》相關的論文──〈周禮九拜考〉[159]

---

151 請參考池田末利：〈肆獻祼、饋食考──周禮大宗伯所見の祖神儀禮──〉，頁38。

152 西岡弘：〈吉夢の獻〉，《國學院雜誌》第67卷7號（1966年7月），頁1-15，後收於氏著：《中國古代の葬禮と文學》（東京：三光社，1970年7月；東京：汲古書院，2002年5月再版），頁645-669。

153 西岡弘：〈惡夢の贈〉，池田博士古稀記念事業會（編）：《池田末利博士古稀記念東洋學論集》（廣島：池田末利博士古稀記念事業會，1980年9月），頁313-328。

154 平間三季子：〈《周禮》春官司几筵考──葦席を中心として──〉，《國學院雜誌》第75卷2號（1974年2月），頁24-34。

155 鳥羽田重直：〈《周禮》春官篇章考〉，《國學院雜誌》第75卷4號（1974年4月），頁39-50。

156 折口信夫有五個高弟，他自稱為「五博士」，是日本文學者的西角井正慶（1900-1970）、高崎正秀（1901-1982）、日本語學者今泉忠義（1900-1976）、考古學者大場磐雄（1899-1975）以及藤野岩友。

157 藤野岩友：《巫系文學論》（東京：大學書房，1951年9月）。

158 藤野岩友：《中國の文學と禮俗》（東京：角川書店，1976年12月）。

159 藤野岩友：〈周禮九拜考〉，《漢文學會會報（國學院大學漢文學會）》第18輯（1973年3月），頁1-16，後收於《中國の文學と禮俗》，頁317-338。藤野所發表的兩篇論文都是〈春官·大祝〉「九拜」有關，在〈周禮九拜考〉中，參考先儒的說法而對稽首、頓首、空首、振動、吉拜、凶拜、奇拜、褒拜、肅拜加以解說。另外，「九拜」相關的研究有戶村朋敏：〈周禮九拜說──孫氏正義訓讀、摘解〉，《東洋文化研究所紀要》第7輯（1967年3月），頁1-24。

與〈頓首考〉。[160]所以西岡說:「這學位論文（指《中國古代の葬禮と
文學》）也是繼承折口學、藤野學的。」[161]平間、鳥羽田論文也常引
用藤野的研究成果。西岡注意夢與魂的關連,談到〈春官〉的占夢為
鎮魂發生。[162]平間的論文檢討〈司几筵〉「凡喪事設葦席」以下,探
究喪事與葦、葦席的關係,確認《周禮·春官·司几筵》的古傳承
性。鳥羽田論文則以〈春官·籥章〉為主要對象,籥章的職掌、樂器
籥、〈籥章〉中所見的豳詩、豳雅、豳頌加以討論,值得注意的是他
導入解釋史的視點。他認為鄭玄、歐陽脩、王安石、王質、朱子、馬
端臨對豳詩、豳雅、豳頌的見解背後,都存在著各自的政治立場、學
派之間的抗爭,值得參考。

　　林巳奈夫（1925-2006）〈《周禮》の六尊六彝と考古學遺物〉[163]
是通過與考古學文物的對比,發現〈春官·司尊彝〉中所見的六尊六
彝與考古遺物不一致,判斷〈司尊彝〉成於戰國後期以後,進而說此
篇應是孔申之死同時喪失孔氏的祭器之後所著成。

---

160 藤野岩友:〈頓首考〉,《國學院大學大學院紀要》第5輯（1974年3月）,頁23-38,
　　後收於《中國の文學と禮俗》,頁339-363。這篇討論九拜之一「頓首」的原貌,認
　　為頓首起源於把額頭撞上東西而自殺之中國特有的習俗,亦因於頓首古代作為凶拜
　　進行,他視之為殉死形式之一。

161 西岡弘:〈あとがき〉,《中國古代の葬禮と文學》（再版）,頁674。原文:「この學
　　位論文も折口學、藤野學を繼ぐものである。」

162 西岡另有〈《周禮》に見える大喪〉,《國學院雜誌》第86卷11號（1985年11月）,頁
　　49-61,整理《周禮》中所見喪禮有關的記述,例如葬前（復、沐浴、飯含、重、
　　銘、哭、奠、帷堂、斂、殯）、送葬（啟殯、棺飾、送葬）等等。

163 林巳奈夫:〈《周禮》の六尊六彝と考古學遺物〉,《東方學報（京都）》第52冊
　　（1980年3月）,頁1-62。

　　另外有福田福一郎:〈司中、司命について（1）、（2）〉[164]兩篇，可惜筆者還未得見。

4 〈夏官〉

　　各官研究中，〈夏官〉的相關研究僅有小林太市郎（1901-1963）〈方相毆疫攷〉[165]以及栗原圭介〈周禮夏官の設立と理念形態〉[166]而已。

　　《周禮·夏官司馬·方相氏》有:「方相氏，掌蒙熊皮，黃金四目，玄衣朱裳，執戈揚盾，帥百隸，而時難，以索室毆疫，大喪先匶，及墓入壙，以戈擊四隅，毆方良。」[167]小林從民俗學的觀點，先通過此與東漢衛宏（生卒年未詳）《漢舊儀》、張衡（98-139）〈東京賦〉、馬融〈廣成頌〉中的記述，論述被方相氏毆逐的疫鬼的特性，最後談到方相氏本身的特性。就他的看法而言，方相氏在鬼物之中掌握絕對的權威，諸鬼都懷有對方相氏畏懼之念。他的結論為:方相氏原是「鬼物之中最為恐懼的存在」。

　　栗原論文首先談到孟夏、仲夏、季夏對天地萬物的消長、農耕頗有影響，因而指出:夏擁有的強勢、強大的性格與司馬的武力很有關係。

---

164 福田福一郎:〈司中、司命について（1）〉，《大東文化》第18號（1938年7月），頁53-78;〈司中、司命について（2）〉，《大東文化》第19號（1938年12月），頁36-56。筆者未得見。

165 小林太市郎:〈方相毆疫攷〉，《支那學》第11卷第4號（1946年7月），頁1-47。

166 栗原圭介:〈周禮夏官の設立と理念形態〉，《東洋研究》第120號（1996年7月），頁1-30。

167 《十三經注疏·周禮注疏》，頁475。

5 〈秋官〉

「秋官」相關論文也與〈夏官〉一樣，僅有三篇。其一是東川德治（1870-1938）〈秋官司寇の沿革及び罪名の司寇〉。[168]「司寇」是司法官的公稱，東川最關注的是司寇作為司法官的歷史過程，他並注意到秦代罪名也有司寇。東川認為，依《尚書・虞書》：「帝曰，皋陶蠻夷猾夏，寇賊姦宄，汝作士，五刑有服」云云，堯帝時代司法官被稱為「士」，據《禮記・月令・鄭註》說夏、殷代稱為「大理」。雖然夏、殷代已有「司寇」之名，但以「司寇」為法官的總稱，而組織一大法官的體系，就在周代。最後，他談到秦代的罪名司寇。自古以來，學者都認為秦代司寇被貶為刑罰之名。東川則參考沈家本《沈籙寄遺稿》之說，而認為秦代的司寇為「伺寇」。也就是說，秦把犯罪者移到邊境當做防人，讓他們「伺寇（監視寇賊的侵入）」。

〈秋官司寇・小司寇〉曰：「以八辟麗邦灋，附刑罰，一曰議親之辟，二曰議故之辟，三曰議賢之辟，四曰議能之辟，五曰議功之辟，六曰議貴之辟，七曰議勤之辟，八曰議賓之辟。」[169]最所顯文所撰〈八議に就いて〉[170]一文，就是討論古代中國社會為何特地需要「八議」。八者與眾庶之間為何需要差異待遇？最所認為《禮記・曲禮上》「禮不下庶人，刑不上大夫。」與八議相同，使得有位者重廉恥，尚名譽。一犯了罪就處刑，並非待功臣之道，因而《周禮》有八議的規定。

---

168 東川德治：〈秋官司寇の沿革及び罪名の司寇〉，《東洋文化（東洋文化學會）》第106號（1933年4月），頁47-51。東川另有《王道最古之法典周禮講義錄》（名古屋：周禮講義錄發行所，1934年）。

169 《十三經注疏・周禮注疏》，頁524。

170 最所顯文：〈八議に就いて〉，《漢學會雜誌》第5卷2號（1937年6月），頁122-134。

最後一篇是徐剛〈《周禮》「任人」解〉，[171]但筆者尚未及見，無法加以評述。

6 〈冬官〉及〈考工記〉

各官研究上，最引人注目的自然是〈冬官〉。鄭玄〈六藝論〉說：「《周官》，壁中所得六篇。」可是，唐賈公彥〈序周禮廢興〉引〈馬融傳〉云：

> 秦自孝公已下，用商君之法，其政酷烈，與《周官》相反。故始皇禁挾書，特疾惡，欲絕滅之搜求，焚燒之獨悉，是以隱藏百年。孝武帝始除挾書之律，開獻書之路，既出於山巖屋壁，復入于秘府，五家之儒莫得見焉。至孝成皇帝，達才通人劉向、子歆，校理秘書，始得列序，著于錄略。然亡其〈冬官〉一篇，以〈考工記〉足之。時眾儒並出共排，以為非是。唯歆獨識，其年尚幼，務在廣覽博觀，又多銳精于《春秋》。末年，乃知其周公致太平之迹，迹具在斯。[172]

雖不知賈公彥所引是否確為東漢馬融之語，但若信其說，〈馬融傳〉可以說是傳世文獻中最早紀錄〈冬官〉喪失而補以〈考工記〉的。然而，馬融的說法後世並沒為定論。《經典釋文・序錄》云：

> 或曰：河間獻王開獻書之路，時有李氏上《周官》五篇，失〈事官〉一篇，乃購千金不得，取〈考工記〉以補之。[173]

---

171 徐剛：〈《周禮》「任人」解〉，《開篇》第25號（2006年5月），頁24-27。

172 《十三經注疏・周禮注疏》，頁7。

173 《經典釋文序錄疏證》，頁87。

《隋書・經籍志》亦曰：

> 而漢時有李氏得《周官》。《周官》蓋周公所制官政之法，上於
> 河間獻王，獨闕〈冬官〉一篇，獻王購以千金不得，遂取〈考
> 工記〉以補其處，合成六篇奏之。[174]

三者都說：《周官》發現時只有五篇，喪失〈冬官〉，補之以〈考工記〉，馬融並未談到李氏與河間獻王，《釋文》、《隋志》卻讓他們在《周禮》傳承上佔有相當重要的位置。李氏把所得的《周官》進呈獻王，獻王取〈考工記〉補之。相反地，《釋文》、《隋志》沒提到劉歆，但在馬融說法中，劉歆則是補足〈考工記〉的關鍵人物。唐孔穎達《禮記正義・序》說：「《周禮》（中略）《漢書》云得五篇，〈六藝論〉云得其六篇，其文不同，未知孰是。」[175]可知自漢以下，已經有諸說紛紜的狀況，後世亦引起眾多議論。

宇野精一在一九三八年所發表的〈冬官未亡論に就いて〉，首先整理前人對〈冬官〉與〈考工記〉研究的成果，主要提出冬官未亡論，將其分為「〈考工記〉保存派」與「〈考工記〉拒否派」。他所謂的「〈考工記〉保存派」是以〈考工記〉視為《周禮》原有的部分，宇野再將其分為兩種說法：其一，〈冬官〉錯出於五官之中，但〈考工記〉原來也是〈冬官〉的一部分，諸如宋林希逸（1193-1271）引或說、[176]黃震、[177]元汪克寬（生卒年未詳）、[178]明丘濬（1421-1495）、[179]

---

174 《隋書》，頁925。

175 請參本章註53。

176 《經義考》，卷129引。

177 《黃氏日抄》，卷30。

178 《經義考》，卷120所引。

179 《經義考》，卷120以及卷129。

王圻（1529-1612）[180]等均屬此說；另一是元李黼（1298-1352）、[181]明
郝敬[182]等人之說，完全否認〈冬官〉的錯出，直接把〈考工記〉視為
〈冬官〉本身。「〈考工記〉拒否派」也可分為兩派：其一，認為〈冬
官〉原就不存在，宋蔡沈（1167-1230）、[183]元吳治（生卒年未詳）、[184]
何異孫、[185]明陳深（生卒年未詳）、[186]徐常吉（生卒年未詳）、[187]焦竑
（1540-1620）[188]等持此說。其二，原來的〈冬官〉錯出於五官中，
並非遺失。此「〈冬官〉錯出論」始於宋胡宏，[189]其後程泰之（生卒
年未詳）、[190]俞庭椿（生卒年未詳）、[191]王與之（生卒年未詳）、[192]車
若水（1209？-1275）、[193]金叔明（生卒年未詳）、[194]元丘葵（1244-
1332）、[195]吳澄（1249-1333）、[196]方孝孺（1357-1402）、[197]明何喬新

---

180 《經義考》，卷120引〈續定周禮全經集注自序〉。

181 《經義考》，卷129所引。

182 請詳見郝敬《周禮完解》附上的〈讀周禮〉。宇野另外指出，全祖望〈靜遠閣周禮
解序〉所引王石雁說也與郝敬一樣。

183 宇野說依據蔡沈《尚書周官傳》，蓋是《書經集傳》。《書經集傳·周官》「司空掌邦
土居四民時地利」註有：「蓋本闕〈冬官〉，漢儒以〈考工記〉當之也。」

184 《經義考》，卷128以及卷129所引。

185 〔元〕何異孫：《十一經問對》，卷4及卷5。

186 《經義考》，卷123所引。

187 明孫攀古《周禮釋評》所引《周禮缺冬官辨》。

188 《經義考》，卷129所引。

189 〔宋〕胡宏：《皇王大紀》，卷19。

190 〔宋〕王應麟：《困學紀聞》，卷4所引。

191 〔宋〕俞庭椿：〈庭一作廷〉，《周禮復古編》。

192 〔宋〕王與之：《周禮訂義》。

193 《經義考》，卷125所引金叔明〈周禮疑答序文〉。

194 同前註。

195 〔元〕丘葵：《周禮補亡》。

196 〔元〕吳澄：《周禮考注》。

197 〔元〕方孝孺：〈周禮考次目錄〉，收於《遜志齋集》，卷12。

（1427-1502）、[198]舒芬（1484-1527）、[199]陳鳳梧（生卒年未詳）、[200]柯尚遷（1500-1582）、[201]徐即登（生卒年未詳）、[202]陳仁錫（1581-1636）[203]等很多學者皆支持此說，頗有勢力。但反駁〈冬官〉錯出論的學者也不少，例如宋朱熹、[204]陳傅良（1141-1203）、[205]明王鏊（1450-1524）、[206]桑悅（1447-1513）、[207]王應電（生卒年未詳）、[208]鄧元錫（1527-1592）、[209]王志長（生卒年未詳）、[210]清朱彝尊（1629-1709）、[211]《欽定周官義疏》、[212]江永（1681-1762）[213]等。宇野最後提出自己對〈冬官〉錯出論的見解。他首先確認〈地官〉的性質與人民政教有關，而以〈冬官〉為邦土之官。就這樣觀點來看〈大司徒〉「掌建邦之土地之圖與其人民之數，以佐王安擾邦國，以天下土地之圖，周知九州之地域廣輪之數，辨其山林川澤丘陵墳衍原隰之名物」云云，這職掌不適合邦教之官，而應為邦土之官。其他錯出論學者列舉的〈地官〉諸職，多應歸屬於〈冬官〉。宇野本人一方面承認〈冬

198　《經義考》，卷120所引。

199　《經義考》，卷127所引〈周禮定本自序〉。

200　《經義考》，卷126所引〈周禮合訓自序〉。

201　〔明〕柯尚遷：《周禮全經釋原》。

202　《經義考》，卷123所引。

203　《經義考》，卷128所引〈周禮句解自序〉。

204　〔宋〕黎靖德：《朱子語類》，卷86。

205　《朱子語類》，卷86以及《經義考》，卷120所引。

206　《經義考》，卷120所引。

207　《經義考》，卷126所引〈周禮義釋自序〉。

208　〔明〕王應電：《周禮傳》附《冬官補義》。

209　〔明〕王志長：《周禮注疏刪翼》，卷7所引。

210　《周禮注疏刪翼》，卷27。

211　《經義考》，卷129。

212　〔清〕高宗：〈總辯〉，《欽定周官義疏》。

213　〔清〕江永：〈考工記〉，《周禮疑義舉要》。

官〉某一部分的喪失，但另一方面，贊同〈冬官〉未亡論，尤其是高
度評價俞庭椿的說法。

宇野將重點置於〈冬官〉，而吉田光邦（1921-1991）〈周禮考工
記の一考察〉[214]則以〈考工記〉的問題為核心而論述。他在序論中對
林泰輔、津田左右吉、錢穆、郭開貞的《周禮》成書年代考提出疑義：

> 對《周官》的研究，與其完全把它視為捏造物，或者看作周代
> 之遺制，不如把重點放在辨別其中涉及殷周以來的各時代之事
> 實。尤其是〈考工記〉，應該與最近遽然增加的古代物質文化
> 遺物對比而加以討論。如此研究也可以當做釐清《周官》的成
> 書時期以及其內容的意義之手段。[215]

吉田按照這種觀點，除傳統文獻之外，也積極活用金文等的出土資
料，從「官名」、「土地、農業制度」的角度而討論《周禮》所包含內
容的時代性。他認為六官制度起源於西周後期，「掌某某」、「某人」
以外的官名亦源自西周以來的古制。[216]至於土地、農業制度，吉田特

---

214 吉田光邦：〈周禮考工記の一考察〉，《東方學報（京都）》第30冊（1959年12月），
　　頁167-226。《東方學報（京都）》第30冊另收載林巳奈夫〈周禮考工記の車制〉，頁
　　275-310。這篇是對〈考工記〉中馬車相關的部分逐一加以解說的，相當詳細，值
　　得參考。林另有〈中國先秦時代の馬車〉，《東方學報（京都）》第29冊（1959年3
　　月），頁155-284。

215 吉田光邦：〈周禮考工記の一考察〉，頁175。原文：「しかし周官はそれ全體を全く
　　の創作物とし、または完全な周代の遺制ときめてしまうよりも、むしろそれらの
　　うちに含まれている、殷周以來の各代にわたると推定される事實を辨別すること
　　が大切であろう。さらに特に考工記のごときは、最近とみに增加している古代の
　　物質文化の遺物との對比において考察さるべきものであろう。そうしてそれはま
　　た周官の成立時期、またその內容の意味を明らかにするひとつのてだてとなりう
　　るものである。」

216 吉田用令彝、毛公鼎復原西周初期、末期的官制，指出初期始於二官制，末期則已

別注意井田制，因於井田制的土地區劃是方形，他認為這是犁未發達
的時代的土地區劃，且播種方式也以歲易制為中心。吉田的結論為：
《周禮》的農法在於從山西、陝西的丘陵區（濕地農法）移到華北的
乾燥平原（乾燥農法）之過渡時期，即是西周到秦漢之間。如此討論
《周禮》整體的時代性之後，吉田進一步從「車制」、「皮革工」、「弓
矢」以及「染工」四個方面來探究〈考工記〉的來由，再經由與古代
遺物比較，釐清《周禮》的確傳承了古代社會的實情。[217]

　　接著是原田淑人（1885-1974）〈周官考工記の性格とその製作年
代とについて〉。[218]津田左右吉曾認為，《周官》在西漢末期成書，原
無〈冬官〉一篇，《周禮》的作者編纂時收錄原有的〈考工記〉。原田
基本上承認津田對《周官》與〈冬官〉的看法，進而討論〈考工記〉
的特點和撰作年代。他注意到的是：第一，「段氏」、「韋氏」、「裘
氏」、「筐人」、「柳人」、「彫人」六工都缺少職掌的記述；第二，記載
工人的順序非常亂雜。因此，他認為漢儒整理〈考工記〉時，已經有
錯簡，但是漢儒不知百工的技術內容而無法重新編輯，畢竟只好直接
補入《周禮》。另外，原田重視〈考工記〉中的「某氏」之「氏」，將
其看作隨著戰國時代個人地位的上升後出現工人集團的首領，從而吉
田把〈考工記〉的著作年代溯上到戰國末期或西漢初期，接著把〈考

有大史寮、公族寮、卿事寮、師氏、小子、虎臣的六官，又參考陝西省媚縣出土銅
器銘文：「用六師，王行參有司、司徒、司馬、司空」，把毛公鼎的六官各配為春
官、天官、秋官、司徒、司空、司馬。另外，他根據殷代卜辭、金文、《尚書》、
《逸周書》、《竹書紀年》等探討各官的屬官，這些文獻中出現的官名都沒有「掌某
某」、「某人」，《周禮》中卻相當多，因而他認為稱為「掌某某」、「某人」的官名是
較為下層，或者屬於後世補入。

217 吉田另有〈中國古代の金屬技術〉，《東方學報（京都）》第29冊（1959年3月），頁
　　51-110，討論〈考工記〉的攻金之功（金屬技術）。

218 原田淑人：〈周官考工記の性格とその製作年代とについて〉，《聖心女子大學論
　　叢》第30號（1967年12月），頁15-27。

工記〉的記述與考古學資料對照而嘗試證明。但是，原田似乎並未參考上述吉田研究成果，吉田在論述車制之處，早就指出〈考工記〉的記述與戰國時期的考古學資料之間有一段距離，[219]原田應該多說明此點。

高田克己〈規矩考——《周禮考工記》よりの考察〉[220]是一九六九年到一九七三年之間所發表的一連串著作。他根據〈考工記〉的記述，製作車制的復原圖，再探討當時規矩的實態。

其次是申英秀〈中國古代戰車考——《周禮》考工記の戰車と秦の戰車——〉。[221]一九七四年三月，在陝西省臨潼縣所發現的秦始皇陵兵馬俑坑中有了單轅兩輪的木質戰車。申氏首先參考著林巳奈夫、吉田光邦的研究以及《雲夢睡虎地秦墓竹簡・法律問答》等，復原《周禮・考工記》的車制，而後與秦的戰車加以相比，論述秦戰車的性能在先秦時代最優秀。

另有米澤嘉國〈周官考工記の設色之工に就て〉、[222]大久保莊太郎〈周禮考工記について〉[223]、新井宏（1927-）〈《考工記》の尺度

---

219 請參閱吉田光邦：〈周禮考工記の一考察〉，頁204-206。

220 高田克己：〈規矩考——《周禮考工記》よりの考察（1）〉，《大手前女子大學論集》第3號（1969年11月），頁155-178；〈規矩考——《周禮考工記》よりの考察（2）〉，《大手前女子大學論集》第4號（1970年11月），頁194-222；〈規矩考——《周禮考工記》よりの考察（3）〉，《大手前女子大學論集》第5號（1971年11月），頁122-132；〈規矩考——《周禮考工記》よりの考察（補遺）〉，《大手前女子大學論集》第7號（1973年11月），頁44-58。

221 申英秀：〈中國古代戰車考——《周禮》考工記の戰車と秦の戰車——〉，《史觀》第117冊（1987年9月），頁66-87。

222 米澤嘉國：〈周官考工記の設色之工に就て〉，《國華》第47編9冊（1937年9月），頁碼未詳。筆者未見。

223 大久保莊太郎：〈周禮考工記について〉，《羽衣學園短期大學紀要》第6號（1969年12月），頁25-40。筆者未見。

について〉[224]等。

7 小結

　　以上簡述各官的研究成果，可以說是相當豐富。但是，研究〈春官〉、〈冬官〉以及〈考工記〉的論文較為豐富，反之，〈天官〉、〈地官〉、〈夏官〉以及〈秋官〉相關的研究並不多。此外，可以指出以往研究的主要關心還是偏向於文獻學上（制作、成書年代）的問題。佐藤武敏採用戰國齊國著作說，神谷正男視為戰國時代的著作，林巳奈夫則為戰國後期，原田淑人看作西漢末期之作。這些文獻學上的問題當然也非常重要，不過，各官中所見政治思想的問題亦需要留意，遺憾的是這方面相關的論述不多。《周禮》各官研究雖然頗多，還有探討的空間。

二　制度研究

1 官制研究

　　《周禮》是官制之書，自不待言，所以研究《周禮》官制者也不少。最早有那波利貞（1890-1970）〈周朝官制瑣言〉，[225]將《尚書》、殷墟出土的龜甲文中所見的諸官與《周禮》的官名加以對比，結論是《周禮》的內容有部分曾根據於殷以前的諸事。

　　其次是田崎仁義（1880-？）。田崎〈周禮及び其封建組織〉，論及九服與九畿、王畿的組織、諸侯的封土、王位及王的特權、政府的

---

224 新井宏：〈《考工記》の尺度について〉，《計量史研究》第19卷1號（1997年12月），頁1-15。筆者未見。

225 那波利貞：〈周朝官制瑣言〉，《支那學》第3卷第2號（1922年11月），頁76-80。

官制、王與諸侯的關係，[226]〈周の官制（周官又は周禮）〉視《周禮》為周代政典，代表唐虞三代的理想，舉出十個論點而整理《周禮》的官制。[227]

上山春平〈《周禮》の六官制と方明〉[228]為了釐清《周禮》的結構和思想背景，從《周禮》六官制與《儀禮‧覲禮》所見的「方明」之關係切入，即：「方明者，木也。方四尺，設六色：東方青，南方赤，西方白，北方黑，上玄，下黃。設六玉：上圭，下璧，南方璋，西方琥，北方璜，東方圭。」[229]他利用鄭玄、朱子的解釋以及近代實證史學、考古學的成果，[230]指出「方明」六面體各面所指的方位對應《周禮》的六官，認為《周禮》六官制與〈覲禮〉的「方明」同樣以

---

226 田崎仁義：〈周禮及び其封建組織〉，收於《中國古代經濟思想及制度》（京都：內外出版，1924年11月），頁360-444；王學文（譯）：〈周禮及其封建組織〉，收於《中國古代經濟思想及制度》（臺北：臺灣商務印書館，1965年8月），頁217-276。

227 田崎仁義：〈周の官制（周官又は周禮）〉，收於《王道天下之研究：支那古代政治思想及制度》（京都：內外出版，1926年5月），頁623-675。

228 上山春平：〈《周禮》の六官制と方明〉，《東方學報（京都）》第53冊（1981年3月），頁109-188，後收於《上山春平著作集》，第7卷（京都：法藏館，1995年7月），頁435-523。

229 〔東漢〕鄭玄（註）、〔唐〕賈公彥（疏）：《十三經注疏‧儀禮注疏》（臺北：藝文印書館，1955年），頁329。

230 上山依據如下諸論：小川茂樹：〈五等爵制の成立──左氏諸侯爵制說考〉，《東洋史研究》第3卷第1號（1937年10月），頁1-27，後收於《貝塚茂樹著作集》，第2卷（東京：中央公論社，1977年5月），頁201-227；赤塚忠：〈中國古代における風の信仰と五行說〉，《二松學舍大學論集（中國文學篇）》昭和52年度（1977年），頁碼未詳，後收於《赤塚忠著作集》，第1卷（東京：研文社，1988年7月），頁389-436；赤塚忠：〈殷王朝における「土」の祭祀〉，《中國古代の宗教と文化》（東京：角川書店，1977年3月；東京：研文社，1990年1月再版），頁177-204；川原壽市：《儀禮釋攷》（京都：朋友書店，1974-1978年），全十五冊；林巳奈夫：〈殷周銅器に現れる龍について：附論‧殷周銅器における動物表現形式の二三について──〉，《東方學報（京都）》第23冊（1953年3月），頁181-218以及林巳奈夫：〈中國古代の祭玉、瑞玉〉，《東方學報（京都）》第40冊（1969年3月），頁161-324等。

五行說為基本構成原理，為了體現「方明」所象徵的天地四方神之意
志而輔助天子的政治被制定。[231]

　　此外論述官制，有阿部幸信〈前漢末～後漢における地方官制と
《周禮》〉、[232]谷井俊仁（1960-）〈官制は如何に敘述されるか──
《周禮》から《會典》へ〉[233]等。

2 施舍制度

　　《周禮》的施舍制度也很有特色。討論施舍制度的論文有二：平
中苓次（1907-1973）〈漢代の復除と周禮の施舍〉[234]與曾我部靜雄

---

231 另請參考上山春平：〈著者解題〉，《上山春平著作集》，第7卷，頁529-530。

232 阿部幸信：〈前漢末～後漢における地方官制と《周禮》〉，《東洋文化》第81號
　　（2001年3月），頁161-179，是從特殊的觀點──印綬制度而論西漢到東漢地方官
　　制與《周禮》的關係、成帝綏和元年（西元前8）改革的意義，很有特色。他另外
　　發表過〈漢代における印綬賜與に關する一考察〉，《史學雜誌》第107編第10號
　　（1998年10月），頁1-26；〈漢代の印綬、綬制に關する基礎的考察〉，《史料批判研
　　究》第3號（1999年12月），頁1-27；〈綬制よりみた前漢末の中央、地方官制──
　　成帝綏和元年における長相への黑綬賜與を中心に──〉，《集刊東洋學》第84號
　　（2000年），頁37-53；〈漢代における朝位と綬制について〉，《東洋學報》第82卷
　　第3號（2000年12月），頁1-24；〈漢代における印綬の追贈〉，《東方學》第101號
　　（2001年1月），頁16-30；〈漢代における綬制と正統觀──綬の規格の理念的背景
　　を中心に〉，《福岡教育大學紀要（第2分冊：社會科編）》第52號（2003年），頁1-
　　18；〈漢代官僚機構の構造──中國古代帝國の政治的上部構造に關する試論〉，
　　《九州大學東洋史論集》第31號（2003年4月），頁1-43；〈後漢時代の赤綬につい
　　て〉，《福岡教育大學紀要（第2分冊：社會科編）》第53號（2004年），頁1-19；〈漢
　　帝國の內臣──外臣構造形成過程に關する一試論──主に印綬制度よりみた
　　る〉，《歷史學研究》第784號（2004年1月），頁20-36；〈前漢時代における內外觀
　　の變遷──印綬の視點から〉，《中國史學》第18號（2008年12月），頁121-140等。

233 谷井俊仁：〈官制は如何に敘述されるか──《周禮》から《會典》へ〉，《人文論
　　叢（三重大學）》第23號（2006年月），頁81-98。筆者未得見。

234 平中苓次：〈漢代の復除と周禮の施舍〉，《立命館文學》第138號（1956年11月），
　　頁1-17。

（1901-1991）〈中國古代の施舍制度〉。[235]漢代有「復除」之制度，宋徐天麟（生卒年未詳）曰：「按漢有復除，猶如《周官》有施舍，皆謂除其賦、役也。」[236]元馬端臨（1254-1323）批判徐說云：「按《周官》及《禮記》所載周家復除之法，除其征役而已。至漢則幷賦稅除之。」[237]平中論文注意到徐說與馬說之間的差異，一方面承認漢代的復除為免除賦、役，另一方面重新討論《周禮》中的施舍是否與復除同樣，賦、役都免。他主要依據鄭《註》、賈《疏》，對《周禮·小司徒》的「征役之施舍」，〈旅師〉的「征役」之語，以及〈鄉師〉、〈鄉大夫〉、〈閭胥〉、〈遂人〉、〈遂師〉、〈遂大夫〉等所見的「施舍」加以考察，認為漢、唐注疏都視《周禮》的「施舍」為並免力役、賦稅，徐天麟說根據漢、唐傳統的解釋，馬端臨說則立足於宋代以來的新注疏。平中之說是否正確，暫時不論，[238]筆者認為他從解釋史的觀點切入討論，很有意思。

　　另一篇曾我部論文，對《周禮》、[239]《春秋左氏傳》、[240]《國語》[241]等古籍中的「施舍」及其注疏與宋王應麟（1223-1296）、[242]元馬端

---

235 曾我部靜雄：〈中國古代の施舍制度〉，《東北大學文學部研究年報》第12號（1961年），頁1-66。曾我部另有小篇〈律令の根源としての周禮〉，《日本上古史研究》第1卷3號（1957年3月），頁53-54；〈周禮の鄉、遂と稍、縣、都について——卷頭言にかえて〉，《集刊東洋學》第50集（1983年10月），頁1-3。

236 徐天麟：《東漢會要》，卷29，〈復除〉。

237 馬端臨：《文獻通考》，卷13，〈職役考·復除〉。

238 詳見於曾我部靜雄：〈中國古代の施舍制度〉，頁43-65，曾我部指出平中所使用資料的問題。

239 《周禮》的「施舍」見於〈小宰〉、〈小司徒〉、〈鄉師〉、〈鄉大夫〉、〈閭胥〉、〈遂人〉、〈遂師〉、〈遂大夫〉、〈土均〉。

240 《春秋左氏傳》的「施舍」見於〈宣公十二年〉、〈成公十八年〉、〈襄公九年〉、〈襄公三十一年〉、〈昭公十三年〉、〈昭公二十年〉、〈昭公二十五年〉。

241 《國語》的「施舍」，〈周語中〉有兩則，另見於〈周語下〉、〈晉語四〉、〈楚語上〉。

242 〔宋〕王應麟：〈周禮〉，《漢制考》，卷1。

臨、清王鳴盛（1722-1797）、[243]王聘珍（生卒年未詳）、[244]日本藤田一正（幽谷，1774-1826）、[245]平中苓次等對「施舍」的解釋加以逐一討論，所得結論與平中不同，他認為「施舍」只是意味著力役的免除，並非賦、役並免，並贊同藤田的說法，即將「征役」讀為「ヤク（力役）」，「施舍」或「舍」則為「ユルス（免除）」。曾我部論述非常詳細，所收集的資料也相當豐富，非常具有參考價值。

3 土地制度

較為早期的《周禮》土地制度研究有服部宇之吉（1867-1939）〈井田私考〉[246]與田崎仁義〈周禮に表はれたる土地制度〉。[247]

服部論文分為三個部分：第一部分，從權力平等的觀點，與西方（日爾曼、俄羅斯等）民族的事例對比，首先論述宅地的型態，再討論田地的分割方法與所謂不易、一易、再易之制的關係，認為中國古代原來採用一年一易之制，由於後來耕地分為上、中、下三等，變成為三年一度重新分割的三年一易之法，並指出爰田（《左傳》）、轅田（《國語》、《漢書》）之制為共同耕地歸於私有、不進行三年一易之法的新制度。第二部分，論述分田的方針與實際，認為是以是否已達到丁年而成家為授田的基準，按照夫妻的人數分配土地。而先秦除了

---

243 〔清〕王鳴盛：〈辨可任〉，《周禮軍賦說》，卷3。

244 〔清〕王聘珍：《周禮學》，卷1。

245 藤田幽谷：〈均力役之術〉，《勸農或問》，卷下。

246 服部宇之吉：〈井田私考〉，《漢學》第2編1-3號（出版年月未詳），頁碼未詳，後收於《支那研究》（東京：明治出版社，1916年12月；東京：京文社，1926年5月增訂），頁381-419。服部另有〈周禮の荒政及び保息について〉，《斯文》第3編第5號（1921年10月），頁12-31，論述《周禮》中荒政、保息等的社會政策。

247 田崎仁義：〈周禮に表はれたる土地制度〉，《中國古代經濟思想及制度》，頁445-556；王學文（譯）：〈周禮之土地制度〉，《中國古代經濟思想及制度》，頁277-344。

《孟子》之外，無人談到公田的存在，故他主張周代的井田無公田。
再加上中國古代主要農作物並非稻米，服部認為井田與溝澮、溝洫
（水渠）沒有任何關係。接著在第三部分，他根據《周禮》、《左
傳》，主張中國古代的井田法用封溝為境界線，所以易為更改，此是
中國井田法的特色，也是井田在春秋時代早就廢壞的原因。服部最後
討論稅法，尤其是正賦的問題，視徹法為依收穫徵收的方法。

　　田崎的論文首先是從天地之意開始說起，經由「邦」、「國」文字
學上的解釋，進而論及領土發生的原因與其取得方法，再討論封建的
意義，確認土地所有的起源與變遷。而後對授田制的意義與對象
（家、夫及餘夫）、不易與易、耕地的品質、井田制、宅地、特殊的
田地以及稅制等等加以考察。由於他的論點涉及許多方面，此處無法
詳述。雖然部分內容稍有錯誤，但他從經濟學的觀點而指出《周禮》
土地制度政治、經濟上的意圖、各官所管的土地不同、[248]徹法源自周
初的公田撤廢政策等等，十分精彩。[249]

　　第二次世界大戰後，鈴木隆一（1904-）撰〈井田考──周禮に
おける雙分組織の特徵としての──〉[250]一文。《孟子・滕文公上》
就三代的田制云：「夏后氏五十而貢，殷人七十而助，周人百畝而
徹，其實皆什一也，徹者徹也，助者藉也。」鈴木從田制與族制對應
的觀點而對貢、助、徹的三種田制進行討論，認為隨著族制從四班制
至氏族制變遷，田制也從助法（井田法）轉變為貢法（溝洫法）；中
間所出現的田制就是徹法：田稅已成為一家的負擔，兵賦卻依舊為共

---

248 關於井田制，田崎認為，天子直轄的畿內公邑依據〈遂人〉的規定，被稱為都鄙的
　　公卿大夫之土地和諸侯的邦國則依據〈小司徒〉、〈匠人〉的規定。

249 井田制相關的研究，另有林泰輔《周公と其時代》、加藤繁《支那古田制の研究》
　　（東京：有斐閣，1916年8月）等等。

250 鈴木隆一：〈井田考──周禮における雙分組織の特徵としての──〉，《日本中國
　　學會報》第26集（1974年10月），頁14-25。

同負擔。他並依據《春秋‧哀公十二年‧經》「用田賦」，指出春秋末年各國都改用貢法，井田法就完全消失了。

越智重明（1923-1998）〈井田と轅田〉[251]則是以散見於《孟子》、《周禮》、《漢書》的井田制為主要資料，主張不必把「制轅田」與「壞井田」同樣看待，而指出商鞅變法的「轅田」與之前共同體所有的土地基本上性質不同，應將其視為新時代潮流下出現的家產國家之一種賞田。越智另有〈周禮の財政制度、田制、役制をめぐって〉，[252]討論《周禮》的財政制度、田制、役制，得到如下三個結果：其一，財政收入主要是收益稅與人頭稅兩種。其二，《周禮》的田制為國家田制收入以私有田為主時代，比反映氏族時代田制的《孟子》較晚，井田制也施行於特定的地域。其三，役制方面，《周禮》原則上以全國男子為力役的對象，大致可以分為軍役、徒役、力役三種。總之，他最後指出這些結論與漢代的實情一致，結論為《周禮》反映的是漢代社會。

曾我部靜雄〈周禮の井田法〉[253]也是論述《周禮》的井田制，但他主張《周禮》與《孟子》井田法原無差異，應是生於鄭《註》、賈《疏》的詮釋有誤。就他的看法而言，從來學者都認為六遂（郊）六鄉（甸）施行溝洫法，大夫（稍）、卿（縣）、三公王子弟的采地（都）才施行井田法。假使如此，與《孟子》的土地區分有所不同：《孟子》視國中與郊為國，甸、稍、縣、都則為野。於是，他特別深

---

251 越智重明：〈井田と轅田〉，池田博士古稀記念事業會（編）：《池田末利博士古稀記念東洋學論集》（廣島：池田博士古稀記念事業會，1980年9月），頁211-224。

252 越智重明：〈周禮の財政制度、田制、役制をめぐって〉，《九州大學東洋史論集》第9集（1981年3月），頁1-31。

253 曾我部靜雄：〈周禮の井田法〉，《社會經濟史學》第50卷4號（1984年10月），頁391-410。曾我部另有〈井田法と均田法〉，收於《中國律令史の研究》（東京：吉川弘文館，1971年12月），頁119-169，此文是主要以《孟子》為資料而論井田法。

入分析井田制與力役的負擔、軍制的關係，指出《周禮》把甸為野，並且據《周禮》經文中看不到與井田法對立的溝洫法，認為原無溝洫法，溝洫法係鄭玄、賈公彥所創作。[254]他的結論是：《周禮》的井田法與《孟子》的井田法相似，在國中（六鄉）施行類似夏代貢法的無公田之井田法，而在野（甸、稍、縣、都）則施行類似殷代助法的有公田的井田法，對服部的看法有所批判。

此外，《周官・地官・稻人》相關的論文有西嶋定生（1919-1998）〈《周禮》稻人鄭玄注の稻田管理〉[255]與齋藤英敏〈秦漢以前の水稻作と彌生、古墳時代の水田跡──《周禮》稻人條の「以列舍水」と小區劃水田の列狀構造──〉。[256]西嶋論文透過鄭《註》討論東漢時代的稻田管理；齋藤論文則發現《周禮・稻人》的「列」與日本古代小區劃水田的列狀構造一致，指出日本古代小區劃水田有可能源自中國。

4 其他

其他《周禮》制度研究，還有林泰輔〈周官に見えたる衞生制度〉、[257]會田範治（1881-1974）〈周禮を中心として見た中國上代の

---

254 此點，另請參考曾我部靜雄：〈周禮の鄉、遂と稍、縣、都について──卷頭言にかえて──〉，《集刊東洋學》第50號（1983年10月），頁1-3。

255 西嶋定生：〈《周禮》稻人鄭玄注の稻田管理〉，《中國經濟史研究》（東京：東京大學出版社，1966年3月），頁191-195。

256 齋藤英敏：〈秦漢以前の水稻作と彌生、古墳時代の水田跡──《周禮》稻人條の「以列舍水」と小區劃水田の列狀構造──〉，《中央大學アジア史研究（中央大學東洋史專攻創設五十周年記念アジア史論叢）》（東京：刀水書房，2002年3月），頁205-228。

257 林泰輔：〈周官に見えたる衞生制度〉，《東亞研究》第3卷第9號（1913年9月），頁未詳，後收於《支那上代之研究》（東京：光風館，1927年5月），頁347-354，論述《周禮》所見保健、醫藥相關諸官的制度。

訴訟制度〉、[258]土橋文雄〈周禮の商業政策概説〉、[259]宇都木章
（1925-2007）〈"社に戮す"ことについて──周禮の社の制度に關
する一考察──〉等。[260]會田論文是有關訴訟制度的論考，他指出
《周禮》中〈秋官〉掌管現代的刑事訴訟，〈天官〉、〈地官〉、〈夏
官〉則管其他訴訟，而對各官的職掌與組織加以說明。當時還未發現
古代訴訟制度相關的出土文獻，雖然材料有限，但他的研究成果很豐
碩，非常難得。宇都木論文則以《周禮》的「社」為中心，進而討論
社稷作為政治工具被採納於傳統禮論中的意義、傳統性的「社」在政
治制度中的變化，可參考。研究思想、思想史，應多重視上述制度方
面的研究。

三　整體思想研究

　　上文所述的林泰輔、[261]津田左右吉、宇野精一等的研究確實論及
《周禮》整體思想，不過仍偏向文獻學。本節擬舉出主要研究《周
禮》整體思想的成果。

　　最具代表性的研究為重澤俊郎（1906-1990）〈周禮の思想史的研

---

258 會田範治：〈周禮を中心として見た中國上代の訴訟制度〉，《早稻田法學》第31卷
　　第1、2冊（1955年6月），頁1-25。

259 土橋文雄：〈周禮の商業政策概説〉，《中京大學論叢》第5號（1957年7月），頁碼未
　　詳。筆者未見。

260 宇都木章：〈"社に戮す"ことについて──周禮の社の制度に關する一考察──〉，
　　中國古代史研究會（編）：《中國古代史研究》第1（東京：雄山閣，1960年10月），
　　頁161-188。

261 林泰輔有〈周官に見えたる人倫の關係〉，《東亞研究》第2卷第10號（1912年10
　　月），頁碼未詳，後收於《支那上代之研究》（東京：光風館，1927年5月），頁335-
　　345，論述《周禮》中父子、兄弟、君臣、夫婦等人倫關係，最後論及復讎論。

究〉。[262]重澤本於視《周禮》為「一篇行政法典」的立場,對官制、戶籍制度、民眾職業上的規定、教育思想、法制、祭祀逐一討論,發現其政治性、統制性、中央集權性和西漢武帝時代的近似性,故謂:「一般古文獻都含有此前不同時代的思想,可是,構成(《周禮》)最後內容的重要成分之一,就是西漢大帝國所經驗的歷史現實。」[263]總之,重澤這一連串著作中認為上述《周禮》的思想反映西漢武帝時代的思想趨勢。重澤後另有〈古文學および「周禮」の思想史的考察〉[264]一文,後半大致承〈周禮の思想史的研究〉的立場,論述《周禮》所持的管理理論,前半則把重點置於古文學與《周禮》的關係,討論始於河間獻王,經由王莽、劉歆,最後至於鄭玄的古文學之系譜與《周禮》兩漢思想史上位置的變遷,值得參考。

接著介紹的是佐野學〈《周禮》の描く理想國〉。[265]佐野也與重澤同樣,經由《周禮》的由來、性格與特徵、政治原理(德本主義與民主主義)、神政政治、人民與勞動編制、純粹奴隸、農業共產主義與公共灌溉制、對農業生產的國家統制、對工業生產與交易的國家統制、社會政策、家族與村落等等諸論點的分析,一方面因《周禮》中

---

262 重澤俊郎:〈周禮の思想史的研究〉,《東洋の文化と社會》第4輯(1954年),頁42-57;〈周禮の思想史的研究(續)〉,《東洋の文化と社會》第5輯(1956年),頁31-44;〈周禮の思想史的研究(又續)〉,《東洋の文化と社會》第7輯(1958年),頁46-59;〈周禮の思想史的研究(四)〉,《中國の文化と社會》第9輯(1961年),頁1-19。

263 重澤俊郎:〈周禮の思想史的研究〉,頁57。原文:「異つた幾時代かの思想を部分的に含有することは古い文獻の常であるが、最終的內容に有力な規定を與へた重要要素の一つは、前漢大帝國の經驗した歷史的現實に求められなければならないであろう。」

264 重澤俊郎:〈古文學および「周禮」の思想史的考察〉,《中國の傳統と現代》(東京:日中出版,1977年11月),頁186-247。

265 佐野學:〈《周禮》の描く理想國〉,《殷周革命──古代中國國家生成史論──》,頁275-353。

毫無尊崇天子、尚古的氣氛，將《周禮》視為戰國末年的成書，另一方面強調《周禮》所擁有的政治性，說：「依據道德政治的理想整理中國國家成立以來的傳說、政治傳統以及歷史制度等等，又空想性地擴大，最後將其總括成一個統一國家的結構而出色地表現出來的，就是《周禮》。」[266]此外，這一篇論文最大的特色是指出《周禮》思想的當代性：第一，《周禮》為道德政治被理想化的形式，《周禮》所謂的大規模世界帝國積極促進道德一面。佐野認為，在現代社會中也應重倡政治以促進道德為目的的觀念。第二，《周禮》的政府中富有濃厚的宗教性，佐野注意於其宗教性背後的生命哲學與創造主義的直觀，說：「擺脫繁瑣的主智主義，掌握自然與人生統合為一之生命的《周禮》直觀哲學，可以作為今日政治哲學的基礎。（中略）這種生命哲學在政治領域的復活，對於厭倦資產階級政治的頹廢與腐敗的現代人而言，很有意義。」[267]第三，依據《周禮》中所見的領導者與被領導者之間的互相作用，他主張社會應認同前衛指導者的角色和大眾行動者的意義，重新認識兩者之間的互相作用對政治重要部分之必要。第四，佐野注意到《周禮》重視勞動在社會上的義務，反對尼采（Friedrich Wilhelm Nietzsche, 1844-1900）的個人主義立場。第五，他論及《周禮》國家社會主義的構成，最後說：「《周禮》思想並非以物質性幸福之保障為人生第一義的卑陋思想，而是將生產的國家統制

---

266 佐野學：〈《周禮》の描く理想國〉，頁345。原文：「中國國家成立以來の傳說や政治的傳統や歷史的制度を、道德政治の理想に依據して整理し、又空想的にも擴大して、これを一つの統一的な國家構成にまとめて立派に表現したのがこの《周禮》である。」

267 佐野學：〈《周禮》の描く理想國〉，頁349。原文：「煩瑣な主知主義から離れて、自然及び人生を統一ずける一者的な生命を把握する《周禮》的直觀哲學は今日の政治哲學の基礎となりうる。（中略）その生命哲學を政治の領域に復活することはブルジョア政治の頹廢と腐敗に疲れた現代人にとつても意味がある。」

作為政治上主要的任務，企圖創造出洋溢生產活力之社會，極為健全。我們的任務是思考其現代的形態。」[268]佐野可以說是日本唯一論述《周禮》當代性的學者。他為何談到《周禮》的當代性？此應與他的政治活動有關。他一方面在早稻田大學任教，一方面獻身於提倡尊重天皇存在的「一國社會主義運動」，[269]可以看出與此篇讚稱《周禮》社會主義思想的立場，有很密切的關係。

金藤行雄〈《周禮》の命について〉[270]首先提出他對《周禮》的看法，認為禮原來在封建的、地方分權的體制下發揮作用，但《周禮》卻志在中央集權的體制。那麼，《周禮》與其他禮在禮制上是否也有異質之處？他為了回答這問題，開始討論「爵」與「命」的特質、意義。眾所周知，「爵」在禮制上擔任很重要的角色，禮制無爵就無法發揮機能。《周禮》中當然也有「爵」，但並不是分別尊卑上下絕對性的標準，另有一個基準，金藤根據〈春官・大宗伯〉「以九儀之命，貴賤之位乃正」，認為這就是「命」，《周禮》為何並用「爵」、「命」呢？金藤認為是起源於「爵」的界限，即「爵」是貢獻於某一個集團內的秩序維持，而漢代轉向中央集權的國家時，無法處理其小

---

268 佐野學：〈《周禮》の描く理想國〉，頁352。原文：「それは物質的幸福の保障を人生の第一義とするような卑俗な思想でない。生産の國家的統制を政治の主要任務となし、生産の活氣に溢れた社會を作り出そうとする《周禮》の思想は極めて健全である。我々の任務はその現代的形態を考慮するにある。」

269 請參考立花隆：《日本共產黨の研究（上）》（東京：講談社，1978年3月）；《日本共產黨の研究（上）》（東京：講談社，1978年9月）；伊藤晃：《轉向と天皇制：日本共產黨主義運動の一九三〇年代》（東京：勁草書房，1995年10月）；高畠通敏：〈一國社會主義者──佐野學、鍋山貞親〉，思想の科學研究會（編）：《轉向：共同研究（上）》（東京：平凡社，1959年1月），頁164-200，後收於栗原彬、五十嵐曉郎（編）：《政治の發見（高畠通敏集2）》（東京：岩波書店，2009年7月），頁碼未詳。

270 金藤行雄：〈《周禮》の命について〉，《待兼山論叢（哲學篇）》第18號（1984年12月），頁31-47。

集團外的秩序問題，於是《周禮》導入「命」來構成天子直接掌握臣下以下全民的體制。

其次是山田勝芳（1944-）所發表的三篇論文，他從經濟史學的觀點來研究中國古代「均」的理念，對先秦到北宋之「《周禮》的時代」進行討論，十分有趣。在第一篇〈中國古代における均の理念——均輸平準と《周禮》の思想史的檢討——〉[271]中，他由西漢武帝時代的均輸平準的「均」與「平」背後，發現與中國古代政治經濟思想很有關係之「均」理念，並且論述均輸平準所代表的武帝施行之財政策，經過昭帝始元六年（西元前81）的鹽鐵會議，最後引發西漢末期「均」理念的熱潮，促使儒者撰寫《周禮》一書。也就是說，山田視《周禮》為先秦到西漢「均」理念的集大成。第二篇〈均の理念の展開——王莽から鄭玄へ——〉[272]承前論，對東漢「均」理念的展開加以討論，得到如下結論：王莽把《周禮》的地位提高到「經」，大受《周禮》的構想與「均」理念之影響。至東漢遷都到土中的洛陽後，明帝、章帝時代亦有稱讚「太平」的風潮，其後影響到王符、何休、《太平經》等。另一方面，《周禮》雖不立於學官，但因其中與政治相關連，依據「均」的態度受到高度評價，故身處於東漢亂世的鄭玄視《周禮》為周公所制定之理想的、不變的制度書，並撰寫《三禮注》。《周禮》雖為代替漢制的不變之周制，卻提供時代變革的理念。第三篇〈均の理念の展開——「《周禮》の時代」とその終焉——〉[273]則探討從曹魏到南宋「均」理念與《周禮》的展開，提出「《周禮》

---

271 山田勝芳：〈中國古代における均の理念——均輸平準と《周禮》の思想史的檢討——〉，《思想》第721號（1984年7月），頁56-73。

272 山田勝芳：〈均の理念の展開——王莽から鄭玄へ——〉，《東北大學教養部紀要》第43集（1985年12月），頁79-98。

273 山田勝芳：〈均の理念の展開——「《周禮》の時代」とその終焉——〉，《集刊東洋學》第54集（1985年11月），頁160-179。

的時代」這概念。他認為：

> 我所謂的「《周禮》的時代」如下：在這時代，《周禮》作為儒
> 教經典的地位得到確立，縱使對細節有疑問，仍被視為周公所
> 制定的理想制度之書，得到絕對的信奉，並被視為（有關）國
> 制總體所應依據的書，不斷地受到眾人關注。而這時代也企圖
> 盡量按照《周禮》，或者為了接近《周禮》所見，實現其中的
> 官制、構想而幾乎成功的時代，也就是說，這時代不僅要體
> 會《周禮》中的聖人之意，也認為井田制等聖人之迹必將施
> 行。[274]

依據這樣觀點，山田視魏晉到宋代為「《周禮》的時代」。雖然第三篇
因為篇幅所限，有論述不足之感，但並無損這一串連論稿的價值。山
田就經濟思想史的觀點論《周禮》，值得多多參考利用。[275]

最後是堀池信夫（1947-）〈《周禮》の一考察〉。[276]該文收於《漢
魏思想史研究》，〈序論〉云：「筆者在《漢魏思想史研究》中，當然
以儒教經學為中心而進行論述，但亦不限於儒教經學，還將注意思想

---

274 山田勝芳：〈均の理念の展開──「《周禮》の時代」とその終焉──〉，頁161。原
　文：「私が考える『《周禮》の時代』とは次のようなものである。《周禮》が儒教
　の經典としての地位を確立し、たとえ細部に疑問があっても、周公制定の理想的
　周制の書であると絕對的に信奉され、國制全般にわたって依據すべきものとして
　絕えず意識されていた時代、そして《周禮》の官制や構想そのものを、できるこ
　とならそのままの形、或いはできるだけそれに近い形で實現しようとし、またあ
　る程度實現した時代、つまり聖人の意を汲み取るのみならず、『その迹』たる井
　田等を『必ずせん』とした時代ということができる。」
275 山田氏另有《中國のユートピアと「均の理念」》（東京：汲古書院，2001年7月）。
276 堀池信夫：〈《周禮》の一考察〉，《漢魏思想史研究》（東京：明治書院，1988年11
　月），頁145-169。

史上更廣泛的領域。具體來看，近年關於漢代思想史，從已有的經學研究，加上宗教史的研究、科學史的研究，也取得了長足的進展。（中略）本書試圖盡量採納這些重大成果以描述漢魏思想史的面貌。」[277]可以看出堀池撰作這本書的態度。他又認為，從漢到魏的思想史，主要為宇宙思維之時代到內在思辯之時代的變化。[278]基於這種看法，他對儒教與律曆（數）思想的關連進行討論，進而論及《周禮》。他的問題始於劉向（西元前77-前6）、劉歆父子為何表揚原來埋沒的《周禮》。於是，堀池發現《周禮》中強調公權之思想和以宇宙運行為基礎的結構。他認為這兩個要素就是西漢末期的儒教要求的重要理念。他接著留意到《周禮》中「數」的整合性，詳述「三公」、「六卿」、「六官」、「六典」、「六鄉」、「六遂」、「天地四方」、「八灋」、「八則」、「八柄」、「八統」、「九職」、「九賦」、「九式」、「九貢」、「九兩」、「九幾說」等的「三」、「六」、「八」、「九」都與漢代受重視的「三」的關連，並指出這與宇宙的思維很密切，認為《周禮》繼承董仲舒「官制象天」的立場，以這些宇宙觀所帶來的規律作為國家經營的組織論、運用論之基本。最後談到〈考工記〉，他認為〈考工記〉也包含「三」相關的數字，所以前人才用〈考工記〉補〈冬官〉之缺。堀池從漢代思想史的「數」進而論及《周禮》思想史上的位置，並考慮到收錄〈考工記〉的理由，相當值得參考。

---

277 堀池信夫：〈序論〉，《漢魏思想史研究》，頁14。原文：「さて筆者は、この漢魏思想史研究を、もちろん儒教經學を中心に據えて述べるつもりであるが、さらに、それに制限されずに、思想史のより廣い領域に眼を向けたいと考えている。これを具體的にみてみるならば、近年、漢代思想史に關しては、從來の經學的研究に加えて、宗教史的研究、科學史的研究などが長足の進展をとげている。（中略）そして本書においては、それらの重大な成果をできうるかぎり受容して、漢魏思想史の姿を描こうと考える。」

278 請參閱堀池信夫：〈序論〉，《漢魏思想史研究》，頁18-21。

此外有栗原圭介〈《周禮》に於ける基礎理念と科學思想〉、[279]叢小榕（1954-）〈儒學における周禮の位置づけ〉[280]等。總之，日本有關《周禮》整體思想的研究實在不多，不過內容上堪稱相當豐富。

四　註疏研究

眾所周知，《周禮》有鄭玄《註》及賈公彥《疏》，也是重要研究的對象。限於篇幅，無法詳細介紹。所以只舉出題名，提供讀者參考。

首先是鄭《註》相關的研究：鄭《註》研究最具代表性的是間嶋潤一（1950-2012），發表過不少成果。例如：〈鄭玄の周禮解釋に就いて〉[281]、〈鄭玄に至る「周禮」解釋の變遷について〉、[282]〈鄭玄の「日若稽古帝堯」解釋をめぐる問題と「周禮」國家〉、[283]〈鄭玄の祭天思想に就いて——「周禮」國家に於ける圜丘祀天と郊天〉、[284]〈鄭玄の「豳の三體」の解釋：《周禮》「春官・籥章」注と《詩》「豳風・七月」箋〉[285]等，相當豐富。他另有〈杜子春《周禮》解釋

279　栗原圭介：〈《周禮》に於ける基礎理念と科學思想〉，《東洋研究》第116號（1995年8月），頁33-58。

280　叢小榕：〈儒學における周禮の位置づけ〉，《いわき明星大學人文學部紀要》第17號（2004年3月），頁175-182。筆者未見。

281　間嶋潤一：〈鄭玄の周禮解釋に就いて〉，《東洋文化（無窮會）》復刊第40號（1976年），頁11-25。

282　間嶋潤一：〈鄭玄に至る「周禮」解釋の變遷について〉，《中國文化》第38號（1980年），頁15-28。

283　間嶋潤一：〈鄭玄の「日若稽古帝堯」解釋をめぐる問題と「周禮」國家〉，《中國文化》第42號（1984年），頁1-12。

284　間嶋潤一：〈鄭玄の祭天思想に就いて——「周禮」國家に於ける圜丘祀天と郊天〉，《中國文化》第45號（1987年），頁25-38。

285　間嶋潤一：〈鄭玄の「豳の三體」の解釋（上）：《周禮》「春官・籥章」注と《詩》「豳風・七月」箋〉，《香山大學國文研究》第28號（2003年9月），頁71-79；〈鄭玄の「豳の三體」の解釋（下）：《周禮》「春官・籥章」注と《詩》「豳風・七月」

小考〉，[286]可以稱為東漢《周禮》學的專家。[287]此外有西嶋定生〈《周禮》稻人鄭玄注の稻田管理〉（前述）、高橋忠彥（1952-）〈《三禮注》より見た鄭玄の禮思想〉、[288]邊土那朝邦（1949-）〈鄭玄の《周禮》調人職注にことよせて〉、[289]兒玉憲明（1955-）〈「周禮」樂律解釋史初探——鄭注の位置〉、[290]栗原圭介〈三禮鄭注に見る訓詁と科學思想〉[291]以及西川利文（1959-）〈《周禮》鄭注所引の「漢制」の意味——特に官僚制を中心として——〉[292]等。

　　與鄭《註》相比，賈《疏》相關的研究不多。筆者目前只檢得五篇：石濱純太郎（1888-1968）〈周禮賈疏の舜典孔傳〉、[293]高橋忠彥

箋〉，《香山大學國文研究》第29號（2004年），頁28-37。同樣題目曾有田中和夫：〈豳風七月の鄭箋と《周官》簒章の記述〉，《目加田誠博士古稀記念中國文學論集》（東京：龍溪書舍，1974年10月），頁碼未詳。

286 間嶋潤一：〈杜子春《周禮》解釋小考〉，《香山大學國文研究》第32號（2007年9月），頁1-8。

287 間嶋近年又出版了《鄭玄と《周禮》——周の太平國家の構想——》（東京：明治書院，2010年11月）。

288 高橋忠彥：〈《三禮注》より見た鄭玄の禮思想〉，《日本中國學會報》第32集（1980年10月），頁84-95。

289 邊土那朝邦：〈鄭玄の《周禮》調人職注にことよせて〉，《九州大學中國哲學論集》第10集（1984年），頁碼未詳。

290 兒玉憲明：〈「周禮」樂律解釋史初探——鄭注の位置〉，《新潟大學人文科學研究》第69號（1986年7月），頁47-73。

291 栗原圭介：〈三禮鄭注に見る訓詁と科學思想（上）〉，《大東文化大學紀要（人文科學）》第32號（1994年3月），頁119-136；〈三禮鄭注に見る訓詁と科學思想（下）〉，《大東文化大學紀要（人文科學）》第33號（1995年3月），頁195-106。

292 西川利文：〈《周禮》鄭注所引の「漢制」の意味——特に官僚制を中心として——〉，小南一郎（編）：《中國古代禮制研究》（京都：京都大學人文科學研究所，1995年3月），頁339-358。同一書中，另有田中麻紗巳：〈《五經異義》の周禮說について〉，頁165-194，後收於《後漢思想の研究》（東京：研文出版，2003年7月），頁28-54。

293 石濱純太郎：〈周禮賈疏の舜典孔傳〉，《支那學》第1卷第1號（1920年9月），頁27-31。

〈《儀禮疏》《周禮疏》に於ける「省文」について〉、[294]外村中〈賈公彥《周禮疏》と藤原京について〉、[295]喬秀岩（1966-）〈賈公彥新義〉與〈賈疏通例〉。[296]另有富田健市〈西魏、北周の制度に關する一考察——特に《周禮》との關係をめぐって——〉、[297]川本芳昭（1950-）〈五胡十六國、北朝期における周禮の受容をめぐって〉，[298]兩文主要探究鄭《註》與賈《疏》之間的關係，不僅在經學史上有重要意義，在思想史上、文化史上也相當重要。

《周禮》傳承史上，對於王安石《周官新義》的研究亦不能忽視。最早有諸橋轍次（1883-1982）〈王安石の新法及び新義〉、[299]〈周官新義の影響と周官の補亡〉[300]兩篇。以後有東一夫（1911-2005）《王安石新法の研究》、[301]庄司莊一（1924-）〈王安石「周官新

---

294 高橋忠彥：〈《儀禮疏》《周禮疏》に於ける「省文」について〉，《中哲文學會報》第8號（1983年6月），頁39-58。

295 外村中：〈賈公彥《周禮疏》と藤原京について〉，《古代學研究》第181號（2009年3月），頁26-33。

296 喬秀岩：〈賈公彥新義〉，收於氏著：《義疏學衰亡史論》（東京：白峰社，《東京大學東洋文化研究所研究報告》，2001年2月），頁211-237；中文版：〈賈公彥新義〉，《義疏學衰亡史論》（臺北：萬卷樓，《經學研究叢書‧經學史研究叢刊》，2013年7月），頁153-170；〈賈疏通例〉，也收於氏著：《義疏學衰亡史論》，頁239-266；中文版，頁171-189。

297 富田健市：〈西魏、北周の制度に關する一考察——特に《周禮》との關係をめぐって——〉，《史朋》第12號（1980年9月），頁碼未詳。

298 川本芳昭：〈五胡十六國、北朝期における周禮の受容をめぐって〉，《佐賀大學教養部研究紀要》第23號（1991年3月），頁1-14。

299 諸橋轍次：〈王安石の新法及び新義〉，《儒學の目的と宋儒：慶曆至慶元百六十年の活動》（東京：大修館書店，1929年10月），後收於《諸橋轍次著作集》，第1卷（東京：大修館書店，1975年6月），頁319-343。

300 諸橋轍次：〈周官新義の影響と周官の補亡〉，《儒學の目的と宋儒：慶曆至慶元百六十年の活動》（東京：大修館書店，1929年10月），後收於《諸橋轍次著作集》，第1卷（東京：大修館書店，1975年6月），頁344-349。

301 東一夫：《王安石新法の研究》（東京：風間書房，1970年4月）。

義」の大宰について〉[302]等，近年吾妻重二（1956-）也發表過〈王安石《周官新義》の考察〉。[303]

　　以上簡述《周禮》注疏相關的研究，可知鄭《註》、《新義》相關的研究十分豐富，相較之下，賈《疏》還有深入探究的空間。

結語

　　以上筆者概略介紹近一百年日本人對《周禮》的研究。其中最重要的經學著作自推宇野精一《中國古典學の展開》。雖只是個人著作，然而包羅漢代到近代的《周禮》研究史，搜集資料十分豐富，論述內容非常清晰，可說是日本經學研究史上的代表性著作。

　　日本的《周禮》研究多聚焦於成書問題。日本學者對《周禮》成書時期的看法大致可以分為八種：西周末年說（林泰輔）、戰國齊說（宇野精一、佐藤武敏、山田崇仁）、戰國燕說（平勢隆郎）、戰國說（吉本道雅、神谷正男）、戰國後期以後說（林巳奈夫）、秦代說（田中利明、大川俊隆）、秦漢說（井上了）及西漢末年說（津田左右吉、原田淑人、佐野學、山田勝芳）。此外，鈴木隆一認為《周禮》反映春秋末年的土地制度，越智重明與金藤行雄都認為是受漢代社會的影響，重澤俊郎則從中看出西漢武帝時代的氣氛。討論的重點不在真偽問題，正是《四庫全書總目》所說的「聚訟不可縷舉」。

　　如此，《周禮》文獻學上的論文相當多，與此相反，思想方面還

---

302 庄司莊一：〈王安石「周官新義」の大宰について〉，《集刊東洋學》第23集（1970年5月），頁64-85。

303 吾妻重二：〈王安石《周官新義》の考察〉，小南一郎（編）：《中國古代禮制研究》（京都：京都大學人文科學研究所，1995年3月），頁515-558，後收於《宋代思想の研究》（大阪：關西大學出版部，2009年3月），頁65-119。

有待開發。津田指出《周禮》中有陰陽思想、五行思想和時令說等的
存在，宇野認為《周禮》帶有法家的色彩、統一思想等等，重澤也指
出《周禮》的政治性、統制性、中央集權性。山田從「均」思想的觀
點而加以論述，堀池則以「數」為中心而進行討論。他們論述都十分
可靠，不過，進而討論這些思想在當時有如何意義？後世有如何影
響？我們在哲學的觀點外，若能多考慮《周禮》與社會的關係，多關
注《周禮》與人的關係，這樣才能瞭解《周禮》雖曾受到激烈批判，
二千年來始終居於經書之一的理由。[304]文獻學方面的研究，的確是日
本《周禮》研究的一大結果，筆者認為，如何在文獻學的基礎上，進
一步構築思想史或思想系統，正是未來研究者最重要的問題。

---

304 南昌宏〈〈日本における《周禮》研究論考〉略述〉，頁91說：「《周禮》雖然是經
　　書，卻很難說其研究十分豐富（《周禮》は經書であるにもかかわらず、これま
　　で、その研究が十分なされていたとは言いがたい）。」而指出，賈《疏》、王與之
　　《周禮訂義》等鄭玄到孫詒讓之間《周禮》學研究的必要與還有活用《管子》、王
　　莽、劉歆、王安石等的餘地。

第三章

日本學者《儀禮》之研究

前言

　　《三禮》之中，《儀禮》位居於特別的位置，是因為與《周禮》、《禮記》兩書相比，《儀禮》幾乎沒有文獻上的懷疑，被認為是「最有本質性的書籍」。[1]可是，《三禮》之中最難讀的亦是《儀禮》，宋張載（1020-1077）曾說：「看得《儀禮》，則曉得《周禮》與《禮記》」。[2]因於《儀禮》頗為難讀，且後來人人較重《禮記》，所以讀《儀禮》者逐漸減少，造成文本上的混亂，《儀禮》更加難讀，引起惡性循環。尤其是元朝，從科舉科目中除去《儀禮》，結果以後幾乎無人認真讀《儀禮》了。清儒顧炎武（1613-1682）曾指出過明監本的粗劣，此背後可能存在著科舉制度的影響。

　　另一方面，如唐韓愈（768-824）云：「余嘗苦《儀禮》之難讀，（中略）然文王、周公之法，粗在於是」[3]；明郝敬（1558-1639）也說：「《儀禮》者，禮之儀，周衰禮亡，昔賢纂輯見聞，著為斯儀，非

1　池田末利：〈儀禮〉，日原利國（編）：《中國思想辭典》（東京：研文出版，1984年4月），原文：「儒家の基本的な經書の一つで、《周禮》《禮記》と合わせて三禮と稱せられるが、他の二禮に比べて最も本質的な書である。」（頁80-81）

2　〔清〕朱彝尊（原著）；林慶彰、蔣秋華、楊晉龍、張廣慶（編審）；侯美珍、汪嘉玲、張惠淑、黃智信（點校）：《點校補正經義考》（臺北：中央研究院中國文哲研究所籌備處，《古籍整理叢刊》3，1998年6月），第4冊，頁573。

3　〔唐〕韓愈：〈讀儀禮〉，《韓昌黎全書》（臺北：臺灣中華書局，1965年，四部備要本），卷11。

必盡先聖之舊,然欲觀古禮,舍此末由矣。」[4]《儀禮》雖為難讀的文獻,但確實提供給我們許多中國古代相關的資料。《儀禮》中,可看出大量中國古代風俗的痕跡。當然這些不盡是在當時現實社會施行,一定包括古代的理想。然我們研究中國思想、歷史、文化時,仍不該忽視。

　　日本如何看待《儀禮》?因為日本與中國在社會上有不同之處,所以《三禮》之學在日本不甚盛行,特別是《儀禮》和《周禮》。六世紀的日本文獻中,未發現明確記載證明《儀禮》何時由何人傳到日本,說「禮」時大部分是用《禮記》的文辭,可能是受唐朝的影響,《五經》先傳到日本的關係。[5]到了七世紀,《養老律令‧學令》有:「凡經,《周易》、《尚書》、《周禮》、《儀禮》、《禮記》、《毛詩》、《春秋左氏傳》,各為一經。《孝經》、《論語》,學者兼習之。」又云:

> 凡教授正業:《周易》,鄭玄、王弼注;《尚書》,孔安國、鄭玄注;「三禮」、《毛詩》,鄭玄注;《左傳》,服虔、杜預注;《孝經》,孔安國、鄭玄注;《論語》,鄭玄、何晏注。
> 凡《禮記》、《左傳》各為大經,《毛詩》、《周禮》、《儀禮》各為中經,《周易》、《尚書》各為小經。通二經者,大經內通一經,小經內通一經。若中經即併通兩經。其通三經者,大經、

4　〔明〕郝敬:《儀禮節解》,《四庫全書存目叢書‧經部八七》(臺南:莊嚴文化,1997年2月),頁352。

5　據《日本書紀》,卷17,曰:「(繼體天皇)七年夏六月,百濟遣姐彌文貴將軍、洲利即爾將軍,副穗積臣押山,貢五經博士段楊爾。」小島憲之等:《日本書紀》卷2,收入《新編日本文學全集》(東京:小學館,1996年10月),第3冊,頁300-301。由此可推測西元五一三年百濟五經博士段楊爾來日本時,五經也傳到日本。關於此點,可參考市川本太郎:《日本儒教史‧上古篇》(東京:汲古書院,1989年7月)與內野熊一郎:《日本漢文學研究》(東京:名著普及會,1991年6月)等。

中經、小經各通一經。通五經者，大經並通。《孝經》、《論
語》皆須兼通。[6]

《養老律令》在日本史上是第二律令，在天平寶字元年（757）施
行。引文中，《儀禮》在大學「明經」科目中，位於中經。一般認
為，《養老律令》的內容與日本第一律令《大寶律令》略同。《大寶律
令》是在大寶元年（701）參考唐朝《永徽律令》而成，《大寶律令》
亦可能含有這些條文，假使如此，《儀禮》最晚到七世紀末傳到日本。

然唐《永徽律令》條文中，尚有《公羊傳》與《穀梁傳》，相反
地，《養老律令》則無這兩部書。此處可以看出當時日本人的抉擇：
即使他們不選《公羊傳》和《穀梁傳》，但仍採《儀禮》。古代日本，
通過遣唐使而接受唐朝律令，雖然加以稍微改變，還承認《儀禮》在
日本古代社會上的必要，並將其當作朝廷儀禮的基礎。德川時代的學
者唐橋（菅原）在家（1729-1791）指出：「朝廷亦然。人唯知其制度
摸隋、唐，而不知其禮本出於《儀禮》。」[7]現在皇室儀禮中仍可看到
古代朝廷儀禮的痕跡。

雖是如此，後來讀《儀禮》者並不多。藤原佐世（847-897）《日
本見在書目錄》只載錄「《儀禮》十七卷（鄭玄注）」及「《儀禮疏》
五十卷（唐賈公彥撰）」而已，此數目不但比《周官》、《禮記》極
少，經書中亦最小。[8]一方面是因為中國唐以前鮮有《儀禮》相關著

6　惟宗直本：《令集解》，卷15，收於《新訂增補國史大系》（東京：吉川弘文館，
　　1943年12月），卷23，頁447-449。

7　唐橋在家：〈儀禮序〉，長澤規矩也（編）：《和刻本經書集成（古注之部）》（東京：
　　古典研究會，1976年12月），第2輯，頁321。

8　藤原佐世《日本國見在書目錄》中，與《周禮》相關書籍有十三種（詳請參本書第
　　二章）；《禮記》相關書籍有八種（詳請參本書第四章）。另外有《三禮》三十卷
　　（陸善經註）、《三禮義宗》（崔靈恩撰）、《三禮大義》三十卷（梁武帝撰）、《三禮

作,另一方面是因於當時日本人對《儀禮》並不感興趣。日本雖模倣
中國的國家制度,然日本與中國社會上多有不同之處,且《儀禮》對
日本人更是難讀,因而《儀禮》學不甚盛行。德川時代,雖然重視
《儀禮》的朱子學繁盛,但日本人對《儀禮》的態度卻依舊沒變,一
直到現在。

　　另一方面,日本文化可說是尚「禮」的文化。此「禮」概念如何
培養?現在在日本說到「禮」,人人就想到「小笠原流禮法」等傳統
禮法。「小笠原流禮法」原是在鎌倉、室町時代一部階級(武士)獨
佔,但到了德川時代就普及到一般民眾。明治日本深受西方國家的影
響,政府乃重新作成官制禮法,亦非完全地西化,而是以「小笠原流
禮法」等日本傳統禮法為基礎。所以「小笠原流禮法」等所代表的日
本傳統禮法適應時代的變化而遺留到現在,仍受日本人的重視。這些
日本傳統禮法已是與國家制度無關,而僅是與個人的行為(禮節)、
人際關係(禮貌)相關,如:荻生雙松(徂徠,1666-1728)《經子史
要覽》曰:「禮者,天下萬事之儀式也。學之如今人習吉良、小笠原
等諸禮故實。不及讀書籍,只以習其舉止為主。」[9]雖是如此,這些
禮法非參考《三禮》不可成,尤其是《儀禮》,因為《儀禮》正是論
「舉止」之書。日本人的確不重《儀禮》這部書,然日本傳統禮法的

開題義愇》(崔通意撰)、《吉凶禮》一卷、《喪服九族圖》一卷、《古今喪服要記》
一卷(冷然院)等,雖也與《儀禮》有關,但與《周禮》、《禮記》相比還是不多。
不但三禮中最少,《日本國見在書目錄》載錄經書中和《穀梁傳》同樣最少。請參
考藤原佐世:《日本國見在書目錄》(臺北:新文豐出版公司,1984年),頁7-10。

9　長澤規矩也(編):《江戶時代支那學入門書解題集成》(東京:汲古書院,1975年7
月),第1集,頁260。原文:「禮ハ天下萬事ノ儀式也。コレヲ學フハ、今ノ人ノ吉
良小笠原ナトノ諸禮故實ヲ習フカゴトシ。書籍ヲ讀ニモ及ハス。只其所作ヲ習フ
ヲ以テ主トス。」吉良氏是當時掌管德川將軍家的儀典、禮法。吉良義央(1641-
1703)與赤穗藩主淺野長矩(1667-1701)圍繞儀典發生衝突,後來引起出名的赤穗
事件(1703),徂徠也擔任這事件的處理。

精神必定包括了與《儀禮》相通的概念。

如上所述，我們該承認「禮」這概念在日本社會上也確實擔任了相當重要的角色。日本的「禮」並非僅在日本社會中培養，一方面的確有著日本獨自禮法的發展，但另一方面也深受中國禮學的影響。因此，我們必須注意日本傳統禮法背後存在著《三禮》，尤其是《儀禮》。換言之，研究《儀禮》不僅是為了釐清中國禮學的一端，對於研究日本禮法上也相當值得，此點我們不該忽視。

那麼，日本人如何研究《儀禮》？本章先回顧從一九○○年以來的日本《儀禮》研究的情況，再試圖展望未來的《儀禮》研究。

第一節　《儀禮》的和刻本與日譯

德川時代，漢籍版刻甚為盛行。然《儀禮》一書的和刻本並不多，只有兩種而已。其一，寬永十三年（1636）的周哲（愚齋，生卒年未詳）點：《儀禮》十七卷、《周禮》六卷合刊本，這本僅有經文，未附上注、疏。〈序〉曰：

> 予見《儀禮》、《周禮》二書，苦其難讀，且憾無倭字之訓解。
> 古或有之，而為失火所焚邪？抑遭亂賊而委于塵土邪？嘗竊聽
> 羅山先生之點焉，意必秘而不出越，不揆檮昧點之，而思授諸
> 童蒙者，故悉鄙情，從事于机案間，手寫白文經三霜，而漸終
> 其功。自漢、唐、宋、元以來注之者有多門，予惟從鄭康成之
> 解，則聊存古之義也。既而顧蛣蜣轉凡之譏，謁于先生需是正
> 之，先生使予讀其始終，被質十其一二，遂跋其卷尾。[10]

---

10 長澤規矩也（編）：《和刻本經書集成（正文之部）》（東京：古典研究會，1975年12月），第2輯，頁3。

寬永九年（1632），林信勝（道春、羅山，1583-1657）〈跋〉又曰：

> 《儀禮》者，文王、武王之制度，而周公所撰之經也。（中
> 略）余往日滴句讀之露，行墨點之鴉，姑藏于家，以待再校。
> 今茲大江參議甲州牧君之今習周哲生，手自寫白文，且點之，
> 來問其臧否，又請補寫其脫落者懇甚。於是出示家本以使參考
> 焉。[11]

由此可知，由於當時未有《儀禮》與《周禮》日本的訓解，大江參
議[12]的家臣周哲也苦惱二《禮》的難讀。因此，他花了三年親寫《儀
禮》和《周禮》的白文，而後依鄭《註》句讀。周哲後來訪問林信勝，
求教他指點校本有無錯誤。於是，信勝則將事先親點的《儀禮》與《周
禮》提供給他參考，還加以訂正、撰寫跋文。所以這本可說是周哲與
林信勝合作完成的。池田末利（1910-2000）說：「林道春跋周哲點本
文字、訓讀都較為正確，可以看出費了心血。」予以高度評價。[13]

　　另一種是寶曆十三年（1763）刊河（河野）子龍校點本。河野子
龍（字伯潛、號恕齋，1743-1779）是肥前蓮池藩（現佐賀縣之一
部）儒官，住在大阪時參與混沌詩社的活動，[14]主要著有《洪範孔傳
辯正》、《國語韋注補正》、《韓非子解》、《格物餘話》、《儒臣傳》及

11　《和刻本經書集成（正文之部）》，第2輯，頁124。
12　詳請參本書第二章第一節，註25。
13　池田末利：〈跋——改訂再版を終えて〉，《儀禮 V》（東京：東海大學出版社，1992
　　年3月），頁648。原文：「林道春拔、周哲點本は文字も訓讀も比較的正確で、苦心
　　の跡が窺われる。」
14　「混沌詩社」是明和元年（1764）以片山猷（北海，1723-1790）為盟主創設的漢詩
　　沙龍、學問所，輩出木村孔恭（兼葭堂，1736-1802）、篠崎應道（三島，1737-
　　1813）、尾藤孝肇（二洲，1745-1814）、賴惟完（春水，1746-1816）及古賀樸（精
　　里，1750-1817）等知識分子。

《功臣傳》等。《儀禮》則是子龍在二十歲時所校勘。他所寫〈刻
《儀禮》序〉云：

> 《禮經》，周公之所制作也。（中略）魯高堂生所傳者，裁一十
> 有七篇，是乃周公所制作《禮經》也。唯其王朝之禮咸缺，邦
> 國之制存半。淹中之出者，亦堙泯之餘，厹有師說，壺是以不
> 傳。今之《儀禮》，即高堂生之舊也。

子龍認為，高堂生所傳的十七篇就是今之《儀禮》，也是周公所制作
的《禮經》之一部分。但後來學《儀禮》者減少，子龍描述當時中國
《儀禮》學寂寥的情況：

> 嗚乎，專門之學廢，而士之習禮節者益少，明氏排《儀禮》，
> 學官獨立《禮記》，陳氏之說遂孤行，而世之讀《儀禮》者益
> 鮮。厹稽之談一錯廁，明氏之敝斯流矣，悲矣夫。且夫辭之棘
> 焉，韓愈而難之，儀文已繁，讀者不能竟篇，奇辭奧旨又奚自
> 得焉。世之儒者，遂束而不窺，弁髦而麾弃之，迺又謏曰：
> 「禮不在法度、威儀，屑屑焉于繁文末節，祝史之事爾。」

根據子龍的說法，《儀禮》學衰退的原因有二：第一，明代科舉只採
用《禮記》，不採《儀禮》；第二，如韓愈也曾談過，《儀禮》之難
讀。所以世之儒者不顧《儀禮》而束之高閣，視為無用而放棄之。子
龍再說：

> 《禮經》雖缺，有固之制可知也。其物之與本，既審而已矣。
> 讀《儀禮》者之於禮也，其猶視諸其掌乎。不獨禮也，六籍皆

是也。余得錢塘鍾氏校本校之，文字紕繆甚多，不淂則不通，迺會數本，徧蒐諸注家，即朱熹以降莫不該焉，唯其古義之得以為難。自朱熹旁引經傳，分析篇章，其徒頗知言《儀禮》，而其得也蓋少。獨元敖繼公所著論，學雖不純古，皆誦證于「二禮」、《春秋》，多所發明，予是以旨之，於是改定較訂，窮年累月，始得其正。[15]

他認同《儀禮》六經中的重要性，以錢塘鍾氏版本為底本，開始校勘，但發現文字上頗有誤謬。於是匯集諸家注釋，南宋朱熹（1130-1200）以後的注釋幾乎無不收集。但他認為朱熹後學通古義者不多，只有元敖繼公（生卒年未詳）《儀禮集說》多所發明。敖繼公《儀禮集說》成於元大德五年（1301），其〈序〉曰：

此書舊有鄭康成注，然其內疵多而醇少，學者不察也。予今輒刪其不合于經者而存其不謬者，意義有未足則取疏記或先儒之說以補之，又未足則附之以一得之見焉。因名《儀禮集說》。[16]

雖然鄭《註》有瑕疵，但當時學者都不知，敖繼公對此非常不滿。於是，他將不合經文的鄭註刪除，在說明不足的部分，則以先儒之說和自己的看法補之。[17]子龍參考敖繼公書而加以改訂，終於認為「始得其正」。此書完成時，菅原在家「喜而不寐」。京都儒者皆川愿（淇

---

15 《和刻本經書集成（古注之部）》，第2輯，頁322-325。

16 〔清〕紀昀等：《文淵閣四庫全書》（臺北：臺灣商務印書館，1983-1986年），第105冊，頁36。

17 請參閱程克雅：〈敖繼公《儀禮集說》駁議鄭注《儀禮》之研究〉，《東華人文學報》第2期（2000年7月），頁291-308。關於敖繼公書，有曹元弼等的批判。

園，1735-1807）亦利用此文本，一邊在行間注上元敖繼公之說，一邊修正子龍訓點錯誤的部分。

　　如此，《儀禮》本身的和刻本僅有兩種，但我們不能忽視朱熹（1130-1200）《儀禮經傳集解》的存在。朱子學在日本德川時代的影響很大，根據大庭脩（1927-2002）的研究，當時朱子所著《儀禮經傳通解》相關書籍的輸入數也不少，[18]可知《儀禮經傳通解》相當受重視。

　　關於《儀禮經傳通解》的和刻本，有戶川芳郎（1931-）詳細的解說。[19]依他的研究，最早期的和刻本是寬文二年（1662）五倫書屋刊本。戶川根據德川後期水戶藩儒會澤安（正志齋，1782-1863）著《及門遺範》載錄他師父藤田一正（幽谷，1774-1826）「野中兼山嘗命鏤之梓」之言，認為土佐（現高知縣）野中良繼（兼山，1615-1663）與此和刻本很有關係。野中一邊是實行藩政改革的政治家，一邊身為朱子學一派南學的學者，極尊重儒教，甚至於禁止火葬。由於開版的五倫書屋在京都，戶川認為山崎嘉（闇齋，1619-1682）也協助野中的版刻事業。因為山崎在土佐時與野中交往過，又山崎明曆元年（1655）回京都，和刻本《儀禮經傳通解》出刊時恰在該地。[20]大高坂季明（芝山，1649-1713）《芝山南學傳・兼山傳》云：野中出版

18　大庭脩：《江戶時代における唐船持渡書の研究》（大阪：關西大學東西學術研究所，1967年3月）。

19　戶川芳郎：〈解題〉，長澤規矩也（編）：《和刻本儀禮經傳通解》（東京：汲古書院，1980年10月），第3輯，頁397-417。

20　實在越後新發田藩道學堂藩版目錄載錄「《儀禮經傳通解》三十七卷《續》二十九卷合二十四本同上」。這「同上」指上文《四書章句集注》十九卷十四本山崎嘉點」的「山崎嘉點」。由此可知，當時存在著稱為「山崎嘉點」的《儀禮經傳通解》。戶川認為，這也可能是寬文二年野中所刻的版本，後來由於山崎嘉與此版本的關係很密切，傳成「山崎嘉點」本。

《儀禮經傳通解》前，「繕寫異本，校訂舛訛」。戶川根據此記事，最後認為野中良繼就是寬文二年版的開板者。另外有寬文九年（1669）京都山本平左衛門（秋田屋）印本，此是最普及的，後來寬政八年（1796）大阪柳原喜兵衛（河內屋）亦用同板印刷。

黃榦（1152-1221）繼承朱子《儀禮經傳通解》事業而最後完成《儀禮經傳通解續》，天明二年（1782）以新發田藩（現新潟縣新發田市）藏本為底本，由京都吉野屋（林權兵衛、文泉堂）和秋田屋（山本平左衛門、景雲堂）共同出版。新發田藩第八世藩主溝口直養（浩軒，1736-1797）信奉山崎嘉的學問，安永元年（1772）創立藩校道學堂而開山崎派朱子學的課程，主動地出版山崎派相關文獻。如此脈絡上，《儀禮經傳通解續》亦出版之。但這版本因為是覆刻明本的，所以毫無訓點。

這兩部和刻本究竟源自何種版本？戶川當時還未仔細地調查，所以保留結論。但因為京都大學圖書館所藏明劉瑞序刊本，並且《儀禮經傳通解續》著錄和刻本半葉十一行、一行二十字的形式與南京國子監一致之精刻本，再加上，《儀禮經傳通解續》校注有與「宋本」、「清本」比較的部分，所以戶川最後推測兩本均源於明本。

如上所述，德川時代《儀禮》和刻本比其他經書並不多，然已有一部知識分子承認《儀禮》的重要性。德川時代後期學者市野光彥（1765-1826）曰：

> 《儀禮》實難讀，然聖制之所在，學者不可不讀也。先傲先輩句讀本而正其句，其後取諸本校之，習熟可以得其意矣。[21]

---

21 市野光彥：《讀書指南》，長澤規矩也（編）：《江戶時代支那學入門書解題集成》（東京：汲古書院，1975年7月），第2集，頁305。

市野本學朱子學，後來受狩谷望之（掖齋，1775-1835）的影響而轉為考證學者。他的看法與周哲、林信勝、河野子龍等一致，可知德川時代的學者不管屬於任何學派，皆視《儀禮》為「文王、武王之制度，而周公所撰之經」、「周公之所制作」、「聖制之所在」而加以重視。《儀禮》相關書籍，另有越後高田（現新潟縣上越市）藩儒村松貞吉（松安、蘆溪，？-1787）撰《新定儀禮圖》、紀州（現和歌山縣）藩儒川合衡（春川，生卒年未詳）撰《儀禮宮室圖解》等。[22]

　　到了明治時代，漢籍的日譯逐漸展開，但一直未有《儀禮》的日譯。第二次世界大戰後才有影山誠一《儀禮通義》。[23]自昭和二十四年（1949）到昭和三十三年（1958）之間總共出版了七冊。筆者未見，所以此處借用池田末利的〈解說──經學史的考察──〉加以說明。影山《儀禮通義》是根據清胡培翬（1782-1849）《儀禮正義》，另參考其他清儒的見解，還加以自己的看法，全文達一三一七頁之長。先有總敘，其內容是〈序說〉、〈經學與其範圍〉、〈禮學與其對象〉、〈儀禮的成立〉、〈儀禮的傳承〉以及〈儀禮參考書目〉。接著，加訓點於各篇經文，附之以詳細解說。池田批評：「他加訓點的方法，為了瞭解經文的意思補缺字等，非常誠懇，解說亦極為詳細，且全盤都精確。」[24]按池田的說明，影山《儀禮通義》還未是日譯，可說是訓點本。

---

22 池田末利：〈解說──經學史的考察──〉，《儀禮（Ⅴ）》（東京：東海大學出版社，1977年3月），頁525-643。

23 影山誠一：《儀禮通義》（富來田町：油印本，1949-1958）。筆者未見，根據NACSIS Webcat（http://webcat.nii.ac.jp/webcat.html），在日本僅有東洋大學圖書館所藏。

24 池田末利：〈解說──經學史的考察──〉，頁615。原文：「訓點の施し方は意義を疏通させるために缺字を補って懇切であり、解說は亦詳細を極め、且つ全般的に精確である。」

　　《儀禮》全譯日文版目前僅有兩種：其一是川原壽市《儀禮釋攷》，[25]另一是池田末利《儀禮》。[26]何故不知，日本近代以後，任何漢文叢書未收錄《儀禮》。

　　首先介紹川原氏《儀禮釋攷》。第一冊中有小島佑馬（1881-1966）〈讀川原君《儀禮釋攷》〉一文，曰：

> 先師狩野君山者，熟悉四部書籍的通儒，特以經學為主，尤其最重視禮學。川原先生在京都大學附設臨時教員養成所承蒙君山師的指導，一定受過師父學風的影響。師父長久的在任中，在京都大學受他多年薰陶的許多英才，沒有一個繼承師志而專治禮學。川原先生師事的時間雖不多，僅聽師緒言，終於為了禮學貢獻出自己的性命，令人欽佩。假如師在世中知道這件事，一定會非常歡喜。[27]

25 川原壽市：《儀禮釋攷》（京都：朋友書店），第1冊（解說篇）（1973年4月）；第2冊（士冠禮、士昏禮、士相見禮）（1974年3月）；第3冊（鄉飲酒禮、鄉射禮）（1974年6月）；第4冊（燕禮、大射儀）（1974年8月）；第5冊（聘禮）（1974年10月）；第6冊（公食大夫禮、覲禮）（1974年12月）；第7冊（喪服上）（1975年2月）；第8冊（喪服下）（1975年4月）；第9冊（士喪禮）（1975年7月）；第10冊（既夕）（1975年10月）；第11冊（士虞禮、特牲饋食禮）（1976年2月）；第12冊（少牢饋食禮、有司徹）（1976年5月）；第13冊（生辰禮、育成禮）（1976年8月）；第14冊（索引上）（1978年6月）；第15冊（索引下、贅語錄）（1978年10月）。贅語錄載錄〈禮記曾子問篇孔子的老聃を引く四條〉、〈孔子禮を老子に問うことについて〉與〈老子の思想〉三篇論文。

26 池田末利：《儀禮（Ⅰ）》（東京：東海大學出版社，1973年3月）；《儀禮（Ⅱ）》（東京：東海大學出版社，1974年3月）；《儀禮（Ⅲ）》（東京：東海大學出版社，1975年3月）；《儀禮（Ⅳ）》（東京：東海大學出版社，1976年3月）；《儀禮（Ⅴ）》（東京：東海大學出版社，1977年3月）。

27 小島佑馬：〈川原君の儀禮釋考を讀む〉，《儀禮釋考》，第1冊，頁1-4。原文：「先師狩野君山先生は、四部の書に曉るい通儒であったが、その主とするところは經學であって、經學の中では禮の學問を最も重んじてゐられた。京都大學附設の臨時

狩野君山，就是京都帝國大學教授狩野直喜（1868-1947）。川原，大東文化學院畢業後，[28]暫在狩野指導下讀書，後擔任立命館大學預科教授。此時的同事有白川靜（1910-2006），白川與川原關於中國旅行談過話，見於〈蘆北先生遺事〉。[29]然川原在昭和十六年（1941）辭職，結束二十多年的教師生活，而後開始執筆《儀禮釋攷》。正當其時，日美開戰，他與妻子很辛苦地致力於著作，總共花了七年，昭和二十三年（1948）草稿終於完成。狩野前年過世，所以小島最後說：「假如師在世中知道這件事，一定會非常歡喜。」

　　川原《儀禮釋攷》以皆川愿所訂河子龍本為底本。首先川原在內容上將各篇分為幾個部分。比方說：〈士冠禮〉，分成〈加冠前的諸雜儀〉、〈加冠之儀〉、〈依醮法的冠儀〉、〈孤子庶子或者母親不在時的冠儀〉、〈於冠儀的辭令〉、〈三服之屨制〉以及〈記冠儀〉七章，再以各章細分為幾節。而後加之以序記、訓點、訓讀、釋考、注釋。「序記」是置於篇首，說明各篇的內容與意義。接著「訓點」，川原直接剪下河子龍本而將其貼在稿子上，參照子龍點而加以訓點。「訓讀」，是順從鄭《註》以經文翻譯成日文（書き下し）的部分。「釋考」就是川原本身的解釋，有時也利用繪畫、圖表，將《儀禮》本文翻成現代日

教員養成所で君山先生の教を受けた川原君は、恐らく先生の學風の影響を受くるところがあったにちがひない。それにしても久しきに亘る先生の在任中、京都大學において長い間の薫陶を受けた幾多の英才が、一人として先生の志を繼いで禮の學問を專攻しようとするものゝ無い間にあって、君が僅少の時間先生に師事し、その緒言を聞いただけで禮の學問に一生を捧げるに至ったことは、まことに奇特のことであって、もし先生在世中にこの事を知られたならば、どんなにか喜ばれたことであったらうと思ふ。」（頁1）

28　池田末利：〈自序〉，《儀禮（1）》，頁3，云：「因みに二氏（筆者註：影山誠一、川原壽市兩位）ともに大東文化學院の出身で、私の先輩に當ることも奇緣といはねばならぬ。」

29　白川靜：〈蘆北先生遺事〉，《立命館文學》第511號（1989年6月），頁667-698。

語。「注釋」置於各篇後面，參考其他文獻而說明文意、器物之名義、文字上的異同等，非常詳細。另第十三冊為〈生辰禮〉、〈育成禮〉，《儀禮》中當然沒有此二禮，是川原抽出《禮記》、《春秋》等從誕生到長到成人相關的記事而補充，在研究古代教育史上值得參考。

其次是池田《儀禮》。昭和三十一年（1956）左右，當時擔任廣島大學教授的池田，與研究所的學生一起開始《儀禮》的翻譯。當初因為需要葬制資料，以胡培翬《儀禮正義》為底本，從〈士喪禮〉著手，昭和三十三年（1958）將其成果與相關資料連在一起，出版《葬制集錄》。[30]翌年作為《葬制集錄》的續篇出版〈既夕禮〉和〈士虞禮〉的翻譯，[31]昭和三十五年（1960）又出版了《祖先の祭祀儀禮》：〈特牲〉、〈少牢〉及〈有司徹〉三篇的翻譯。[32]之後以上述三篇當作第一集（《葬制集錄》與續篇）與第二集，從昭和三十八年（1963）到四十六年，〈士冠禮〉、〈士昏禮〉、〈士相見禮〉與〈公食大夫禮〉四篇為第三集，[33]〈鄉飲酒禮〉和〈鄉射禮〉為第四集，[34]〈大射禮〉與〈燕禮〉為第五集，[35]〈聘禮〉與〈覲禮〉為第六集，[36]最後

---

30 廣島大學文學部中國哲學研究室：《儀禮國譯（1上）葬制集錄（1）——士喪禮》（廣島：廣島大學文學部中國哲學研究室，1958年9月）。

31 廣島大學文學部中國哲學研究室：《儀禮國譯（1下）葬制集錄（2）——既夕禮、士虞禮》（廣島：廣島大學文學部中國哲學研究室，1959年4月）。

32 廣島大學文學部中國哲學研究室：《儀禮國譯（2）祖先の祭祀儀禮——特牲禮、少牢禮、有司徹》（廣島：廣島大學文學部中國哲學研究室，1960年10月）。

33 廣島大學文學部中國哲學研究室：《儀禮國譯（3）——士冠禮、士昏禮、士相見禮、公食大夫禮》（廣島：廣島大學文學部中國哲學研究室，1963年10月）。

34 廣島大學文學部中國哲學研究室：《儀禮國譯（4）——鄉飲酒禮、鄉射禮》（廣島：廣島大學文學部中國哲學研究室，1967年10月）。

35 廣島大學文學部中國哲學研究室：《儀禮國譯（5）——大射禮、燕禮》（廣島：廣島大學文學部中國哲學研究室，1968年9月）。

36 廣島大學文學部中國哲學研究室：《儀禮國譯（6）——聘禮、覲禮》（廣島：廣島大學文學部中國哲學研究室，1968年10月）。

〈喪服〉一篇為第七集，[37]陸續出版。後來，由於吉川幸次郎（1904-1980）的介紹，整理舊稿，按《儀禮》原來的次序重新排列而為《東海大學古典叢書》之一，就是《儀禮》全五冊。山根三芳（1927-）、三上順、久保田剛（1930-）、下見隆雄（1937-）、福屋正武諸氏從事這些修改舊稿、整理資料等的工作，池田本人也承認是合著。

　　池田本人談到此書的特點：「本書將重點置於儀禮行動的推移，因此致力於經、記文的翻譯。」[38]他以胡培翬《儀禮正義》為底本，各節放著原文、訓讀（書き下し文）、現代語譯以及注釋四個部分，將原在篇末的「記」附載於各節末。並且器物圖，根據宋聶崇義《新定三禮圖》而參照清朝《欽定禮記義疏》所附的《禮器圖》。再加上各卷所附別冊，是參照清張惠言（1761-1802）《儀禮圖》而作成，令讀者容易理會儀禮的推移、次序。確實是「當前日本《儀禮》研究集大成的代表性著作」。[39]

　　除川原、池田外，《儀禮》日譯有小南一郎（1942-）的部分譯〈儀禮〉，[40]僅翻譯〈士冠禮〉、〈士昏禮〉及〈士喪禮〉三篇而已，並省略「記」部分，然有補《儀禮》言外之意，以便讀者理解經文之義，亦頗有參考價值。

　　另有《儀禮》註疏的翻譯。例如：倉石武四郎（1897-1975）〈賈公彥的儀禮疏——喪服篇——（一）〉，[41]是最早期企圖將賈《疏》翻

37　廣島大學文學部中國哲學研究室：《儀禮國譯（7）——喪服》（廣島：廣島大學文學部中國哲學研究室，1971年2月）。

38　池田末利：〈自序〉，《儀禮（I）》，頁3。原文：「本書は儀禮行動の推移、したがって經・記文の譯出に重點を置いた。」

39　李慶：《日本漢學史》，卷3（上海：上海外語教育出版社，2004年6月），頁665。

40　小南一郎：〈儀禮〉，吉川幸次郎、福永光司（編）：《五經、論語集》，收於《世界文學全集》（東京：筑摩書房，1970年11月），第3冊，頁201-255。

41　倉石武四郎：〈賈公彥の儀禮疏——喪服篇——（一）〉，《漢學會雜誌》第10卷1號（1942年5月），頁77-86。

成現代日語的成果。但這篇僅翻譯「〈喪服〉第十一」標題下的賈疏，續編最後沒有出版。近年還有石田梅次郎、原田種成（1911-1995）主編〈訓注儀禮正義（第一回）〉，[42]此原是石田、原田兩先生的講義錄，內容相當詳細，不過也僅是將從〈儀禮疏序〉到〈士冠禮〉「有司如主人服」一節的本文、鄭《註》與賈《疏》翻成日文（書き下し文）而已，無續，真遺憾。

影山誠一亦有《喪服經傳注疏補義》、[43]《少牢饋食禮注疏補義》[44]以及《有司徹注疏補義》[45]三作。這些原都是自家出版的油印本，所以出版量不多，僅有《喪服經傳注疏補義》後來從影山所執教的大東文化大學再版，較為容易參閱。三書皆對《儀禮》原文加以訓點，將鄭《註》及賈《疏》翻成日語（書き下し文），還加「補義」而提出自己的見解。〈後記〉曰：「此是作為拙論《喪服の研究》姊妹篇的試圖」，[46]他所說的《喪服の研究》指後來出版的《喪服總說》之舊稿。[47]「補義」中亦常出現「喪服の研究」云云，兩部書最好同時參考。

其次是蜂屋邦夫（1938-）所編《儀禮士冠疏》[48]與《儀禮士昏

---

42 石田梅次郎、原田種成（主編）：〈訓注儀禮正義（第一回）〉，《東洋文化》復刊第65、66號（1990年10月），頁111-133。

43 影山誠一：《喪服經傳注疏補義》（千葉縣富來田町：松翠庵，1964年；東京：大東文化學園，1984年3月）。

44 影山誠一：《少牢饋食禮注疏補義》（千葉縣富來田町：松翠庵，1965年）。

45 影山誠一：《有司徹注疏補義》（千葉縣富來田町：松翠庵，1966年）。

46 影山誠一：《喪服經傳注疏補義》（大東文化學園版），頁670。原文：「此は拙論〈喪服の研究〉の姊妹篇としての試みである」。

47 影山誠一：《喪服總說》（東京：大東文化大學東洋研究所，1969年3月）的〈後記〉曰：「本書舊稿是我在擔任高校長時代著作的（本書の舊稿は、私の高校長時代のものです）。」他在一九五三年到一九六〇年擔任千葉縣立天羽高等學校校長。《喪服總說》的出版雖在後年，然原稿在一九六四年的《喪服經傳補義》以前大致完成。

48 蜂屋邦夫：《儀禮士冠疏》（東京：汲古書院，1984年3月）。

疏》。[49]東京大學東方文化研究所東亞部門思想研究分野，在一九七三年四月開設「中國古代禮制研究」研究班。依《儀禮士冠疏》的〈序〉和〈あとがき〉，研究班的目的主要在於正確讀解賈《疏》，花了約十年的時間，總共經過二二一回的研究會，一九八二年十一月終於結束〈士冠禮〉、〈士昏禮〉計六卷讀疏的作業。而後蜂屋與東京大學戶川芳郎、影山輝國（1949-）、日本大學今西凱夫（1932-）、お茶の水女子大學佐藤保（1934-）、千葉大學澤田多喜男（1932-2009）一起作成譯注，一九八四年三月《儀禮士冠疏》，一九八六年三月《儀禮士昏疏》各自上梓。雖是《儀禮疏》部分翻譯並將重點置於唐代研究上，但註釋內容相當豐富，而且《儀禮士冠疏》附上日本宮內聽書陵部所藏平安時代筆寫本《儀禮疏》的寫真版，《儀禮士昏疏》則於後附加藤堂明保（1915-1985）的《鄭玄研究》，值得參考。蜂屋一方面指出賈《疏》有太簡約、太冗長之處，一方面承認其論理性。另說：

> 賈《疏》中，不僅從經學、自然學兩個方面的追求，還可以看出從多方面的觀點來挖掘的豐富世界。學者在唐初經書解釋由國家來審定，並儒學思想停滯等這種印象下，總是棄置不顧此世界，然此是將來以正確讀解賈疏的基礎研究為開端，應該大幅發展的領域。[50]

筆者也認為，絕對沒有思想停滯的時代，此點同意蜂屋的觀點。隋唐禮學研究的成果在日本實在不多，應該仍有發展的餘地。

---

49 蜂屋邦夫：《儀禮士昏疏》（東京：汲古書院，1986年3月）。

50 蜂屋邦夫：〈序〉，《儀禮士昏疏》，頁3。原文：「賈疏のうちには、經學的、自然的という二方面からの追求のみならず、さまざまな觀點から把捉されうる豐かな世界が認められる。それらは、唐初における經書解釋の國定化と儒學思想の停滯という名のもとに一括して抛擲されてきたものであるが、賈疏の正確な讀解という基礎的研究を足がかりとして、今後大いに發展させられるべき分野であろう。」

在日本，如此《儀禮》日譯並不多，與《禮記》和刻本相當多、翻譯也不少，完全不同。然周哲本、河子龍本雖是較為早期的作品，可看出努力的痕跡。影山《儀禮通義》、川原《儀禮釋攷》與池田《儀禮》皆尚有一些錯誤，但瑕不掩瑜，不僅研究《儀禮》，探究中國古代文化時都非參閱不可。

第二節　《儀禮》文獻學研究

日本人《儀禮》文獻學研究，大致有三種趨勢。第一，《儀禮》成書考；第二，西漢《儀禮》的傳授與《逸禮》研究：第三，《儀禮注》、《儀禮疏》的研究。

一　《儀禮》成書考

首先介紹《儀禮》成立考。《儀禮》文獻上的問題實不比《周禮》、《禮記》之多，是因為今本《儀禮》明明源自於西漢時代被稱為《經》、《禮》、《禮經》、《士禮》的文獻。《漢書・藝文志》（以下簡稱為《漢志》）載錄：「《禮古經》五十六卷，《經》七十篇。后氏、戴氏。」又云：

> 漢興，魯高堂生傳《士禮》十七篇。訖孝宣世，后倉最明。戴德、戴聖、慶普皆其弟子，三家立於學官。《禮古經》者，出於魯淹中及孔氏，與十七篇文相似，多三十九篇。及《明堂陰陽》、《王史氏記》所見，多天子、諸侯、卿大夫之制，雖不能備，猶瘉倉等推《士禮》而致於天子之說。[51]

---

51 〔東漢〕班固：《漢書》（北京：中華書局，1962年6月），頁1710。

由此可知，《漢志》所說的《經》非「七十篇」而是「十七篇」，[52]也就是高堂生所傳的《士禮》。關於漢代禮學傳授，《漢書‧儒林傳》曰：

> 漢興，魯高堂生傳《士禮》十七篇，而魯徐生善為頌。孝文時，徐生以頌為禮官大夫，傳子至孫延、襄。襄，其資性善為頌，不能通《經》；延頗能，未善也。襄亦以頌為大夫，至廣陵內史。延及徐氏弟子公戶滿意、桓生、單次皆為禮官大夫。而瑕丘蕭奮以禮至淮陽太守。諸言禮為頌者由徐氏。孟卿，東海人也。事蕭奮，以授后倉、魯閭丘卿。倉說禮數萬言，號曰《后氏曲臺記》，授沛聞人通漢子方、梁戴德延君、戴聖次君、沛慶普孝公。（中略）由是禮有大戴、小戴、慶氏之學。普授魯夏侯敬，又傳族子咸，為豫章太守。大戴授琅邪徐良斿卿，為博士、州牧、郡守，家世傳業。小戴授梁人橋仁季卿、楊榮子孫。仁為大鴻臚，家世傳業，榮琅邪太守。由是大戴有徐氏，小戴有橋、楊氏之學。[53]

在西漢時代，一方面有著擅長「頌」（容）的魯徐氏之系統，但他們都不能精通《經》；另一方面有著「獨有」的禮文獻《士禮》，從高堂

52　北宋劉敞（1019-1068）曰：「此七十與後七十，皆當作十七。計其篇數則然。」施之勉：《漢書集釋》（臺北：三民書局，2003年2月），卷9，頁4105。

53　《漢書‧儒林傳》，頁3614-3615。司馬遷《史記‧儒林列傳》也有：「諸學者多言禮，而魯高堂生最本。禮固自孔子時而其經不具，及至秦焚書，書散亡益多，於今獨有《士禮》，高堂生能言之。而魯徐生善為容。孝文帝時，徐生以容為禮官大夫。傳子至孫徐延、徐襄。襄，其天姿善為容，不能通經；延頗能，未善也。襄以容為漢禮官大夫，至廣陵內史。延及徐氏弟子公戶滿意、桓生、單次，皆嘗為漢禮官大夫。而瑕丘蕭奮以禮為淮陽太守。是後能言禮為容者，由徐氏焉。」〔西漢〕司馬遷：《史記》（北京：中華書局，1959年9月），頁3126。

生經過蕭奮、孟卿、后蒼之手，傳到聞人通漢、戴德、戴聖、慶普四
位學者。尤其兩戴與慶普的《士禮》學非常盛行，都被立於學官，後
有了徐氏與橋氏、楊氏之學。如此，西漢時期的禮學以《士禮》為中
心而開展。

東漢時代，已有了《周官》、兩戴《禮記》，人人仍重《士禮》而
開始加注。例如《後漢書・馬融傳》云：

> （馬融）注《孝經》、《論語》、《詩》、《易》、《三禮》、《尚
> 書》、《列女傳》、《老子》、《淮南子》、《離騷》。[54]

〈盧植傳〉又曰：

> （盧植）作《尚書章句》、《三禮解詁》。[55]

今已不見馬融（79-166）與盧植（？-192）《儀禮》相關的著作，[56]然
他們注解《三禮》應該包括《士禮》。「三禮」這一詞確實是從鄭玄
（127-200）開始，[57]但可能在他以前已有了走向「三禮」的路線，鄭
玄則繼承這趨勢，[58]而不但對《周官》與《禮記》加注，再加上統一

---

54 〔宋〕范曄：《後漢書》（北京：中華書局，1965年5月），頁1972。

55 《後漢書・盧植傳》，頁2116。

56 《隋志》著錄馬融《喪服經傳》一卷，但是，這本可能不是馬融《儀禮》注的殘
　　餘，而是加單行《喪服》注釋。

57 《後漢書・儒林列傳》曰：「中興，鄭眾傳《周官經》，後馬融作《周官傳》，授鄭
　　玄，玄作《周官注》。玄本習小戴禮，後以《古經》校之，取其義長者，故為鄭氏
　　學。玄又注小戴所傳《禮記》四十九篇，通為三禮焉。」（頁2577）。

58 〔清〕皮錫瑞〈論鄭樵辨儀禮皆誤毛奇齡駁鄭樵而攻儀禮之說多本鄭樵〉說：「鄭
　　玄以前沒有加注《儀禮》的人。」《經學通論・三禮》（北京：中華書局，1954年10
　　月），頁27。但據上文所引，馬融、盧植亦可能都有《儀禮》注。

今文《士禮》與古文《古經》，這就是今本《儀禮》直接的原本。[59]

如上所述，《儀禮》的傳授過程較為清楚，所以文獻上的問題並不多。但還留著《士禮》的原本何時成書這一問題，先進研究也集中於此點。其中，林泰輔（1854-1922）〈儀禮成立年代考〉[60]是最早期的研究成果。自古以來，有說《儀禮》為周公的著作，梁崔靈恩、唐陸德明（550？-630）、孔穎達（574-648）、賈公彥（生卒年未詳）皆說之。然後世懷疑此說者陸續出現，如宋徐績（1028-1103）、元何異孫（生卒年未詳）、明何喬新（1427-1502）、郝敬、清毛奇齡（1623-1716）、顧棟高（1679-1759）及崔述（1740-1816）等，林泰輔亦站在懷疑周公著作說的立場。

他的根據有五：第一，《儀禮》的奏樂引《詩》之例相當多，如〈鄉飲酒禮〉及〈燕禮〉中有唱《詩》的〈鹿鳴〉、〈四牡〉、〈皇皇者華〉、〈魚麗〉、〈南有嘉魚〉、〈南山有臺〉等歌，又演奏〈南陔〉、〈白華〉、〈華黍〉、〈由庚〉、〈崇丘〉、〈由儀〉、〈關雎〉、〈葛覃〉、〈卷耳〉、〈鵲巢〉、〈采蘩〉、〈采蘋〉等樂曲。〈鄉射禮〉、〈大射儀〉亦各處用《詩》。林認為，這些《詩》不盡是在周公以前成立；第二，〈士冠禮〉的祝辭與醮辭相似於《詩》之〈雅〉、〈頌〉，例如：〈士冠禮〉「壽考維祺，介爾景福」與〈大雅·行葦〉「壽考維祺，以介景福」、〈大雅·既醉〉「君子萬年，介爾景福」及〈小雅·小明〉「神之聽之，介爾景福」等。林自己也承認《禮》與《詩》的先後關係難以判

---

59 梁阮孝緒曰：「《古經》出魯淹中，其書周宗伯所掌。五禮威儀之事，有六十六篇，無敢傳者。後博士侍其生得十七篇，鄭注今之《儀禮》是也。餘篇皆亡。」（《七錄》）以及唐陸德明《經典釋文·敘錄》曰：「漢興，有魯高堂生傳《士禮》十七篇，即今之《儀禮》也。」〔唐〕陸德明（撰）、吳承仕（疏證）：《經典釋文序錄疏證》（北京：中華書局，2008年6月），頁87。

60 林泰輔：〈儀禮成立年代考〉，《周公と其時代》（東京：大倉書房，1915年9月），頁825-849。

定，但最後認為，〈士冠禮〉的祝辭、醮辭等是熟悉〈雅〉、〈頌〉者制作，《儀禮‧士冠禮》的成立該在《詩》之〈雅〉、〈頌〉之後；第三，在中國古代，算命的方法有兩種：一種是卜，另一種是筮，卜先筮後。然《儀禮》中多見筮，用卜僅在〈士喪禮〉中而已。相反地，周公多用卜。因而林認為，《儀禮》與周公事蹟不一致；第四，《儀禮》中稱「字」的事例眾多。但周初未有稱字的習慣；第五，《儀禮‧喪服》中有亡命君主為了寄住國的君主而服齊衰三月的喪制，此制度不該是開國創業時的，而確實是後來衰世之法。總之，林認為《儀禮》並非周初周公之作。

　　那麼《儀禮》是何時的著作呢？林又說，《儀禮》之文該在《論語》、《孟子》之前。林根據《論語‧鄉黨篇》「賓退，必復命曰，賓不顧矣」與《儀禮‧聘禮》「賓出，大夫送于外門外，再拜，賓不顧」，或《孟子‧萬章下篇》「在國曰市井之臣，在野曰草莽之臣」與《儀禮‧士相見禮》「宅者在邦，則曰市井之臣，在野則曰草莽之臣」，認為《論語》、《孟子》的記述都依照《儀禮》所說的古禮。再加上，他將《論語》與《儀禮》的〈記〉加以比較，論述《論語》參考《儀禮》的〈記〉而成。〈記〉一定是經文以後的著作，連〈記〉也在《論語》之前，《儀禮》經文則絕對不在《論語》之後。又指出《儀禮》中的昏禮、聘禮、喪服、喪禮等與春秋中期以後不同。例如：〈士昏禮〉「若舅姑沒，則婦入三月，乃奠菜」與〈士昏記〉「婦入三月，然後祭行」不一致，但〈士昏記〉與《左傳》的記述一致，因此林認為，〈士昏記〉與《左傳》的記述同一時代，所以〈士昏禮〉所述是《左傳》以前的古禮。如此，《儀禮》不是周初的，也不是孔子以後或戰國時代的。最後，《周官》為西周末年的著作，[61]反

---

61 林泰輔：《周公と其時代》，詳請參本書第二章第二節之一。

之，《儀禮》中多見許多東南地區的方言，並在春秋時代施行《儀禮》中之儀禮的範圍不大，因而將《儀禮》視為《周官》以後的著作，他說：

> 筆者認為，西周四百年間，紀錄禮儀的文獻該不少，今本《儀禮》實是春秋初期博學洽聞而尤精通禮的學者以這些資料為材料而編，所以當時未至於列國中所普及，是以雖是名卿賢大夫，讀此書精通者不多。然春秋末年，孔子講禮樂時左右起，《儀禮》亦開始被學者誦讀且實際上適用。[62]

林認為，《儀禮》的原書已被編於春秋初期，春秋末年普及於各地區。

　　川原壽市《儀禮釋攷》亦承認在孔子時已有了禮書，但他認為，此並非《儀禮》本書。川原通過分析《儀禮》中的卜筮、祝、犧牲、尸、含貝、引《詩》、「寡君」「寡小君」的謙稱、姓的問題、「邦」與「國」、「伯父、伯舅」與「叔父、叔舅」的分別、文法等等，認為《儀禮》係自從孔子沒後不到戰國時代之間編輯。

> 總而言之，《儀禮》的編者一方面懷念周初美好的時代，另一方面連傳到周初的周以前相當古老禮俗也保存下來。雖考慮到隨著時代變化而發生的禮俗，然這些仍也未及戰國時代的。因

---

62 林泰輔：〈儀禮成立年代考〉，頁848-849。原文：「西周四百年の間にありて、儀禮のことを記録せしもの尠からざるべければ、今の儀禮は實にそれ等の記録を材料として、春秋の初代に當り、博學洽聞にして尤も禮に精通せし學者の編輯せられたるものなるが故に、未だ徧く列國の間に行はるゝに至らず、是を以て當時の名卿賢大夫と雖も、この書を讀み、この書に通ずるもの多からざりし所以なるべし。されども春秋の末世、即ち孔子の禮樂を講ずる頃よりして、儀禮も亦頗る學者の間に誦讀せられ、且實際に用ひらるゝことゝなれり。」

此結論為：春秋為下限，編者注視搖動的時代而編《儀禮》。[63]

假使如此，何人編《儀禮》呢？川原以子游為《儀禮》編者。

子游在孔門下以學問代表的人物，而且孔門首屈一指對禮造詣頗深的人，除他無人擔任《儀禮》的編纂。[64]

其理由為：第一，子游對禮的態度。《論語‧子張》有：「子游曰：『子夏之門人小子，當洒埽應對進退則可矣，抑末也。本之則無，如之何。』」〈雍也〉又有：「子游為武城宰。子曰：『女得人焉耳乎。』曰：『有澹臺滅明者，行不由徑，非公事，未嘗至於偃之室也。』」「澹臺滅明」者，《史記‧仲尼弟子列傳》「狀貌甚惡，欲事孔子，孔子以為材薄」，因他容貌醜，孔子不加評價的人物。反之，子游發現滅明被容貌隱蔽的優點。川原據此認為，子游一直保持著「不固執外面而凝視內面」的態度，作為孔子門下首屈一指的儀禮派受人欽佩；第二，《禮記‧禮運》與《儀禮》之間多有共通點，並且〈禮運〉與子游學派密切相關；第三，《儀禮》多含有南方方言。《史記‧仲尼弟子列傳》說：「言偃，吳人，字子游」，[65]孔子弟子中只有子游出身於南

---

63 川原壽市：《儀禮釋攷》，卷1，頁134-135。原文：「以上述べたところを綜考するに、儀禮の編者は、周初のよき時代に思いを馳せながら、周初に伝わったそれ以前の随分と古い礼俗をも温存させている。新しく時代とともに生れた礼俗に対しても考慮を掃っているが、それも戦国期には及ぶを得ない。春秋を下限として、揺れ動く時代をみつめながら儀礼を編したのだろうと結論ずけられる。」

64 川原壽市：《儀禮釋攷》，卷1，頁60-61。原文：「子游は孔門下で学問をもって代表される人物であり、而も孔門随一の礼に関する造詣の深い者であってみればこの人をおいて儀礼編纂にあたりえるものはない。」

65 司馬遷：《史記‧仲尼弟子列傳》，頁2201。

方；第四，依據《論語·先進》說「文學，子游、子夏」，《儀禮》的
文章枯淡簡古也可稱子游所編；第五，《儀禮》中的詞彙用法幾乎被
統一，此意味著《儀禮》除〈喪服〉外成於一人之手。子游後獲《荀
子·非十二子》相當高的評價，川原認為，這也暗示《儀禮》與子游
密切關連。總之，川原視《儀禮》為春秋孔子以後的著作，與林不同。

本田成之（1882-1945）《支那經學史論》因孔子、孟子與荀子都
未引《周禮》、《儀禮》而說：

> （孔子時）至於禮、樂，無疑未有任何記載。以往都云，《周
> 禮》、《儀禮》二書都為周公旦的著作，又傳說孔子以前已有這
> 兩部書，但此只不過是為了附加兩部權威而假托周公的，這些
> 書至少皆是荀子以後的著作。[66]

又云：

> 《儀禮》是七十子以後的人因為從來實行的禮逐漸不實行，恐
> 怕完全忘記，因此留在記錄上。孟子時未成書，但到了荀子
> 時，一部分確實已存在。並且其十七篇可能各自單行。[67]

---

[66] 本田成之：《支那經學史論》（京都：弘文堂，1927年11月），頁77。原文：「禮、樂
に至つては勿論書物に記載された何者もなかつたに相違ないのである。從來《周
禮》、《儀禮》の二書は周公旦が作つたものであると云ひ孔子以前に是等の書物が
あつたと云ひ傳へて居るけれども、其れは只此の二書に難有味を附ける為に周公
に託した迄であつて此等の書は少なくとも荀子以後に出來たものである。」

[67] 本田成之：《支那經學史論》，頁167。原文：「《儀禮》は七十子以後の人達が從來
行つて居たことが次第に事實行はぬやうになつたので全く忘れられるのを恐れて
記錄に止めたものであらう。これも孟子の時には未だ出來て居なかつたろうが荀
子の時には其一部分位は出來て居たに違ひない。而して其の十七篇づ、單行され
て居たらうと思はれる。」

本田認為，《儀禮》自戰國中期至末年之間逐漸形成。

　　松浦嘉三郎（1886-1945）〈儀禮の成立に就て〉亦與本田同步，[68]
首先視《孟子・萬章下篇》「大國地方百里」、「小國地方五十里」為
周初的制度，認為《儀禮・聘禮》所述的制度需要大量金錢，周初諸
國應該不能支付。又指出《春秋左氏傳》的〈僖公三年〉、〈僖公二十
三年〉、《論語・子罕》等以降階下拜作為古禮，反之，〈聘禮〉與
〈覲禮〉則視升階上拜為正禮。如此，由於《儀禮》與《孟子》、《論
語》、《左傳》的古禮不同，松浦與林泰輔相同，認為《儀禮》非周初
之書，然視《儀禮》為戰國時代的著作。其理由為：第一，如《論
語・述而》：「子所雅言，詩、書、執禮」等，孔子學派都重視動容本
身，這些動容由實習傳到後代；第二，根據《史記・儒林列傳》「禮
固自孔子時，而其經不具」，可知孔子時未有禮文獻，動容暫時由實
習來傳授，後來才成為文獻；第三，今本《儀禮》不過是源自鄭玄校
本，鄭玄校本雖是今古文折衷的結果，仍是以今文為中心統一今古文
的。因此，他認為：

　　　　周室衰退而諸侯獨立的形勢到來，在魯國的民間，與以周室為
　　　　中心施行的儀式關係較為疏遠，接著至於諸侯、大夫之禮易為
　　　　忘記，僅有必要於民間教養的士禮，在魯國民間學者之間保存
　　　　下來。到了戰國時代末期，寫在簡策的傾向很旺盛，士禮也與

68　松浦嘉三郎：〈儀禮の成立に就て〉，《支那學》第5卷4號（1929年12月），頁77-
　　101。松浦是京都帝國大學內藤虎次郎（湖南，1866-1934）教授的學生，畢業就渡
　　北京當《順天時報》的記者，昭和四年（1929）回去日本，當東方文化學院京都研
　　究所研究員，著有幾篇與《儀禮》相關的論文。然他的名字見於日本厚生勞働省所
　　製作〈蘇聯及蒙古扣留死亡者名簿〉（http://www.mhlw.go.jp/topics/bukyoku/syakai/
　　soren/miteikyou/html/ma.html），可惜第二次世界大戰之後在蘇聯扣留中過世。

　　《禮記》諸篇相同，可能在戰國時代開始成為文獻，然《儀
　　禮》的傳授仍不只依文獻，還重動容，而傳到漢初。到了漢初
　　徐生為禮官大夫，《儀禮》亦為官學而培養出許多學徒，才成
　　為與今本同樣的文字。[69]

松浦當然承認漢初以後也按照社會的現實而稍有改變，也認為《儀
禮》的原本已在戰國末年成書，到了漢初才成為與今本略同的文字。
清儒邵懿辰（1810-1861）《禮經通論》以《禮記・禮運》為孔子之
作，並由《儀禮》與〈禮運〉相似，認為《儀禮》也屬於孔子自著。
松浦則與此相反，一方面利用邵氏的論理，一方面參考武內義雄
（1886-1966）等視〈禮運〉為荀子以後或漢儒之著作，[70]而指出《儀
禮》著作年代更晚的可能性。
　　池田末利《儀禮》則根據卜辭、金文、《書》、《詩》，其中均未見
禮書相關的記載，因此認為古文家所主張周公制禮，是源自一種「周

69　松浦嘉三郎：〈儀禮の成立に就て〉，頁99-100。原文：「周室が衰へ、諸侯獨立の形
　　勢となつたから、魯の民間に於ては、周の王室を中心として行はれたる儀式は緣
　　遠いものとなり、次いで諸侯や大夫の禮は忘れ勝ちとなり、僅かに民間の教養に
　　必要なる士禮のみが魯の民間學者の間に保存せられたのである。此れが戰國末の
　　如き簡策に記す傾向の旺盛なる時代に至りて文獻とされたのであろうから禮記の
　　諸篇と同樣に戰國時代から文獻をなり始めたものであろうが、尚ほ文獻のみを主
　　とせず動容をも尊重して漢初に傳はつたものと思はれる。然るに漢初に至りて徐
　　生が禮官大夫となるに至つて、儀禮は官學となり多數の學徒を生じて初めて現今
　　の如く成るに至つたものではなかろうか。」

70　本田成之：〈禮運と秦漢時代の儒家〉，《支那學》第1卷第11號（1921年7月），頁1-
　　17；武內義雄：〈禮運考〉，《支那學》第2卷第11號（1922年7月），頁16-26，後收入
　　《武內義雄全集》（東京：岩波書店，1979年1月），第3卷，頁488-494等。本田認為
　　〈禮運〉是秦漢時代，尤其是武帝時代成立的；武內指出〈禮運〉與《荀子》的共
　　通點，推測是荀子的後學孟卿或者后蒼所撰。詳請參本書第四章第三節之一（6）。

公主義（Zhougongizm）」的推測，與事實不符，而加以否定。其次，依照《論語・述而》「執禮」等表示當時禮的傳授以實踐為主，認為孔子時代還未存在禮書，[71]因此也否認邵懿辰、[72]皮錫瑞（1850-1908）[73]等今文學家所提倡的孔子制禮說。[74]那麼，池田如何看《儀禮》的成書？影山曾指出：《儀禮》採錄許多孔孟時代齊魯的風俗；《儀禮》與《論語》相比，《儀禮》較為詳細又發達；《孟子・滕文公上》的三年之喪與《儀禮》一致，由此反對林泰輔的《儀禮》春秋初期成書說，並認為孔子時代存在的儀禮概要，到了戰國末年逐漸成為一部整齊的文獻，就是《儀禮》原書。[75]池田一方面大致支持影山說，一方面卻又不滿影山未論《儀禮》與荀子的關係。因《荀子》的〈勸學〉有「讀禮」，〈大略〉又有「聘禮志曰」云云、「禮經」之詞，池田指出〈勸學〉的「禮」不必是《禮經》，但〈大略篇〉的「禮經」是以《禮經》的存在為前提。又參考常盤井賢十（1906-）〈荀子經說考〉，[76]論述今本般的《禮經》在《荀子・禮論》時還未成

---

71 加藤常賢根據《左氏傳・哀公三年》有「子服景伯至，命宰人出禮書」與〈昭公四年〉「禮六」等記錄而承認春秋時代禮書已經存在。加藤常賢：《禮の起源と其發達》（東京：中文館書店，1943年4月）。反之，池田認為，這些文獻並不是《儀禮》、《周禮》般的禮書，只不過是私人的儀禮概要。

72 邵懿辰：《禮經通論》的〈論孔子定禮樂〉、〈論孔子定禮十七篇亦本周公之意〉。

73 皮錫瑞：《經學通論・三禮・論禮十七篇為孔子所定邵懿辰之說最通》。

74 諸橋轍次：《儒學の目的と宋儒：慶曆至慶元百六十年間の活動》（東京：大修館書店，1929年10月）也認為《儀禮》是禮教之書，很適合孔子著作，池田批判諸橋缺少具體性。

75 影山誠一：〈總敘〉，《儀禮通義》。筆者未見，今據池田末利：〈解說──經學史的考察──〉，《儀禮（Ⅴ）》，頁525-643。

76 常盤井賢十：〈荀子經說考〉，《支那學研究》第6卷1號（1932年1月），頁71-127。常盤井論述，《荀子》中還未明確「三禮」區別，與《儀禮》相比一致處不多，《荀子・禮論》的喪禮與《儀禮》的〈士喪禮〉、〈既夕禮〉不一致，但〈大略篇〉與〈聘禮〉、〈士昏禮〉之間有不少共通之處。可是，〈大略篇〉大部分是成於荀子後學之手。

書，然較為晚出的〈大略〉時已存在，因而荀子本人至少未見《禮經》。總之，池田認為《儀禮》成書於荀子之後，在荀子後學活動的時代大略成書，全面支持本田成之的說法。[77]

接著是林巳奈夫（1925-2006）〈《儀禮》と敦〉。[78]因為作者是考古學者，不僅利用文獻資料，也從考古學的觀點，注意到《儀禮・少牢饋食禮》「敦皆南首」的記述。「敦」是祭器之一，林認為《儀禮》中既然言敦，《儀禮》就成書於使用敦的時期：即西元前六世紀到三世紀之間，尤其是「敦皆南首」的規定，使用於西元前六世紀到五世紀。並在《儀禮》規定上，大夫、士可用敦，大夫以上者則不是敦，而是簋；在燕、三晉地區，從大型墓、中型墓中都可發現敦，小型墓中卻完全沒有，反之，楚地區的墓無論大小，副葬品中都有敦。因此認為，《儀禮》至少不是在燕、三晉地域的成書，林泰輔與川原壽市都曾指出過，《儀禮》中多見南方方言，由考古學的觀點也可印證林、川原所言。他的結論稍有模糊之處，但利用考古學的研究成果，可參考。

宇野精一（1910-2008）〈《儀禮》についての二三の問題〉是論述《儀禮》的名稱、《儀禮》的作者、〈喪服〉與《禮記・檀弓》的關係，尤其是關於《儀禮》的作者整理先儒的見解，以舉三個重點：一、與《毛詩》的關係；二、與春秋時代之禮的關係；三、與《論語・鄉黨》的關係。[79]然真可惜，宇野本身對《儀禮》的看法不太明顯。宋熊朋來（1246-1323）、清趙翼（1727-1812）等論《儀禮・聘

---

77 本田成之：《支那經學史論》。

78 林巳奈夫：〈《儀禮》と敦〉，《史林》第63卷第6號（1980年11月），頁1-25。

79 宇野精一：〈《儀禮》についての二三の問題〉，《國學院雜誌》第86卷第11號（1985年11月），頁39-48，後收於《宇野精一著作集》，第2卷（東京：明治書院，1986年8月），頁409-429。

禮》與《論語‧鄉黨》的關係，憑藉晁說之（1059-1129）、蘇軾
（1037-1101）等的說法而證明《論語》引〈聘禮〉之語，下了《儀
禮》先在於孔子的結論，宇野僅對此說：「這個問題，該慎重決斷，
但筆者難以承認《儀禮》在孔子以前存在。」[80]

　　以上，日本學者針對《儀禮》成書時代有三種說法：其一是林泰
輔的春秋初期說；其二是川原壽市、林巳奈夫的春秋末年著作說；其
三是影山誠一、本田成之、松浦嘉三郎、池田末利等戰國末年著作
說。關於《儀禮》的作者，僅有川原提到《儀禮》與子游的關係。無
論結論如何，他們的研究均相當細膩，值得參考。但筆者認為，他們
的論點稍微曖昧，他們想要釐清的到底是《儀禮》各篇的成書？還是
《儀禮》整書的成書？或者是《儀禮》所記載的儀禮之成立？並且除
非有新資料，成書考研究畢竟是不可能有正確答案，加賀榮治
（1915-1998）曾說過：

　　　　《禮經》或《禮記》的形成過程，尤其是文獻化的過程，僅靠
　　　今日可看到的資料，只好大概地瞭解。（中略）寧可尋問
　　　《禮》的《記》扎根的過程中，其大量堆積意味著什麼？原不
　　　是以文獻化為目的的禮，為何最後形成多量的禮文獻？作為中
　　　國禮觀念的基本性格上相關，或者作為中國民族文化觀念的本
　　　來性格相關的問題，我們該研究這些問題。[81]

80　宇野精一：〈《儀禮》についての二三の問題〉，頁43。原文：「この問題は、速斷を
　　慎まなければならぬが、私は『儀禮』の方が孔子以前に存在したとは認め難
　　い。」
81　加賀榮治：〈「禮」經典の定立をめぐって〉，《人文論究》第50號（1990年3月），頁
　　1-23。原文：「《禮經》ないし《禮記》の形成過程、とりわけその文獻化の過程
　　は、こんにちみ得る資料だけでは、概然的にとらえる以外不可能といってよいか
　　らである。（中略）むしろ、われわれは、《禮》の《記》が定着するに至った段階

加賀的要求非常困難，但筆者認為他的看法值得參考。

二　西漢《儀禮》的傳授與《逸禮》研究

《儀禮》文獻學上的問題，接著是高堂生所傳《士禮》的原貌如何。一般認為《士禮》與《儀禮》是相同的內容，然兩者的關係實不甚清晰。清梁玉繩（1716-1792）云：

> 案：《漢書》〈志〉、〈傳〉皆言高堂生傳《士禮》十七篇，即《儀禮》也，而今書若〈燕禮〉、〈大射〉、〈聘禮〉、〈公食大夫〉、〈覲禮〉五篇，皆諸侯之禮，〈喪服〉一篇總包天子已下之服制，則所云《士禮》者十一篇耳。疑今《儀禮》非高堂原本，或所傳實不止於《士禮》耶？[82]

又與《儀禮》有關的是《逸禮》。由《漢志》可知，《禮古經》五十六篇中，除了與《士禮》十七篇相同部分外，另有三十九篇的《禮古經》，這三十九篇卻後為散佚，被稱為《逸禮》。若視今本《儀禮》為完本，如何看待《逸禮》？如此，我們仍不能簡單地視《士禮》與今本《儀禮》為一。

川原壽市討論西漢高堂生所傳的原貌如何，指出幾點：其一，高堂生所傳不是用今文，而仍是用古文來寫。根據《漢志》「《禮古經》

で、そのおびただしい堆積は、いったい何を意味するのか。もともと文獻化を志向するものでない禮が、結果として、多量の禮關係文獻を形成するに至ったわけは、いったいどうしてか。中國における禮觀念の根本的性格にかかわるものとして、また、中國民族の文化觀念の本來的性格にかかわるものとして、それを問うべきであろう。」（頁22）

82 〔清〕梁玉繩：《史記志疑》（北京：中華書局，1981年4月），頁1439。

五十六卷,《經》七十(十七)篇」,可知西漢末年有古文《禮古經》五十六篇和今文《經》十七篇。於是,川原說:

> 只看《漢志》,不得不為今文,筆者卻認為,高堂生所傳的是先秦時代儒生之間所講的十七篇,可能仍是古文,從高堂生傳受到后倉之間終究改成今文,這最適當。[83]

其二,十七篇未含有〈喪服〉與〈喪服傳〉。川原注意到《儀禮》他篇與〈喪服〉形式上相異,另指出十七篇中原含〈饗禮〉一篇。由此,他推測十七篇中原未收〈喪服〉與〈喪服傳〉。其三,十七篇就是完本。因為《儀禮》已含有冠、昏、相見、飲酒、射、聘、覲、食、喪祭等的禮,中國古代社會生活中重要的儀禮全包羅,所以川原與邵懿辰[84]等相同,認為十七篇是完本。其四,眾所周知,雖稱《士禮》或《禮》、《禮經》,當時未有《儀禮》之名。《白虎通》引用《儀禮》時僅說「《禮》」,鄭《註》亦然。[85]晉荀崧(262-328)奏疏中始云:

> 時方修學校,簡省博士,置《周易》王氏、《尚書》鄭氏、《古文尚書》孔氏、《毛詩》鄭氏、《周官》《禮記》鄭氏、《春秋左傳》杜氏服氏、《論語》《孝經》鄭氏博士各一人,凡九人,其

---

83 川原壽市:《儀禮釋攷》,卷1,頁140-141。原文:「漢志でみるかぎりに於ては今文であったとする外ないが、高堂生はすでに先秦時代に儒生の間に講ぜられていた十七篇を伝えたもので、それはなお古文であり、高堂生から后倉へと授受されていく間に今文に書きあらためられるに至ったとみるのが至当であろう。」

84 邵懿辰《禮經通論》依據《禮記‧禮運》「其行之以貨力、辭讓、飲食、冠、昏、喪祭、射、御、朝聘」,要證明十七篇是完本。

85 〔清〕段玉裁:〈禮十七篇標題漢無儀字說〉,《經韻樓集》(上海:上海古籍出版社,2008年4月),頁27-29。

《儀禮》、《公羊》、《穀梁》及鄭《易》皆省不置。崧以為不可，乃上疏曰：「（中略）伏聞節省之制，皆三分置二‧博士舊置十九人，今五經合九人，準古計今，猶未能半，宜及節省之制，以時施行。今九人以外，猶宜增四。願陛下萬機餘暇，時垂省覽。宜為鄭易置博士一人，鄭《儀禮》博士一人，《春秋公羊》博士一人，《穀梁》博士一人。（中略）。」[86]

宋范曄（398-446）著《後漢書‧鄭玄傳》又曰：

凡玄所注《周易》、《尚書》、《毛詩》、《儀禮》、《禮記》、《論語》、《孝經》、《尚書大傳》、《中候》、《乾象歷》，又著《天文七政論》、《魯禮禘祫義》、《六藝論》、《毛詩譜》、《駁許慎五經異義》、《荅臨孝存周禮難》，凡百餘萬言。[87]

可知晉代已有了《儀禮》這書名，[88]所以應該最早在魏、晉時期，《士禮》開始被稱為《儀禮》。[89]關於「儀禮」這一詞，如宋張淳《儀禮識誤‧序》云：漢初「時未有《儀禮》之名也，豈漢後學者觀十七篇中有儀有禮，遂合而名之歟？」[90]明郝敬說：「儀禮者，禮之儀」等，有

86　〔唐〕房玄齡等：《晉書》（北京：中華書局，1974年11月），頁1976-1978。

87　《後漢書》，頁1212。

88　〔清〕皮錫瑞：〈論段玉裁謂漢偁禮不偁儀禮甚確而回護鄭注未免強辭〉，《經學通論‧三禮》，頁11；以及陳夢家：〈武威漢簡敘論〉，《武威漢簡》（北京：中華書局，1964年9月），頁13。

89　清胡培翬曰：「《儀禮》之名，始見《後漢書‧鄭康成傳》，其為魏晉間人所加可知。」《儀禮正義》（江蘇：江蘇古籍出版社，1993年7月），卷1，頁5。

90　〔宋〕張淳：〈儀禮識誤序〉，《儀禮識誤》，《景印文淵閣四庫全書》（臺北：臺灣商務印書館，1983-1986年），第103冊，頁3。

許多說法。川原據此，推測《儀禮》這書名始於三國魏時，並就「儀禮」之意採郝敬「禮之儀」說。其五，主要根據戴德、戴聖、劉向（西元前77-前6）《儀禮》次序的差異，另因為各篇之間多有重複，所以認為高堂生十七篇未有篇序，各篇獨立存在。在漢代師承上，弟子不敢改編次序，然到了戴德、戴聖、劉向本，就有了各自的次序。加之，今本《儀禮》同篇中若動作重複，常省略地用「介亦如此」、「如主人禮」等的表現。然在兩、三篇之間有同樣動作時，不厭煩重複而反覆記錄，川原乃認為十七篇各自獨立。

關於此點，池田末利則首先整理先儒的說法。清江永（1681-1762）《禮書綱目》據賈公彥〈序周禮廢興〉將《漢志》所言「傳士禮」作「博士傳」，[91]認為高堂生所傳不是《士禮》；邵懿辰亦然，並以《逸禮》視為劉歆（？-23）的偽作。[92]然大多學者都認為，高堂生所傳是《士禮》，例如朱子，他認為《士禮》之名只是舉首篇而言之；[93]皮錫瑞則一方面贊同邵懿辰對《逸禮》的說法，然另一方面依「后倉等推《士禮》以至於天子」而否定江永、邵懿辰等「博士傳」。[94]池田則既承認《士禮》包括的內容不必是士禮，又認為：

　　蓋〈藝文志〉既然明示后倉等推《士禮》以至於天子，漢末人

---

91 賈公彥〈序周禮廢興〉曰：「漢興，至高堂生博士傳十七篇」。〔東漢〕鄭玄（註）、〔唐〕賈公彥（疏）：《十三經注疏・周禮注疏》（臺北：藝文印書館，1955年），頁7。

92 邵懿辰：〈論逸禮三十九篇不足信〉，《皇清經解續編》（臺北：復興書局，1972年11月），第18冊，頁14442-14444。

93 朱熹：〈儀禮經傳目錄〉，《儀禮經傳通解》，《景印文淵閣四庫全書》（臺北：臺灣商務印書館，1983-1986年），第131冊，頁4。朱子曰：「其所謂士禮者，特略舉首篇以名之。」

94 皮錫瑞：〈論后倉等推士禮以至於天子乃禮家之通例鄭注孔疏是其明證〉，《經學通論》，頁21-23。

都相信后倉等所傳的十七篇是以《士禮》——即使不只是《士禮》——為中核，非常明顯。因此，仍然該將《史記》、《漢書》的〈志〉、〈傳〉中之傳授禮的記述為《士禮》的傳授，關於此點，江永、邵懿辰的見解不正確。[95]

至於《逸禮》的問題，另有清丁晏（1794-1875）《佚禮扶微》的見解，否認劉歆偽作《逸禮》說，而認為《逸禮》既然存在，《士禮》十七篇並非完本。池田對此表示贊意，又指出十七篇的確是包羅禮的八經（冠‧昏‧喪、祭、射、鄉、朝、聘），但各篇之間在內容上多有差異，而認同《四庫全書提要》「《儀禮》出於殘闕之餘」，[96]此點與川原不同。關於《儀禮》這書名，池田也認為是始於魏晉時代，但他考慮到與《漢志》「禮經三百，威儀三千」[97]的關係，認為鄭玄以《周官》為「經禮三百」，將《儀禮》為「曲禮三千」（即「威儀三千」）後，[98]原稱《禮經》不得不改為《儀禮》。宇野精一也指出，《儀禮》、《周禮》書名的誕生、《禮記》成為《三禮》最重要的經典與「禮」概念的變遷，密切相關。[99]

---

95 池田末利：〈解說──經學史的考察──〉，頁546。原文：「思うに、藝文志に明かに后倉等が士禮から天子の禮を推定したというからには、やはり漢末には后倉等の傳えた十七篇が士禮を中心とする─士禮だけではなかったとしても─ものであったと信ぜられていたことは明かである。したがって、史記・漢書の志・傳に見える禮の傳受記述はやはり士禮と見るべきで、この點に關する江永や邵懿辰の見解は當を得ていない。」

96 〔清〕紀昀等：《四庫全書總目》（臺北：藝文印書館，2004年10月），頁420。

97 《漢書‧藝文志》，頁1710。

98 《禮記‧禮器》注曰：「經禮，謂《周禮》也。《周禮》六篇，其官有三百六十。曲，猶事也。事禮，謂今《禮》也。禮篇多亡，本數未聞，其中事儀三千。」〔東漢〕鄭玄（註）、〔唐〕孔穎達（正義）：《十三經注疏‧禮記正義》（臺北：藝文印書館，1955年），頁459。

99 宇野精一：〈《儀禮》についての二三の問題〉，頁40。

武內義雄對《士禮》的看法，較為出色。清黃以周（1828-
1899）曾留意到《史記》與《漢書》在記載上有所不同，《史記·儒
林列傳》僅說：「於今獨有《士禮》，高堂生能言之」，《漢書》〈藝文
志〉及〈儒林傳〉則均有：「魯高堂生傳《士禮》十七篇」，因此推測
當高堂生傳《士禮》時未有十七篇，僅有〈冠〉、〈昏〉、〈相見〉、〈士
喪〉、〈既夕〉、〈特牲〉、〈士虞〉、〈鄉飲酒〉、〈鄉射〉九篇。武內主要
根據黃說，另一方面參考清崔述《豐鎬考信錄》，而認為孟、荀之間
所編的《古文禮經》，其中之五十六篇後世流傳。然隨著時代的變
化，古禮的大部分就不適合現實，於是後儒抽出最有普遍性的九篇，
此就是高堂生所傳的《士禮》。最後承接需求新禮的趨勢高漲，而戴
德與戴聖加之以八篇，遂成為與今本相同的十七篇。[100]就此而言，兩
戴就是今本《儀禮》成書的最關鍵人物。

至於《逸禮》，濱久雄（1925-）有〈逸禮考〉，以邵懿辰、陳奐
（1786-1863）、丁晏為主，論述《逸禮》與清儒的關係，雖非探討
《逸禮》本書，但可參考。[101]

最後，考慮西漢《儀禮》的傳授過程時，《武威漢簡》也不該忽
視。一九五九年七月在甘肅省武威縣磨咀子地區發現的第六號漢墓
中，大量竹簡、木簡出土，竟然全是《儀禮》的簡策。根據陳夢家
（1911-1966）的研究，墓主為從西漢末年到王莽時代的人物，《武威
漢簡儀禮》可能是西漢時期《儀禮》傳授的一型態。因此，《武威漢
簡儀禮》在西漢《儀禮》學研究上是相當重要。然在日本，研究《武
威漢簡》者極少，管見所及，僅有一篇：田中利明（1935-1986）〈儀

100 武內義雄：〈禮記の研究〉，《武內義雄全集》，第3卷（東京：岩波書店，1979年1月），頁213-309。
101 濱久雄：〈逸禮考〉，《大東文化大學紀要（人文科學）》第33號（1995年），頁173-194。

禮の「記」の問題——武威漢簡をめぐって——〉。[102]《武威漢簡》
中發現的《儀禮》共有九篇，即〈士相見之禮〉、〈喪服〉、〈服傳〉
甲、〈服傳〉乙、〈特牲〉、〈少牢〉、〈有司徹〉、〈燕禮〉、〈泰射〉。與
今本相比，就發現次序、文字等許多差異，尤其田中所提出的問題是
「記」的存在。眾所周知，今本《儀禮》中〈士冠禮〉、〈士昏禮〉、
〈鄉飲酒禮〉、〈鄉射禮〉、〈燕禮〉、〈聘禮〉、〈公食大夫禮〉、〈覲
禮〉、〈喪禮〉、〈既夕禮〉、〈士虞禮〉及〈特牲饋食禮〉均有稱「記」
的部分，《武威漢簡》則除〈燕禮〉之外，卻未稱「記」。田中由此推
測，今本稱「記」的部分都在西漢末年已存在，但當時在「經」與
「記」之間未有明確區分，並據劉向所整理的《荀子·大略篇》有
「聘禮志」、《白虎通》、鄭註的引文等，認為最晚自西漢末年漸漸開
始分為「經」部分與「記」部分的工夫，到鄭玄時大致完成。並且田
中將「記」分為兩種：一是與經關係很密切的「直接的記」（記錄本
不需說明而省略，但後需加以明確說明之部分），另一是不甚密切的
「間接的記」（記錄與「經」不同的情況下所進行的儀節之部分），而
指出本來靠口傳傳承的「直接的記」，隨著時代的變化，已在戰國末
年成書，反之，「間接的記」被視為與經同等，仍與經相同口傳，戰
國末年到漢初之間兩者連為一而成書，就是《士禮》十七篇。他最後
認為，《漢簡》的〈喪服〉、〈特牲〉等的體裁是《士禮》十七篇成書
當時的形體。

　　末永高康（1964-）〈《儀禮》の「記」をめぐる一考察〉[103]引進
田中將《儀禮》分「經」、「直接的記」和「間接的記」的觀點，探討

---

102 田中利明：〈儀禮の「記」の問題——武威漢簡をめぐって——〉，《日本中國學會
　　報》第19集（1967年10月），頁93-108。

103 末永高康：〈《儀禮》の「記」をめぐる一考察〉，《東洋古典學研究》第39集（2015
　　年5月），頁1-18。

《儀禮》各篇的架構與其相對性的先後關係,而指出以下幾點:

> 1-a. 各「經」成書時期並不同時,較晚成書的「經」是參考先行的「經」(或「記」)而成。
>
> 1-b. 其結果,較晚成書的「經」,與先行的「經」相比,更有完備的禮之論述。
>
> 2. 各「經」成立之後,論禮的完備化,為各「記」所繼承。[104]

末永在《儀禮》中看出「儀禮完備化的過程」,而認為「《儀禮》各篇已在先秦時代的某階段被固定化」;並且,於此讀取「初期禮學開展的一方向」,以便後續討論兩戴記的資料性問題,此篇不僅《儀禮》,也涉及到《禮記》各篇的成書問題,值得參考。

三 《儀禮註》、《儀禮疏》的研究

後代,《儀禮》學上很有影響力的,確實是東漢鄭玄《儀禮註》與唐賈公彥《儀禮疏》。如上所述,鄭玄之前有馬融、盧植等《儀禮註》。又東漢以後,《隋志》著錄魏王肅(195-256)註《儀禮》十七篇、無名之《儀禮疏》兩種,[105]《北史‧儒林傳下》亦有:「(沈)重學業該博,為當世儒宗。(中略)著《周禮義》三十一卷、《儀禮義》三十五卷、《禮記義》三十卷、《毛詩義》二十八卷、《喪服經義》五卷、《周禮音》一卷、《儀禮音》一卷、《禮記音》二卷、《毛詩音》二卷。」[106]但這些《註》、《疏》後來都被淘汰,賈公彥〈儀禮疏序〉曰:

---

104 末永高康:〈《儀禮》の「記」をめぐる一考察〉,頁10。

105 《隋書‧經籍志》,頁919。

106 〔唐〕李延壽(撰):《北史》(北京:中華書局,1974年10月),頁2742。

至於《周禮》、《儀禮》，發源是一，理有終始，分為二部，並
是周公攝政大平之書，《周禮》為末，《儀禮》為本。本則難
明，末便易曉，是以《周禮》注者則有多門，《儀禮》所注，
後鄭而已。[107]

可知唐初《儀禮註》僅有鄭註而已。《四庫全書總目》亦曰：

其書自元（筆者註：鄭玄）以前絕無注本，元後有王肅《注》
十七卷，見於《隋志》。然賈公彥〈序〉稱：「《周禮》注者則
有多門，《儀禮》所注後鄭而已」，則唐初肅書已佚也。為之義
疏者有沈重，見於《北史》，又有無名氏二家見於《隋志》，然
皆不傳。

鄭玄《儀禮注》的文獻學研究，只有服部宇之吉（1867-1939）〈儀禮
鄭注補正〉，一看題目就知道，是參考後儒的見解而補充、訂正鄭
註，〈儀禮鄭注補正〉是〈士冠禮〉與〈士昏禮〉[108]；〈儀禮鄭注補正
二〉則是〈鄉飲酒禮〉與〈鄉射禮〉[109]；〈儀禮鄭注補正三〉僅錄
〈士喪禮〉。[110]服部沒有為此文撰寫序文、跋文，所以他為何編集
〈儀禮鄭注補正〉？為何選這五篇？原因不詳。雖未完整，然在研究

---

107 賈公彥：〈儀禮疏序〉，《十三經注疏·儀禮注疏》，頁2。

108 服部宇之吉：〈儀禮鄭注補正〉，《支那學研究（斯文會）》第1編（1929年4月），頁
　　43-131。

109 服部宇之吉：〈儀禮鄭注補正二〉，《支那學研究（斯文會）》第2編（1931年12月），
　　頁1-105。

110 服部宇之吉：〈儀禮鄭注補正三〉，《支那學研究（斯文會）》第3編（1933年8月），
　　頁69-134。

《儀禮註》上尚有參考價值。另有高橋忠彥（1952-）〈《三禮注》よ
り見た鄭玄の禮思想〉、[111]栗原圭介（1913-）〈三禮鄭注に見る訓詁
と科學思想〉[112]及〈《儀禮》鄭玄注における禮經理念〉[113]等，都是
透過《儀禮註》而研究鄭玄思想。

到了唐代，賈公彥著作《儀禮義疏》，《舊唐書・賈公彥傳》曰：

> 賈公彥，洺州永年人。永徽中，官至太學博士。撰《周禮義
> 疏》五十卷、《儀禮義疏》四十卷。[114]

《舊唐書・經籍上》著錄賈公彥所疏的《周禮疏》、《儀禮疏》及《禮
記疏》。[115]賈〈疏序〉云：

> 其為章疏，則有二家：信都黃慶者，齊之盛德；李孟悊者，隋
> 日碩儒。慶則舉大略小，經注疏漏，猶登山遠望，而近不知。

---

111 高橋忠彥：〈《三禮注》より見た鄭玄の禮思想〉，《日本中國學會報》第32集（1980
　　年10月），頁84-95。
112 栗原圭介：〈三禮鄭注に見る訓詁と科學思想（上）〉，《大東文化大學紀要（人文科
　　學）》第32號（1994年3月），頁119-136；〈三禮鄭注に見る訓詁と科學思想
　　（下）〉，《大東文化大學紀要（人文科學）》第33號（1995年3月），頁195-206。
113 栗原圭介：〈《儀禮》鄭玄注における禮經理念〉，《大東文化大學紀要（人文科
　　學）》第35號（1997年3月），頁165-182；〈《儀禮》鄭玄注における禮經理念
　　（二）〉，《大東文化大學紀要（人文科學）》第36號（1998年3月），頁117-134；
　　〈《儀禮》鄭玄注における禮經理念（三）〉，《大東文化大學紀要（人文科學）》第
　　37號（1999年3月），頁87-110；〈《儀禮》鄭玄注における禮經理念（四）〉，《大東
　　文化大學紀要（人文科學）》第38號（2000年3月），頁1-23；〈《儀禮》鄭玄注にお
　　ける禮經理念（五）〉，《大東文化大學紀要（人文科學）》第40號（2002年3月），頁
　　51-78。
114 〔後晉〕劉昫：《舊唐書》（北京：中華書局，1975年5月），頁4950。《儀禮義疏》，
　　「四十卷」應作「五十卷」。
115 《舊唐書》，頁1972-1973。

恣則舉小略大，經注稍周，似入室近觀，而遠不察。二家之
《疏》，互有脩短，時之所尚，李則為先。[116]

可見賈公彥前有北齊黃慶、隋李孟悊二家的《儀禮疏》，「賈公彥僅據
齊黃慶、隋李孟悊二家之《疏》，定為今本。」[117]此賈《疏》一直到
今，在研究《儀禮》上佔有非常重要的位置。

　　近代日本《儀禮疏》文獻研究，應該以倉石武四郎《儀禮疏攷
正》為嚆矢。[118]此原是自昭和六（1931）到十二年（1937）在東方文
化學院京都研究所所進行「禮疏校讎」的研究報告。據倉石所寫的跋
文，纂述的凡例為四：其一，考究賈《疏》的源流。賈《疏》中有沒
註明根據何人說之處，倉石則透過與其他《義疏》、《通典》等的對
照，推測賈疏所據。其二，改正賈疏的疏謬。賈疏中有許多錯誤，如
「誤《公羊》為《左氏》，引《禮記》稱《周禮》之類」。[119]另外，公
彥已見中多發現不一致之處，因此倉石改正賈疏的誤謬而調整齟齬。
其三，訂正宋刻的訛脫。倉石使用的版本是清道光中蘇門汪氏所刻宋
景祐官本（缺少的卷三十二到卷三十七使用陽城張氏校刻注疏本）。
但倉石說：「此本亦頗魯魚亥豕之誤」，[120]於是，他參照李氏《集
釋》、張氏《識誤》、黃氏《通解》、魏氏《要義》等諸書和近儒之說
而訂正宋本。其四，矯正近儒的臆改。倉石承認清儒的研究成果，例
如乾隆館臣的《儀禮注疏考證》、浦鏜（？-1762）《十三經注疏正

---

116 賈公彥：〈儀禮疏序〉，《十三經注疏・儀禮注疏》，頁2。
117 〈欽定四庫全書總目提要・儀禮注疏〉，《四庫全書總目》，頁420。
118 倉石武四郎：《儀禮疏攷正》（1937年1月），後作為汲古書院、東洋學文獻センタ一
　　叢刊影印版第7集出版（1979年3月）。原書為京都大學人文科學研究所所藏。
119 倉石武四郎：《儀禮疏攷正》，頁585。原文：「公羊ヲ誤リテ左氏ト為シ、禮記ヲ引
　　キテ周禮ト稱スルノ類」。
120 倉石武四郎：《儀禮疏攷正》，頁586。原文：「此本亦タ頗ル魯魚亥豕ノ誤アリ」。

字》、金曰追（1737-1800）《儀禮經注疏正譌》、盧文弨（1717-1796）
《儀禮注疏詳校》、阮元（1764-1849）《儀禮注疏校勘記》及曹元弼
（1867-1953）《禮經校釋》等，他評之言：「皆彌縫譌脫而還於舊
觀，可謂賈氏之功臣」，另一方面云：「然往往求太過，疑不可疑，或
等閒視之，有不中關要。」[121]因此，倉石矯正這些近儒太過分的說
法，研究《儀禮》者不得不參考。

　　高橋忠彥〈《儀禮疏》《周禮疏》に於ける「省文」について〉注
視《儀禮疏》與《周禮疏》中散見的「不具」、「互見」、「各舉一邊」、
「舉上明下」等被稱為「省文」的體例。就高橋而言，公彥認為當周
公制作《儀禮》與《周禮》時，依據「省文」的方針而避免重複表
現，所以學禮者為了體諒周公的本意，得由類推、參照而復原完美的
禮。高橋又通過與孔穎達《禮記正義》相比，指出《儀禮疏》、《周禮
疏》在文獻特色上有別於《禮記正義》，即《儀禮疏》、《周禮疏》的
重點在於抽出周公所制作的古禮，所以「省文」等體例發達；反之，
《禮記正義》雖使用相同詞彙，但「省文」的體例沒《儀禮疏》《周
禮疏》般發達，這是因為《禮記》原有文獻上的性格。

　　以上所述，在《儀禮》學上，朱熹《儀禮經傳通解》也不該忽
略。南宋以後的禮學研究，在現代日本的確是較受重視的題目。然以
《儀禮經傳通解》為主的研究並不多，除了上文所引戶川芳郎外，僅
有上山春平（1921-2012）〈朱子の禮學──「儀禮經傳通解」研究序
說〉與〈朱子の《家禮》と《儀禮經傳通解》〉兩篇。[122]本文的主題

---

121 倉石武四郎：《儀禮疏攷正》，頁587。原文：「皆譌脫ヲ彌縫シテ之ヲ舊觀ニ還ス賈
　　氏ノ功臣ト謂フヘシ然レトモ往、求ムルコト太タ過キテ其ノ疑フ可カラサルヲ疑
　　ヒ或ハ等閒ニ之ヲ視テ其ノ關要ニ中ラサルモノアリ」。

122 上山春平：〈朱子の禮學──「儀禮經傳通解」研究序說〉，《人文學報（京都大學
　　人文科學研究所）》第41號（1976年3月），頁1-54以及〈朱子の《家禮》と《儀禮
　　經傳通解》〉，《東方學報（京都）》第54冊（1982年3月），頁173-256，後收於《上
　　山春平著作集》，第7卷（京都：法藏館，1995年7月），頁339-432。

不在於《儀禮經傳通解》，而此處僅提論名以供參考。[123]

第三節　《儀禮》內容的研究

接著談到《儀禮》內容的研究。管見所及，前賢《儀禮》內容的研究，可分為二：一、分篇研究；二、其他研究。

一　分篇研究

首先介紹《儀禮》分篇研究的成果。《儀禮》一書雖然只有十七篇，然而包含著豐富內容，研究《儀禮》者必須具備多方面的知識，是一門很不容易做整體性的研究。因此，自然而然偏向於分篇研究。在日本《儀禮》分篇研究，最有成果的亦是〈喪服〉相關的研究。反之，除〈喪服〉外，《儀禮》分篇研究實不多。然至於〈士冠禮〉、〈士昏禮〉、〈射禮〉、〈鄉飲酒禮〉、〈士喪禮〉等，亦有不少卓越研究。

1　〈士冠禮〉

〈士冠禮〉就是《儀禮》的首篇。〈士冠禮〉相關的研究，較早有後藤俊瑞（1893-1961）在一九三六年所發表的〈儀禮冠禮の道德的意義〉。[124]後藤從一九二九年到一九四七年任教於臺北帝國大學（現國立臺灣大學），這篇為他在臺灣時的著作，[125]從朱子學研究的

---

123 清代《儀禮》學相關的論文有水上雅晴：〈阮元《十三經注疏校勘記》──《儀禮》の校勘を中心に〉，《中國哲學》第32號（2004年3月），頁123-158。

124 後藤俊瑞：〈儀禮冠禮の道德的意義（上）〉，《斯文》第18編第3號（1936年3月），頁1-7；以及〈儀禮冠禮の道德的意義（下）〉，《斯文》第18編第4號（1936年4月），頁27-31。

125 關於後藤俊瑞的生平，詳請參藤井倫明：〈近代日本旅臺學者後藤俊瑞的朱子學研究〉，《儒學研究論叢》第1輯（2008年12月），頁89-105。

觀點,論述《儀禮》冠禮所包含的道德意義。就後藤而言,冠笄之禮
就是使男女為成人的一種境界,成人之後,男女皆既可以主張成人的
權利,又必須主動地履行義務。因而後藤指出,冠笄之禮是促進成人
的自覺與決心,帶來冠笄者在精神上的成長,此就是冠禮最重要的使
命。後藤研究的內容並非特別,然筆者認為,後藤指出冠禮塑造出成
人之後的自發性或主動性,此點很有趣。這篇雖是最早期研究〈士冠
禮〉的成果,至今仍可參考。

其次是赤塚忠(1913-1983)〈士冠禮の構成及意義〉。[126]赤塚研
究〈士冠禮〉結構時,首先發現冠禮有以「賓」為中心的部分與以
「主人」為中心的部分,前者比後者佔有更重要的位置,而指出:

> 總之,冠禮豈不該認為,原是有以賓為中心的原形,後隨著家
> 族的發達,走向增大家族意義的方向,最後為它所含有?[127]

那麼,原佔冠禮中心的「賓」有如何內涵?赤塚認為,「賓」原是在
以禮為紐帶的鄉黨中佔著主要的位置,掌控集團存立的絕對權。後來
冠禮收於家禮中,賓仍是代表鄉黨集團生活者。赤塚接著談到冠禮在
冠者本人上的意義,將其當作「從幼年到成人的轉機」。此時,最象
徵冠者的特質是「冠」與「字」,加冠是加以集團的權威而要求服從
鄉黨集團;加字則保證冠者在鄉黨中的地位。此外,赤塚注意到〈士

---

126 赤塚忠:〈士冠禮の構成及意義(一)〉,《漢學會雜誌》第9卷第3號(1941年12
月),頁319-332;以及〈士冠禮の構成及意義(二)〉,《漢學會雜誌》第10卷第1號
(1942年5月),頁46-67。後改題為〈士冠禮の構成および意義〉,收於《赤塚忠著
作集》,第3卷(東京:研文社,1986年11月),頁327-360。

127 原文:「要するに冠禮は、本來賓中心の原形から家族の發達と共に家族的意義を
增大する傾向をとり、ついにその中に包攝されるに至ったと見るべきではなかろ
うか。」《赤塚忠著作集》,第3卷,頁337。

冠禮〉之中的兩個特色：其一，統合冠禮的宗教觀念。冠禮中所看到的宗教觀念並不是以祖先為中心，而是以天為中心。此也是暗示冠禮與鄉黨秩序之間的關係。其二，冠禮並非禮的整體，始終僅不過是履禮的起點。

　　赤塚認為，隨著時代的變化，家族漸漸強大化，《儀禮・士冠禮》中的冠禮就是反映家族強大化後的冠禮形態。但仍有不變之處，就是冠禮的本質、原義，即是「一貫〈士冠禮〉的是表示冠者與團體的關係」。[128]此關係當然包含集團對冠者的肯定與否定，若他能夠順從集團的規定，就受承認；否則，不能得到作為一個成人的承認。赤塚最後說：

　　　　總之，士冠禮是以中國古代最明顯的倫理事實來表現出其構造
　　　　的。由此可知，倫理在實踐倫理者進入有秩序的集團時成立，
　　　　含有否定的側面與肯定的側面之二元結構。而士冠禮是禮的一
　　　　種，又因為是所謂禮之起點，所以預定還有後續，在這意義
　　　　上，筆者認為此不止士冠禮，就是禮本身的結構。[129]

赤塚在〈士冠禮〉中看出「禮」的基本結構。

　　與〈士冠禮〉相關的研究，另有田中正春〈「儀禮」士冠禮の祝

---

128 原文：「士冠禮を一貫するものは冠者と團體との關係を示していることである。」
　　《赤塚忠著作集》，第3卷，頁357。

129 原文：「要するに士冠禮は支那古代における最も顯著なる倫理的事實をとってその構造を示しているものである。しかしてそれによれば倫理とは秩序ある集団に倫理實踐者が入る時に成り立ち、しかしてそれは否定的側面と肯定的側面との二元的構造をもつものであることを物語っている。そしてそれはまた士冠禮が禮の一つであるという點においても、またいわゆる禮の始めとして後に續きを豫想していることにおいても、士冠禮のみならず禮そのものの構造でもあるのであると思う。」《赤塚忠著作集》，第3卷，頁359。

辭について〉[130]及小林徹行（1961-）〈《儀禮》士冠禮篇にみえる女
禮〉。[131]祝辭、女禮等，是以往研究者未討論的題目，各有參考價值。

2 〈士昏禮〉

〈士昏禮〉的研究，僅有平岡武夫（1909-1995）〈士昏禮に見え
たる用鴈の古俗に就いて〉。[132]〈士昏禮〉有納采、問名、納吉、納
徵、請期、親迎六禮，其中除了納徵之外，都含有「用鴈」儀節，所
以平岡認為，在婚姻成立上「用鴈」佔著非常重要的位置。並在古代
中國社會，婚姻是人生大事，平岡說：

> 既然婚姻是人生大事，而且「用鴈」儀節與婚姻的成立之間有
> 很密切的關係，探究此儀節，在研究〈士昏禮〉上，或者闡明
> 中國文化社會上，有非常重要的意義，自不待言。[133]

「鴈」有兩種說法：鄭玄解釋為冬鳥的雁，唐疏、宋明人皆繼承。但
清儒王引之（1766-1834）《經義述聞》將其視為鷲，以後清王劼《毛
詩讀》卷三、陳奐《詩毛氏傳疏》卷三、王先謙（1842-1917）《詩三

---

130 田中正春：〈「儀禮」士冠禮の祝辭について〉，《漢文學會會報（國學院大學漢文學
會）》第18輯（1973年3月），頁25-34。

131 小林徹行：〈《儀禮》士冠禮篇にみえる女禮〉，《日本中國學會報》第51集（1999年
10月），頁1-15。

132 平岡武夫：〈士昏禮に見えたる用鴈の古俗に就いて〉，《支那學》第7卷第4號
（1935年5月），頁33-78。

133 平岡武夫：〈士昏禮に見えたる用鴈の古俗に就いて〉，頁34。原文：「既に婚姻が
人生の大事であり、而して『用鴈』の儀節がその婚姻の成立に深き關係をもつも
のである以上、この儀節の檢討が士昏禮の攷究、並びに此の儀節を婚禮に持つた
當該文化社會の闡明に如何に重要なる意義をもつものであるかはもはや言をまた
ない。」

家義集疏》卷三皆都支持王說。平岡認為，研究〈士昏禮〉時，雁與
鶩之差別不該忽視，是因為鶩四時都可以捕獲，反之，雁冬天才能看
到，因而雁還是鶩？此一問題實與古代中國婚姻規定的季節相關。關
於婚禮的季節有三種說法：（1）毛公等的秋冬說，（2）鄭玄的仲春
說，（3）束晢的四時通用說。平岡則依據古代社會以農事為主要的規
定者，認為古代中國在原則上避免農忙期，在農閒期的秋冬舉行婚
禮，因此婚禮時可以用雁。

其次，平岡討論婚禮時使用雁的理由，而留意到射與雁的關係。
中國人常有將雁當作射的目標，或者視為與射的聯想。並且古代中國
人非常重射，因為射是表示男子能力之一。表示新郎生產能力的儀
式，多見於諸民族結婚風俗中。因此，平岡說：

> 蓋以秋冬為婚季的社會情勢的基礎上，結合尊重射技的觀念與
> 對雁的特殊想法，婚禮時使得選用雁，並且必限於雁。[134]

而平岡推測，婚禮用雁的風俗在狩獵牧畜民族接觸到農業社會而迅速
農業化時發生，即離周初不太遠的時代。

平岡再談到「用鴈」史上的展開。隨著時代的變化，人人都忘掉
「用鴈」原有表示男子能力的意義，但「用鴈」風俗本身一直遺留下
來。因為農業經濟的約束力越強大，冬日的結婚越需要，用雁的儀節
能夠滿足這條件，並且更增加宗教的神聖性。平岡又指出，中國人擁
有一種心情，即尊重自古以來的儀禮，所以「用鴈」雖喪失原有的意
義，仍能保留下來，不過到了漢代，就漸有變化，如：為了避免重

---

134 平岡武夫：〈士昏禮に見えたる用鴈の古俗に就いて〉，頁59。原文：「蓋し秋冬を
　　婚季とする社會情勢の地盤の上に、射伎尊重の觀念と雁に對する特殊な通念とが
　　結びついて、婚禮に雁を選び用ひしめ、且必ず雁に限らしめたのである。」

複，納徵禮之中的「用鴈」被省略。雁有時間上、費用上的限制，所以代之以四時常畜的鵞，亦是西漢時。直到清代，克服許多困難，中國人婚禮時仍重用雁的概念，所以平岡認為「用鴈」就是中國人特有的習俗，而注意「用鴈」的重要性。平岡論文始於「用鴈」，最後談到中國人的性質，雖與〈士昏禮〉有關的論文僅有一篇，[135]但此篇論文富有啟發性，值得參考。

3 〈鄉飲酒禮〉

〈鄉飲酒禮〉相關的研究，有藤川正數（1915- ）〈鄉飲酒禮に現われたる秩序の原理〉，[136]是研究鄉飲酒禮中的秩序原理與結構。他首先主要根據《孟子》而指出鄉飲酒中的三種原理：尚齒、尚爵、尚德。尚齒起源於家族倫理，但後來隨著血緣結合的孤立性社會公正化，成為鄉飲酒禮的原理。人人另尊重尚爵的原理，然如《周禮・黨正》說：「一命齒於鄉里，再命齒於父族，三命而不齒」，尚爵又在鄉里還是比不上尚齒的原理。不過，因為鄉是家外的世界，尚齒仍不及尚德的原理，所以尚齒雖然可適用於賓眾的身上，賓與介之間卻以賢能（德）為主。總言之，就藤川的看法而言，鄉飲酒禮中的三種原理密切相關。

佐川繭子（1971- ）〈中國古代に於ける鄉飲酒の概念形成について──《儀禮》《禮記》の關係を中心に──〉[137]則首先重視《儀禮・

---

135 另有〈學術參考ビデオ解說──「儀禮」士昏禮の復元、臺灣省における現代の或る葬禮の紀錄〉，《中國研究集刊》特別號（1994年10月），頁1263-1274。此文是介紹臺灣孔德成教授指導的《儀禮》復原實驗小組所拍攝之影片。

136 藤川正數：〈鄉飲酒禮に現われたる秩序の原理〉，《內野台嶺先生追悼論文集》（東京：內野台嶺先生追悼論文集刊行會，1954年12月），頁66-76。

137 佐川繭子：〈中國古代に於ける鄉飲酒の概念形成について──《儀禮》《禮記》の關係を中心に──〉，《日本中國學會報》第49集（1997年10月），頁15-28。

鄉飲酒禮》與《禮記‧鄉飲酒義》之間的差異，指出《儀禮》的記載之外另存在其他鄉飲酒禮的可能性。於是，她針對《禮記》、《大戴禮記》、《白虎通義》及《鹽鐵論》中的「鄉飲酒」、「鄉飲」、「鄉」作出分析，確認「鄉飲酒」、「鄉」之外還有飲酒禮，而主張〈鄉飲酒禮〉中的儀禮並非鄉飲酒的全貌，僅不過是一個典型而已。因此，她認為原在鄉黨所進行的飲酒是庶民也可參加的，也是無儀節的飲酒機會；此外還提到在士大夫之間所發展出來，以賓為主的飲酒儀禮。後世這兩種之間的區別早已喪失，人人都混為一談了，所以才有後來加以年齡秩序的意義。她的研究很有趣，例如注意到《儀禮》與《禮記》之間的差別、「鄉飲酒」概念的變遷等，這些都是研究兩部經書時相當重要的觀點。然論述稍有不足之處，如：鄉黨中所進行的飲酒與士大夫之間所進行的儀節之間的區別為何喪失？此點是此篇論文的關鍵，可惜她毫無說明。

　　接著是小南一郎〈飲酒禮と裸禮〉。[138]小南的基本立場，與〈射の儀禮化をめぐって──その二つの段階──〉[139]相同（詳後述），是重視從宗教到儀禮的變化，也關注儀禮背後存在的宗教要素，云：

　　　已到儀禮從宗教獨立，並與鬼神之關係的要素不顯露的階段，
　　　實際上讓儀禮有效的，是不顯露的宗教要素。[140]

---

138 小南一郎：〈飲酒禮と裸禮〉，小南一郎（編）：《中國の禮制と禮學》（京都：朋友書店，2001年10月），頁65-99。

139 小南一郎：〈射の儀禮化をめぐって──その二つの段階──〉，小南一郎（編）：《中國古代禮制研究》（京都：京都大學人文學研究所，1995年3月），頁47-116。

140 小南一郎：〈飲酒禮と裸禮〉，頁66。原文：「儀禮が宗教から獨立し、鬼神との關わりといった要素が表面に出ることがない段階になっても、儀禮に實効あらしめているのは、實はそうした、表面には出ない、宗教的要素であった」。

飲酒確實在中國儀禮制度上佔有相當大的部分，這論文中，他根據如
上觀點，通過分析青銅器「尊」在飲酒儀禮中的角色，而討論飲酒儀
禮為何佔有中國儀禮重要的位置。就他的看法而言，西周以後戒酒的
習慣普及於上層階級，儀禮為以禮樂為主。然而當時人們仍施行「祼
禮」，而邀請神到堂之深處敬酒，此意味著他們還是意識到祖先神在
共同體的飲酒儀禮中降臨。如此與祖先神共食的儀禮，有維持鄉黨組
織的功能。總之，西周中期以後，禮樂制度逐漸確立，然在其禮樂制
度的基礎部分，仍然遺留鄉飲酒禮所伴隨的古代傳統。

4 〈鄉射禮〉、〈大射〉

小南另有〈射の儀禮化をめぐって──その二つの段階──〉。
小南在此文中一方面承認禮原有宗教性，另一方面說：

> 假設籠統地對中國的禮下了如下定義：是一連串規範群按預先
> 規定的腳本限制個人的行動，如此規範在其他古代文明地域，
> 除了在政治上之外，大半由宗教的力量來支持。並且其政治權
> 威大概亦是以宗教的力量為背景而成。反之，至少從外表來
> 看，在中國的禮制排除宗教要素而成。[141]

因此又說：「中國古代的禮制度，（中略）相當特別」，他十分重視中

---

141 小南一郎：〈射の儀禮化をめぐって──その二つの段階──〉，頁47。原文：「中
國の禮を、對人的な場において、個々人の行動が一定のシナリオに從うよう規制
する一連の規範群であるとおおまかに定義づけるならば、同樣の規範は、他の古
代文明地域においては、政治的な場におけるものを除けば、宗教的な力によって
支えられている場合が多かった。しかも、その政治的權威もまた、宗教的な力を
背景にすることがしばしばであったのである。しかし、中國の場合には、少なく
とも表面的に見る限り、禮制度は宗教的な要素を排除して成り立っている。」

國禮制排除宗教性的階段，將焦點集中於射禮這一點而研究其變遷的
各種面向。小南首先討論辟雍的射禮。楊寬（1914-2005）〈射禮新
探〉、[142]川原壽市《儀禮攷釋》等皆認為，射禮起源於狩獵，對民眾
進行軍事訓練是射禮實際上的目的。小南依《周禮‧夏官‧大司馬》
也承認狩獵的確是以軍事訓練為目的，但他卻同時看出狩獵與《儀
禮》所述的射禮之間實有很大的距離，那是因為射禮除了一定在堂上
進行，又含有飲酒的儀禮。因此，小南完全否定楊寬、川原的說法。
於是，小南注意西周前期末到中期初的金文資料中所散見的射禮與辟
雍、辟雍與大池關係，又考慮到當時祭禮後的宴席有射禮，而認為：
「見於西周金文中的射禮，是主要祭祀結束後的宴席上所進行，其宴
會是大家一起享受向神的供品之儀式」，[143]又指出：「射，原是詢問神
意志的方法，也是處理神聖犧牲的方法」。[144]總之，就小南而言，射
禮源自宗教行事。但當時與射禮相關的金文資料中屢次看到周王之
名，小南由此認為，原有宗教性的射禮，隨著西周社會的變化，獲得
政治性。換言之，圍繞周王的宗教性行事在西周中期被政治化、被儀
式化，所以小南在禮制度形成史上相當重視西周中期這一代。

　　接著，小南討論《儀禮》中的鄉射禮與大射禮的關係，推測大射
禮基於鄉射禮而成。他又指出，西周所施行的射禮與鄉射禮之間有很
大的差別：第一，西周的射禮是在祭祀後的宴會中所進行，反之，鄉
射禮僅含有以飲食為中心的宴會和射禮。第二，西周的射禮已是作為

---

142 楊寬：〈射禮新探〉，收於氏著：《古史新探》（北京：中華書局，1965年10月），頁
　　310-337。

143 小南一郎：〈射の儀禮化をめぐって──その二つの段階──〉，頁68。原文：「西
　　周金文に見える射禮が、主要な祭祀が終わったあとの宴會に伴うものであり、そ
　　の宴會が、いわば神への捧げ物に相伴するなおらいの儀式であった」。

144 小南一郎：〈射の儀禮化をめぐって──その二つの段階──〉，頁114。原文：「射
　　は、元來、神の意志を問う方法であり、また神聖な犧牲の處理方法」。

王者的儀禮而被制度化，鄉射禮卻在地域共同體中所培養，《儀禮》
所記載的就是與地域關係很密切的儀禮。小南並注意戰國前半期的禮
器上所描述的人物圖像與《儀禮》記載的共通點，而推測《儀禮》中
的儀禮成立的時代。就他而言，春秋到戰國的社會結構之變化，而引
起神與人之間的新觀念，基於如此觀念，終於完成了排除神的禮制。
小南最後結論為：「在西周中期到後期之間，形成王者的儀禮：在戰國
前半期，完成士大夫的禮制度。」[145]他認為，中國的禮制度經過這兩
個階段而成，排除了神的禮制，而制定以後的中國文明。小南的研究
不僅是文獻資料，還利用金文、圖像資料，加以詳細地分析，相當可
信。[146]

5 〈喪服〉

　　日本《儀禮》研究史上，最有成果的是與〈喪服〉相關的研究。
依《隋志》的記載，馬融、鄭玄等都有《喪服經傳》，並多見魏晉以
後〈喪服〉相關的著作，可知〈喪服〉早就獲得許多知識分子的關
注。在日本亦然，不少學者關注這篇，是因為研究中國家族制度時，
〈喪服〉可供相當豐富的相關資料。

　　廣池千九郎（1866-1938）是日本近代最早期的〈喪服〉研究

---

145 小南一郎：〈射の儀禮化をめぐって──その二つの段階──〉，頁115。原文：「西
　　周中期から後期には、王者の禮制度が形をなし、戰國前半期には、士大夫たちの
　　禮制度が形をなしたのだと考えられるのである。」

146 射禮研究，另有三上順：〈中國古代の射禮についての一考察〉，《哲學》（廣島哲學
　　會）第21集（1970年3月），頁97-114。三上的論點總共有四點：第一、大射禮是天
　　子或者諸侯的禮；第二、燕射禮為天子、諸侯的禮，鄉射禮為鄉大夫、士的禮，都
　　是射獸侯；第三、由於賓射禮與大射禮的侯制等相似，賓射禮是大射禮下一段重要
　　的禮；第四、侯的形狀，鄭玄說為然。伊藤清司：〈古代中國の射禮〉，《民族學研
　　究》第23卷第3期（1959年7月），頁11-28，則從民族學的角度，指出中國古代的射
　　禮原為占卜射手所屬社會集團的年成豐歉、幸福之義，亦值得參閱。

者。他原是大分縣中津市出身的法學者、歷史學者，開拓「東洋法制史」的分野，後提倡moralogy（道德科學），創立了道德科學研究所。他在一九一五年所出版的《東洋法制史本論》中有〈喪服〉相關的研究，此就是〈中國喪服制度の研究〉。[147]由凡例可知，廣池為了釐清中國親族法、相續法的原理，開始喪服制度的研究。他首先討論喪服制度的起源與發展過程，而認為殷以前以血緣的親疏為標準而決定服喪，到了周代進而推廣到君臣、師友的關係，喪服制度終於確立完成，周代的封建制度正是根據喪服制度而定。《儀禮・喪服》所記述的就是周代的喪服制度，他從中看出從「質」到「文」的轉換。其次，廣池指出喪服有兩種形式：其一是喪服期間中穿的衣服、冠帶以及其他附屬品，表示自然血屬上的親疏；其二是穿喪服期間的長短，意味著人為尊卑的分別，各為「仁」與「義」的表徵。他如此從法制史的觀點來研究〈喪服〉，既獨特又有趣。廣池另有〈中國古代親族法の研究〉，[148]亦可參考。

　　至於〈喪服〉，松浦嘉三郎也有〈喪服源流考〉一文。[149]松浦首先說：「余曾欲知支那古代家族制度，讀過最重要的文獻《儀禮・喪服》，但是，就其源流而不禁湧出種種疑惑。」[150]松浦認為，《儀禮》

---

147 廣池千九郎：〈中國喪服制度の研究〉，收於《東洋法制史本論》（東京：早稻田大學出版部，1915年3月）。後收於《廣池博士全集》（千葉縣小金町：道德科學研究所，1937年4月），第2冊；《廣池博士全集》（柏：廣池學園出版部，1968年3月），第3冊；以及內田智雄（校訂）：《東洋法制史研究》（東京：創文社，1983年10月）等。

148 廣池千九郎：〈中國古代親族法の研究〉，收於《東洋法制史本論》（東京：早稻田大學出版部，1915年3月）。

149 松浦嘉三郎：〈喪服源流考〉，《東方學報（京都）》第3冊（1933年3月），頁150-181。

150 松浦嘉三郎：〈喪服源流考〉，頁150。原文：「余曩に、支那古代の家族制度を知らんと欲し、その尤も重要なる文獻をなす儀禮の喪服篇を讀みたるに、その源流に就きて種種の疑惑の湧き來ること禁ずる能はざるものあり。」

中，〈喪服〉與其他十六篇的源流不同。其理由共有三：第一，記述
的方式。其他十六篇的內容都是儀禮的順序、規則，反之，〈喪服〉
論述服喪的期間、喪服的精疏，行文上經為先，其次附傳，似乎描述
師弟之間的問答；第二，關於西漢《儀禮》的傳授。劉向將禮學分為
制度、通論、明堂陰陽記、喪服、世子法、子法、祭祀、樂記、凶
禮、吉事等。松浦根據劉向的分類，認為「喪服」在西漢時代已得到
了獨立的位置；第三，今、古文的問題。鄭玄加註時，參考今古兩種
文本，若有差異，必註明「今文作某」或「古文作某」，其他十六篇
中到處都可看到。反之，〈喪服〉則僅有一處。因此松浦推測，今古
文兩派所使用的文本相同，或僅有〈喪服〉無今古文的對立。總之，
他認為，〈喪服〉與其他十六篇不同，是因為它有特殊的背景。如上
所述，松浦在〈儀禮の成立に就て〉中指出過，《儀禮》原本成書於
戰國末期到漢初，或更晚的可能性。[151]〈喪服源流考〉承之討論《儀
禮》在西漢傳授的過程，最後認為經過接受《禮記‧禮運》思想的后
蒼或戴德之手，十七篇《禮經》終於成書。〈喪服〉原不在高堂生所
傳的《士禮》中，也非徐生所傳的禮容，與《禮經》十七篇成書同
時，亦屬於十七篇中。於是，松浦注意〈喪服〉與《公羊傳》思想上
的類似性，結論為〈喪服〉就是禮今文派所制作的新文獻。

　　接著要介紹的是一位臺灣學者的研究。郭明昆（1905-1943），出
生於日據時代的臺南麻豆，一九三一年自早稻田大學文學部哲學科畢
業回到臺灣後，任教於臺南第二中學校，然因一九三三年受津田左右
吉（1873-1961）的招聘而返回早大大學院，受津田的指導而進行了中
國親族稱謂的研究。一九三四年到一九三六年留學北京，從北京回日
本後，歷任第二早稻田高等學院臨時講師、早稻田大學特設東亞專攻

---

151 詳請參本章第二節之一。

科講師、第二早稻田高等學院專任講師。一九四三年二月，他夫人溘
逝，四月升任教授，然十一月二十三日他與他三個孩子一起回臺途上，
受到了美國潛水艦的攻擊而沈入大海。享年三十七，戰爭不幸地奪去
學術界極為重要人物且還年輕的生命。戰後，他的研究成果經人以《中
國の家族制及び言語の研究》為題出版了。[152]郭明昆《儀禮‧喪服》
研究有兩篇：其一是〈儀禮喪服考〉，[153]其二是〈喪服經傳攷〉。[154]

　　〈儀禮喪服考〉是探討《儀禮‧喪服》的成立過程。他先從〈喪
服〉中看出斬衰、大功、削杖各是據齋衰、小功、苴杖而產生，受
服、尊厭的降服以及君臣關係上的從服有關的規定，皆在喪服制度的
歷史上並不太舊。加之，他指出〈喪服〉涵蓋廣泛身分的關係，這亦
是新的發展。他因此認為〈喪服〉在《荀子》以後的戰國末期成立，
其理由為：戰國時代的上層社會有厚葬的風習，儒家從孝的觀點使其
正當化；又因為厚葬有眾多列席者，儒家需要定立列席者的次序。換
言之，〈喪服〉的成立，源自於實際上的需求。

　　郭氏〈喪服經傳攷〉則探究〈子夏傳〉是否忠實地傳承〈喪服
經〉的意圖。他最後在〈經〉與〈傳〉之間看出很大的差異，〈傳〉

---

152 郭明昆（著）、李獻璋（編）：《中國の家族制及び言語の研究》（東京：早稻田大學
　　出版部，1963年9月）。郭氏生平，參考這書所附載的〈郭明昆教授略歷〉，頁5-7。
　　另有陶希聖：〈郭明昆及其遺著〉，《新時代》第1卷12期（1961年12月），頁42及林
　　慶彰（編）：《日據時期臺灣儒學參考文獻（上冊）》（臺北：臺灣學生書局，2000年
　　10月）的〈作者簡介〉，頁393-394。

153 郭明昆：〈儀禮喪服考〉，《東洋學報》第21卷第2號（1934年1月），頁135-167。這
　　篇原是他在早稻田大學時代所寫的畢業論文，也是他第一篇與《儀禮》相關的成
　　果。後收於《中國の家族制及び言語の研究》，頁1-36，林慶彰編《日據時期臺灣
　　儒學參考文獻》也載錄李寅生譯〈《儀禮‧喪服》考〉（頁395-432）。

154 郭明昆：〈喪服經傳攷〉，《フィロソフィア》第3卷（1933年12月），頁碼未詳。後
　　收於《中國の家族制及び言語の研究》，頁37-79，林慶彰編《日據時期臺灣儒學參
　　考文獻》也載錄金培懿譯〈〈喪服〉經傳考〉（頁395-432）。

並非忠實於〈經〉文，說：「總的說來，傳對喪服禮的解釋，與其說
是道德的，倒不如說是權力的，說其為人情味澆薄的權勢本位思想也
是恰如其分的。」[155]假使如此，〈子夏傳〉何時成立？郭已提出過
〈經〉在戰國末期成立，所以〈傳〉則必在秦漢以後。郭於是關注
〈子夏傳〉與《禮記・大傳》有所相同，而根據〈大傳〉為在西漢武
帝時成立，得到了〈子夏傳〉與〈大傳〉成立於略同一時期的結論。
他的研究雖都在津田左右吉很大的影響下，然其內容既細膩又踏實，
至今可參。

　　第二次世界大戰後，較為代表性的有了三位學者的〈喪服〉研
究。其一是影山誠一，他有許多與〈喪服〉相關的著作，其中第一篇
是〈喪服篇の特異性について〉。[156]影山開宗明義說：

> 筆者針對《儀禮・喪服篇》的特異性，擬舉出三點：第一、此
> 篇的構成與其他十六篇不同；第二、透過研究此篇的成立，可
> 以推測《儀禮》的成立過程；第三、此篇的服制後來成為歷代
> 服制的根本。[157]

---

155 郭明昆：《中國の家族制及び言語の研究》，頁72。原文：「總じて傳の喪服禮の解
　　釋は、道德的であるよりはむしろ權力的であり人情味の薄い權勢本位のものであ
　　ると言つてよい。」金氏譯，頁481。

156 影山誠一：〈喪服篇の特異性について〉，《大東文化大學紀要》第1輯第1分冊
　　（1963年3月），頁73-90。後收於《喪服總說》（東京：大東文化大學東洋研究所，
　　1969年3月），頁152-175。

157 影山誠一：〈喪服篇の特異性について〉，頁73。原文：「儀禮の喪服篇の特異性に
　　ついて、一、此の篇は他の十六篇と其の構成を異にして居ること、二、此の篇の
　　成立を考察することによつて、儀禮の成立を推定することの可能性が見出せるこ
　　と、三、此の篇の服制は、歷代服制の根幹をなして居ることの三點を舉げた
　　い。」

此處容易看出他對〈喪服〉的基本看法。關於第一點，他進而舉出四個根據：第一，〈鄉飲食禮〉、〈鄉射禮〉、〈燕禮〉、〈大射儀〉等都以某個階級為對象，由篇名可知儀禮的主宰者，反之，〈喪服〉則是唯一不能由篇名認識主宰者；第二，《儀禮》中〈士冠禮〉、〈士昏禮〉等十二篇均有「記」，但另附〈傳〉的僅有〈喪服〉而已；第三，《儀禮》其他十六篇在內容上是描述儀禮的順序，與此不同，〈喪服〉則被理論性地體系化；第四，〈喪服〉原是以四親等為限制的四服，後來演變成以五親等為基本的五服。影山據此認為，〈喪服〉的形成是經過由「四服」至「五服」兩階段的發展，此點與其他十六篇的成書過程不同。那麼，第二階段的發展何時？影山根據〈喪服〉的父次有天子或君主、〈喪服〉與《禮記》諸篇的比較等，而認為〈喪服〉成書於周朝衰退的時代，即戰國末年。總括天子、諸侯以下整個階級的〈喪服〉在戰國末年成立，此就是《儀禮》各篇成立的最晚標準。他最後談到了〈喪服〉後世的變遷，而指出雖稍有改變，但基本內涵仍維持不變，因此可將〈喪服〉當作中國家族制度史研究的重要資料。影山以後也陸續發表了《喪服經傳注疏補義》、〈喪服義例考〉、[158]〈喪服立文考〉、[159]〈喪服概說（一）〉[160]等，最後合為一書而出版了《喪服總說》，然他基本上的研究立場見於〈喪服篇の特異性について〉這一篇。

　　其次是谷田孝之（1915-）。谷田是廣島文理大學漢文科出身，戰

---

158 影山誠一：〈喪服義例考（上）〉，《大東文化大學紀要（文學部）》第2號（1964年3月），頁21-37；〈喪服義例考（下）〉，《大東文化大學紀要（文學部）》第3號（1965年3月），頁83-100。後收於《喪服總說》，頁209-258。

159 影山誠一：〈喪服立文考〉，《大東文化大學紀要（文學部）》第4號（1966年3月），頁1-11。後收於《喪服總說》，頁259-275。

160 影山誠一：〈喪服概說（一）〉，《大東文化大學紀要（文學部）》第6號（1968年1月），頁23-38。後收於《喪服總說》，頁1-26。

後受到當時廣島大學教授池田末利的指導，而發表了〈經の絞、散についての一考察〉、[161]〈古代喪服の辟領について〉、[162]〈中國古代の服喪における深衣について〉、[163]〈中國古代の喪における兼服について〉[164]等，一九六一年將這些成果總括成一書，出版了《中國古代喪服の基礎的研究》。[165]以後也陸續發表與〈喪服〉有關的研究：〈儀禮喪服篇に見える婦人不杖について〉、[166]〈儀禮喪服を中心として觀た相續の次序について〉、[167]〈儀禮喪服篇大功章大夫の妾の條について〉[168]等等。其中，他代表性的研究是《中國古代喪服の基礎的研究》，從宗教學、社會學的角度，透過研究禮文獻上所出現的中國古代喪服制，探究喪服原初的形態與意義，繼而指出喪服原只是到殯

---

161 谷田孝之：〈經の絞、散についての一考察〉，《哲學》（廣島哲學會）第7集（1957年1月），頁14-28。

162 谷田孝之：〈古代喪服の辟領について〉，《支那學研究》（廣島支那學會）第22號（1959年8月），頁24-33。

163 谷田孝之：〈中國古代の服喪における深衣について〉，《東方學》第19號（1959年10月），頁13-27。

164 谷田孝之：〈中國古代の喪における兼服について〉，《支那學研究》第24、25號（1960年10月），頁62-74。

165 谷田孝之：《中國古代喪服の基礎的研究》（廣島：廣島大學文學部中國哲學研究室，1961年1月），後一九七○年五月再版於東京風間書房，這本亦附上谷田孝之：《禮經の儀禮主義──宗教學的考察──》（廣島：廣島大學文學部中國哲學研究室，1965年9月），非常便利。

166 谷田孝之：〈儀禮喪服篇に見える婦人不杖について〉，《哲學》（廣島哲學會）第13集（1961年10月），頁13-24，後改為〈婦人不杖〉，收於氏著《中國古代家族制度論考》（東京：東海大學出版會，1989年10月），頁351-364。

167 谷田孝之：〈儀禮喪服を中心として觀た相續の次序について〉，《日本中國學會報》第15集（1963年10月），頁8-24，後改為〈儀禮喪服篇より觀た相續の次序〉，收於《中國古代家族制度論考》，頁9-39。

168 谷田孝之：〈儀禮喪服篇大功章大夫の妾の條について〉，《支那學研究》（廣島支那學會）第30號（1965年3月），頁1-10，後收於《中國古代家族制度論考》，頁365-385。

的脫除，後來加以蓑服、受服。他因此認為，喪服變除的順序，不但相應於一時代的葬喪過程，還是與其變遷過程密切相關。至於喪服原初的意義，谷田指出喪服規定含有與日常生活的相反性，如左右、內外與日常非日常等，並認為，這些喪服形制原是以逃避死者為目的，後始衍生出社會標誌的意義。

最後，栗原圭介〈古代中國の服喪制度と親屬稱謂〉[169]是從文化人類學的觀點來探究喪服制度，他在喪服制度背後看出中國民族所擁有尊崇宗廟的信念（原始心性），又指出喪服結構以「己」為中心。換言之，喪服以「己」為基準而決定血緣的親疏。栗原進而討論親屬稱謂、「正名」的問題，依美國心理學者詹姆斯・黑爾曼（James Hillman, 1926-2011）的「樹木象徵」說[170]和法國漢學者汪德邁（Léon Vandermeersch, 1928- ）的「系統樹」而說：

> 恰似樹木的樹幹和樹枝、大枝和小枝，每一枝都作為被個別化的一個單位，發揮各有各的作用，而總括為有機的統一體，構成親屬的小宇宙。[171]

---

169 栗原圭介：〈古代中國の服喪制度と親屬稱謂〉，《漢學研究（日本大學中國文學會）》第22、23號（1985年3月），頁15-31。

170 栗原〈古代中國の服喪制度と親屬稱謂〉介紹詹姆斯・黑爾曼的看法（頁27）。黑爾曼曾說：「樹木は人間的個我の、つまり、整合的、有機的統一體としての人間の自己感覺を現わす主要な象徵形體です。ユングをはじめ、多くの心理學者が、個々の人間的生命に對等するものとして、樹木象徵を使っています（樹木是表示人的自我，即身為整合、有機統一體的人之自我感覺的主要象徵形體。以榮格（Carl Gustav Jung）為代表，許多心理學者作為相等於各人生命利用樹木象徵）。」井筒俊彥、James Hillman、河合隼雄（鼎談）：〈ユング心理學と東洋思想〉，《思想》第708號（1983年6月），頁10。

171 栗原圭介：〈古代中國の服喪制度と親屬稱謂〉，頁29。原文：「恰も樹木の幹と枝との、また大枝と小枝との一枝ごとに個別化された單位として、機能し、それが有機的統一體となって、親屬の小宇宙を構成している。」

栗原利用心理學、文化人類學的成果，筆者認為研究喪服時，也是重
要的角度。

以上，談到日本學者研究〈喪服〉的成果，都非常細膩。尤其是
郭明昆的研究，水準相當高，從現代的角度來看也毫無遜色，研究
〈喪服〉者不得不參。另外，專論後代的喪服制度，有藤川正數〈魏
晉時代における喪服禮說に關する一考察〉[172]等，也值得參考。

6 〈士喪禮〉、〈既夕禮〉、〈士虞禮〉

接著是喪禮相關的研究。與冠禮、婚禮並列，喪禮介於生與死之
間，佔有人生中重要的位置，自不待言。《儀禮》十七篇中〈士喪
禮〉、〈既夕禮〉、〈士虞禮〉三篇都與喪禮有關，可知古代人重視喪
禮。在科學未發達的時代，與死者的訣別包含著特別的意義。喪禮相
關的研究，不但能釐清古代風俗的原貌，還可提供給我們古代中國人
的生死觀。因此自古以來，不少學者關注喪禮，並從各種各樣的觀點
來研究。

以「尸」為主題的研究，有狩野直喜〈支那古代祭尸の風俗につ
いて〉。[173]狩野云：「尸者，上代中國民族之間一般所進行的風俗，人
死而葬已結束之後，將他為神祭祀時，立模仿神的形象者而邀請他來
祭奠之席，讓他飲食；既然象神，即使他的地位實際上比祭者低賤，
也將其為尊嚴神聖者加以招待。」而後再對「此珍奇的風俗」進行討

---

172 藤川正數：〈魏晉時代における喪服禮說に關する一考察〉，《日本中國學會報》第8
　　集（1956年10月），頁55-70。
173 狩野直喜：〈支那古代祭尸の風俗に就きて（上）〉，《支那學》第2卷5號（1927年1
　　月），頁1-26；〈支那古代祭尸の風俗に就きて（下）〉，《支那學》第2卷9號（1927
　　年5月），頁29-39。後收入《支那學文藪》（東京：みすず書房，1973年3月），頁
　　63-87。

論其起源和意義。[174]狩野首先探究中國人對於「死」的觀念，繼而指出「奠」與「祭」之間的差異。喪禮過程中，從人死到埋葬之間，並不視死者為死者。然從埋葬後起，即以死者為神而事之。狩野此處看出「奠」與「祭」的區別，而發現「祭」以後才出現「尸」。然後舉出奠時的「重」、「尸（屍）」與祭時的「主」、「尸」，重視「屍」和「尸」的關連，一方面論尸有死者鬼魂依靠的意義，另一方面則論用祭「尸」的風俗比用「重」「主」的風俗古舊。他又在下篇討論天地、社稷、山川祭祀中的「尸」。

池田末利〈立尸考——その宗教的意義と原初形態〉[175]也是討論「尸」的問題。中江丑吉（1889-1942）《中國古代政治思想史》曾討論過尸的起源：第一，靈魂離開肉體不能存在的思想；第二，視生者與死者有類似的思想；第三，人崇拜時需要具體對象的思想。[176]池田一方面高度評價中江的看法，因為能說明古代人要求「尸」心理的根據，另一方面則從宗教的角度，進而探究尸的原初形態。池田首先注意被葬者的孫子為「尸」。大部分的學者已指出，此與昭穆制度有關，然而池田卻認為因孫子最相似被祭者，所以孫子擔任了「尸」的角色。那麼，其原貌如何？池田通過契文、金文「尸」字的分析，指出「尸」起源於戴著骷髏的形象，到了殷代已有了將相似死者的孫子

---

174 狩野直喜：〈支那古代祭尸の風俗について（上）〉，頁325。原文：「尸は上代の支那民族間に一般に行はれたる風俗にして、人が死して葬已に了り、神として之を祭る場合に、象神者を立て、此人を祭の席に招き之に飲食せしむることにて、已に神に象りたる上は、縱令それが實際に於ては祭者より地位卑しきものなれども、非常に尊嚴神聖なるものとして、之を取扱ひたり。」

175 池田末利：〈立尸考——その宗教的意義と原初形態〉，《廣島大學文學部紀要》第5號（1954年3月），頁48-70。後收於《中國古代宗教史研究制度と思想》（東京：東海大學出版社，1981年2月），頁623-644。

176 中江丑吉：《中國古代政治思想》（東京：岩波書店，1950年1月），頁100-102。丑吉就是明治的思想家中江兆民（1847-1901）的長子。

視為「尸」的習慣。也就是說，崇拜祖先原是基於崇拜骷髏（skull cult）的死者崇拜（toten cult），「尸」就是後來代替骷髏，象徵祖先的孫子。栗原圭介〈虞祭の儀禮的意義〉[177]亦與池田的說法相同，注意到從「屍」「重」到「尸」「主」的轉移，而討論虞祭的性格。虞祭一般認為是凶禮，反之，栗原卻認為虞祭介於純吉與純凶的中間，此處可看出虞祭的特殊性。[178]

　　探討人死後所進行的「復」的論考也不少：例如有內野台嶺（1884-1953）〈「復」禮について〉、[179]栗原圭介〈復の習俗について〉[180]及大形徹（1954-）〈《儀禮》士喪禮の「復」をめぐって──「復」は蘇生を願う儀式なのか〉[181]等。前兩者筆者未見，此處僅能介紹大形徹的研究。以往研究者多半都認為「復」的儀式是期待死者的回生，大形本身亦曾依鄭註，而認為是一種回生術。[182]然雖舉行回生的儀式，大半卻不回生，儀式就為了作為「亡骸」的尸體而進行，此毫無意義。所以大形在後年所發表的〈中國醫學は「死」をどのよ

177　栗原圭介：〈虞祭の儀禮的意義〉，《日本中國學會報》第13集（1961年10月），頁19-33。

178　栗原另有〈「綏祭」について〉，《東方學》第35號（1968年1月），頁27-41；〈喪祭論辨考──盧鄭二家の說を繞って〉，《大東文化大學漢學會誌》第11號（1972年6月），頁5-16；〈喪の期間における儀禮の諸相〉，《大東文化大學漢學會誌》第19號（1980年3月），頁34-53；〈漢民族の喪禮における哭踊の原始心性〉，《大東文化大學漢學會誌》第20號（1981年3月），頁8-27；〈喪禮に見る「反哭」の心的原理〉，《大東文化大學漢學會誌》第24號（1985年3月），頁1-19等。

179　內野台嶺：〈「復」禮について〉，《東洋學研究（駒澤大學東洋學會）》第7號（1938年10月），頁碼未詳。

180　栗原圭介：〈復の習俗について〉，《東洋文化研究所紀要（無窮會）》第8號（1972年），頁碼未詳。

181　大形徹：〈《儀禮》士喪禮の「復」をめぐって──「復」は蘇生を願う儀式なのか〉，《アジア文化交流研究》第2號（2007年3月），頁189-233。

182　大形徹：《魂のありか中國古代の靈魂觀》（東京：角川書店，2000年6月），頁107-108。

うにとらえてきたか〉一文中將前說改為非回生說。[183]〈《儀禮》士喪禮の「復」をめぐつて〉這一文亦是在非回生說的脈絡上所撰寫，論述後世為何以出現將「復」視為回生儀式的看法。大形首先確認《儀禮》、《禮記》及《墨子》中完全沒有與回生相關的記述，到了東漢，就發現班固《白虎通德論・崩薨》有著與「尚冀其生，二日之時，魂氣不還，終不可奈何」類似的發言，鄭玄亦在《禮記・喪大記・註》云：「復者庶其生」「復而不蘇，可以為死事」，影響到後世。那麼，為何「復」與回生結合起來呢？大形從《禮記・檀弓下》「復，盡愛之道也」中看出一條線索，將「復」的儀式與仁愛予以連結，而認為人的心情將能引起回生的意望，後造成以「復」為回生術的說法。這篇不僅是中國，還蒐集了韓國、日本的回生、招魂相關之例，資料性也相當高。[184]

　　另有閒瀨收芳（1930-）〈琀について〉。[185]「琀」是死者口中所含的玉，閒瀨首先依據《儀禮・士喪禮》等的文獻資料說：「春秋、戰國時代對死者所進行的唅，到了漢代，作為禮制被整理，人人都開始考慮其意義。」[186]他於此處提出問題：即當時人常食黍、稷之類，

---

183 大形徹：〈中國醫學は「死」をどのようにとらえてきたか――（續）魂魄觀念と鍼灸〉，《鍼灸史學會論文集》第1輯（2005年11月），頁29-66。

184 大形另有〈《儀禮》凶禮と魂、魄、鬼、神〉，吾妻重二、二階堂善弘（編）：《東アジアの儀禮と宗教》（東京：雄松堂出版，2008年8月），頁263-282。他根據《儀禮》本文中完全未有「魂」、「魄」、「鬼」、「神」四個字，討論《儀禮》與其他文獻的關係、後世註釋的展開等，指出原來儒教中沒有「魂」、「魄」，但是，東漢時代已經一般化，因此鄭玄用「魂」、「魄」而加註。

185 閒瀨收芳：〈琀について〉，小南一郎（編）：《中國古代禮制研究》（京都：京都大學人文科學研究所，1995年3月），頁11-46。

186 閒瀨收芳：〈琀について〉，頁19。原文：「春秋、戰國時代におこなわれていた死者に對する唅の行為が漢代には禮制として整序せられ、その意義についてもいろいろと考えられるようになったものと思われる。」

《儀禮》何故提倡珆用稻米？他於是分析考古資料，而指出「珆」在新石器時代盛行於山東地區，而後傳到殷、西周，但到了春秋、戰國時代，就迅速地衰退。又依從陝西長安澧西、陝西長安普渡村、甘肅慶陽韓家灘、河南洛陽北瑤及山西洪洞永凝出土的資料，而認為西周當時的珆並未用稻米，最後指出文獻與現實風俗的乖離，而反對常金倉（1948-2011）「原始風俗轉化成禮」的看法。[187]

7 〈特牲饋食禮〉、〈少牢饋食禮〉

〈特牲饋食禮〉及〈少牢饋食禮〉相關的研究，先有西岡市祐（1933-）〈「特牲饋食禮」における「祭食」について〉。[188]西岡透過「祭食」的分析而指出，從〈士冠禮〉到〈士虞禮〉的「祭食」是伴隨主要儀禮所進行，〈特牲饋食禮〉、〈少牢饋食禮〉與〈有司徹〉的「祭食」倒是儀禮本身。他又分析〈特牲饋食禮〉中「祭食」的食物與「祭食」的對象，而認為「祭食」是每次飲食時對祖先所進行的儀禮，年中第一次吃食物時為「薦新禮」，每個季節選吃一種農產品時為「時享」，含有對祖靈的感恩。

其次，栗原圭介〈飲食儀禮にあらわれた餕について〉[189]是依據《禮記・祭統》的說法，討論《儀禮》的〈特牲饋食禮〉、〈少牢饋食禮〉中「餕」實際上的目的、性格、特色等。栗原在文中指出中國古代神與人的交流主要是以食物為媒介進行，因而在宗廟中祭祀時，由於依序分配食物──「餕」強化血緣關係。接著，栗原在〈古代中國

---

187 常金倉：《周代禮俗研究》（臺北：文津出版社，1993年2月）。

188 西岡市祐：〈「特牲饋食禮」における「祭食」について〉，《漢文學會會報（國學院大學漢文學會）》第12輯（1961年4月），頁21-27。

189 栗原圭介：〈飲食儀禮にあらわれた餕について〉，《大東文化大學漢學會誌》第12號（1973年2月），頁19-43。栗原另有〈擇日攷──禮經少牢饋食禮を中心として〉，《大東文化大學漢學會誌》第8號（1968年2月），頁31-41，但筆者未見。

における禮經主義——特牲、少牢饋食について——〉，[190]從「禮經主義」的立場來指出〈特牲饋食禮〉及〈少牢饋食禮〉「擇日」的重要性。栗原認為，〈特牲饋食禮〉與〈少牢饋食禮〉分別在丁己、丁亥舉行，是因為乙丁己辛癸是柔日。加之，他依照《殷契粹編》而論及饋食禮的原初形態，雖未得到結論，但指出兩個關鍵：第一，周代的大宗小宗之別，殷代早已存在，栗原認為是家族制度必然所造成，此基本理念為《禮記・大傳》「自仁率親，等而上之至于祖，自義率祖，順而下之自于禰。是故人道親親也。親親故尊祖，尊祖故敬宗，敬宗故收族，收族故宗廟嚴，宗廟嚴故重社稷」云云。後來此理念引起特牲、少牢的饋食禮；第二，殷代王者的特權「禘」，周代也承襲，到了後世形成祖禰祭祀，成為饋食禮出現的背景。最後，栗原闡述〈特牲饋食禮〉與〈少牢饋食禮〉中最重要的儀式「肵俎」和「利成」的意義，認為伺候尸時祭以肵俎，此就是兩饋食禮的特色。

二　其他研究

高木智見（1955-）〈古代中國の儀禮における三の象徵性〉[191]可謂是日本《儀禮》研究最有特色的一篇。「三」的數字常見於古代儀禮中，例如，〈士喪禮〉：「曰『皐，某復』三」、〈士冠禮〉的「三加」、〈聘禮〉中「聘享」「主君禮賓」「私覿」及〈特牲饋食禮〉中

---

190 栗原圭介：〈古代中國における禮經主義——特牲、少牢饋食について——〉，《大東文化大學漢學會誌》第23號（1984年3月），頁13-32。

191 高木智見：〈古代中國の儀禮における三の象徵性〉，《東洋史研究》第62卷第3號（2003年12月），頁33-68。高木另有〈春秋時代の聘禮について〉，《東洋史研究》第47卷第4號（1989年3月），頁109-139，探究春秋時代的聘禮，根據玉圭在聘禮中的角色，而指出聘禮是以人際關係有了祖先神的介入後才成立的歷史條件為背景，因而如此條件喪失後，聘禮也忽然不進行了。

「陰厭」「厭尸」「陽厭」的三個階段、射禮的「三番射」等等，凶
禮、嘉禮、賓禮、吉禮、軍禮都有包括「三」的儀禮。高木認為，這
「三」起源於天、地、人的世界觀。

> 由天、地、人三個世界而成的世界觀下所進行的儀禮中，三是
> 表示無限，或是代表全體的數字，此無非是因為其三起源於世
> 界觀。[192]

高木進而通過卜占、時間觀念、空間觀念、軍事組織之中的三，論述
如此三的世界觀至少溯及到殷代早期。但這種「三才思想」常見的是
《禮記》、《荀子》、《周易·繫辭》等戰國時代的文獻中。就他而言，
天、地、人三個構成世界的要素確實存在著「原中國」的人心中，[193]
但戰國以後「神人共同體」崩潰，這三個要素之間有激烈的變化，才
呈現出之後被稱為三才思想的世界觀。他的研究，可以說是日本唯一
《儀禮》整體性研究的成果，有與林巳奈夫、小南一郎的研究共同之
處，可以參考。

---

192 高木智見：〈古代中國の儀禮における三の象徵性〉，頁50。原文：「天・地・人三
界からなる世界觀のもとで行われる儀禮において、三が無限あるいは全體を意味
する數字であったのは、まさに、その三が世界觀に由來するからにほかならな
い。」

193 高木曾在《先秦の社會と思想》（東京：創文社，2001年12月）中主張過：春秋以
前的社會是不只人，還包括天帝、祖先神等，由血族意識、祖先觀念強烈地被規
定。反之，戰國以後是血族的論理崩潰，以人為主的時代。前者為「原中國」；後
者為「傳統中國」，直到清代。民國以後稱為「現代中國」。〈はじめに——本書の
目的と立場〉，頁3-10。

結語

　　以上談到日本近一百年研究《儀禮》的概況。《儀禮》研究有許多意義，尤其是研究中國古代家族制度、社會制度及風俗時，我們不能輕忽《儀禮》中的條文。由本文可見，日本學者研究《儀禮》涉及多方面，在研究中國古代上非常有意義。並且他們的研究都既扎實，又細膩，可多參考。

　　《儀禮》不僅有中國古代研究上的意義，我們不該忘記另有「經學」上的意義：第一，西漢經學中《儀禮》的意義。眾所周知，西漢禮學是以《儀禮》（《禮經》）為中心，筆者認為以往學者都不重視此點，此點在研究經學時應多關注。第二，《儀禮》在後代經學的影響。《儀禮》原是「經」，卻後被《周禮》與《禮記》奪取「經」的地位，不少人亦指出過《儀禮》的難讀。另一方面吸引知識分子的關注，產出相當多與《儀禮》有關的著作，例如：北宋陸佃（1042-1102）《儀禮義》、南宋李如圭（1167-？）《儀禮集釋》、朱熹《儀禮經傳集解》、魏了翁（1178-1237）《儀禮要義》、元敖繼公《儀禮集說》等。特別是清代，《儀禮》研究代表性的著作陸續出版，張爾岐（1612-1678）《儀禮鄭注句讀》、阮元《儀禮校勘記》、胡培翬《儀禮正義》以及凌廷堪（1757-1809）《禮經釋例》等。對筆者而言，此點頗為有趣，《儀禮》為何一直未被淘汰而遺留下來呢？研究各時代《儀禮》的地位者並不多，筆者認為，此點也是經學上的重點。

　　現在在日本，專治《儀禮》者幾乎都沒有了。主要原因是青年學者在大學、研究所時不足時間來研究經學巨大的系統，尤其是最難讀的《儀禮》。但如上所述，《儀禮》研究在中國與日本文化研究上的意義，實不可忽視，又日本人對《儀禮》的研究成果並不少，青年學者

以後也必須繼承先學的遺業而開展出新《儀禮》學的方向。最後，筆
者提出兩個方向的可能性：第一，近年北京清華大學購買一批戰國竹
簡群，根據報導，其中有與《儀禮》相關的部分。通過與今本相比，
應該發現到新的知識。第二，《儀禮》是否可從中國哲學的角度來研
究？以往學者都認為，《儀禮》只不過是記錄古代儀禮的梗概或順
序。那麼，為何如此僅是「記錄」的文獻可以得到「經」的地位？中
國人一方面覺得繁瑣，另一方面卻又依然主動地順從《儀禮》詳詳細
細的行動規定。筆者認為，這些問題可以當做開展新研究的線索。

第四章
日本學者《禮記》之研究

前言

在中國古代，「禮」的觀念不只代表個人行為標準或人際相處間的禮貌，還包括社會規範、國家制度，範圍相當廣大。以「禮」為基礎的皇帝制度，從漢代延續至清末辛亥革命，可說二千多年來「禮」不斷地規定中國人的思考。「禮」，一直位居中國史上的重要位置，可以說是中國傳統文化本身。所以我們研究中國哲學、思想或歷史與文學時，不能忽視「禮」的存在。

對維持「禮」文化有著很大貢獻的文獻就是《三禮》，即《儀禮》、《周禮》及《禮記》。《儀禮》本來稱《禮經》或《士禮》，《周禮》初名《周官》，兩部書都是從先秦時代傳來的古文獻，西漢之後各別為中國人士所重視。雖是如此，仍然比不上《禮記》在思想史上的重要性。日本學者服部宇之吉（隨軒，1867-1939）認為：

> 《禮記》，雖然是選取先秦及漢初的材料，看到當時的世態人情，可知現在社會依然有著與古代相同之處。一部《禮記》提供給我們瞭解中國的豐富資料。除非用此書，否則討論中國一定自認無法達到問題的核心。[1]

1　《禮記・解題》。原文：「禮記ハ先秦ヨリ漢初ニ及ブ間ノ材料ヲ取リシモノナルガ、世態人情ノ寫實トシテ、今猶ホ古ノ如クナルモノアリ。一部ノ禮記支那ヲ解スルニ多大ノ資料ヲ供給ス。此書ヲ措キテ支那ヲ論ズル者ハ、終ニ其正鵠ヲ得ザ

　　《禮記》是西漢末期到東漢初期整理的與「禮」有關言論的叢書。原來不是「經」，只是「禮」的「記（解說部分）」。到了唐代，《禮記》終於得到位列《五經》的評價，成為《三禮》之中最重要的經典。[2]此後，學者關注《禮記》所包含的思想，《禮記》在中國思想史上佔有的位置變得相當高，現今，《禮記》學還是引起不少學者關注。

　　日本的《禮記》流傳，固然沒有確實的證據，一般認為是從繼體天皇七年（513），百濟的五經博士段楊爾（生卒年未詳）帶來日本第一部《禮記》開始。[3]最早推古天皇（593-628在位）時，廄戶王（聖德太子，574-622）制定《十七條憲法》，其中的一條開頭是「以和為貴」，有人說即是取自《禮記・儒行》。[4]到了養老二年（718）施行的

ルモノ多キヲ自覺センノミ。」見服部宇之吉：《禮記》，收入《漢文大系》（東京：冨山房，1913年），第17冊，頁10-11。

2　野間文史：〈五經正義の禮記評價——讀五經正義札記（十一）〉，《東洋古典學研究》第27集（2009年5月），頁149-166指出了《五經正義》中對《禮記》的評價，相較《周禮》、《儀禮》並不高，是繼承鄭玄、杜預「經—傳—記」之經學的觀點。可是，野間先生目前也還未說明《禮記》為何晉升《五經》之一。請參野間文史：〈五經正義の禮記評價——讀五經正義札記（十一）〉，《東洋古典學研究》第27集（2009年5月），頁149-166，後收於氏著：《五經正義研究論攷——義疏學から五經正義へ》（東京：研文出版，2013年10月），頁91-119。筆者認為，為暸解決此問題，不止研究《禮記正義》或是《五經正義》本身，還得考慮當時佛教、道教在社會上、思想上的影響。

3　《日本書紀》，卷17，曰：「（繼體天皇）七年夏六月，百濟遣姐彌文貴將軍、洲利即爾將軍，副穗積臣押山，貢五經博士段楊爾。」小島憲之等：《日本書紀》，卷2，收入《新編日本文學全集》（東京：小學館，1996年），第3卷，頁300-301。關於此點，可參考市川本太郎：《日本儒教史・上古篇》（東京：汲古書院，1989年10月）、內野熊一郎：《日本漢文學研究》（東京：名著普及會，1991年6月）等。

4　《日本書紀》曰：「（推古天皇十二年）夏四月丙寅朔戊辰，皇太子親肇作憲法十七條。一曰，以和為貴，無忤為宗」云云（同前註，頁542-543），《禮記・儒行篇》有「禮之以和為貴、忠信之美、優游之法」。但是，有人說是取自《論語・學而篇》「有子曰，禮之用和為貴，先王之道斯為美」。《十七條憲法》的成立時期也有兩種說法：津田左右吉以「國司國造」（第十二條）的記述不符合推古朝的政治制度等為理由，把《十七條憲法》看作是與《日本書紀》同時代編出來的（見津田左右

《養老律令》中，把《禮記》、《春秋左氏傳》看做「大經」，作為大學的課目。此外，敕書、奏書中也再三使用《禮記》的詞句。藤原佐世（847-897）《日本國見在書目錄》載錄了十八部直接與《禮記》有關的書籍，此數量與其他經書比起來也不算少。[5]由此可見，《禮記》對日本古代知識階層的影響也相當大。的確，後來在日本，經學不似中國那麼熱鬧，而且受到德川時代以朱子學為官學的影響，士人的焦點集中在《禮記》的〈中庸〉、〈大學〉這一部分，而鮮少看到對整本《禮記》的研究。但是，仍有不少學者盡力研究《禮記》相關課題，尤其是明治以後有相當豐富的研究成果，至今簡直堆積如山，可惜似沒有人整理過日本的《禮記》研究。我們都知道為了研究中國哲學或思想，不能不討論「禮」及《禮記》，那麼，我們豈不應該先整理前人研究的成果。

　　本章基於如上的立場，回顧近百年來日本的《禮記》研究，筆者並想提出日本《禮記》研究的現狀與今後的課題。

吉：《日本上代史研究》〔東京：岩波書店，1930年4月〕，頁180-189）；與此相反，坂本太郎認為「國司」已經存在於推古朝而肯定《日本書紀》的記述（見坂本太郎：《聖德太子（新裝版）》〔東京：吉川弘文館，1985年6月〕，頁82-99）。無論如何，西元七二〇年成書的《日本書紀》中有著「以和為貴」的文辭，雖然我們得先考慮《論語》與《禮記》的關係，但日本古代的知識分子對中國文化很感興趣，《論語》之外，他們應該也意識到《禮記・儒行》的存在。

5　藤原佐世《日本國見在書目錄》著錄：《禮記》二十卷（漢九江太守戴聖撰，鄭玄注）、《禮記》二十卷（魏衛軍王肅注）、《禮記抄》一卷（鄭氏注）、《禮記子本義疏》百卷（梁國子助教皇侃撰）、《禮記正義》七十卷（孔穎達疏）、《御刪定禮記月令》一卷（冷然院錄云一卷，第一卷）、《月令圖贊》一卷（何楚之撰）、《禮記音》二卷（徐爰撰）、《三禮》三十卷（陸善經注）、《三禮義宗》二十卷（崔靈恩撰）、《三禮大義》三十卷（梁武帝撰）、《三禮開題義帙》（崔通意撰）。其他還有《次禮》二十卷（唐鄭國公魏徵撰）、《明堂月令論》一卷、《吉凶禮》（孟詵撰）、《喪服九族圖》一卷、《古今喪服要記》一卷（冷然院）、《喪服譜》一卷、《喪服經》一卷、《喪服要略》一卷（冷然院）等等。請參考藤原佐世：《日本國見在書目錄》（臺北：新文豐出版公司，1984年）。

第一節 《禮記》的和刻本與日譯

　　近百年來的日本《禮記》研究，可說是肇始於《禮記》的日文翻譯。明治時代，日本的知識分子仍有「漢學」的教養。因他們原來大部分是屬於武士階級，在各舊藩的「藩校」接受以漢學為中心的教育。當時藩校所使用的版本，大半是「和刻本」。和刻本上有表示如何翻譯成日文的記號，叫作「訓點」。「訓點」有道春點、闇齋點等不同的方式。根據長澤規矩也（1902-1980）的研究，[6]可知德川期《禮記》的和刻本，存在著藤原惺窩、[7]林道春（羅山）、[8]山崎闇齋、[9]貝原益軒、[10]後藤芝山、[11]伊藤東涯、[12]賀島（加藤）圓齋、[13]曾我部容所、[14]葛山壽和萩原大麓[15]等「訓點本」。德川時期及明治時期的知識分子皆是利用這種「訓點本」來瞭解漢籍的內容，所以不需要日譯版的漢籍。

　　但是，隨著時代變化，明治維新之後誕生了新知識分子。他們在

6　長澤規矩也：《和刻本漢籍分類目錄（增補補正版）》（東京：汲古書院，2006年），頁12、頁27-29。

7　藤原肅（惺窩）（點）：《五經》，寬永五年刊（1628）。

8　林信勝（道春）（點）：《（新版）五經》，明曆三年跋刊（1657）。

9　山崎嘉（闇齋）（點），雲川弘毅（改定）：《五經》（刊年未詳）。

10　貝原篤信（益軒）（點），竹田定直（春庵）（校）：《（新點）五經白文》，元祿十四年刊（1701）。

11　後藤世鈞（芝山）（點）：《五經》，享保二年刊（1717）。

12　伊藤長胤（東涯）（點）：《五經正文》，寬保元年刊（1741）。

13　鄭玄註，賀島矩直（加藤圓齋）（點）：《禮記》二十卷，寬延二年刊（1749）。

14　曾我部元寬（容所）（點）：《學記》，明和四年刊（1767）。

15　葛山壽、萩原萬世（大麓）（點），石川嶽、蜂屋維德（校）：《禮記正文》五卷，寬政十年刊（1798）。其他還有林信敬（錦峯）：《新點五經》（寬政三年刊）、中村之欽（惕齋）：《五經》（刊年未詳）等等。

明治政府設置的「學校」接受「國民教育」，日本政府的新教育制度
重視歐美語的學習，所以雖然他們也有十分的漢學素養，但與上一代
相比，漢文能力已顯遜色。加之，明治四十五年（1912），日本政府
宣布「國語／送假名法」，展開口語體文章的教育，甚至於興起了漢
字廢止論。[16]文語體的「漢文」，漸漸遠離一般人的生活，造成德川時
期與明治時期之間詞彙、念法乖離，有些人甚至僅通白文不能讀漢
籍。明治四十二年（1909）寫作的〈漢籍國字解全書緒言〉說：

> 西洋文化之於希臘拉丁文，不同於我國之漢學教育。因為其文
> 字用語經千餘年，已成習用之日常語言文字，並且思想嗜好與
> 我國民族性結合形成日本特有的文化。（中略）然而維新後，
> 急於輸入西洋新學，學者皆驚訝其珍奇精妙而專心研究；反
> 之，日漢古籍無人聞問，漢籍多束之高閣，日漸散佚，至今已
> 不易蒐集了。[17]

大正九年（1920）發刊的雜誌《支那學》也說：

> 應神（天皇）以還，不斷引導我們的是漢學，突然改變的是西

---

16 參見井上圓了：〈漢學の運命〉，《東洋哲學》第8編第2號（1901年2月），頁1-4。

17 原文：「而して漢學教育の我國に缺くべからざるは、啻に西洋に於ける希臘羅典
の比のみにあらず、何となれば、其文字用語は千餘年來の使用によりて我日常の
言語文字となり、其思想好尚は牢く我國民性と結びて本邦特有の文化を形づくり
たるものなればなり。（中略）然るに維新以後、西洋新學術の輸入せらるゝに及
び、學者皆その珍奇精妙なるに驚きて之が研究に熱中し、復、和漢の古典を顧る
もの無かりしを以て、漢籍の如きは概して高閣に束ねられ、年と共に散佚して今
や容易に蒐集すべからざるに至れり。」見《漢籍國字解全書》（東京：早稻田大
學出版部，1909年），第1冊，頁7-8。

學，學問也有盛衰嗎？人之不顧支那學，莫甚於當世。[18]

可是，自明治到大正時代，漢籍還是知識分子教養之一，他們仍然需
要漢籍，而且到了明治後期，政府反省明治初期的文教政策，而增設
帝國大學文學部、漢文學科。因此，便有必要出版漢籍的日文翻譯
版。從明治直到大正，陸續出版了大量漢文叢書，主要漢籍都收錄
了。當然《禮記》也是其中之一。例如：服部宇之吉《漢文大系・禮
記》、桂祐孝《漢籍國字解全書・禮記國字解》、[19]安井朝康《國譯漢
文大成・禮記》[20]及林泰輔《有朋堂漢文叢書・禮記》，[21]皆是日本近
代《禮記》研究史上代表性的翻譯成果，現在仍然得到相當高的評價。

服部宇之吉歷任東京帝國大學、美國哈佛大學的教授，可說是日
本近代中國學之祖。他的研究以禮為中心，代表著作為《東洋倫理綱
要》、[22]《孔子及孔子教》、[23]《支那の國民性と思想》[24]等。另外，也
不能忽視他從明治四十二年（1909）到大正五年（1916）依序刊行的

---

18 〈發刊辭〉，原文：「應神以還、常に我を導くものは漢學、突如として之を覆すも
のは西學、學も亦浮沈あるか。人の支那學を顧みざる、當世より甚しきは莫
し。」見《支那學》第1卷1號（1920年9月），頁1-2。

19 桂湖村：《禮記國字解（上）》，收入《漢籍國字解全書》（東京：早稻田大學出版
部，1914年），第13冊；《禮記國字解（下）》，收入《漢籍國字解全書》，第14冊。

20 安井小太郎：《禮記》，收入《國譯漢文大成・經史子部》（東京：國民文庫刊行
會，1920年12月），第4冊。

21 林泰輔：《禮記》，收入塚本哲三（編）：《有朋堂漢文叢書》（東京：有朋堂，1921
年）。

22 服部宇之吉：《東洋倫理綱要》（東京：大日本漢文學會，1916年；東京：京文社，
1926年改訂版）。

23 服部宇之吉：《孔子及孔子教》（東京：明治出版社，1917年2月；東京：京文社，
1926年改版）。

24 服部宇之吉：《支那の國民性と思想》（東京：京文社，1926年1月）。

《漢文大系》。[25]服部不僅擔任《漢文大系》之總編輯，還親自執筆其中十八種漢籍的解題整理，[26]由此可見在《漢文大系》事業中，他扮演非常重要的角色。《禮記》也是由他親自整理。《漢文大系》最大的特色在於其樣式，服部不像後來的漢籍翻譯者把漢文改寫成帶假名的日文（書き下し文），而是僅在白文上把訓點與日文字母加註於漢字旁邊或下方，並不翻譯成完整的日文，保留漢文的原本形式。服部利用德川時期的許多訓讀法，歸納出統一性的念法。總而言之，《漢文大系》處在德川時代和近代之間的交會點，在日本漢文教育史上具有相當意義。服部依據如上《漢文大系》的基本方針編輯《禮記》。

　　早稻田大學出版部的《漢籍國字解全書》與《漢文大系》同年開始推動，到大正六年（1917）共計出版了計四十五冊的《漢籍國字解》。其中，因原來的主題是「先哲遺著」，第一集全十二冊與第二集第一至五冊是德川期儒者註解的翻刻，[27]其餘二十八冊則是當時在早

25　《漢文大系》包括全三十八種的漢籍：《大學說》、《中庸說》、《論語集說》、《孟子定本》（以上為第1卷）；《箋解古文真寶》、《增注三體詩》、《箋注唐詩選》（第2卷）；《唐宋八家文（上）》（第3卷）；《唐宋八家文（下）》（第4卷）；《十八史略》、《小學纂註》、《御注孝經》、《弟子職》（第5卷）；《史記列傳（上）》（第6卷）；《史記列傳（下）》（第7卷）；《韓非子翼毳》（第8卷）；《老子翼》、《莊子翼》（第9卷）；《左氏會箋（上）》（第10卷）；《左氏會箋（下）》（第11卷）；《毛詩》、《尚書》（第12卷）；《列子》、《七書》（第13卷）；《墨子閒詁》（第14卷）；《荀子》（第15卷）；《周易》、《傳習錄》（第16卷）；《禮記》（第17卷）；《文章軌範》、《古詩賞析》（第18卷）；《戰國策正解》（第19卷）；《淮南子》、《孔子家語》（第20卷）；《管子纂詁》、《晏子春秋》（第21卷）；《楚辭》、《近思錄》（第22卷）。

26　《漢文大系》之中，服部擔任解題的是《大學說》、《中庸說》、《論語集說》、《孟子定本》、《箋解古文真寶》、《增注三體詩》、《箋注唐詩選》、《弟子職》、《韓非子翼毳》、《老子翼》、《莊子翼》、《毛詩》、《列子》、《七書》、《荀子》、《禮記》、《淮南子》及《孔子家語》。

27　即熊澤蕃山、中村惕齋：《孝經、大學、中庸、論語》；中村惕齋：《孟子、帝範、臣軌、家訓》；真勢中州、松井羅州：《易經（上、下）》；中村惕齋：《詩經》；大田錦城：《書經》；中村惕齋：《小學》；中村惕齋：《近思錄》；山本洞雲、毛利貞齋、

稻田大學執教鞭的四位教授，即菊池武貞（晚香，1859-1923）、牧野
謙次郎（藻洲，1863-1937）、松平康國（破天荒齋，1863-1945）、桂
祐孝（湖村，1868-1938）之新作。[28]桂所著的《禮記國字解》即屬於
後者。其〈解題〉曰：

> 儒教的主要經典有五部：曰《易》、曰《書》、曰《詩》、曰
> 《春秋》、曰《禮記》，是也。《易》明陰陽之理，要之，占筮
> 書而已；《書》為古聖政治記錄；《詩》為古歌輯錄；《春秋》
> 為編年史，雖並列於經典，都不過是表示儒家思想的一斑。反
> 之，能說明其全貌者是《禮記》。（中略）本書（筆者注：《禮
> 記》）是《五經》中之傑作。然因卷帙浩瀚、字句艱澀、典故
> 繁雜，上古以來，學者皆難以解詁。故我國（筆者註：日本）
> 學者未曾有嘗試日文翻譯者，真是千秋之憾。[29]

太田玄九：《老子、莊子內篇、列子》；荻生徂徠、服部南郭：《孫子、唐詩選》；榊
原篁洲：《古文眞寶前集》；林羅山、榊原篁洲：《古文眞寶後集》（以上為第一
輯）；加藤正庵：《春秋左氏傳（上、中、下）》；三輪執齋：《傳習錄》；淺見絅齋
《楚辭》（以上為第二輯）。

28 菊地晚香：《管子（上、下）》；牧野藻洲：《墨子（上、下）》；桂湖村：《荀子
（上、下）》；松平康國：《韓非子（上、下）》（以上為第二輯）；桂湖村：《禮記
（上、下）》；牧野藻洲：《莊子（上、下）》；松平康國：《唐宋八大家文讀本（一至
四）》（以上為第三輯）；松平康國：《文章軌範》；松平康國：《續文章軌範》；桂湖
村：《十八史略（上、下）》；牧野藻洲：《戰國策（上、中、下）》；桂湖村：《國語
（上、下）》；菊地晚香：《淮南子（上、下）》；桂湖村：《蒙求》（以上為第四輯）。

29 〈解題〉。原文：「儒教の經典の主要なるもの五、曰く易、曰く書、曰く詩、曰く
春秋、曰く禮記、これなり。易は陰陽の理を說くも、要するに占筮の書のみ、書
は古聖政治の記錄なり、詩は古歌の輯錄なり、春秋は編年史なり、經典に列すと
雖も、何れも儒の一斑を示すに過ぎず、其全體を說くものは禮記なり。（中略）
本書は五經中の白眉たるなり。然れども卷帙浩瀚にして字句艱澀、典故繁雜なる
を以て、上古以來、學者皆其解詁に艱めり。故に我が國の學者にして其和解を試
みたるもの、未だ曾て有らず、誠に千秋の遺憾とす。」見《禮記國字解》，頁1-2。

因此，他著手將《禮記》翻譯為日文。

　　桂祐孝，號湖村或雪庵，通稱五十郎，東京專門學校（現早稻田大學）畢業後，被日本新聞社聘為客員社友，擔任漢詩的選評。[30]之後，任早稻田大學教授，又成為明治的文豪森林太郎（鷗外，1862-1922）漢詩漢學的老師。他代表性的著作除了《漢籍國字解全書》之外，還有《漢籍解題》。[31]《漢籍解題》是將漢籍分為經、史、子、集、政法、地理、金石、目錄、小學、修辭、類書、雜書、叢書共計十三部門，仔細介紹各書的題名、作者、體裁、淵源、注解、參考六項目的工具書。在第二次世界大戰之前的日本中國學者多加利用。這也表示熟悉漢籍的人開始減少，《漢籍國字解全書》就是在這種情況下編纂的。所以《漢籍國字解全書》固然以「古典教育的復活」為目的而留下漢文的部分，可是，如一看叢書名「國字解」就知道是採用日文來解釋其內容，俾使讀者易於理解。《禮記國字解》當然也相同，首先是漢文（具有訓點的）部分，其次為「義解」（解釋）、「字解」（字句解釋），最後是「案語」（著者的看法），如此即使初學者也能理解。這種方式吸引了很多讀者，所以《漢籍國字解全書》的銷路相當不錯。再加上，《禮記國字解》附上詳細的〈敘說〉，桂介紹《禮記》的由來、日中兩國歷代學者的評論、注解書及參考書等等，既仔細又便利，現在仍具有參考價值。

30　當時的日本新聞社，有陸羯南（1857-1907）、國分青厓（1857-1944）、正岡子規（1867-1902）等的知識分子，湖村與他們常常往來。又1898年，康有為（1858-1927）、梁啟超（1873-1929）流亡日本時，曾受到湖村與羯南的幫助。

31　桂五十郎（湖村）：《漢籍解題》（東京：明治書院，1905年）。

　　《國譯漢文大成》[32]及《有朋堂漢文叢書》[33]和如上兩部叢書的編集目的相同。安井朝康（小太郎，1858-1938）[34]之《國譯禮記》，與叢書體例一樣，先作日文翻譯（書き下し文），末尾附上白文。另外，林泰輔（進齋，1854-1922）[35]之《禮記》也僅在頭注部分保留原文而已，主體是日文翻譯。由此可見，這兩部叢書都將漢文本身視為附錄了。反過來說，讀者都能看懂的日文翻譯則變成最重要的部分。

　　安井、林《禮記》之後很久沒有《禮記》的日文翻譯，直到一九七〇年代才有竹內照夫（1910-1982）、[36]荒井健（1929-）[37]與下見隆

---

32 經子史部：第1卷《四書、孝經》、第2卷《易經、書經》、第3卷《詩經》、第4卷《禮記》、第5卷《春秋左氏傳（上）》、第6卷《春秋左氏傳（下）》、第7卷《老子、列子、莊子》、第8卷《荀子、墨子》、第9卷《韓非子、商子》、第10卷《七書、鬼谷子、陸賈新語》、第11卷《淮南子》、第12卷《戰國策》、第13卷《史記本紀》、第14卷《史記書、世家》、第15卷《史記列傳（上）》、第16卷《史記列傳（下）》、第17卷《國語》、第18卷《晏子、賈誼新書、公孫龍子》、第19卷《管子》、第20卷《呂氏春秋》。另外有文學部、續經子史部、續文學部，在此省略。

33 《有朋堂漢文叢書》包括四十三種的漢籍：《七書、鬼谷子》、《戰國策》、《近思錄、傳習錄》、《十八史略》、《唐宋八大家文（上、下）》、《蒙求》、《國語》、《古列女傳、女四書》、《史記（一至六）》、《世說新語》、《先哲叢談》、《說苑》、《唐詩選、三體詩》、《呂氏春秋》、《韓非子》、《古文真寶、楚辭》、《四書》、《春秋左氏傳（上、下）》、《小學、孝經》、《醉古堂劍掃、菜根譚》、《日本外史（上、下）》、《文章軌範、東萊博議》、《墨子》、《禮記》、《晏氏春秋、新序》、《淮南子》、《管子》、《古詩源》、《詩經、書經》、《荀子》、《老子、莊子、列子》。

34 安井是安井衡（息軒，1799-1876）的外孫，東京帝國大學畢業後，歷任學習院助教授、教授及大東文化大學教授，主要著作有《戰國策正解》（東京：富山房，1915年1月）、《日本儒學史》（東京：富山房，1939年4月）、《經學史》（與諸橋轍次、小柳司氣太、中山久四郎合著）（東京：松雲堂書店，1933年10月）等。

35 林泰輔在東京帝國大學學習，畢業後執教於第一高等中學、山口高等中學、東京帝國大學、東京高等師範學校等，主要著作有《朝鮮通史》（東京：富山房，1912年8月）、《周公及其時代》（東京：大倉書房，1915年9月）等書。

36 竹內照夫：〈禮記（抄）〉，木村英一等（譯）：《論語、孟子、荀子、禮記（抄）》，收入《中國古典文學大系》（東京：平凡社，1970年1月），第3冊，頁435-524。

37 荒井健：〈禮記〉，吉川幸次郎、福永光司（編）：《五經、論語集》，收於《世界文

雄（1937-）[38]的摘譯，而後相繼出版了《新釋漢文大系》[39]與《全釋漢文大系》。[40]《新釋漢文大系‧禮記》的作者也是竹內照夫。竹內於東京帝國大學畢業後，歷任第五高等學校、北海道大學教授及靜岡藥科大學教授，出版《禮記》時任關西大學教授。另外，《全釋漢文大系‧禮記》由市原亨吉（1911-）、今井清（1920-）及鈴木隆一（1904-）三人共譯。市原、今井、鈴木三人都與京都大學人文科學研究所有關連：市原曾任人文科學研究所東方部助教授、教授，但此書出版時他已退休。當時今井則是該所的助手，而鈴木經歷東方文化研究所助手、人文科學研究所事務官，當時就仟京都精華短期大學教授。可說這兩部《禮記》是東京大學與京都大學的個別代表。

　　但這兩部漢文《禮記》，除了《全釋漢文大系‧禮記》全譯出東漢鄭玄（127-200）《註》之外，在形式上極相似——都分上、中、下三卷，且不只「書き下し文」，再加上都有現代語譯。前人著作僅只湖村《禮記國字解》才有「義解」的部分，其他沒有口語翻譯。這是今昔的最大差別。《新釋漢文大系‧禮記》與《全釋漢文大系‧禮記》皆羅列「原文」、「書き下し文」、「現代語譯」及「字解」。這種

學全集》（東京：筑摩書房，1970年11月），第3冊，頁257-318。此譯僅有〈曲禮上〉、〈下〉與〈檀弓上〉、〈下〉而已。

38 下見隆雄：《禮記》，收入《中國古典新書》（東京：明德出版社，1973年5月），第67冊。

39 竹內照夫：《禮記（上）》，收入《新釋漢文大系》（東京：明治書院，1971年4月），第27冊；《禮記（中）》，收入《新釋漢文大系》（東京：明治書院，1977年8月），第28冊；《禮記（下）》，收入《新釋漢文大系》（東京：明治書院，1979年3月），第29冊。

40 市原亨吉、今井清、鈴木隆一：《禮記（上）》，收入《全釋漢文大系》（東京：集英社，1976年6月），第12冊；《禮記（中）》，收入《全釋漢文大系》（東京：集英社，1977年12月），第13冊；《禮記（下）》，收入《全釋漢文大系》（東京：集英社，1979年7月），第14冊。

情況何故發生呢？因為對當時的日本人而言，瞭解漢文時只靠「書き
下し文」已經不足夠了，需要用現代口語翻譯，才能瞭解其內容。所
以不止《禮記》，兩部叢書之編輯都採這種方式。這兩書遂成為《禮
記》研究的「定本」至今。

第二節　《禮記》文獻學研究——以成書問題為中心

現行《禮記》究竟成立於何時？由何人編集呢？賴襄（山陽，
1780-1832）曾云：

> 《戴記》，如醫家之《素問》、《靈樞》。雖不能無駁雜，其中微
> 言精義，決非周人不能言。不唯〈學〉、〈庸〉為然，如〈表
> 記〉、〈緇衣〉、〈坊記〉，可補《論語》之缺；如〈樂記〉寫樂
> 聲，〈玉藻〉寫禮容類，真精絕也。其明出秦漢間人者，如
> 〈禮運〉、〈禮器〉、〈儒行〉、〈仲尼燕居〉、〈孔子閒居〉是已。
> 至於《大戴》之可取，獨〈武王器銘〉。其槃扭摭於《荀子》
> 及〈賈誼疏〉中者。要之，二《記》，其整齊處可疑，瑣碎處
> 可揀。全匹錦出後人機杼，古造鴛鴦團窠多存片段也。[41]

賴氏所謂的「不唯〈學〉、〈庸〉為然」，表示在德川時期的士人不太
重視《禮記》中〈大學〉、〈中庸〉以外的部分。[42]反之，賴襄高度評

---

41 賴山陽：〈讀大小戴記〉，收入兒玉慎（編）：《山陽先生書後》（天保三年（1832）
　刊本），卷上。

42 例如：山鹿高祐（素行，1622-1685）曰：「〈中庸〉一書雜在《禮記》中（原文：
　〈中庸〉の一書、雜りて《禮記》中にあり）。」（《山鹿語錄》）素行雖然否定朱子

價其他諸篇，如〈表記〉、〈緇衣〉、〈坊記〉、〈樂記〉、〈玉藻〉等。但
另一方面，他還是將〈禮運〉、〈禮器〉、〈儒行〉、〈仲尼燕居〉、〈孔子
間居〉視為秦漢之作，似不甚承認這些篇在思想史上，或者文獻上的
價值。《禮記》因其集成性質，有著複雜的成書過程。及至今日，在
日本不止前述服部、桂等人，包括武內義雄、津田左右吉、藤川（內
野）熊一郎、石黑俊逸、武田熙、常盤井賢十、宇野精一、山本巖、
井上亘在內有不少學者討論過此問題，但仍是無法解決《禮記》文獻
學研究的重點。在本節，筆者擬整理前人對《禮記》文獻學的研究
成果。

　　首先是服部宇之吉。針對《禮記》的成立過程，服部〈禮記解
題〉舉出了三個要點。第一，《禮記》的原本。服部說：

　　　　《小戴記》稱為是抽出《大戴記》的精華，根據我的看法，不
　　　　僅是抽出《大戴記》的要點，採用大戴不採的材料而完成四十
　　　　九篇。（中略）既然二戴各立一家，雖然同樣取於當時的記而
　　　　為自說的根據，可是他們取捨的基準一定不同，此點情理上不
　　　　可懷疑。[43]

《經典釋文・序錄》引晉陳邵（生卒年未詳）〈周禮論序〉說：

　　學而傾心古文辭學，但與尊重〈中庸〉、〈大學〉的伊藤仁齋不同，他不能接收雜駁
　　的《禮記》中存在著作為聖典的〈大學〉、〈中庸〉。

43 服部宇之吉：《禮記》，頁6。原文：「小戴ノ記ハ大戴記ノ要ヲ取ルト稱セラルル
　　モ、私見ニヨレバ、嘗ニ大戴記ノ要ヲ取リシノミナラズ、大戴ノ採ラザリシモノ
　　ヲモ採リテ、記四十九篇ヲ成セルナラン。（中略）二戴既ニ各、自ラ一家ヲ成セ
　　ル以上、同ジク當時ノ記ニ取リテ其據ル所ト為スモ、取舍ノ標準ヲ異ニシタラン
　　コトハ情理上疑フベカラズ。」

戴德刪古禮二百四篇為八十五篇，謂之《大戴禮》；戴聖刪
《大戴禮》為四十九篇，是為《小戴禮》。[44]

服部與陳邵不同，認為《禮記》的成立過程沒有那麼單純，指出《大
戴禮記》中〈哀公問〉、〈投壺〉、〈禮察〉、〈曾子大孝〉與《禮記》中
〈哀公問〉、〈投壺〉、〈經解〉、〈祭義〉有共同之處，又說：「可見
《小戴》之於《大戴》也，不僅刪要。」[45]

　　第二，關於《禮記》的篇數。《隋書‧經籍志》對於《禮記》的
成立過程說明如下：

漢初，河間獻王又得仲尼弟子及後學者所《記》一百三十一篇
獻之，時亦無傳之者。至劉向考校經籍，檢得一百三十篇，向
因第而敘之。又得《明堂陰陽記》三十三篇、《孔子三朝記》
七篇、《王史氏記》二十一篇、《樂記》二十三篇，凡五種，合
二百十四篇。戴德刪其煩重，合而記之，為八十五篇，謂之
《大戴記》。而戴聖又刪大戴之書，為四十六篇，為之《小戴
記》。漢末馬融遂傳小戴之學。融又定〈月令〉一篇、〈明堂

---

44 〔唐〕陸德明：〈序錄〉，《經典釋文》（上海：上海古籍出版社，1984年12月），卷
　　1，頁43-44。

45 服部宇之吉《禮記》，頁7。原文：「小戴ノ大戴二於ケルハ、僅二刪要二止マラザ
　　リシヲ見ルベシ。」關於此點，清戴震〈大戴禮記目錄後語一〉已經說過：「《隋
　　志》言：『戴聖刪大戴之書為四十六篇，謂之《小戴禮》。』殆因所亡篇數，傳合為
　　是言歟？其存者，〈哀公問〉及〈投壺〉，《小戴記》亦列此二篇，則不在刪之數矣。
　　他如〈曾子大孝〉篇見於〈祭義〉，〈諸侯釁廟〉篇見於〈雜記〉，〈朝事〉篇自『聘
　　禮』至『諸侯務焉』見於〈聘義〉，〈本命〉篇自『有恩有義』至『聖人因教以制
　　節』見於〈喪服四制〉。凡大、小戴兩見者，文字多異。《隋志》已前，未有謂小戴
　　刪大戴之書者，則《隋志》不足據也，所亡篇目不存或兩見實多耳。」〔清〕戴震：
　　《戴震文集》，（北京：中華書局，《中國歷史文集叢刊》，1980年12月），頁16-17。

位〉一篇、〈樂記〉一篇，合四十九篇；而鄭玄受業於融，又
為之注。[46]

依據《隋書・經籍志》的紀錄，西漢戴聖（生卒年未詳）所編輯的原
本是四十六篇，後來東漢馬融（79-166）加入〈月令〉、〈明堂
位〉、〈樂記〉三篇，最終成為四十九篇。對此，服部舉出了三個理由來否
定《隋書・經籍志》的看法。其一，馬融門下的鄭玄只說：「戴聖傳
《禮》四十九篇」而已（《禮記正義》引〈六藝論〉），[47]未曾言其師馬
融增益三篇；其二，根據鄭玄《三禮目錄》，《小戴禮記》的〈月
令〉，在劉向（西元前77-前6）〈別錄〉中屬於《明堂陰陽》；[48]其三，
馬融並不在《禮記》傳授系統內。[49]基於這三個理由，服部認為，根

46　〔唐〕魏徵、令狐德棻：《隋書》（北京：中華書局，1973年），卷32，頁925-926。

47　〔漢〕鄭玄（註）、〔唐〕孔穎達（正義）：《十三經注疏・禮記正義》（臺北：藝文
　　印書館，1955年），卷1，頁9。

48　〈鄭目錄〉云：「名曰〈月令〉者，以其記十二月政之所行也。本《呂氏春秋》十
　　二月紀之首章也，以禮家好事抄合之，後人因題之名曰《禮記》，言周公所作。其
　　中官名、時、事多不合周法。此於別錄屬《明堂陰陽記》。」《十三經注疏・禮記正
　　義》，卷14，頁278。

49　服部沒註明其根據，可是，此三點可能是根據《四庫提要》。《四庫提要》說：「今
　　考《後漢書・橋玄傳》云：『七世祖仁著《禮記章句》四十九篇，號曰橋君學。』
　　仁即班固所謂『小戴授梁人橋季卿』者，成帝時嘗官大鴻臚，其時已稱四十九篇，
　　無四十六篇之說。又孔疏稱：『別錄《禮記》四十九篇，〈樂記〉第十九。』四十九
　　篇之首，疏皆引鄭目錄，鄭目錄之末，必云『此於劉向別錄屬某門』。〈月令目錄〉
　　云：『此於別錄屬《明堂陰陽記》。』〈明堂位目錄〉云：『此於別錄屬《明堂陰陽
　　記》。』〈樂記目錄〉云：『此於別錄屬《樂記》，蓋十一篇，合為一篇。』則三篇皆
　　劉向別錄所有，安得以為馬融所增。疏又引玄〈六藝論〉曰：『戴德傳記八十五
　　篇，則《大戴禮》是也。戴聖傳禮四十九篇，則此《禮記》是也。』玄為馬融弟
　　子，使三篇果融所增，玄不容不知，豈有以四十九篇屬戴聖之禮。況融所傳者乃
　　周禮，若小戴之學，一授橋仁，一授楊榮，後傳其學者，有劉祐、高誘、鄭玄、盧
　　植，融絕不預其授受，又何從而增三篇乎？知今四十九篇，實戴聖之原書，隋志誤
　　也。」〔清〕紀昀等：《四庫全書總目》（臺北：藝文印書館，1967年1月），卷21，

本沒有馬融操作的可能性，否定《隋書‧經籍志》所主張的馬融增入
三篇說。

第三，《漢書‧藝文志》沒舉出兩《戴記》，甚至在《漢書》整體
中也完全看不到兩《戴記》的痕跡。可是，戴德（生卒年未詳）、戴
聖皆西漢之人。假使編撰《漢志》時已經存在著戴德、戴聖之書，
《漢書》怎麼沒提到呢？關於這點，服部說明：

> 根據鄭玄《三禮目錄》，明顯地知道《小戴記》的各篇都列在
> 劉向〈別錄〉中，而〈漢志〉之所以不錄，是因為兩《戴記》
> 在取材之際，無取於所謂《記》一百三十一篇以外的文獻而
> 已。[50]

服部經過這三點的討論，承認《禮記》是西漢末年戴聖編輯的。

《漢文大系‧禮記》出版的翌年，桂祐孝《禮記國字解》也出版
了。他認為，《禮記》的原本有兩種：第一原本為河間獻王所蒐集的
「百三十一篇」；第二原本是戴德刪古《禮》二一四篇而成的《大戴

頁443。除了說到橋仁以外，都與服部的觀點一樣。但筆者認為，《四庫提要》的看
法有一些問題，關於橋仁《後漢書‧李陳龐陳橋列傳》有「從同郡戴德學，著《禮
記章句》四十九篇」的記述。〔宋〕范曄：《後漢書》（北京：中華書局，1965年5
月），卷51，頁1695。可看出他的《禮記章句》可能是繼承戴德的學問。又對於
《禮記》與馬融的關係，《後漢書‧馬融列傳》說：「（融）注《孝經》、《論語》、
《詩》、《易》、《三禮》、《尚書》、《列女傳》、《老子》、《淮南子》、《離騷》」（卷50
上，頁1972），或者在《後漢書‧吳延史盧趙列傳》中盧植云：「臣少從通儒故南郡
太守馬融受古學，頗知今之《禮記》特多回宂。」（卷64，頁2116）由此可見，馬
融與《禮記》之間一定有密切的關係。

50 服部宇之吉：《禮記》，頁7-8。原文：「鄭玄三禮目錄二據レバ、小戴記ノ各篇ハ劉
向ノ別錄二其名ヲ列スルコト明ナリ、而シテ獨リ成書ヲ錄セザリシ所以ハ、二戴
ノ記其取材二於テ、所謂禮ノ記百三十一篇ノ外二出デシモノ無キニヨルノミ。」

記》，最後是戴聖刪《大戴記》而定的四十九篇，這就是現在的《禮記》。桂站在這個基本立場，一方面根據《四庫提要》的記述，[51]否定《隋書‧經籍志》的馬融增入三篇說，另一方面反對《初學記》的看法。《初學記‧經典》說：

> 《禮記》者，本孔子門徒共撰所聞也。後通儒各有損益，子思乃作〈中庸〉，公孫尼子作〈緇衣〉，漢文時博士作〈王制〉，其餘眾篇皆如此例。至漢宣帝世，東海后蒼善說禮，於曲臺殿撰禮一百八十篇，號曰《后氏曲臺記》。后蒼傳於梁國戴德及德從子聖，乃刪《后氏記》為八十五篇，名為《大戴禮》；聖又刪《大戴禮》為四十六篇，名為《小戴禮》。其後諸儒又加〈月令〉、〈明堂位〉、〈樂記〉三篇，凡四十九篇，則今之《禮記》也。[52]

《初學記》認為，戴德首先刪定西漢后蒼（生卒年未詳）《曲臺記》一八○篇，戴聖再刪為四十六篇。反之，桂根據《漢志》：「《曲臺后倉》九篇」[53]而批判《初學記》所云《曲臺記》「一百八十篇」。[54]但是，桂說除了馬融增三篇說以外，大部分是依據《隋書‧經籍志》的紀錄。

安井朝康《國譯禮記》與桂不同，完成否定《隋書‧經籍志》的看法。他認為，二戴根據各自所參看的原本，各自獨立編輯《大戴記》與《小戴記》。他也依照《四庫提要》而否定馬融增加三篇的說

---

51 請參本章註49。

52 〔唐〕徐堅等：《初學記》（北京：中華書局，1962年1月），卷21，頁498-499。

53 〔漢〕班固：《漢書》（北京：中華書局，1962年6月），卷30，頁1709。

54 桂湖村：〈敘說‧禮記の編纂〉，《禮記國字解（上）》，頁2-4。

法，[55]此點與服部相似。林泰輔《禮記》也站在與安井相同的立場，同時批判性繼承清戴震（1724-1777）的看法，指出《大戴禮記》與《禮記》之間的相同性，主張戴聖無刪定大戴之書的道理，將《大戴禮記》與《禮記》看作姊妹篇。[56]

　　武內義雄（1886-1966）〈儒學史資料として見たる兩戴記〉，[57]整理了李唐以前的諸說為四說：即鄭玄〈六藝論〉說、陳邵〈周禮論序〉說、《隋書‧經籍志》說以及《初學記》說。首先懷疑的是，沒有其他旁證且不符合《漢書‧藝文志》的《初學記》說。他又認為〈六藝論〉雖然最古，但全本已亡佚，故不可信。再加上武內認為，《隋書‧經籍志》一方面說兩《戴記》源於《記》一三〇篇、《明堂陰陽》三十三篇、《孔子三朝記》七篇、《王史氏記》二十一篇以及《樂記》二十三篇等的共二一四篇，另一方面說馬融加以〈月令〉、〈樂記〉、〈明堂〉，此互相矛盾。於是，他贊同唯一剩下的陳邵說。《經典釋文‧序錄》說：

> 後漢馬融、盧植考諸家同異，附戴聖篇章，去其繁重及所欽（敘）略而行於世，今之《禮記》是也。鄭玄亦依盧、馬之本而注焉。[58]

武內認為這也是陳邵之語，並根據此文中「去其繁重及所敘略」和唐

---

55 安井小太郎：〈禮記解題〉，《國譯禮記》，頁7。

56 林泰輔：〈禮記解題〉，《禮記》，頁7-8。

57 武內義雄：〈儒學史資料として見たる兩戴記〉，《內藤博士還曆祝賀支那論叢》（京都：弘文堂，1926年5月），頁445-473，後收入《武內義雄全集》，第3卷（東京：岩波書店，1979年1月），頁420-442。另有江俠庵（編譯）：《先秦經籍考》（上海：商務印書館，1933年10月），頁153-185改題為〈兩戴記考〉。

58 陸德明：〈序錄〉，《經典釋文》，卷1，頁44。

杜佑（735-812）《通典》所說的「戴聖又刪大戴之書為四十七篇」，[59]
而推測《小戴記》原來有四十七篇。武內說：

> 要之《大戴禮》八十五篇，乃刪除劉向未校之舊《記》二百四
> 篇而成，而戴聖又刪大戴之書，為四十六篇，加〈敘略〉一
> 篇。迨劉向校理六藝諸子時，於《小戴記》中加〈月令〉、〈明
> 堂位〉、〈樂記〉三篇，而定《禮記》為四十九篇。其後注《禮
> 記》者，皆依劉向新定本。橋仁著《禮記章句》四十九篇，曹
> 充傳《禮記》四十九篇，皆從劉向本。當馬融注《禮記》時，
> 亦據劉向本，而改定補足小戴本，至鄭玄注《禮記》，則據馬
> 融本。[60]

---

59 杜佑《通典》說：「初獻王又得仲尼弟子及後學者所記百四十一篇。至劉向考校經
籍，纔獲百三十篇，向因第而敘之，而又得《明堂陰陽記》二十二篇、《孔子三朝
記》七篇、《王氏史記》二十篇、《樂記》二十三篇，摠二百二篇。戴德刪其煩重，
合而記之，為八十五篇，謂之《大戴記》。而戴聖又刪大戴之書，為四十七篇，謂
之《小戴記》。馬融亦傳小戴之學，又定〈月令〉、〈明堂位〉，合四十九篇。鄭玄受
業於融，復為之注。」見〔唐〕杜佑（撰），長澤規矩也、尾崎康（校訂）、韓昇
（譯訂）：《宮內廳書陵部藏北宋版通典》（上海：上海人民出版社，2008年4月），
卷2，頁418-419。武內以為此「四十七篇」包括〈敘略〉一篇，可是杜佑認為馬融
加以〈月令〉、〈明堂位〉二篇而已，也就是說，杜佑「四十七篇」中已經有〈樂
記〉。由此可見，杜佑所說的「四十七篇」中，不包括〈敘略〉，武內可能有所誤解。
60 武內義雄：〈儒學史資料として見たる兩戴記〉，《武內義雄全集》，第3卷，頁425；
江氏譯書，頁160-161。原文：「これを要するに、大戴禮八十五篇は劉向未校の舊
記二百四篇を刪略して作れるものにして、戴聖は更に大戴の書を刪略して四十六
篇となして敘略一篇を加へしが、劉向が六藝諸子を校理するに當り、小戴禮に月
令・明堂位・樂記の三篇を加へて禮記四十九篇を定め、その後禮記を注するもの
みな劉向新定本によれり。橋仁が禮記章句四十九篇を著はし、曹充の禮記四十九
篇を傳へたる、みな劉向本によれるなるべく、馬融が禮記を注するに當りてもま
た劉向本により小戴本を改定し補足し、而して鄭玄の禮記は馬融本によれるな
るべし。」

他所說的「橋仁著《禮記章句》四十九篇」指《後漢書‧李陳龐陳橋
列傳》：

> 橋玄字公祖，梁國睢陽人也。七世祖仁，從同郡戴德學，著
> 《禮記章句》四十九篇，號曰「橋君學」。成帝時為大鴻臚。[61]

「曹充傳《禮記》四十九篇」，武內固然說「曹充」，可能是根據《後
漢書‧張曹鄭列傳》的記述：

> （曹）襃博物識古，為儒者宗。十四年，卒官。作《通義》十
> 二篇、《演經雜論》百二十篇，又傳《禮記》四十九篇，教授
> 諸生千餘人，慶氏學遂行於世。[62]

如此，武內著眼於「四十九篇」而舉例。但是，橋仁（生卒年未詳）
既然「從戴德學」，他一定是劉向以前的人，應不能用「劉向本」。又
橋仁是戴德的弟子，曹襃（？-102）則是慶氏學系統中的人，[63]大戴、
小戴、慶氏三家當時各自立一家，他們為何會使用戴聖編輯的《小戴
記》。此點，筆者認為不夠清楚。

另外，武內嘗試證明小戴刪《大戴記》之說。他先根據清丁晏
（1794-1875）《佚禮扶徵》[64]等而復原《大戴記》的損佚部分，總共
得到三十篇的佚篇。而後談到原本《大戴記》與《小戴記》之間的關

---

61 《後漢書》，卷51，頁1695。

62 同前註，卷35，頁1205。

63 《後漢書‧儒林列傳》：「建武中，曹充習慶氏學，傳其子襃，遂撰漢禮，事在襃
傳。」（卷79下，頁2576）

64 〔清〕丁晏：《佚禮扶徵》（清光緒十四年江陰南菁書院刊本）。

係，發現原本《大戴記》之中十六篇是類似於《小戴記》，[65]終於承認原本《大戴記》包括《小戴》四十六篇之大部分，而做出「謂小戴刪節大戴而成書者，決非空論矣」[66]的結論，支持陳邵之說。[67]

接著是津田左右吉（1973-1961）〈禮記及び大戴禮記の編纂時代について〉。[68]他在開頭部分說：

一般來說，《禮記》四十九篇為西漢宣帝時代前後的學者戴聖（小戴）編纂的，又《大戴禮記》為同時代的戴德（大戴）編輯的。但事實果真如此嗎？筆者認為不僅要懷疑，進而還要否定此說。[69]

---

65 〈（大戴）曲禮／（小戴）同〉、〈檀弓／同〉、〈王制／同〉、〈曾子問／同〉、〈文王世子／同〉、〈禮運／禮運記〉、〈禮器／同〉、〈玉藻／同〉、〈大傳／同〉、〈雜記／同〉、〈祭典／祭法〉、〈曾子大孝／祭義〉、〈禮察／經解〉、〈哀公問於孔子／哀公問〉、〈奔喪／同〉、〈投壺／同〉。請參考武內義雄：〈儒學史資料として見たる兩戴記〉，《武內義雄全集》，第3卷，頁432-434。

66 武內義雄：〈儒學史資料として見たる兩戴記〉，《武內義雄全集》，第3卷，頁434；江氏譯書，頁174。原文：「小戴は大戴を刪略せしといふ傳説の空論にあらざるを知る。」

67 武內另外有〈曲禮考〉，《支那學》第2卷第1號（1921年9月），頁11-27、〈先秦學術史上に於ける中庸の位置〉，《支那學》第2卷第9號（1922年5月），頁17-28、〈禮運考〉，《支那學》第2卷第11號（1922年7月），頁16-26、〈大學篇成立年代考〉，《支那學》第3卷第9號（1924年9月），頁20-27等。

68 津田左右吉：〈禮記及び大戴禮記の編纂時代について〉，《史學雜誌》第42編第2號（1931年2月），頁1-40，後收入《津田左右吉全集》，第16卷（東京：岩波書店，1965年1月），頁439-469。

69 津田左右吉：〈禮記及び大戴禮記の編纂時代について〉，頁1。原文：「普通の説では、四十九篇の禮記は前漢の宣帝ごろの學者戴聖（小戴）の、又た大戴禮記は同じ時代の戴德（大戴）の、編纂したものとせられてゐる。が、これは果して事實であらうか。余はそれを疑ふのみならず、一歩進んでは、それを否定しなければならぬと思う。」

在此，津田的立場十分明顯，他想否定以往一般的看法。

津田最大的疑點，在於《漢書‧藝文志》中未著錄大戴、小戴之書，而且《漢書‧儒林傳》兩戴事蹟中也沒提到兩《戴記》。於是，他考察作為叢書名的「禮記」。自從西漢末期到東漢初期的書中常常看到「禮記」的文辭，例如：《漢書》中有「禮記」（〈郊祀志〉、〈梅福傳〉等）、「禮記‧祀典」（〈郊祀志〉、〈韋玄成傳〉等）、「禮記‧王制」（〈韋玄成傳〉）、「禮‧明堂記」（〈王莽傳〉）。另外，《白虎通》中也有「禮記‧諡法」、「禮記‧祭義」、「禮記‧三正」、「禮‧中庸記」、「禮‧別名記」、「禮‧保傅記」、「禮‧五帝記」、「禮‧王度記」、「禮‧親屬記」、「禮‧曾子記」、「禮‧奔喪記」等等。《白虎通》中又有「禮‧祭統」、「禮‧祭法」、「禮‧玉藻」、「禮‧郊特牲」、「禮‧檀弓」等的記述。津田根據如上資料說：

> 由此可知，自從西漢末到東漢初，名為「禮記」的叢書，包括現今四十九篇《禮記》與《大戴禮記》諸篇的大部分。不作區別同樣稱為「禮記」，由於「禮記」是一部叢書之名，豈不是可自然地推測當時（筆者注：僅有一部叢書稱為「禮記」）不另存四十九篇《禮記》和《大戴禮記》。[70]

加之，津田指出《白虎通》提及〈樂記〉之際，沒寫「禮記樂記」、

---

70 同前註，頁8-9。原文：「以上説いて來たところによつて、前漢の末から後漢の初にかけて禮記と名づけられてゐた叢書は、今の四十九篇の禮記と大戴禮記とに編入せられてゐる諸篇の多くを含んでゐたことが知られるのであるが、それらの諸篇が一樣に禮記と稱せられてゐて、其の間に何の區別も無く、而も禮記が一つにまとめられた叢書の名であるのを見ると、そのころ、それとは別に、四十九篇の禮記と大戴禮記との二つの叢書が存在しなかつたことは、おのづから推測せられるのではあるまいか。」

「禮樂記」而必云「樂記」，因此認為，在東漢初年《禮記》與《樂記》各自存在。順著這樣的看法，他向《後漢書·橋玄傳》、《禮記正義·樂記篇》題下、[71]《經典釋文》[72]等的記述提出質疑，甚至將《漢書》所記錄的魯恭王（？-西元前128）及河間獻王（？-西元前129）發現「禮記」的故事也當作後人附會。

那麼，津田認為四十九篇《禮記》與《大戴禮記》何時編纂呢？依上述的脈絡，一定是在《白虎通》以後，鄭玄以前。於是，津田注意到《後漢書·曹襃傳》「傳《禮記》四十九篇」的記事。曹襃是東漢和帝時的人，永元十四年（79）過世，與班固同時，或者為班固的後輩。《後漢書》的記述雖然是「傳《禮記》」，但津田認為四十九篇《禮記》是曹襃編纂，教授門人之用。而後經過後人整理曹襃由「《記》百三十一篇」抽出四十九篇《禮記》之後剩下的部分而成書，即是《大戴禮記》。要之，就津田的角度來看，首先從「記百三十一篇」中抽出精華而成《禮記》，而後整理其殘餘而編纂《大戴禮記》。所以鄭玄〈六藝論〉只稱「禮記」、「大戴禮記」，而大戴之學後來衰退，是因為《大戴禮記》缺少精華的部分。津田的這種看法，因為出人意料，的確十分有趣，且格外有魅力。但是，筆者認為，津田利用資料的方法，如：他似隨意否定古文獻的資料性等，有不少問題。

71　《十三經注疏·禮記正義》，卷37：「案〈別錄〉，《禮記》四十九篇，《樂記》十一篇，則《樂記》十一篇入《禮記》也在劉向前矣。」（頁662）

72　陸德明〈序錄〉：「劉向〈別錄〉有四十九篇，其篇次與今《禮記》同。」（《經典釋文》，卷1，頁43-44）其他，津田舉出了《三國志·蜀書·秦宓傳·裴松之注》：「劉向〈七略〉曰，孔子三見哀公，作《三朝記》七篇，今在《大戴記》。」（見〔晉〕陳壽：《三國志》〔北京：中華書局，1959年12月〕，卷38，頁974）及《史記·五帝本紀·索隱》曰：「劉向〈別錄〉云，孔子見魯哀公問政，比三朝，退而為此記，故曰三朝。凡七篇，並入《大戴記》。」（見《史記》〔北京：中華書局，1959年9月〕，卷1，頁4）。

藤川（內野）熊一郎（1904-2002）〈月令諸文考〉，[73]僅看題目並不知道，此文大部分是仔細論及《禮記》整體的成書問題。藤川認為，《禮記》展開的情況有三個階段：第一，「先秦原本《禮記》」由西漢高堂生（生卒年未詳）而今文化；第二，經過后蒼的撰定而傳到兩戴，明顯地分成八十五篇與四十九篇，造成以後的后、戴今文《禮記》流行；另外，漢景帝（西元前157-前141在位）時「先秦古文原本《禮記》」始出現，此非「《記》百三十一篇」本，也非兩《戴記》的原據本。所以此「先秦古文原本《禮記》」在西漢隱微於世，到東漢才盛行。馬融、盧植（？-192）等參考之，將「今文《小戴記》」加以考注，而形成「古學性《禮記》」。[74]進而鄭玄用「今文《小戴記》」、「古學的《禮記》」以及「古文《禮記》」等考校校定，終於定立「古今文混成《禮記》」，此就是第三階段。那麼，他所謂的「先秦古文原本《禮記》」為何呢？藤川一方面將〈王制〉、〈經解〉、〈明堂位〉、〈祭法〉、〈文王世子〉等諸篇看作漢人之作，另一方面根據《禮記・月令》「王瓜生」[75]及「……以獵」[76]的鄭《註》「今月令云『王蕡生』」、「今月令『獵』為『射』」，而指出此「今〈月令〉」皆表示「今文小戴〈月令〉」，鄭玄校勘時，不依「今文小戴〈月令〉」而依「古文〈月令〉」。換言之，藤川承認「先秦古文原本《禮記》」中已經包括〈月令〉這一篇。如此，他第一個獨特之處是強烈地意識古文和今文之差，將「《記》百三十一篇」與「先秦古文原本《禮記》」分

---

73 藤川熊一郎：〈月令諸文考〉，《東方學報（東京）》第5冊（1934年12月），頁325-417。

74 原文：「古學的禮記」。藤川所謂的「古學的《禮記》」不是「古文《禮記》」，也不是後來鄭玄定立的「古今文混成《禮記》」，而是以今文《小戴記》為底本，根據古文文獻而加以若干修改的《禮記》。

75 《十三經注疏・禮記正義》，卷15，頁306。

76 《十三經注疏・禮記正義》，卷17，頁339。

別考慮，第二是著眼於《小戴記》與《慶氏禮記》皆是四十九篇，而指出四十九篇的體裁原先是由戴聖與慶普（生卒年未詳）的師傅后蒼所預先定下。[77]筆者認為，這兩點相當值得參考。

　　石黑俊逸（1914-？）〈禮記成立に關する一考察〉[78]一文也以《隋志》的記述為端緒開始論述，尤其針對《隋書・經籍志》所說的小戴刪大戴之說。石黑首先介紹清儒對《隋志》的看法；如錢大昕（1728-1804）〈跋大戴禮記〉說：

> 鄭康成〈六藝論〉但云：「戴德傳《記》八十五篇；戴聖傳四十九篇。」別無小戴刪大戴之說。今此書（《大戴禮記》）與《小戴》略同者凡六篇，可證其非刪取之餘。[79]

戴震也與錢說相同，[80]又王聘珍（生卒年未詳）、[81]陳壽祺（1771-1834）[82]等人強調大戴、小戴及慶普是師兄弟，皆否定《隋書・經籍志》的記述。石黑經過與《大戴禮記》比較後，在這一點上同意清儒

77　雖然藤川沒提出根據，但宋鄭樵〈三禮總辨〉已說：「與夫后蒼《曲臺雜記》數萬言而已，今之《禮記》是也。」（見《六經奧論》，卷5，收入《景印文淵閣四庫全書》〔臺北：臺灣商務印書館，1986年〕，第184冊，頁96）。

78　石黑俊逸：〈禮記成立に關する一考察〉，《斯文》第21編第1號（1939年1月），頁27-47。

79　錢大昕：《潛研堂文集》，卷27，收入陳文和（主編）：《嘉定錢大昕全書》（南京：江蘇古籍出版社，1997年12月），第9冊，頁441。

80　請參本章註45。

81　清阮元〈王實齋大戴禮記解詁序〉所引：「大戴與小戴同受業于后倉，各取孔壁古文記，非小戴刪大戴，馬融足小戴也。」見《揅經室集》（北京：中華書局，1993年5月），上冊，卷11，頁245。

82　清陳壽祺〈大小戴禮記攷〉說：「二戴慶氏，皆后倉弟子。惡得謂小戴刪大戴之書耶。」見《左海經辨》，卷上，收入《續修四庫全書》（上海：上海古籍出版社，2002年），第175冊，頁418。

的看法。另一方面，他根據唐陸德明（550？-630）：「漢劉向〈別錄〉有四十九篇，其篇次與今《禮記》同，名為他家書拾撰所取，不可謂之《小戴記》」、陳邵：「後漢馬融、盧植考諸家同異，附戴聖篇章，去其繁重及所敘略」，再加上鄭目錄中的〈樂記〉篇次與現在的不同，他肯定《禮記》原本是由戴聖編輯，且承認戴聖所編輯的《小戴記》後來經過鄭玄以後的人整理而形成今本的體裁。但他認為，東漢人改編不大，基本上是按照小戴原書。既然《小戴記》在劉向之前已存在，為何《漢書・藝文志》未加著錄？清毛奇齡（1623-1713）的見解如下：

> 及漢成時劉向校經，始取《記》百三十篇。以為此仲尼弟子及後學者所共撰，而增《明堂陰陽》、《孔子三朝》及《王史氏記》，合得二百十四篇，然猶未名為「禮記」也。沿至東漢，始有四十六篇之《禮記》，流傳人間，而馬融直增入〈月令〉一篇、〈明堂位〉一篇、〈樂記〉一篇凡三篇，合得四十九篇。[83]

按毛說，要到東漢始有四十六篇《禮記》，因此戴德、戴聖與《禮記》無關。反之，石黑最後藉由錢大昕、[84]陳壽祺之言，[85]討論此點；而與服部一樣，得出因為《禮記》諸篇都已收錄在其他文獻中，班固沒有必要做出別的結論。

---

83 〔清〕毛奇齡：《經問》，卷3，收入《景印文淵閣四庫全書》，第191冊，頁35。

84 錢大昕《廿二史考異・漢書二・藝文志》說：「志不別出記四十九篇者，統於百三十一篇也。」見陳文和（主編）：《嘉定錢大昕全書》，第9冊，頁177。

85 陳壽祺〈大小戴禮記攷〉說：「二戴所傳記，《漢志》不別出，以其具於百三十一篇記中也。」見《左海經辨》，卷上，收入《續修四庫全書》，第175冊，頁417。

常盤井賢十（1906-？）〈大小戴禮記成立考〉[86]與津田左右吉一樣，透過分析從西漢末到東漢初《說苑》、《白虎通》、《漢書》中的「禮記」之句，確定其中不存在《大戴禮記》和《小戴禮記》的區別。但是，常盤井的結論與津田不同。津田認為既然西漢末的文獻中沒有大戴、小戴的記述，當時相當於《大戴記》、《小戴記》的書也應該不存在。反之，常盤井說：

> 可是，在后倉門下學習的大小戴及慶普等，當講《士禮》十七篇即《儀禮》的經文之際，應該會採用很多學者的禮說來輔助自己的學說，或是用來說明。所以兩《戴記》雖然在西漢末期已經成立，可是，至少到東漢初期前後僅在各學派內偷偷地使用而已，所以外部的人皆不知其存在。因此，在世間，如包括《漢志》所謂《記》百三十一篇的〈周禮論序〉二百四篇，或是《隋志》所謂的二百十四篇者，作為所記諸儒的禮說，廣泛被稱為「禮記」。引用之時，如《說苑》、《白虎通》、《漢書》等，只說「《禮記》」、「《禮》」，或者說「《禮記‧何何》」、「《禮‧何何記》」，又說「《禮‧何何》」、「《何何記》」。再加上只提及篇名，或許有如此的習慣。[87]

86　常盤井賢十：〈大小戴記成立考〉，《日本中國學會報》第8集（1956年10月），頁36-42。

87　同前註，頁41。原文：「しかし后倉の門に學んだ大小戴及び慶普等が士禮十七篇即ち儀禮の經文を講ずるに當り、多くの學者の禮說をとつて自己の學說の補助乃至說明の用に供したであらうことは十分考えられるところである。故に兩戴記は實質的には前漢末すでに成立していたと思われるが、少くとも後漢の初め頃までは、各學派の內部に於て極めて私的に取扱われ、外部の者には知られず、隨つて世間一般には漢志の記百三十一篇を含めた周禮論序にいう二百四篇、隋志にいう二百十四篇の如きものが、諸儒の禮說を記したものという意味で、汎く『禮の記』と通稱せられ、これらを引用する場合には、說苑・白虎通・漢書に見られる

常盤井認為，兩戴固然有編輯大戴、小戴之書，然而只在學派內使用，外部的人都看不到，所以《漢書・藝文志》未能記錄。常盤井最後根據劉向〈別錄〉中已有分類，而推論今本《大戴禮記》及《禮記》是從「《記》百三十一篇」各別抽出的。但是，若依照劉向〈別錄〉的記述，《禮記》一定是從「二百四篇」中抽出的，此一點，筆者就不能瞭解他的意思了。然而，常盤井論到《禮記》於西漢末傳授之際具有秘密性，雖然沒有明確的證據，卻非常有趣。

在常盤井出版的兩年後，宇野精一（1910-2008）寫了〈禮記成立に關する二三の問題〉。[88]他曾在〈禮記檀弓篇の性格〉中，透過與其他文獻——尤其是《春秋》的比較，認為〈檀弓〉的內容不全是假托，多半是根據事實（詳後述）。[89]接著，宇野在此文中分析《禮記》諸篇的相互關係及各篇應留意之處。第一，對《禮記》諸篇的相互關係，首先介紹姚際恆（1647-1715？）之言，[90]再指出了〈郊特牲〉與〈禮器〉、〈曲禮〉與〈玉藻〉中語句的類似性，以〈禮器〉、〈玉藻〉視為較晚出的作品。加之，〈雜記下篇〉「君子不奪人之喪，亦不可奪喪也」之句，亦在〈曾子問〉、〈服問〉、〈文王世子〉中有相似的表

如く、單に禮記、稀には禮といつたり、或は禮記何何・禮何何記、又は禮何何・何何記、若しくは單に何何と篇名だけを舉げるという慣習であつたのではなかろうか。」

88 宇野精一：〈禮記成立に關する二三の問題〉，《東京支那學報》第4號（1958年6月），頁34-43，後收入於《宇野精一著作集》，第2卷（東京：明治書院，1986年8月），頁363-374。

89 宇野精一：〈禮記檀弓篇の性格〉，《東京支那學報》第1號（1955年6月），頁91-104。

90 姚際恆認為〈雜記下〉「三年之喪，言而不語，對而不問」與〈閒傳〉「斬衰，唯而不對，齊衰，對而不言」比起來，〈閒傳〉後出（〔清〕杭世駿：《續禮記集說》，卷95，收入《續修四庫全書》〔上海：上海古籍出版社，1995年〕，第102冊，頁663）；又說到〈少儀〉與〈曲禮〉、〈內則〉的關係，認為〈少儀〉的成立時期是介於〈曲禮〉以後、〈內則〉以前（同前書，卷65）。

現。可是，宇野認為由於〈曾子問〉有「記曰」，〈服問〉也有「傳曰」，這兩篇的記述應較〈雜記下〉晚出；因〈文王世子〉是以這兩篇為前提，故又更晚。宇野談到〈雜記下〉與〈禮器〉的類似表現時，透過對內容的分析而認為〈雜記下〉比較早出。第二，在各篇應留意之處，宇野以〈文王世子〉中的記述為例，探討同一篇中的重複表現。關於這一點，清儒也已經討論過，但他們都將這種類似語句解作先後關係。宇野則按清陸奎勳（1663-1738）、齊召南（1703-1768）之言[91]與《荀子・王制》的王先謙（1842-1917）說，[92]認為是原先並行的存在，或者合併原篇的痕跡，而懷疑拘泥「篇數」的《禮記》文獻學研究。

　　如前所述，二十世紀前半有許多與《禮記》成立相關的研究。不過，在二戰後，雖還有山本巖（1941-）、南部英彥等的研究，[93]數量

91　〔清〕杭世駿：《續禮記集說》，卷36。陸奎勳說：「按河間獻王所上禮書，凡一百三十一篇。后蒼最明其業，著有《曲臺襍記》，大戴刪存八十五篇而其文猶簡；小戴存四十六篇而其文頗繁。然余觀此記，有文王為世子、教世子、周公踐阼諸篇題，則知小戴于併疊之中仍有標別之法。而今本從鄭氏所註，非復小戴之舊矣。」（《續修四庫全書》，第101冊，頁575）齊召南曰：「此文此節及下節教世子注並云，題上事當是古人竹簡紀事題識之名。下文周公踐阼同。」（同前書，頁581）

92　王先謙說：「〈樂論篇〉云：『其在序官也，曰修憲命，審誅賞，禁淫聲以時順修，使夷俗邪音不敢亂雅，太師之事也』，則序官是篇名。上文『王者之人』、『王者之制』等語，及各篇分段，首句類此者，疑皆篇名，應與下文離析，經傳寫雜亂，不可考矣。」見《荀子集解》（北京：中華書局，1988年9月），卷5，頁166。

93　山本巖：〈《禮記》成書考〉，《宇都宮大學教育學部紀要（第1部）》第35號（1984年12月），頁29-40，由於《漢志》未著錄《禮記》，論述劉向以前的戴聖原無任何著作，其次對《隋志》與《四庫總目》的說法逐一加以批判，最後通過與《白虎通》、《論衡》、《說文解字》所引《禮記》句的檢討，《禮記》的成書歸於永元十二年（100）以後、鄭玄以前。他的看法接近津田左右吉，可是，津田依據《後漢書》視曹褒為《禮記》的編者，反之，山本懷疑《後漢書》的記述。南部英彥：〈前漢代の制詔・上奏等に見える禮の辭句の引用について──前漢代における經術主義の一側面──〉，《集刊東洋學》第77號（1997年5月），頁1-21，則觀察從西漢初年到末年的制詔、上奏文中禮辭句的引用形式，這種研究方法相當值得參考。

卻大幅減少。反之，對各篇成立的研究大幅增加，例如：狩野直喜
（1868-1947）〈檀弓に就いて〉，[94]裏善一郎〈樂記篇の成立につい
て〉，[95]木村英一（1906-1981）〈禮記の大學篇について〉，[96]楠山春樹
（1922-2011）〈中庸の成立に關する漢初の資料〉，[97]伊東倫厚（1943-
2007）〈《禮記》坊記、表記、緇衣篇について──《子思子》殘篇の
再檢討──〉，[98]島邦男（1908-1977）〈禮記月令の成立〉，[99]松本幸男

---

94 狩野直喜：〈檀弓に就いて〉，《讀書籑餘》（東京：吉川弘文堂，1947年），頁315-
   319。

95 裏善一郎：〈樂記篇の成立について〉，《研究紀要（鹿兒島大學教育學部教育研究
   所）》第10卷（1958年12月），頁22-33，認為漢初河間獻王先匯集先秦樂相關的文獻
   而編纂《樂記》二十三篇，後來劉向將其二十三篇中的十一篇合為〈樂記〉一篇，
   收於《禮記》中。

96 木村英一：〈禮記の大學篇について〉，《東方學會創立十五周年記念東方學論集》
   （東京：東方學會，1962年），頁71-84，後收入於《中國哲學の探求》（東京：創文
   社，1981年），頁219-234。他透過與《禮記・王制》、《大戴禮記・保傳》等西漢初
   期諸文獻比較，把〈大學〉的成篇時期視為西漢初期。

97 楠山春樹：〈中庸の成立に關する漢初の資料〉，《漢魏文化》第4號（1963年10
   月），頁未詳。楠山根據《史記・平津侯列傳》公孫弘上書中有引用〈中庸〉、〈孔
   子世家〉中與子思有關的記述，與津田左右吉一樣，把〈中庸〉成立年代定於西漢
   武帝以後。

98 伊東倫厚：〈《禮記》坊記、表記、緇衣篇について──《子思子》殘篇の再檢
   討──〉，《東京支那學報》第15號（1969年6月），頁17-38。武內義雄與黃以周、簡
   朝亮相同，將《禮記》中的〈坊記〉、〈中庸〉、〈表記〉、〈緇衣〉四篇看作《子思》
   二十三篇的殘篇，又以〈中庸〉第二章到第二十章第一節為〈中庸本書〉，以第一
   章與第二十章第二節以後看作〈中庸說〉。將〈坊記〉、〈緇衣〉、〈表記〉的寫作時
   期定位在〈中庸本書〉與〈中庸說〉之間，參見《易と中庸の研究》（東京：岩波
   書店，1943年）。反之，伊東根據《鄭目錄》、《史記》、《後漢書》中都沒談到〈坊
   記〉、〈表記〉、〈緇衣〉與子思的關係等，而反對武內說。由於三篇中都有儒法折衷
   的看法，與董仲舒的思想共通，他認為此三篇作者就是董仲舒或是其弟子。

99 島邦男：〈禮記月令の成立〉，《集刊東洋學》第22號（1969年11月），頁1-20，後收
   入於《五行思想と禮記月令の研究》（東京：汲古書院，1971年3月），頁163-224。
   他把《禮記・月令》視為西漢宣帝時成篇，而後此〈月令〉屬於《大戴禮記》、《明
   堂陰陽記》，至馬融時才採編入《禮記》。

（1935-）〈禮記樂記篇の成立について〉、[100]片山一〈大學の作者と成立年代〉、[101]齋木哲郎（1953-）〈秦儒の活動素描──《尚書》堯典の改訂と《禮記》大學篇の成立をめぐって〉、[102]吉本道雅（1959-）〈檀弓考〉[103]和〈曲禮考〉、[104]山田崇仁（1970-）〈《禮記》中庸篇の成書時期について──N-gramモデルを利用した分析──〉[105]等。但一九

100　松本幸男：〈禮記樂記篇の成立について〉，《立命館文學》第300號（1970年6月），頁29-62。松本將《禮記‧樂記》與《史記‧樂書》中的〈樂記〉十一篇看作周末已成篇的〈樂記〉十一篇原貌，作為子夏學派的古樂說，並高度評價與《荀子‧樂論》所載重複的二篇。

101　片山一：〈大學の作者と成立年代〉，《大正大學綜合佛教研究所年報》第4號（1982年3月），頁83-97。他認為〈大學〉思想的論述期與成書期之間有一段距離，其思想在春秋末年到戰國初期已經形成，但成書於西漢初。

102　齋木哲郎：〈秦儒の活動素描──《尚書》堯典の改訂と《禮記》大學篇の成立をめぐって〉，《日本中國學會報》第38集（1986年10月），頁61-74，後收入《秦漢儒教の研究》（東京：汲古書院，2004年1月），頁92-116。武內義雄〈大學篇成立年代考〉根據〈大學〉所引用的《古文尚書‧大甲》與作為教育制度的「大學」的開始時間，而認為〈大學〉是在漢武帝到宣帝期成篇的。反之，齋木引陳夢家《尚書通論》、徐復觀《中國人性論史（先秦篇）》等的主張，談到〈大學〉與《尚書‧堯典》、秦儒的關係很密切，把〈大學〉的成篇時期定為秦朝到《淮南子》以前。在他之前，赤塚忠已有相同論點，請參赤塚忠：〈大學解說〉，《大學、中庸》（東京：明治書院，1967年4月），頁3-38。

103　吉本道雅：〈檀弓考〉，《古代文化》第44卷5號（1992年5月），頁38-46。吉本根據Bernhard Karlgren的語法研究（B. Karlgren, *On the Authenticity and Nature of the Tso-Chuan*[Goteborg : Elanders Boktryckeri Aketiebolag, 1926]），並透過與《論語》、〈曲禮〉、《孟子》、《左傳》、《國語》的比較而將〈檀弓〉當作戰國初中期的資料。

104　吉本道雅：〈曲禮考〉，收入小南一郎（編）：《中國古代禮制研究》（京都：京都大學人文科學研究所，1995年），頁117-163。詳後述。

105　山田崇仁：〈《禮記》中庸篇の成書時期について──N-gramモデルを利用した分析──〉，《中國古代史論叢（續集）》（2005年3月），頁97-143。山田的研究方法非常有特色。他採用在自然言語學分野使用的「N-gram模式」（美國的數學者Claude Elwood Shannon所提倡，調查如何文辭頻出的方法）與歷史言語學的方法（B. Karlgren等使用的分析方法，請參本章註103），把〈中庸〉分為三個部分，認為〈中庸〉最後在約西元前二五〇年成篇。

九〇年代,「荊門市郭店楚墓竹簡」(下文簡稱為「郭店楚簡」)、「上海博物館藏戰國楚竹書」(下文簡稱為「上博楚簡」)陸續發現,才重新開始《禮記》文獻學研究。不過,因戰國竹簡資料的性質,研究重點已不在於《禮記》本身的成書,而轉向《禮記》各篇的成篇問題。代表性的研究者,有澤田多喜男(1932-2009)、淺野裕一(1946-)、佐川繭子(1971-)、井上亘(1967-)、西山尚志(1978-)、井上了(1973-)等學者。[106]

　　首先是澤田多喜男〈郭店楚簡緇衣篇攷〉。[107]澤田指出了五個論點:第一,根據楚簡本,可以訂正今本的錯簡部分。澤田承認周桂鈿(1943-)的說法,[108]進而談到今本第四章與楚簡本第八章《詩》的引用部分。楚簡本第八章所引用《詩‧小雅‧節南山》的部分,今本第四章沒有,混入於第五章中。由此可知,後來發生錯簡。第二,由楚簡本與今本的相異,可知有後人附加的成分。澤田比較今本第三章與楚簡本第十二章、今本第二十四章與楚簡本第二十三章以及今本第十四章和楚簡本第十一章,找出後人所附加的部分。還有,關於楚簡本中沒有的今本第一章、第十六章,澤田視為後人所增。第三,按照楚簡所引用《尚書》的部分,可知《偽古文尚書》諸篇——即〈咸有一德〉、〈太甲〉、〈君牙〉、〈君陳〉等在戰國時代已存在,例如:楚簡

---

106 作為「郭店楚簡」〈緇衣〉基本性研究,有池田知久、近藤浩之等:〈郭店楚墓竹簡《緇衣》譯注(上)〉,收入東京大學郭店楚簡研究會(編):《郭店楚簡の思想史的研究》(東京:東京大學,2000年1月),卷3,頁4-63以及〈郭店楚墓竹簡《緇衣》譯注(下)〉,《郭店楚簡の思想史的研究》(2000年6月),卷4,頁11-113。後收入池田知久(編):《郭店楚簡儒教研究》(東京:汲古書院,2003年2月),頁5-118。

107 澤田多喜男:〈郭店楚簡緇衣篇攷〉,《郭店楚簡の思想史的研究》,卷3,頁66-89,後收入池田知久(編):《郭店楚簡儒教研究》,頁315-340,改題為〈郭店楚簡《緇衣》考索〉,也收入氏著:《《論語》考索》(東京:知泉書館,2009年1月),頁183-210。

108 周桂鈿:〈荊門竹簡《緇衣》校讀札記〉,杜維明等(著):《中國哲學》(瀋陽:遼寧教育出版社,1999年),第20輯,頁204-216。

本第三章引用〈伊誥〉之文，今本《尚書》無〈伊誥〉篇，但同樣文
句存在大家皆懷疑的今本〈咸有一德〉中。澤田由此主張，《僞古文
尚書》並不是虛造的，而是根據古來的資料。第四，透過檢討楚簡與
今本所引用《詩》部分的比較，澤田又看出後人整理的痕跡。再加
上，與袁梅（1924-）一樣，[109]澤田依據楚簡「如好緇衣」與《詩》
的記述，指出了「緇衣」一詞代表「戀人（情人）」的可能性。第
五，楚簡本與今本之間有章序的相異。關於此點，澤田說：

> 因此，楚簡《緇衣》，與其說是與今本相異的傳本，毋寧說是
> 後人費力增加章數、改變章序而引起錯簡之前的原〈緇衣〉
> 篇。[110]

澤田透過內容上的比較，認為楚簡本比今本有連貫性。

　　接著是淺野裕一〈郭店楚簡《緇衣》の思想史的意義〉。[111]武內
義雄曾根據《隋書・音樂志》所引的沈約說、[112]唐馬總（？-823）
《意林》所引「子思子」的紀錄，把〈中庸〉、〈表記〉、〈坊記〉、〈緇
衣〉四篇當成《漢書・藝文志》所著錄「《子思》二十三篇」的一部

---

109 袁梅：《詩經譯注》（濟南：齊魯書社，1985年1月），頁239-240。

110 澤田多喜男：〈郭店楚簡緇衣篇攷〉，頁81，或是〈郭店楚簡《緇衣》考索〉，頁
　　334。原文：「したがって楚簡《緇衣》は、今本とは異なる傳本と言うよりは、後
　　人が手を加えて章を加增させ、章序を改變し、錯簡を引き起したりする以前の、
　　原緇衣篇と推定される。」

111 淺野裕一：〈郭店楚簡《緇衣》の思想史的意義〉，《集刊東洋學》第86號（2001年
　　11月），頁1-20，後收入於淺野裕一（編）：《古代思想史と郭店楚簡》（東京：汲古
　　書院，2005年11月），頁39-65。

112 《隋書・音樂志上》曰：「〈月令〉取《呂氏春秋》，〈中庸〉、〈表記〉、〈防記〉、〈緇
　　衣〉，皆取《子思子》，〈樂記〉取《公孫尼子》，〈檀弓〉殘雜，又非方幅典誥之書
　　也。」（頁288）。

分，又說到四篇的成立年代，將〈中庸〉分為前半部〈中庸本書〉與
後半部〈中庸說〉；以〈中庸本書〉為子思門人所作，將〈中庸說〉
視為秦兼併天下後，子思學派所著作。〈表記〉、〈坊記〉、〈緇衣〉則
位於其中，即他認為此三篇是戰國末年到秦初的著作。因為三篇中可
見所引用《易》，武內認為，儒家將《易》經典化，是在荀子以後到
秦初，受道家影響下進行的。[113]

　　但是，「郭店楚簡」〈六德〉已包括《詩》、《書》、《禮》、《樂》、
《易》、《春秋》，與先秦儒家所尊重的經典相同。且〈論叢一〉中也
提到《易》、《詩》、《春秋》、《禮》、《樂》，「上博楚簡」亦包括《周
易》。出土資料的存在，至少顯示戰國時代的儒家已將《易》視為經
典。淺野根據這樣資料，指出《周易》自從春秋末期到戰國前期已經
成為儒家的經典，而否定武內的看法，以〈中庸〉、〈表記〉、〈坊
記〉、〈緇衣〉四篇都視為在春秋末期到戰國前期同一學派所寫成。

　　另外，「郭店楚簡」〈性自命出〉的思想很接近〈中庸〉。從前一
般認為，如〈中庸〉所具有的形上思想，是到戰國末期、秦代才受到
《易》的經典化或道家影響形成。但是，〈性自命出〉中已明顯地看
得到形上思考。且「郭店楚簡」中包括三種《老子》與〈太一生水〉
等道家系文獻，這表示春秋末期到戰國前期已經存在著後來稱為「道
家」的思想。因此，淺野說：

---

113 請參考武內義雄：《易と中庸の研究》，第2章以及《中國思想史》（東京：岩波書
　　店，1957年9月），第10章。赤塚忠〈中庸解說〉雖然否定前後二分說，但還是認為
　　是秦始皇時代完成的（見《大學、中庸》，頁147-198），甚至於津田左右吉：《道家
　　の思想と其の開展》（東京：東洋文庫，1927年9月），後改題為《道家の思想と其
　　の展開》（東京：岩波書店，1939年11月），再改題為《道家の思想とその展開》收
　　入於《津田左右吉全集》，第13卷（東京：岩波書店，1964年10月）以及板野長
　　八：〈《中庸篇》の成り立ち〉，《廣島大學文學部紀要》第22卷2號（1963年5月），
　　頁74-139，後收入於《儒教成立史の研究》（東京：岩波書店，1995年7月），頁
　　239-312，都把〈中庸〉成立時期視為西漢武帝時代。

　　由於戰國楚簡的陸續發現，關於卦畫、卦名、卦辭、爻辭等
《周易》基本構造的確立時期、道家思想發生的時期、儒家開
始把《易》經典化的時期、儒家寫作易傳的時期，以及〈中
庸〉、〈表記〉、〈坊記〉、〈緇衣〉四篇的成書年代等等，有大幅
提前的趨勢。[114]

他的看法促使我們重新考慮從前的研究。[115]

　　佐川〈郭店楚簡〈茲衣〉と《禮記》緇衣篇の關係に就いて——
先秦儒家文獻の成立に關する一考察——〉[116]透過「郭店楚簡」〈茲
衣〉與今本《禮記‧緇衣》以及其他文獻引經部分的比較，談到從郭
店〈茲衣〉到《禮記‧緇衣》之變化，並論引用《書》、《詩》時，
〈茲衣〉都一定先引《詩》，反之《禮記‧緇衣》引經順序不徹底，
第五章、第十章、第十九章先用《書》，而結果暴露出《禮記》編者
的「粗劣」。可是，由於《子思子》的〈緇衣〉與《禮記‧緇衣》相
同，她認為《漢志》所謂的《記》、《子思》，再加上《公孫尼子》中

---

114 淺野裕一：〈郭店楚簡《緇衣》の思想史的意義〉，頁17，或《古代思想史と郭店楚
　　簡》，頁61。原文：「卦畫、卦名、卦辭、爻辭などの『周易』の基本構造が確立し
　　た時期も、道家思想の發生時期も、儒家が『易』を經典化し始めた時期も、儒家
　　が易傳を著作した時期も、そして中庸・表記・坊記・緇衣四篇の成書年代も，相
　　次ぐ戰國楚簡の發見により、大幅に引き上げられる狀況となってきている。」淺
　　野與陳來有相同的說法，請參考陳來著、吾妻重二譯：〈郭店楚簡の儒書と先秦儒
　　學——また郭店儒書と《禮記》の關係について——〉，《關西大學中國文學會紀
　　要》第21號（2000年3月），頁1-22。
115 關於〈中庸〉，淺野另外有〈受命なき聖人——《中庸》の意圖——〉，《集刊東洋
　　學》第61號（1989年5月），頁1-23，後收入於《孔子神話——宗教としての儒教の
　　形成》（東京：岩波書店，1997年3月），頁55-75。
116 佐川繭子：〈郭店楚簡《茲衣》と《禮記》緇衣篇の關係に就いて——先秦儒家文
　　獻の成立に關する一考察——〉，《日本中國學會報》第52集（2001年10月），頁14-
　　27。

的〈緇衣〉應皆相同。換言之,漢代的〈緇衣〉都比郭店〈茲衣〉拙劣。她又說這是因為「直系」的郭店〈茲衣〉在漢代已失傳,所以「拙劣」的《禮記》本後來留下來了。如此,佐川將〈茲衣〉視為「直系」的文本,而以《禮記‧緇衣》看作「旁系」。但筆者認為,這種說法的確有可能,可是仍有疑問:第一,郭店本系統與《禮記》本系統,這兩個系統之間的差別是否可以看做「直系」、「旁系」關係或者先後關係?仍有郭店本系統與《禮記》本系統同時並存的可能性;又《禮記》本的編者可能並不認為自己是「旁系」的作者。第二,《禮記》本是否可以看作「拙劣」?如果真是「拙劣」的,為何《禮記》本沒被淘汰呢?此兩點,若立足於她的看法,可能無法獲得說明。

井上亘〈《禮記》の文獻學的考察──「冊書」としての《禮記》──〉[117]要點有五個:第一,〈緇衣〉可以說是源於郭店楚簡〈茲衣〉、上博楚簡〈紂衣〉的傳本,其流傳過程中有人故意地改動「章」的順序。第二,〈樂記〉是「合冊」先行的《樂記》十一篇」,與《史記‧樂書》比起來,由樂情章的位置而判斷〈樂書〉是比較好的版本,即「善本」。第三,〈郊特牲〉中有冠禮的「記」混入,此「記」就是《孔子家語‧冠頌》的節略本,亦是《儀禮‧士冠禮》「記」的姊妹篇。第四,〈孔子閒居〉與〈仲尼燕居〉都是「合冊」單行的二書,透過與上博楚簡《民之父母》的比較,這兩篇與《孔子家語》的〈論禮〉、〈問玉〉之關係很密切。第五,根據以上的考證,他終於指出《禮記》並不是「善本」,而是加工原來的「篇」、「章」,或者「合冊」而成篇的。如此,井上注意到作為「冊書」(簡

---

[117] 井上亘:〈《禮記》の文獻學的考察──「冊書」としての《禮記》──〉,《東方學》第108輯(2004年7月),頁35-54。

策）的書物單位，重視其作為情報工具的機能性，[118]指出：

> 由於郭店、上博楚簡等的出土，漸漸地可知這種篇書大概是用
> 單行本的形狀行於世。以這樣篇書的流通為背景，一邊有匯集
> 單行諸篇而成「叢書」的蒐集、整理、編纂事業；一邊有把篇
> 書或是其一部分抽出來附加其他篇書的日常行為。這兩種行
> 為，互相纏繞，不斷地重複，是否因此使得古籍的成書更加複
> 雜了呢。[119]

井上站在如此立場認為，《禮記》是收集作者未詳的文辭而重疊並且
複合地編入的彙編。筆者同意他的看法，我們研究《禮記》的文獻
時，應該意識到《禮記》本來的流通型態。今本《禮記》的各一篇，
可能是由「《記》一百三十一篇」或「《古禮記》二百（十）四篇」中
的幾篇組成的，是通過漢代漸漸地編輯的結果。但是，井上也與澤
田、佐川同樣認為今本《禮記》並非「善本」，此點還需斟酌。

　　接著是西山尚志兩篇論文。第一篇是〈《禮記》孔子閒居篇の成
立過程について──上博楚簡《民之父母》を出發點として──〉，[120]

---

118 請參考井上亘：〈「冊書」の書誌學的考察〉，《古代文化》第54卷第3號（2002年3
　　月），頁1-20。以「冊書」的特色為「由編綴個別的簡札、附加個別的冊書，集結
　　整理被文字化的情報」。

119 同註117，頁49。原文：「郭店・上博楚簡などの出土によって、こうした篇書は多
　　く單行本として世におこなわれていたことが明らかになりつつある。そうした篇
　　書の流通を背景として、單行の諸篇を『叢書』にまとめる蒐集・整理・編纂の事
　　業がある一方、篇書やその一部の章・句をとりだして、別の篇書につけ足すとい
　　った日常的ないとなみがあった。この二つの篇書が幾重にもからみあい、不斷に
　　くり返されて、古典の成り立ちを複雜にしてきたのではないか。」

120 西山尚志：〈《禮記》孔子閒居篇の成立過程について──上博楚簡《民之父母》を
　　出發點として──〉，《中國出土資料研究》第12號（2008年12月），頁31-43。

與井上亘同樣注視《民之父母》與〈孔子閒居〉的關係，因為《民之父母》還未含有〈孔子閒居〉的第六章及第七章，[121]以這兩章為主而通過與《孔子家語》的〈論禮〉、〈問玉〉對比，討論〈孔子閒居〉的成立過程。就他的看法而言，第一章到五章（相當於《民之父母》的部分）的原型首先存在，後來附加第六章。可是，當時的第六章還未有談到「三才」的部分，另外存在第七章，也未有「三才」的主張。其次，第七章中附上「三才」，接著將第一章到第六章與第七章連結為一，第七章中的「三才」移到第六章，這就是《禮記・孔子閒居》。西山最後與《韓詩外傳》卷五比較，而討論〈孔子閒居〉的成書時期為晚出於《韓詩外傳》。第二篇是〈《子思子》と《禮記》四篇の關係——楚簡本《緇衣》を出發點として——〉。[122]《隋書・音樂志》所引的沈約言：「〈中庸〉、〈表記〉、〈坊記〉、〈緇衣〉，皆取《子思子》。」西山首先整理《子思子》流傳的過程，論述七卷本《子思子》是在六朝後期匯集《禮記》四篇、《淮南子・繆稱》等而成的。再著，他把楚簡本〈緇衣〉與《禮記・緇衣》、傳世文獻所引的《子思子》加以相比，發現《禮記・緇衣》、《子思子》都載錄的詞句，楚簡本〈緇衣〉卻未有。因此，西山批判沈約說，認為七卷本《子思子》並非《子思子》的殘卷，《禮記・緇衣》亦不是子思學派的著作。他最後向學界要求對出土文獻多冷靜的態度。

最後是井上了〈今本《禮記》の篇次構成について〉。[123]有關

---

121 西山把從「子夏曰三王」至「湯王之德也」列為第六章；從「天有四時春」至「子敢不承乎」列為第七章。另請參考西山尚志：〈《民之父母》譯注〉，《出土文獻と秦楚文化》創刊號（2004年3月）。

122 西山尚志：〈《子思子》と《禮記》四篇の關係——楚簡本《緇衣》を出發點として——〉，《出土文獻と秦楚文化》第5號（2010年3月），頁86-104。

123 井上了：〈今本《禮記》の篇次構成について〉，《中國研究集刊》第50號（2010年1月），頁135-153。

《禮記》成書的基礎資料原有矛盾之處，於是，井上採用《漢書》、《後漢書》之說而放棄《經典釋文》、《隋書》進行討論。他首先整理今本《禮記》的成書過程，認為今本《禮記》與劉向本《記》不同，是取材於「記」群、古文《儀禮》、《樂記》以及《子思子》等古文獻而成書於《白虎通》、《論衡》以後、鄭玄以前。又與津田同樣，指出曹充或者曹襃編撰的可能性，認為後來經過馬融、盧植之手，最後到了鄭玄。但是，井上另一方面指出其他版本東漢已存在：例如許慎（58？-147？）所見的《禮記》、張恭祖所傳的文本等。他接著討論鄭註中的「或為某」、「或作某」，最後探究今本《禮記》的篇序構成。就井上的看法而言，《禮記》應該分為上（〈曲禮〉到〈經解〉）、下（〈哀公問〉到〈喪服四制〉）兩個部分，由位居於《禮記》後半開頭的〈哀公問〉、〈仲尼燕居〉、〈孔子閒居〉鄭《註》中沒有或文，這三篇是在今本《禮記》中最新的部分。他又在結論部分與西山同樣說道：「《禮記》是一部叢書，應該對編纂叢書的時期與叢書所收各篇的成書時期嚴加區別。」[124]喚起對古文獻研究上的注意。

　　以上，論述近一百年日本《禮記》文獻學研究的成果，可以說相當豐富。不過，雖然議論百出，仍未達成定論。《禮記》文獻學上的大論題共有以下三點：第一，《禮記》諸篇的原型如何？第二，今本《禮記》、《大戴禮記》的型態究竟由何人、何時成立？第三，《禮記》與《大戴禮記》之間的關係為何？現在，關於第一的問題，由於「郭店楚簡」、「上博楚書」面世，可以窺見《禮記》諸篇原貌的一部分了。但第二、第三的問題，除非發現新的資料，可能依舊無法斷定。的確，我們已有一些線索，一個是《禮記》與其他文獻之間或是

---

124 井上了：〈今本《禮記》の篇次構成について〉，頁148，原文：「そもそも《禮記》とは一部の叢書であって、叢書の編纂時期とそれに含まれる個々の篇の成立時期とは峻別されなければならない。」

《禮記》諸篇之間的比較研究，[125]另外一個是傾聽自漢末至今的人言及《禮記》的紀錄。眾所周知，此兩個方法雖然都是古來的研究法，但還有研究的餘地。而且前人面對矛盾的紀錄之際，總是拋棄一方面的說法。筆者認為，此時不應該拋棄任何一方，因為「矛盾」的事實不過是表示當時不明朗的情況，也可以當成一個文獻學上的線索。所以面對矛盾的紀錄時，應該重視其矛盾的事實，不應該偏袒某一方。就這樣的觀點來看，不得不說前人的研究多半都不公平。我們應該用所有的古代談及《禮記》的紀錄，全面地考慮《禮記》成立的問題。

總而言之，現在可以確定的只有如下而已，即：《禮記》畢竟是蒐集春秋戰國起到西漢末期的禮文獻，經過戴聖、劉向、馬融、盧植等人的整理，及鄭玄時已有與今本同樣的固定文本。[126]

---

125 松本雅明：《春秋戰國における尚書の展開》（東京：風間書房，1966年2月），頁529-571收錄〈禮記第一類に見える尚書——坊記、表記、緇衣——〉、〈禮記第二類に見える尚書——文王世子、學記、大學——〉，後收入《松本雅明著作集》，第12冊（東京：弘生書林，1988年5月），頁459-495。以及栗原圭介：〈人間存立の基本理念志向——《詩經》を源泉に〈坊記〉の形成〉，《大東文化大學漢學會誌》第39號（2000年3月），頁1-25。以上研究，論述《尚書》或是《詩經》與《禮記》之間的關係，值得參考。

126 另外《禮記正義》文獻學研究的成果有常盤井賢十〈宋紹熙版禮記正義に就いて——足利本と潘氏本との比較——〉，《東方學報（京都）》第4冊（1933年12月），頁59-105；吉川幸次郎〈舊鈔本禮記正義を校勘して——第九會開所記念日講演——〉，《東方學報（京都）》第9冊（1938年10月），頁30-56等，《禮記音》相關研究只有大島正二〈敦煌出土禮記音殘卷について〉，《東方學》第52輯（1976年7月），頁46-60。《禮記子本疏義》關係論著則有鈴木由次郎〈禮記子本疏義殘卷考文序〉，《中央大學文學部紀要》第11號（1958年3月），頁碼未詳；山本巖〈禮記子本疏義考〉，《宇都宮大學教育學部紀要（第1部）》第37號（1987年2月），頁15-28；大坊眞伸〈《禮記子本疏義》と《禮記正義》との比較研究〉，《大東文化大學漢學會誌（大東文化大學創立八十周年記念號）》第43號（2004年3月），頁79-110。

第三節　《禮記》思想研究

　　前章談到《禮記》文獻學研究成果，接著要介紹關於《禮記》思想的研究。迄今為止對《禮記》整體思想的研究並不多，可能是因為《禮記》的文獻性質，如前章中提過的「駁雜性」、「叢書性」，或說「多樣性」。所以不少學者認為《禮記》之中根本沒有統一性，因此無法考慮《禮記》整體的思想。實際上，程朱抽出《禮記》中的〈大學〉、〈中庸〉而推崇其價值，這是最明顯的例子。追溯從前，《隋書・經籍志》已經包括東漢蔡邕《月令章句》、宋戴顒《禮記中庸傳》、梁武帝《中庸講疏》等等，早已存在相當多的分篇研究成果。由此可知，《禮記》中的諸篇皆可篇篇獨立存在的。這種現象，可顯示《禮記》的「叢書性」、「駁雜性」，所以人人都認為《禮記》並不是在統一性的意識下編輯的。因此，直至今日仍罕見對於《禮記》整體思想的研究，反而有許多分篇研究的成果。本節先看日本《禮記》分篇思想研究的成果，再談到《禮記》整體思想研究。

一　分篇研究

1 〈曲禮〉

　　〈曲禮〉是《禮記》的第一篇，但以〈曲禮〉為主題的研究僅有三篇而已：武內義雄〈曲禮考〉、[127]荒木修《禮の研究（禮記曲禮篇を中心として）》、[128]以及吉本道雅〈曲禮考〉。其中，可惜荒木之論

---

127 武內義雄：〈曲禮考〉，後收入《武內義雄全集》，第3卷，頁475-487。

128 荒木修：《禮の研究（禮記曲禮篇を中心として）》（東京：東京帝國大學文學部支那哲學科卒業論文，1941年4月），筆者未得見。

文，筆者尚未得見。武內〈曲禮考〉是透過〈曲禮〉與《論語‧鄉黨》、《孟子》、《禮記》的〈玉藻〉、〈少儀〉、〈內則〉等諸文獻的比較，推測「經禮三百，曲禮三千」（《禮記‧禮器》）的「經禮」表示《儀禮》，「曲禮」指今本〈曲禮〉的原本（內含今本〈曲禮〉、〈玉藻〉、〈少儀〉、〈內則〉）。又根據《論語》、《孟子》的禮與〈曲禮〉的關係較《儀禮》更密切，解釋「曲禮」的〈檀弓〉與《儀禮》的記述常有矛盾，最後指出〈曲禮〉、〈玉藻〉之文是在孔子以後、孟子之前成篇，而後在荀子時，將這些篇作為材料的《古文禮經》成書。

吉本道雅基本上支持武內的看法，卻提出三個問題：第一，當武內論述文獻形成的先後關係，重複的兩個文章之間有繁簡的差別時，一定將簡單的文章視為先存；第二，其實〈曲禮〉與《子思子》、《春秋三傳》之間有不少重複之處，武內卻完全沒有說明此點；第三，武內以〈檀弓〉為〈曲禮〉的解釋，認為〈曲禮〉存在於〈檀弓〉以前，吉本卻認為〈檀弓〉不都是解釋〈曲禮〉的部分，向武內說提出疑義。吉本根據以上的疑問，透過詳密的分析，最後得到以下結論：第一，〈曲禮〉、〈玉藻〉、〈少儀〉、〈內則〉的先後關係，基本上支持武內的看法。但是，武內將〈內則〉視為孟子以後的成書，反之，吉本則由於《左傳》引用〈內則〉，而以〈內則〉看作《左傳》、《孟子》以前的成書；第二，武內僅根據子游派所寫作的〈禮器〉云「曲禮三千」，將〈曲禮〉當作子游派的著作，吉本則指出〈曲禮〉中有不少引用《子思子》的部分，反對武內說，而把〈曲禮〉位居於《子思子》與《春秋三傳》之間；第三，關於〈曲禮〉與〈檀弓〉，吉本認為在與《春秋》的關係上，〈曲禮〉重視寫作方式，另〈檀弓〉則較重史實，而指出兩個文獻同時並存的可能性。

如此，武內、吉本二文都是在思想史上或文獻學上富有啟發性的論文，但是，卻皆未深入討論〈曲禮〉的思想。

2 〈檀弓〉

關於〈檀弓〉，有山村幸次〈禮記檀弓私考〉、[129]狩野直喜〈檀弓に就いて〉、[130]宇野精一〈禮記檀弓篇の性格〉、[131]太田辰夫（1916-1999）〈檀弓文法略說〉、[132]俁野太郎（1918-1991）〈七十弟子關係資料としての檀弓〉[133]及〈檀弓篇についての一考察——史料的側面を主として——〉、[134]林田剛〈儒家に於ける弟子教育の一考察——禮記檀弓篇を中心として——〉、[135]等研究。但是，多半都是探求戰國思想研究上的資料性或是研究其作者，並非研究〈檀弓〉思想本身。

例如清顧炎武（1613-1682）、[136]邵懿辰（1810-1861）[137]等以為

---

129 山村幸次：〈禮記檀弓私考〉，《東亞經濟研究》第26卷4號（1942年11月），頁75-93。

130 狩野直喜：〈檀弓に就いて〉，《讀書纂餘》，頁315-319。

131 宇野精一：〈禮記檀弓篇の性格〉，《東京支那學報》第1號（1955年6月），頁91-104。

132 太田辰夫：〈檀弓文法略說〉，《神戶外大論叢》第14卷3號（1963年10月），頁19-39。

133 俁野太郎：〈七十弟子關係資料としての檀弓〉，池田博士古稀記念事業會（編）：《池田末利博士古稀記念東洋學論集》（廣島：池田博士古稀記念事業會，1980年9月），頁361-378。

134 俁野太郎：〈檀弓篇についての一考察——史料的側面を主として——〉，收入《大東文化大學創立六十周年記念中國學論集》（東京：大東文化學園，1984年12月），頁905-930。

135 林田剛：〈儒家に於ける弟子教育の一考察——禮記檀弓篇を中心として——〉，《研究紀要（尚絅大學）》第3號（1980年2月），頁51-61，筆者未得見。他似另有〈禮記にみえる社會保障の研究——老人對策を中心として——〉，《研究紀要（尚絅短期大學）》第9號（1976年12月），頁87-94與〈禮記に見えたる幼兒教育に就いて〉，《研究紀要（尚絅大學）》第4號（1981年3月），頁35-43。

136 〔清〕顧炎武：〈檀弓〉，黃汝成（集釋）：《日知錄集釋》（上海：上海古籍出版社，2006年12月），卷上，頁346-349。

137 〔清〕邵懿辰：《禮經通論·論聖門子游傳禮》，王先謙（編）：《皇清經解續編》（臺北：藝文印書館，1965年10月），卷18，頁14445-14446。

〈檀弓〉的作者是子游、子弓；反之，山村認為〈檀弓〉是六國時蒐集孔門各學派喪禮傳承的紀錄，不必是子游學派或曾子學派，試著除去後世的潤色，發掘古代中國喪禮的真實狀況。狩野也否定鄭玄所說的六國時檀弓著作說、宋魏了翁（1178-1237）[138]與劉彝（1029-1086）[139]的子游門人著作說以及唐柳宗元（773-819）[140]和宋胡寅（1098-1156）[141]的曾子門人著作說，依清毛奇齡《檀弓訂誤》、夏炘（1789-1871）《檀弓辨誣》而主張〈檀弓〉就是批判儒教的人所寫的。宇野透過〈檀弓〉與《左傳》等紀錄的比較，指出〈檀弓〉記事的多半根據《春秋》，因《荀子》也有尊重《春秋》的態度，而認為包括〈檀弓〉的《禮記》就是以荀子思想為主流。俣野則注意到〈檀弓〉包括許多主要孔門高徒分派之前的資料，可找出與喪禮相關規定尚未固定化的情況和七十子的活動等等。如此，以上都可說是將重點放在歷史性研究之中。

---

138 〔宋〕魏了翁：《師友雅言》，見於《說郛》，卷84，收入《說郛三種》（上海：上海古籍出版社，1988年），頁1169-1171。但《師友雅言》中沒談到〈檀弓〉的作者，不知狩野依據什麼資料而言？

139 《禮記集說·檀弓上》題下有「劉氏曰：『檀弓篇首言子游，及篇內多言之，疑是其門人所記。』」見〔元〕陳澔（註）：《禮記集說》（上海：上海古籍出版社，1987年3月），頁27。

140 《檀弓辨誣·例言》曰：「柳子厚、胡致堂皆以檀弓為曾子之門人，魏華父以子游之門人。按檀弓譏刺曾子最多，於子游亦有微詞，似非二子門人所作。」見〔清〕夏炘：《景紫堂全書》（臺北：藝文印書館，1969年），第1冊。

141 《困學紀聞》，卷5，曰：「〈檀弓〉筆力，《左氏》不逮也，申生、杜蕢二事見之。致堂胡氏曰：『檀弓，曾子門人，其文與〈中庸〉之文有似《論語》。子思、檀弓，皆纂修《論語》之人也。』」〔宋〕王應麟（著）、〔清〕翁元圻等（註）、樂保羣等（校點）：《全校本困學紀聞》（上海：上海古籍出版社，2008年12月），卷上，頁605。

3 〈王制〉

　　〈王制〉的研究並不多，只有田崎仁義（1880-？）〈禮記王制に現はれたる封建の概略〉、[142]手塚良道（1889-1961）〈讀禮記王制私考〉、[143]櫻井芳郎（1929-）〈禮記王制と周禮との關係について〉、[144]栗原圭介（1913-）〈秦、漢における王制篇成立の思想史的背景〉[145]等而已。其中，筆者認為栗原之論文較值得參考。他將《荀子・王制》與《禮記・王制》對比，指出《荀子・王制》的重點放在理論；反之，《禮記・王制》著眼於制度本身，其差別源自《荀子》重視禮論；《禮記》的立場以禮制的體系化為主。栗原不在意〈王制〉的作者或是成書年代，而是研究〈王制〉在秦漢思想史上的意義，相當有特色。

　　其實，另有瀧本誠一（1857-1932）〈經濟漫錄（四）〉、[146]〈稻葉氏に謝す〉[147]以及稻葉岩吉（1876-1940）〈王制ノ作者ニ就テ〉、[148]

142 田崎仁義：〈禮記王制に現はれたる封建の概略〉，《增補支那古代經濟思想及制度》（京都：內外出版，1932年4月），頁281-359。

143 手塚良道：〈讀禮記王制私考〉，《藤塚博士古稀記念論文集》（東京：玄同社，1949年），第1輯，筆者未得見。

144 櫻井芳郎：〈禮記王制と周禮との關係について〉，《東京學藝大學研究報告》第16集（1964年3月），頁1-6。

145 栗原圭介：〈秦、漢における王制篇成立の思想史的背景〉，《大東文化大學紀要（人文科學）》第15號（1977年3月），頁21-40。

146 瀧本誠一：〈經濟漫錄（四）〉，《經濟論叢》第7卷第3號（1918年9月），頁143-144。

147 瀧本誠一：〈稻葉氏に謝す〉，《經濟論叢》第8卷第4號（1919年4月），頁144-145。

148 稻葉岩吉：〈王制ノ作者ニ就テ〉，《經濟論叢》第7卷第5號（1918年11月），頁139-140。

〈再び王制作者に就て〉，[149]但皆只不過談到〈王制〉的作者而已，在此僅舉篇名供參考。

4 〈月令〉

〈月令〉有相當多的研究成果，可能是因為〈月令〉有很多可供比較的對象，例如《呂氏春秋》、《尚書大傳》、《淮南子》等等，可以利用這群文獻，來形成一條思想史的系譜。

首先，藤川（內野）熊一郎〈月令諸文考〉之關於〈月令〉，早就指出以下諸點：第一，〈周書月令〉與〈禮記月令〉之間差異很大，〈周書月令〉是根據夏正。第二，〈王居明堂禮〉很類似〈夏令〉，也有與〈禮記月令〉的相同性，而可看出〈王居明堂禮〉影響到〈禮記月令〉；再加上，〈王居明堂禮〉可能是根據夏禮的殷禮。第三，〈夏小正〉應該是〈夏月令〉的一部分，與〈禮記月令〉的共通點很多，是〈禮記月令〉根據的最多的資料來源。第四，〈禮記月令〉（或是〈明堂月令〉）是主要根據夏正，另外依據〈王居明堂禮〉、〈周書月令〉，且也可在《伏生大傳》、《呂氏春秋》、《淮南子》中找到，所以在先秦時已經成書流通。之後，他又發表〈詩經毛傳引月令句考〉，[150]補足前稿的弱點。

森三樹三郎（1909-1986）〈月令と明堂〉[151]一方面指出，因為〈月令〉中的天災禍亂只應天子的錯誤而發生，本來不需要如上帝般「超自然的存在」的介入。可是，後來為了獲得作為天子政典的形

---

149 稻葉岩吉：〈再び王制作者に就て〉，《經濟論叢》第8卷第5號（1919年5月），頁131-132。

150 內野熊一郎：〈詩經毛傳引月令句考〉，《東方學報（東京）》第6冊（1936年2月），頁627-648。

151 森三樹三郎：〈月令と明堂〉，《支那學》第8卷第2號（1936年4月），頁53-76。

式,〈月令〉得利用著五行思想裝飾;一方面經由《禮記‧月令》與〈夏小正〉、〈王居明堂禮〉形式的比較,論及〈月令〉是包含〈夏小正〉與〈王居明堂禮〉等成書。最後注意《孟子‧梁惠王‧趙岐註》及《史記‧封禪書》中的「明堂」都在泰山下,根據天子在山上求雨的「天子居山說」,強調「明堂」的「咒術性」,指出〈月令〉之中,天子發動「氣」來搞政治,與「明堂」所有的「咒術性」共通。

接下來,談到島邦男《五行思想と禮記月令の研究》。[152]此書是繼承他前稿〈禮記月令の成立〉的,他一方面把《禮記‧月令》視為西漢宣帝(西元前73-前49在位)時成篇,認為之後此〈月令〉屬於《大戴禮記》、《明堂陰陽記》,至於馬融終於取此編入《禮記》;另一方面也論到《呂氏春秋》文本的變化:即《呂氏春秋‧月令》(稱為「原始十二紀」)本是《禮記‧月令》原型之一,可是,後來參考成書後的《禮記‧月令》而遭改訂,失去作為「原始十二紀」的原型。換言之,今本《呂氏春秋》已不是原來面貌。另外,他設定「漢初十二紀」,就是加「原始十二紀」以《管子》諸篇及《尚書大傳》等,後來一邊發展到《淮南子‧時則訓》的前半部,一邊則成為《明堂月令》、《今月令》,最後融入《禮記‧月令》。

反之,伊藤計〈月令論——月令形式について——〉[153]對島的看法從「月令形態」、「月名形式」的觀點給予強烈批判,最後談到「月令的本質」,就是總稱涉及「天文、曆象、季候、時事、農時、政治」諸相(aspects)的概念,換言之,「月令的本質」包括了自然哲學與社會理論兩個方面,是非常廣大的概念。另外,土德思想的中央土概念,附帶價值秩序。在此,「月令形態」完全理論化,這就是

---

152 島邦男:《五行思想と禮記月令の研究》(東京:汲古書院,1971年3月)。

153 伊藤計:〈月令論——月令形式について——〉,《日本中國學會報》第26集(1974年10月),頁58-80。

《禮記‧月令》的「孟仲季月令」。那麼，如此「月令的世界觀」所
具有思想史上的意義是什麼呢？伊藤指出是缺乏歷史觀。依「孟仲季
月令」，時間每一年必定反覆，此反覆運動持續到永遠，故不准社會
發生質的變化，以求保證政治支配體制的穩定，所以「孟仲季」形態
的《禮記‧月令》最後成為主流。

　　藤川（內野）、森、島諸氏的著作都仍是從文獻學上的論點來研
究，可是，伊藤說到「月令形態」的思想史的意義，相當值得參考。
尤其是談到〈月令〉所具有的「預定性」，對筆者來說，這種政治思
想上的研究很有意義。

　　另外一方面，能田忠亮（1901-1989）的《禮記月令天文攷》[154]
是就自然科學史的觀點來研究〈月令〉中的天象記事。在日本，之前
已經有新城新藏（1873-1938）[155]與飯島忠夫（1875-1954）[156]等的研
究。新城藉由《尚書‧堯典》、《左傳》、《國語》中的天象記事，推算
各文獻的成書年代。反之，飯島以古文獻中的天象記事不可信為理
由，反對新城等的看法。但是，如吉川幸次郎（1904-1980）指出，這
兩者皆未意識到「觀察條件的研究」、「文獻成書上的心理過程」。[157]
能田則考慮這兩點，而充分意識到「記事的寬容性融通性」，以表示
月初的「日在」的記事為基礎，算定〈月令〉的觀測年代，在西元前
六二〇年前後一百年之間，最後將《尚書‧堯典》的天象記事置於

---

154 能田忠亮：《禮記月令天文攷》，收入《東方文化學院京都研究所研究報告》（京
　　都：東方文化學院京都研究所，1938年3月），第12冊。

155 新城新藏：《東洋天文學史研究》（京都：弘文社，1928年9月）。

156 飯島忠夫：《支那古代史と天文學》（東京：恆星社，1939年2月）以及《天文曆法
　　の陰陽五行說》（東京：恆星社，1939年2月）。

157 吉川幸次郎：〈書評：能田忠亮禮記月令天文攷〉，《東方學報（京都）》第9冊
　　（1938年10月），頁372-378，後收入於《吉川幸次郎全集》，第3卷（東京：筑摩書
　　房，1969年9月），頁511-517。

〈月令〉之後。此論文後來引起很大的反響，如飯島忠夫〈禮記月令天文攷を讀む〉、[158]藪內清（1906-2000）〈飯島博士の「禮記月令天文攷を讀む」について〉、[159]橋本增吉（1880-1956）〈禮記月令の曆法思想〉[160]等，都是就自然科學來看的，雖然值得參考，但皆是將研究的重點放在〈月令〉的成篇年代。

　　其他，還有杖下隆之（1902-1982）〈禮記月令篇の一考察〉、[161]西岡市祐（1933-）〈禮記月令嘗記考〉、[162]久保田剛（1930-）〈呂氏春秋十二紀と禮記月令篇──若干の相違點について（1）〉[163]及〈呂氏春秋十二紀と禮記月令篇──若干の相違點について（2）〉、[164]栗原圭介〈「禮」構造に見る月令的思考形態──中國古代後期における思想形成の一環として〉[165]以及〈月令の起原と生活規範〉[166]等，在此僅列舉篇名。

---

158 飯島忠夫：〈禮記月令天文攷を讀む〉，《東洋學報》第27卷第1號（1939年11月），頁105-120。

159 藪內清：〈飯島博士の「禮記月令天文攷を讀む」について〉，《東洋學報》第27卷第3號（1940年5月），頁435-440。

160 橋本增吉：〈禮記月令の曆法思想〉，《東洋學報（白鳥博士記念論文集）》第29卷第3、4合併號（1944年1月），頁540-559。

161 杖下隆之：〈禮記月令篇の一考察〉，《東洋大學紀要》第8集（1956年2月），頁47-62，筆者未得見。

162 西岡市祐：〈禮記月令嘗記考〉，《漢文學會會報（國學院大學漢文學會）》第10輯（1959年1月），頁62-70。

163 久保田剛：〈呂氏春秋十二紀と禮記月令篇──若干の相違點について（1）〉，《哲學（廣島哲學會）》第33集（1981年10月），頁95-109，筆者未得見。

164 久保田剛：〈呂氏春秋十二紀と禮記月令篇──若干の相違點について（2）〉，《武庫川國文（井上實教授古稀記念）》第20號（1982年3月），頁117-未詳，筆者未得見。

165 栗原圭介：〈「禮」構造に見る月令的思考形態──中國古代後期における思想形成の一環として〉，《集刊東洋學》第57號（1987年5月），頁1-18。

166 栗原圭介：〈月令の起原と生活規範〉，《大東文化大學紀要（人文科學）》第44號（2006年3月），頁65-88。

5 〈曾子問〉

　　《史記》的〈孔子世家〉、〈韓非老子列傳〉有孔子問禮的故事，另外，《禮記・曾子問》中也有孔子引用老聃的禮說回答曾子、子夏的記事。楠山春樹〈禮記曾子問篇に見える老聃について〉[167]以此部分為材料探求〈曾子問〉中老聃的性格，而論述老子傳說的形成過程。楠山基本上否定老子的存在，把孔老會見一事視為虛構，批判津田左右吉、[168]木村英一、[169]武內義雄[170]等人的看法。津田等一方面以《史記》的孔子問禮當作道家虛構，一方面將〈曾子問〉的記事看作儒家的虛構。楠山根據鄭玄《註》「老聃，古壽考者之號也，與孔子同時」而反對儒家的虛構說，認為「老聃」本來與所謂的「老子」無關，是儒家系統的人物。可是，後來道家注意到此「老聃」就是孔子的老師，所以借用他的名字來形成新的「老子」傳說。另外僅有一篇，即栗原圭介〈曾子問考〉，[171]可惜筆者未得見。

6 〈禮運〉

　　〈禮運〉的研究有如下：小島祐馬（1881-1966）〈公羊家の理想とする大同の社會〉、[172]本田成之（1882-1945）〈禮運と秦漢時代の

---

167 楠山春樹：〈禮記曾子問篇に見える老聃について〉，《池田末利博士古稀記念東洋學論集》（廣島：池田博士古稀記念事業會，1980年9月），頁345-360，後收入《道家思想と道家》（東京：平河出版社，1992年7月），頁174-188。

168 津田左右吉：《道家の思想と其の展開》（東京：岩波書店，1939年11月再版）。

169 木村英一：《老子の新研究》（東京：創文社，1959年1月）。

170 武內義雄：《老子原始》（東京：弘文堂，1926年10月）以及《老子の研究》（東京：改造社，1927年6月）。

171 栗原圭介：〈曾子問考〉，《大東文化大學紀要（人文科學）》第13號（1975年3月），頁71-89。

172 小島祐馬：〈公羊家の理想とする大同の社會〉，《經濟論叢》第8卷第6號（1919年6

儒家〉、[173]武內義雄〈禮運考〉、[174]神谷正男（1910-1972）〈〈禮運〉における大同思想の本質〉、[175]板野長八（1905-1993）〈禮記の大同思想〉、[176]佐藤震二〈禮運の大同小康思想〉、[177]吉田照子（1949-）〈禮記禮運篇における禮の性格〉[178]等。

　　小島先介紹當時流行公羊家的學說，而後談到其學說與〈禮運〉「大同」的關係。東漢何休（129-182）曾根據「張三世」而將「所傳聞之世」看作衰退時代，以「所聞之世」為升平時代，把「所見之世」當作太平時代。[179]小島認為，如廖平（1852-1932）、康有為（1858-1927）等的公羊家利用這圖式，把升平的時代與小康、太平的時代與大同同等看待，而嘗試引用孔子的思想近代化。最後談到〈禮運〉的成篇，可以說他論點的中心卻在於近代思想。站在與小島同樣立場的研究者有神谷正男，他的論點總共有四個：第一，〈禮運〉大同小康是子游的後學者所紀錄孔子與子游的問答，孔子後學之

　　月），頁12-24，後收入於《中國の社會思想》（東京：筑摩書房，1967年11月），頁132-140，改題為〈禮運篇の大同小康の世〉。

173　本田成之：〈禮運と秦漢時代の儒家〉，《支那學》第1卷第11號（1921年7月），頁1-17。

174　武內義雄：〈禮運考〉，後收入《武內義雄全集》，第3卷，頁488-494。

175　神谷正男：〈〈禮運〉における大同思想の本質〉，《東京支那學報》第1號（1955年6月），頁105-129。

176　板野長八：〈禮記の大同思想〉，《北海道大學文學部紀要》第5號（1956年），頁87-115。

177　佐藤震二：〈禮運の大同小康思想〉，《東洋の文化と社會》第7號（1958年12月），頁19-45。

178　吉田照子：〈禮記禮運篇における禮の性格〉，《福岡女子短大紀要》第37號（1989年6月），頁77-91。

179　何休云：「所傳聞之世，高祖、曾祖之臣恩淺，大夫卒，有罪、無罪，皆不日，略之也。（中略）於所傳聞之世，見治起於衰亂之中，用心尚麤糙。（中略）於所聞之世，見治升平。（中略）至所見之世，著治大平。」〔漢〕何休（註）、〔唐〕徐彥（疏）：《十三經注疏・春秋公羊傳》（臺北：藝文印書館，1955年），頁17。

中有許多繼承墨子思想的；第二，的確在大同小康思想中看得到一些老莊思想的影響，但是，大同思想本身的完成並沒有受到老莊思想的影響；第三，板野長八的「天下為公」解釋、荀子後學說及其社會史的研究，[180]不僅很難瞭解，也沒有證據；第四，透過解釋大同思想繼承墨子的革命思想，可以理解近代中國的革命思想的傳統。

反之，本田將論點放在古代思想。〈禮運〉中，說到「大同小康」的部分與其他部分，不少學者認為有隔閡：宋代黃震看作老子思想；清代姚際恆指出受墨子思想影響。然而，本田認為〈禮運〉雖然受到老莊墨的影響，仍然是儒家著作，也是秦漢時代，尤其是武帝時代成篇的。武內認為〈禮運〉、〈禮器〉、〈郊特牲〉本來是連結在一起的，透過與《孔子家語·禮運》、《賈誼新書·憂民》等的對比，得知三篇原本是所說明《禮經》意義的總序部分，後來本文部分編入《儀禮》或《禮記》之際，總序的一部分錯簡而成為三篇。還有，武內指出〈禮運〉與《荀子》的共通點，推測是荀子的後學孟卿或者后蒼所撰。

板野長八繼承這種先學的研究，從社會史的觀點考察〈禮運〉整篇的思想，主張〈禮運〉的「禮」是把肯定宗族之「禮」與尊賢使能的世界之「禮」、儒家傳統的「禮」與道家的「道」、人道與天道——這種相反的概念結合起來，而重視與道家的關係，並將〈禮運〉的思想視為漢初文帝時期的思想。佐藤震二也依〈禮運〉整篇的構造分析，批判老莊著作說、楊墨著作說。另外，宋儒張載、陳祥道看所謂的「大同」，認為不是否定禮的社會，而是將禮的精神發揮到極致的社會。佐藤提到〈禮運〉「大同」的部分一句也沒提到「禮」，又否定宋儒的看法，贊同清儒邵懿辰之說。邵懿辰主張，把「禹湯文武成王

---

180 板野長八：〈康有為の大同思想〉，學術研究會議現代中國研究特別委員會（編）：《近代中國研究》（東京：好學社，1948年10月），頁167-206。

周公由此其選也此六君子者未有不謹於禮者也」二十六字移到「不必為已」之下、「是故謀閉而不興」之上。[181]

以上為與〈禮運〉有關的研究成果。因清末的學者都重視〈禮運〉的「大同」思想，可說在《禮記》中佔有特殊的位置。但是，若站在古代思想史研究上，不應該只執著首段的部分，而得考慮整篇的構造來解釋其思想。此點，板野、佐藤的研究，雖然停留在文獻問題上，但亦十分值得參考。近年，吉田照子注視〈禮運〉的「禮」，而指出〈禮運〉的禮思想在政治上是調合官僚制度與家族制度的，思想上是天人連續的，很接近《韓詩外傳》性善說的立場，並且是繼承《荀子·禮論》，與《荀子·性惡》所說的性惡、天人之分完成不同。

7 〈郊特牲〉

〈郊特牲〉的研究，僅有根岸政子〈禮記郊特牲篇の「裼」をめぐる訓詁學說の展開〉而已。[182]《禮記·郊特牲》有如下之句：「鄉人裼，孔子朝服立于阼，存室神也」，根岸專門處理「裼」字，透過探求訓詁學說如何展開，嘗試顯示訓詁的多樣性。

8 〈大傳〉

與〈大傳〉有關的研究，只有栗原圭介〈禮記「大傳」における思想構造とその背景について〉、[183]〈〈大傳〉の尊嚴と基本理念〉[184]

---

181 〔清〕邵懿辰：《禮經通論·論禮運首段有錯簡》，頁14444-14445。

182 根岸政子：〈禮記郊特牲篇の「裼」をめぐる訓詁學說の展開〉，《お茶の水女子大學人文科學紀要》第32卷（1979年3月），頁15-28。

183 栗原圭介：〈禮記「大傳」における思想構造とその背景について〉，《大東文化大學紀要（人文科學）》第11號（1973年3月），頁1-23。

184 栗原圭介：〈〈大傳〉の尊嚴と基本理念〉，《大東文化大學漢學會誌》第36號（1997年3月），頁74-97。

與古橋紀宏〈《通典》に見える《禮記》の解釋（二）——大傳「公子の宗道」について——〉[185]三篇而已。

栗原以鄭玄所說的「名曰〈大傳〉者，以其記祖宗人親之大義故，以〈大傳〉為篇」及吳澄「《儀禮》十七篇，唯〈喪服經〉有傳。此篇通引〈喪服傳〉之文而推廣之，〈喪服傳〉逐章釋經，如《易》之〈象象傳〉；此篇不釋經而統論，如《易》之〈繫辭傳〉。故名為〈大傳〉」為端緒，為〈大傳〉之作者的意圖舉出三點：第一，以王道為基本國家權力的確立或復活；第二，以周王朝開創時為模範；第三，宗法的明顯化，尤其側重「宗法」這一面，探求其思想構造與思想史的背景。

古橋則注意到杜佑《通典》保留與《經典釋文》、《五經正義》不同的經典解釋，[186]此一文中探討《通典》中所見的晉賀循（260-319）、范宣（生卒年未詳）、曹述初（生卒年未詳）對〈大傳〉「公子之宗道」的解釋，可謂是在晉代禮學研究上相當重要的成果之一。

9 〈學記〉

作為〈學記〉研究的開端，得先舉出武內義雄所著的《學記、大學》。[187]此書是根據清陳澧（1810-1882）所云，〈學記〉與〈大學〉關係頗為密切，[188]而將這兩篇翻譯成日語的。在〈序論〉中，武內依

---

185 古橋紀宏：〈《通典》に見える《禮記》の解釋（二）——大傳「公子の宗道」について——〉，《後漢經學研究會論集》創刊號（2002年3月），頁65-83。

186 古橋曾前發表過：〈《通典》に見える《禮記》の解釋とその問題點——雜記下「大功之下，可以冠子，可以嫁子」の一節の鄭注について——〉，《中國文化論叢》第10號（2001年7月），頁1-14，討論今本鄭註與《通典》中的鄭註的異同，亦值得參考。

187 武內義雄：《學記、大學》（東京：岩波書店，1943年11月），後收入《武內義雄全集》，第3卷，頁307-363。

188 〔清〕陳澧：《東塾讀書記》（臺北：臺灣中華書局，1965年），卷9。

清陸奎勳、[189]日本江幡通高（那珂梧樓，1827-1879）[190]之說，認為〈學記〉、〈大學〉大致都是在漢代時成篇的，最後論〈學記〉、〈大學〉的文獻性質：

> 漢代，大學的建設在於武帝時代前後，而〈學記〉與〈大學〉的製作也可能在同樣的時期。也就是說，〈學記〉紀錄漢代學校制度和教育方法，〈大學〉顯示大學教育的精神，兩者都可說是瞭解漢代學問以及其理想的好資料。[191]

對此，町田三郎（1932-）〈「學記」篇について〉[192]則提出質疑。町田與武內不同，認為〈大學〉與〈學記〉間有很大的隔閡。就他的觀點來看，〈大學〉的內容——三綱八目，並不只是大學教育的理念，而是超過大學教育的哲學，此點與〈學記〉的內容完全不同。「大學」一詞常見於戰國末到漢初的事實，表現出〈大學〉與〈學記〉的近時性，但町田由兩篇構造上的差異，判斷兩篇之間沒有武內所說的非常接近的關係。那麼他是如何看〈學記〉呢？町田透過〈學記〉與《呂氏春秋》對照，發現內容上的相近性，最後推測是秦儒參加「成俗化民」統一政策時的著作。

---

189 〔清〕杭世駿：《續禮記集說》，卷67，《續修四庫全書》，卷102，頁210。

190 江幡通高：〈大學非周人所作辨〉，收入於《大學識小》（日本東北大學藏）。江幡通高（1827-1879），號梧樓翁，是盛岡的儒官。後來改姓為那珂，歷史學者那珂通世（1851-1908）就是他的養子。

191 武內義雄：《學記、大學》，頁18。原文：「漢時代において大學の立てられたのは武帝のころらしいから、學記や大學の作られたのもおそらくそのころであろう。すなわち學記は漢代における學校の制度と教育の方法を記し、大學は大學教育の精神が那邊にあるかを闡明したもので、兩者は相まって漢代の學問およびその理想を窺うべき好資料というべきである。」

192 町田三郎：〈「學記」篇について〉，收入《荒木教授退休記念中國哲學史研究論集》（福岡：葦書房，1981年12月），頁43-59。

〈學記〉研究，另外有津下正章（1907-）〈學記管見〉[193]、吉田照子〈學記篇の教育論〉[194]、加藤道理（1925-）〈《禮記》學記篇小考──その教育觀と教育方針を中心に〉[195]等。吉田重視作為教育論的〈學記〉，認為〈學記〉一方面把儒家的學問、道德看作根本，另一方面以政治視為末節，是與〈大學〉一樣，受到《老子》本末論的影響。加藤的論文好像也是說到教育論，但筆者未見。

10 〈樂記〉

〈樂記〉的研究，有張源祥（1899-1974）〈文化政策より見たる樂記〉、[196]黑田亮（1890-1947）〈禮記〉、[197]田中麻紗巳（1937-）〈禮記樂記篇の音樂論と性說〉、[198]伊東倫厚〈樂記本文における引用の問題について〉、[199]島一（1948-2010）〈禮記樂記の人性論とその周圍〉、[200]橋本昭典（1968-）〈《禮記》樂記篇における感情の問題〉、[201]趙亞

---

193 津下正章：〈學記管見〉，《熊本大學教育學部紀要》第10號（1962年2月），頁27-36，筆者未得見。

194 吉田照子：〈學記篇の教育論〉，《福岡女子短大紀要》第30號（1985年12月），頁101-112。

195 加藤道理：〈《禮記》學記篇小考──その教育觀と教育方針を中心に〉，《櫻美林大學中國文學論叢》第19號（1994年3月），頁1-22，筆者未得見。

196 張源祥：〈文化政策より見たる樂記〉，《東亞人文學報》第1卷第2號（1941年9月），頁157-175。

197 黑田亮：〈禮記〉，《支那心理思想史》，（東京：小山書店，1948年10月），頁121-132。

198 田中麻紗巳：〈禮記樂記篇の音樂論と性說〉，《文化》第36卷4號（1973年3月），頁70-91，後收於《後漢思想の研究》（東京：研文出版，2003年7月），頁267-286。

199 伊東倫厚：〈樂記本文における引用の問題について〉，《比較文化研究》第13輯（1974年4月），頁113-163，筆者未得見。

200 島一：〈禮記樂記の人性論とその周圍〉，收入金谷治（編）：《中國における人間性の探求》，（東京：創文社，1983年2月），頁185-204。

201 橋本昭典：〈《禮記》樂記篇における感情の問題〉，《關西大學中國文學會紀要》第16號（1995年3月），頁49-67。

夫〈《禮記・樂記》教育論的現代意義〉、[202]栗原圭介〈樂記の形成に至る理念の總合的考察〉[203]等。

首先，張源詳關注〈樂記〉作為「文化政策」的方面，顯示「樂」與「禮」的關係、「樂」與道德的關係、作為音樂教育學的「樂」、「樂」所具有的政治性。

其次是田中麻紗巳，雖然在論文開頭把〈樂記〉的作者視為河間獻王，但他的研究重點不在這，他把重點放在〈樂記〉中音樂論與性說的關係。就他的觀點來看，〈樂記〉以人生而靜的「性」看作是天所賦予的，要求不要喪失「性」。「性」又包括「欲」，「欲」發現而後成為「情」，音樂與「情」同時發現。田中又考慮〈樂記〉以前的音樂論變遷，最後說到在漢代〈樂記〉性說的位置，指出〈樂記〉的音樂論一方面受到《老子》與《呂氏春秋》的影響，一方面在《荀子》的影響下，又透過與董仲舒、劉向兩者的比較，指出〈樂記〉與劉向（魯學）的性說很接近。

接著，島一比較〈樂記〉與《淮南子・原道訓》、《呂覽》、《荀子》，找出各者之間的差異，發現〈樂記〉改變的痕跡──因為《淮南子》所說的「天理」、「天性」對天下治平沒有用，所以〈樂記〉由感於外物而動來確立先王禮樂的存在意義。另外，將《呂覽》、《荀子》的「性」弱化，使禮樂有保護虛弱之「性」的大義。為何〈樂記〉需要這樣的人性論？島認為，〈樂記〉的構成一方面需要確立否定道家的儒家立場，也因為統一的專制體制不需要有人之所以為人之「情」、「欲」，而是要求順從的「性」。

---

202 趙亞夫：〈《禮記・樂記》教育論的現代意義〉，《三重大學教育學部紀要（人文、社會科學）》第46號（1995年），頁137-151，筆者未得見。

203 栗原圭介：〈樂記の形成に至る理念の總合的考案〉，《大東文化大學紀要（人文科學）》第45號（2007年3月），頁269-285。

橋本研究的關鍵在於「感情」，他根據日本哲學家中村雄二郎（1925-）等的說法，[204]認為「感情，雖然是關於人之本質的問題，可是拒絕合理性解釋」，[205]「一般認為，感情論從來沒當過諸學的主流，但有許多關於感情的文辭存在。」[206]他立腳於此點，研究「感情」與音樂教化的關係，而試圖顯示〈樂記〉中的「感情」。就他的看法，〈樂記〉探求人性，注視對人而言「非合理」的感情問題，為了拯救人被感情迷惑而傷害天理，而期待「音樂」控制感情，由「音樂」帶來的共同感情調和人民。橋本注視「音樂」的政治性面向，相當值得參考。

11 〈經解〉

過去的日本學界認為，「六經」成書於荀子之後屬於「常識」。但是，當近年「郭店楚簡」出現之後，這情況突然發生變化，因為從戰國中期前後所建的楚墓中出現的〈六德〉、〈語叢一〉已包括「六經」相關的記述，因此「六經」概念的形成，也得上溯到戰國中期以前。以往的「常識」已被輕易地瓦解了。

《禮記‧經解》也是標舉「六經」的文獻，在經學史上的地位相當重要，可是幾乎沒有對〈經解〉的研究。武內義雄說過：「小戴，

---

204 中村雄二郎：《中村雄二郎著作集 I 情念論》，（東京：岩波書店，1993年1月）；伊藤勝彥、坂井昭宏（編）：《情念の哲學》，（東京：東信堂，1992年3月）；戶田正直：《感情；人を動かしている適應プログラム》，（東京：東京大學出版會，1992年5月）等。

205 橋本昭典：〈《禮記》樂記篇における感情の問題〉，頁50。原文「感情は、人間の本質にかかわる問題でありながら、合理的な解釋を拒む。」

206 同前註，原文「感情論は諸學において主流となることはなかったと言われる一方で、感情に關する言說は數多く存在しているのである。」

揉合大戴中的荀子、賈子之文，而編輯〈經解〉一篇」，[207]「郭店楚簡」之後，淺野將《禮記》諸篇視為戰國時期的著作，而說：「〈經解〉篇的成篇也應該在戰國時期。」[208]

承此趨勢，井上了〈《禮記》經解篇の時期とその思想史的位置〉[209]採取慎重的立場。他透過〈經解〉與《荀子》、《大戴禮記・禮察》的比較，指出〈經解〉與《荀子》的近似性而後論述，如有重《禮》而略《詩》、《書》等的看法從《荀子》開始，與《荀子》相同的〈經解〉應該是比《荀子》晚出，在《荀子》的影響下編纂的。筆者認為，這種慎重的看法的確很重要，但時至今日，應該要重新思考《荀子》思想史上的地位，他卻沒詳加考慮，這一點是很大的問題。

12　〈大學〉、〈中庸〉

分篇研究中，最多的果然是與〈大學〉、〈中庸〉有關的研究。〈大學〉思想研究，有田島錦治（1867-1934）〈大學に見れたる經濟思想〉、[210]津田左右吉〈大學の致知格物について〉、[211]宇野哲人（1875-1974）〈大學の三綱領〉、[212]板野長八〈大學篇の格物致知〉、[213]木村英

---

207 武內義雄：〈儒學史資料として見たる兩戴記〉，頁472。原文：「小戴は大戴中存せし荀子賈子の文を合揉して經解一篇を作りしものなるべし。」

208 原文：「經解篇の成立時期も戰國期と考えるべきであろう。」見淺野裕一：〈《春秋》の成立時期——平勢說の再檢討——〉，《中國研究集刊》第29號（2001年12月），頁23，後收入《古代思想史と郭店楚簡》，頁231-276。

209 井上了：〈《禮記》經解篇の時期とその思想史的位置〉，《種智院大學研究紀要》第5號（2004年3月），頁51-58。

210 田島錦治：〈大學に見はれたる經濟思想〉，《經濟論叢》第22卷3號（1926年3月），頁1-25。

211 津田左右吉：〈大學の致知格物について〉，《東洋思想研究》第1號（1937年3月），頁1-32，後收入《津田左右吉全集》，第18卷，頁253-281。

212 宇野哲人：〈大學の三綱領〉，《斯文》第21編第5號（1939年5月），頁1-5。

213 板野長八：〈大學篇の格物致知〉，《史學雜誌》第71編第4號（1962年4月），頁1-55。

一〈大學と中庸〉、[214]片上一〈大學篇八條目に關する一考察〉[215]及〈禮記‧大學篇の「大學之道」——天子の道としての——〉、[216]吉田照子〈大學篇の經濟思想〉、[217]淺野裕一〈《大學》の著作意圖——「大學之道」再考——〉[218]等;〈中庸〉思想研究,諸如紀平正美（1874-1949）〈中庸に就て〉、[219]橘樸（1881-1945）〈中庸思想の本質〉、[220]田島錦治〈中庸に見はれたる經濟思想〉、[221]高瀨武次郎（1869-1950）〈中庸管窺〉、[222]林秀一（1902-1980）〈「中庸」の成因について〉、[223]金谷治（1920-2006）〈中と和〉[224]及〈中庸について——その倫理としての性格——〉、[225]大濱晧（1904-1962）〈中の思

---

214 木村英一:〈大學と中庸〉,《懷德》第33號（1962年7月）,頁1-27,後收入於《中國哲學の探求》,頁235-264。

215 片上一:〈大學篇八條目に關する一考察〉,《大正大學大學院研究論集》第1集（1977年3月）,頁151-163。

216 片上一:〈禮記‧大學篇の「大學之道」——天子の道としての——〉,《大正大學綜合佛教研究所年報》第5號（1983年3月）,頁73-89。

217 吉田照子:〈大學篇の經濟思想〉,《福岡女子短大紀要》第28號（1984年12月）,頁153-163。

218 淺野裕一:〈《大學》の著作意圖——「大學之道」再考——〉,《東洋古典學研究》第32集（2011年10月）,頁1-23,後收於淺野裕一、小澤賢二:《出土文獻から見た古史と儒家經典》（東京:汲古書院,2012年8月）,頁105-144。

219 紀平正美:〈中庸に就て〉,《哲學雜誌》第39冊第451號（1924年9月）,頁1-15。

220 橘樸:〈中庸思想の本質〉,《支那研究》第2卷第4號（1925年10月）,頁85-109。

221 田島錦治:〈中庸に見はれたる經濟思想〉,《經濟論叢》第23卷第4號（1926年10月）,頁1-18。

222 高瀨武次郎:〈中庸管窺〉,收入《桑原博士還曆記念東洋史論叢》,（京都:弘文堂,1932年1月）,頁905-936。

223 林秀一:〈「中庸」の成因について〉,《聖學》第2號（1934年7月）,頁碼未詳,後收於《林秀一博士存稿》（岡山:林秀一先生古稀記念出版會,1974年）,頁44-55。

224 金谷治:〈中と和〉,《文化》第15卷4號（1950年7月）,頁80-103。

225 金谷治:〈中庸について——その倫理としての性格——〉,《東北大學文學部研究

想——中庸と荀子の場合——〉、[226]楠山春樹〈〈中庸〉に見える中和〉、[227]森三樹三郎〈禮記、大戴禮、逸周書〉、[228]木村英一〈中國哲學における中庸思想〉、[229]島森哲男（1949-）〈「中庸」篇の構成とその思想〉[230]及〈慎獨の思想〉、[231]吉田照子〈中庸篇の「性」と「誠」〉、[232]淺野裕一〈受命なき聖人——《中庸》の意圖——〉等。在此舉出的僅是一部分而已，還有許多研究。再加上，「郭店」、「上博」兩個楚簡出現之後，有些日本學者重視〈中庸〉與〈性自命出〉、〈性情論〉的共通點，已經發表過幾篇論文，如末永高康〈《禮記》中庸篇の「誠」の說について〉、[233]金谷治〈楚簡「性自命出」篇の考察〉、[234]竹田健二（1962-）〈郭店楚簡《性自命出》、上博楚簡

年報》第4號（1953年12月），頁1-32，後收入《金谷治中國思想論集（中卷）儒家思想と道家思想》（東京：平河出版社，1997年7月），頁150-185。

226 大濱晧：〈中の思想——中庸と荀子の場合——〉，《名古屋大學文學部研究論集》第4號（哲學3）（1954年3月），頁1-26，後收入《中國古代思想論》（東京：勁草書房，1977年10月），頁241-289。

227 楠山春樹：〈〈中庸〉に見える中和〉，《フィロソフィア》第45號（1963年10月），頁未詳。

228 森三樹三郎：〈禮記、大戴禮、逸周書〉，《上古より漢代に至る性命觀の展開——人性論と運命觀の歷史——》（東京：創文社，1971年），頁158-177。

229 木村英一：〈中國哲學における中庸思想〉，《日本中國學會報》第31集（1975年10月），頁16-30，後收入《中國哲學の探求》，頁551-578。

230 島森哲男：〈《中庸》篇の構成とその思想〉，《集刊東洋學》第32號（1974年10月），頁84-100。

231 島森哲男：〈慎獨の思想〉，《文化》第42卷3、4合併號（1979年3月），頁1-14，筆者未得見。

232 吉田照子：〈中庸篇の「性」と「誠」〉，《福岡女子短大紀要》第29號（1985年6月），頁135-147。

233 末永高康：〈《禮記》中庸篇の「誠」の說について〉，小南一郎（編）：《中國の禮制と禮學》（京都：朋友書店，2001年10月），頁371-401。

234 金谷治：〈楚簡「性自命出」篇の考察〉，《日本學士院紀要》第59卷第1號（2004年9月），頁21-36。

《性情論》の性說〉[235]等。

　　以往的〈大學〉思想研究，是把重點放在「大學」、「格物」、「致知」、「三綱」、「八目」。比如說：津田「八目」中，從「欲明明德於天下」到「誠其意」與「致知格物」之間看到齟齬。因為前者向內部漸漸地論述，而後者中「物」表示外部，與前者不一致。而且在其他儒書，看不到與〈大學〉相同以「致知格物」為「誠意」基礎的說法。那麼，為何前者會與後者聯繫起來？津田認為只是「誠」需要識別善惡的「知」，僅憑此理由而將兩者聯繫在一起。反之，板野則將「物」當作內在的存在、人心中的真實（即〈中庸〉的「誠」），而認為「格物」是一種神人合一的宗教性體驗；以「知」視為「知的能力」，而主張「致知」是「覺悟」。〈大學〉如有這種性質，當然會限制皇帝權力，所以板野看〈大學〉與西漢元帝期以後由儒家進行的改革運動有密切的關係。津田、板野等的研究雖然有新的看法，但在宋代以來的傳統問題意識下仍都是偏向〈大學〉的「修身」部分來論述。與此不同，片山一連串的研究，因「八目」畢竟是以「平天下」為目標，注視「八目」作為政治論的一面，很有特色。

　　另外，〈中庸〉思想研究的論點涉及許多方面：諸如「中庸」、「誠」、「性」、「天人相關」等等，尤其是研究「中庸」或「中」的論文最多，當然是因為「中庸」這觀念一直都居於中國思想史上的重要地位，所以多半都是探求「中庸」的原義。例如：金谷透過「中庸」概念的分析，明示「中庸」以「兩端之中」、「隨順性」、「融通性」為主要的構成要素，尤其與「調和」、「中和」的概念很密切。[236]其次，

---

235 竹田健二：〈郭店楚簡《性自命出》、上博楚簡《性情論》の性說〉，《國語教育論叢》第14號（2005年3月），頁127-139。後收入淺野裕一（編）：《古代思想史と郭店楚簡》，（東京：汲古書院，2005年11月），頁179-198。

236 參見金谷治：〈中と和〉。

他探究「中和」具有什麼樣的倫理上性格，終於得出「中庸作為中和的倫理、平常的倫理，就是世俗的、感性的倫理（weltlich, aesthetishe Ethik）」，[237] 強調「中庸」概念與現實性、功利性是分不開的。接著，大濱首先注視「中」思想的展開，指出了本來是行為適度的「中」，與源自「天」的「性」有關係而獲得道德的基礎，變成萬物生成的根源、秩序的原理；其次考慮「誠」、「慎獨」的意義，最後論到「中」與「禮」的關係，而主張子思學派思想上、理論上可以擺脫「禮」的形式化、固定化、抽象化。接著，木村認為，「中庸」表示「人之生活中所有的事物，都得用以見識為基礎、最恰當的方法來處理」。[238] 繼承孔子「仁」思想的後學，把這「中庸」當作實現「仁」的普遍方法。後來蒐集他們後學的思索成果而成書，就是〈中庸〉之篇。然後木村指出了〈中庸〉影響到後代的三個特色：第一，道的普遍性與日常性；第二，自得、自適的思想；第三，「誠」哲學的形成。如此看來，〈中庸〉的大部分思想研究都是在研究「中庸」的意思。

　　反之，淺野裕一很有特色，他以〈中庸〉與〈大學〉的著作意圖為議論的中心。首先，淺野把〈中庸〉分成八個部分，從各部分看出〈中庸〉編述者的意圖。根據他的看法，「傳說孔子之孫子思著作的《中庸》，全篇都充滿為孔子現實沒當上王者的辯護，以及雖然孔子未成為王者，但由沈默的德治來君臨天下的說辭」，[239] 將〈中庸〉放

---

237 同前註，頁30。原文：「中庸は中和の倫理、平常の倫理として、地上的感性的な倫理（weltlich, aesthetishe Ethik）であった。」

238 木村英一：〈中國哲學における中庸思想〉，頁28。原文：「中庸ということの大體の意味は、人間の生活における萬般の事物の處理は、常に良識に基づく適切妥當なものでなければならぬ、ということである。」

239 淺野裕一：〈受命なき聖人──《中庸》の意圖──〉，頁18。原文：「孔子の孫の子思の作と傳承されてきた『中庸』は、孔子が現實に王者とならなかった事態への辯護と、それにもかかわらず孔子が、實は沈默の德治により天下に君臨する王者であったとの說得に、その全篇を費した。」

在孔子素王說的形成過程中,推導出〈中庸〉本來的性格。其次,淺野亦將〈大學〉分為兩部分:自「大學之道」至「失眾則失國」為 A 部分;從「是故君子先慎乎德」至「以義為利也」為 B 部分,而探討「大學之道」的意涵。他指出,「大學之道」意謂自卑近的階段往遠大的階段擴大學問水準之路徑,A 部分強調孔子原來具備當王者的資格;B 部分則主張魯君應排除小人之財務官僚而採用孔子委以國政,因為《大學》的作者亦以孔子素王說為基礎,而撰寫《大學》。淺野二篇皆從所謂的「無名怨憤(ressentiment)」的角度,對〈大學〉與〈中庸〉的內涵加以論述,可謂是相當特殊的見解。

　　以上為〈大學〉、〈中庸〉的日本學者之研究成果。[240]山下龍二(1924-2011)曾歸納前人的研究大都是用「論理的解釋法」、「心情的解釋法」、「文獻學的解釋法」、「文字學的解釋法」四種方式。[241]

13 〈投壺〉

　　在日本熟悉「投壺」遊戲的人不多。神田喜一郎(1897-1984)〈投壺の遊戲について〉[242]雖然不是專門研究〈投壺〉,但依循《禮

---

240 另請參佐藤將之:〈「建構體系」與「文獻解構」之間——近代日本學者之〈中庸〉思想研究〉,《政大中文學報》第16期(2011年12月),頁43-86;鍋島亞朱華:〈近一百年日本《大學》研究概況——1900-2014年之回顧與展望〉,《中國文哲研究通訊》第25卷第4期(2015年12月),頁49-70。關於《大學》,筆者已請池田光子教授執筆,待刊。

241 山下龍二:〈序說〉,《大學、中庸》(東京:集英社,1974年3月),頁5-12。「論理的解釋法」是作為〈大學〉、〈中庸〉中心主題取出「誠」、「中」,而後與全篇文章做聯繫理解的研究方法;「心情的解釋法」是把解釋者的心情投入於古典中,解釋曖昧的部分;「文獻學的解釋法」是透過與其他文獻比較,訂正〈大學〉、〈中庸〉中的誤記、脫落、錯簡等,以確定原型;「文字學的解釋法」是利用文字學的成果,將難解的字改成其他的字來瞭解〈大學〉、〈中庸〉原來文章的含義。因為山下自己並非古代思想研究者,所以反對這種探求原義的研究方法,而重視解釋史的觀點。

242 神田喜一郎:〈投壺の遊戲について〉,《神田喜一郎全集》(京都:同朋社,1986年11月),頁171-191。

記》的記述，做了簡單扼要地說明，可參考。另外小瀧敬道有兩篇研究：第一篇〈投壺禮の起源と儀禮的意義づけ〉，[243]首先指出「射禮」與「投壺禮」常常並稱，考察其差別在用「弓」還是不用「弓」。而後他認為，投壺禮不用「弓」而「投」，是一面受到「射禮」（象徵「狩獵」）的影響，但多半還是與農耕儀禮有關係。因為《廣雅・釋地》云「投，種也。」而且投壺禮把代表種子的小豆放在壺中，敗者得喝象徵水的酒。也就是說，投壺禮，是用播種的動作來表現「種子的再生」，以農耕儀禮為起源。第二篇〈《禮記》投壺篇の○及□を繞って〉[244]論到〈投壺〉中作為記號文字的○與□。〈投壺〉的研究非常少，而小瀧的研究可說十分寶貴。

14 〈冠義〉、〈昏義〉

關於〈冠義〉與〈昏義〉的研究，僅有山邊進〈《禮記》冠義篇に關する一考察——漢代禮學に於ける加冠儀禮の倫理化——〉[245]與〈《禮記》昏義篇に關する一考察——漢代禮學に於ける婚姻儀禮の倫理化——〉。[246]山邊從《儀禮》記載儀禮的經學上解釋的視點，前者以《儀禮・士冠禮》、《禮記・冠義》為資料；後者則以《儀禮・士昏禮》、《禮記》的〈昏義〉與〈郊特牲〉等為資料，試圖顯示原來是通過儀禮之一的成人儀禮「冠禮」與「婚禮」，漸漸地被普遍化、倫

---

243 小瀧敬道：〈投壺禮の起源と儀禮的意義づけ〉，《日本中國學會報》第39集（1987年10月），頁1-13。

244 小瀧敬道：〈《禮記》投壺篇の○及□を繞って〉，《中國研究集刊》第17號（1995年10月），頁25-38。

245 山邊進：〈《禮記》冠義篇に關する一考察——漢代禮學に於ける加冠儀禮の倫理化——〉，《二松學舍大學論集》第39號（1996年3月），頁199-216。

246 山邊進：〈《禮記》昏義篇に關する一考察——漢代禮學に於ける婚姻儀禮の倫理化——〉，《二松學舍大學人文論叢》第73號（2004年10月），頁74-93。

理化，而後轉變為國家統治的基本儀禮或禮樂體系的根本之過程。筆者認為，他這種觀點，於研究漢代經學史時非常重要。

二 《禮記》整體思想研究

日本的《禮記》整體思想研究比分篇研究少，可是，各學者的問題意識都不同，非常有意思。舉例而言：武內義雄〈禮記の研究〉[247]是以文獻學問題為主題，石田代治〈禮記に現れた老莊思想の研究——基礎論——〉[248]一方面將〈中庸〉、〈大學〉看作儒學的本質性經典，但另一方面認為其中包含老莊思想，在此，他必須嚴加區分儒道間之關係。白尾陽光〈禮記に表れたる優老の禮の淵源に就て〉[249]依循田崎仁義的禮說，[250]主張《禮記》的「優老的禮」源自古代中國社會存在著秘密結社（Secret society）「男子集會堂（Men's house）」的原始禮，[251]然而《禮記》中的「禮」已經變成以「孝」為大綱的「道德性意義的禮」，並不是原始的「宗教性意義的禮」，而後談到這種

---

247 武內義雄：〈禮記の研究〉，《武內義雄全集》，第3卷，頁213-309。

248 石田代治：〈禮記に現れた老莊思想の研究——基礎論——〉，《漢學會雜誌》第6卷第2號（1938年7月），頁28-39。但是，該論未完。

249 白尾陽光：〈禮記に表れたる優老の禮の淵源に就て（一）〉，《東亞經濟研究》第22卷第4號（1938年10月），頁24-48；〈禮記に表れたる優老の禮の淵源に就て（二）〉，《東亞經濟研究》第23卷第1號（1939年2月），頁67-85。

250 田崎仁義：〈禮の原始的意義と其三段の變化〉，《國家學會雜誌》第34卷12號（1920年12月），頁52-69，後收入《增補支那古代經濟思想及制度》（京都：內外出版，1932年4月），頁281-298。詳請見本書第一章第二節。

251 白尾說：「他們（筆者註：原始性民族）以此集會堂為中心來形成秘密結社，男兒到了青春期就得參加相當複雜的加入禮（Initiation Ceremony），加入秘密結社之後也有青年、壯年、初老、長老的年序級（Age classification）每個階段的加入禮，再加上，不問公私，其他生活及定例活動也始終按照宗教性的典禮儀式。」（白尾陽光：〈禮記に表れたる優老の禮の淵源に就て（一）〉，頁24）

「禮」是起因中國農業社會的。接著，牧野巽（1905-1974）〈儀禮及び禮記に於ける家族と宗族〉[252]一連串的研究，在中國古代家族研究史上非常重要。他在《儀禮》、《禮記》中看到四點與家族有關的特色：第一，由「父母與其子」所構成小家族的重要性；第二，《儀禮》、《禮記》中的家族都不是大家族，而是以祖父母為頂端的三代家族；第三，其以祖父母為頂端的三代家族，與祖父母或父母逝世後他兄弟或從兄弟等所構成「同居同財」或「異居同財」的家族，構造完全不同；第四，《儀禮》、《禮記》中，宗族的集團不若家族的集團有更明顯的機能。最後，牧野談到這種家族與「孝」的關係。山口義男（1913-）〈儀禮、禮記に於ける家族倫理〉[253]亦是論述《儀禮》、《禮記》中所見的家族倫理，也與牧野同樣，指出家族倫理優先於宗族倫理。以上都是留意到《禮記》中的社會性。

　　另外，亦有重視《禮記》祭祀或宗教思想的研究：諸戶素純（1907-1970）〈禮記における宗教の理念〉、[254]宇都木章（1925-2007）〈禮記の郊祀についての憶說〉、[255]栗原圭介《禮記宗教思想の研究》[256]以及〈「禮記」に見える天人相關の形而上學的思

---

252 牧野巽：〈儀禮及び禮記に於ける家族と宗族（上）〉，《思想》第236號（1942年1月），頁1-22，後收入《牧野巽著作集》，第1卷（東京：御茶の水書房，1979年10月），頁59-85；〈儀禮及び禮記に於ける家族と宗族（中）〉，《思想》第237號（1942年2月），頁28-42，後收入《牧野巽著作集》，第1卷，頁85-100；〈儀禮及び禮記に於ける家族と宗族（下）〉，《思想》第238號（1942年3月），頁24-41，後收入《牧野巽著作集》，第1卷，頁100-118。

253 山口義男：〈儀禮、禮記に於ける家族倫理〉，《哲學（廣島哲學會）》第4輯（1954年6月），頁131-145。

254 諸戶素純：〈禮記における宗教の理念〉，《人文研究》第6卷4號（1955年5月），頁86-101，筆者未得看。

255 宇都木章：〈禮記の郊祀についての憶說〉，《和田博士古稀記念東洋史論叢》（東京：講談社，1961年2月），頁175-186。

256 栗原圭介：《禮記宗教思想の研究》（栗原自印本，1969年1月）。

考〉、[257]增野弘幸〈《禮記》における日月祭祀について〉[258]等。宇都木看出《禮記》中的郊祀具有政治思想上的意義；栗原透過「順」、「備」的概念分析而研究《禮記》中的祭祀儀禮；增野則主張《禮記》中的日月祭祀的形態，源於殷代的日月信仰。此外有中林史朗（1950-）〈鬼神の性格に關する一考察──禮記を中心として──〉，[259]是以《禮記》為中心而論鬼神的性格，為家人死後之孝道德的對象（私的、宗教的、倫理的存在），亦為以確立階級制度與權力支配為目的的政治工具（公的、社會的、政治的存在）。

最後，今濱通隆（1943-）〈儒學思想に於ける言語觀の變遷（五）〉[260]的研究很有特色。他曾經探求過《論語》的言語觀，是一方面肯定「言」，另一方面否定「言」的。[261]反之，就他的分析來看，《禮記》中的言語觀強調「言」之「慎的一面」，比較重視「行」而幾乎否定「言」。今濱認為，「禮」與「言」聯繫在一起，能把「內部的東西」形式化。有一部分的人害怕這種作用，故強調「忠」、「信」以阻止「禮」、「言」來之形式化，由此導致對「言」的否定。

---

257 栗原圭介：〈「禮記」に見える天人相關の形而上學的思考〉，《大東文化大學漢學會誌》第15號（1976年3月），頁13-33。

258 增野弘幸：〈《禮記》における日月祭祀について〉，《筑波中國文化論叢》7（1987年12月），頁1-11。

259 中林史朗：〈鬼神の性格に關する一考察──禮記を中心として──〉，《大東文化大學漢文學會誌》第15號（1976年3月），頁90-108。

260 今濱通隆：〈儒學思想に於ける言語觀の變遷（五）〉，《並木の里》第14號（1977年10月），頁51-63，後收入《儒教と「言語」觀》（東京：笠間書院，1978年10月），頁99-121，改題為〈「禮」と「言」──《禮記》の「言語」觀──〉。

261 今濱通隆：〈孔門四科と「言語」の位置──儒家的「言語」觀の變遷について〉，《中國古典研究》第22號（1977年4月），頁1-13。

結語

　　以上討論了日本近一百年《禮記》研究成果，總而言之，可以舉出兩個大特色：第一，前人的研究，多半是以文獻學上的問題為中心展開。他們一直研究《禮記》或《禮記》諸篇的作者、成篇時代與編纂時代等等。武內義雄〈禮記の研究〉，可以說是自明治到昭和《禮記》文獻學研究上之集大成。[262]第二，有許多分篇研究的成果。此應是起因於《禮記》的「駁雜性」與「叢書性」，大部分的學者皆認為《禮記》沒有統一性，所以只能一篇篇地研究。而發現各篇間的相似性之後，始可以將數篇聯繫在一起來做一個單位。這種看法的根底，仍然存在著溯及各篇原型的文獻學上的思考，例如：大部分的學者認同將〈坊記〉、〈中庸〉、〈表記〉、〈緇衣〉四篇看作《子思子》的殘篇等。如此看來，在日本文獻學上的研究相當豐富。

　　另一方面，《禮記》思想研究沒有那麼多。的確，有的論文稱為「思想研究」，其實始終是「思想史研究」，並不是「思想研究」。可能是因為近百年來的日本中國哲學研究一直將重點放在「思想史的構成」。結果，他們拼命地製作的「思想史」，雖然沒有全為灰燼，但由於「郭店楚簡」、「上博楚簡」的問世而不得不重寫了。

　　關於今後的《禮記》研究，可以舉出四個重點：第一，出土文獻研究的可能性。「郭店楚簡」、「上博楚簡」都包括與《禮記》或《大戴禮記》有關的文獻，隨著這種出土文獻研究展開，對《禮記》、《禮記》諸篇的文獻學研究也一定會有幫助；第二，雖然已經有許多針對《禮記》分篇的研究，但以往研究的成果有些偏頗。如果我們將《禮記》諸篇作為「思想」看待，應可在前人還沒探求過的各篇中得到新

262　武內義雄：〈禮記の研究〉，《武內義雄全集》，第3卷，頁213-309。

的見解；第三，以前的研究僅指出《禮記》的「駁雜性」、「叢書性」，從未討論其意義，而僅將其當作分篇研究的根據而已。但是，筆者認為，《禮記》的「駁雜性」、「叢書性」，便可觀察戰國到西漢末「禮」思想展開之一端。在這方面，牧野巽的看法頗有參考價值。他認為《儀禮》、《禮記》之寫作經歷戰國到西漢，其說如下：

> 兩書的內容到底包括多少當時社會的實際情況是個疑問。（中略）於是，把兩書都看作不一定與實在的制度有關，而是單單表達一種學說乃至理想。如此看的話，作者不同的各篇之間，不必統一其矛盾。（中略）雖然有人認同《禮記》各篇作者之間有學派的差異，但我不拘泥這些差異，總括起來平等研究。[263]

筆者也贊同他的看法。第四，「思想」研究的可能性。以往《禮記》研究的重點放在「思想史」研究上，而重視《禮記》中的諸概念由何種要素構成，並不在於「思想」研究。的確，研究《禮記》中諸概念的構成要素很重要，但現在不僅應注視「思想史」上的問題，我們更應該注意《禮記》的「思想」本身。尤其是作為政治思想的《禮記》，筆者認為，還有探求的餘地。

　　本篇如上，談到近百年來日本學者《禮記》研究的成果與今後的課題。但是，論述始終羅列，各章的說明也不足，一定還有曖昧的地

---

263 牧野巽：〈儀禮及び禮記に於ける家族と宗族（上）〉，頁5-6。原文：「しかしながら、兩書の內容が果してどれだけ忠實に當時の社會の實際を示してゐるかは疑問である。（中略）兩書ともに實在の制度とは必ずしも關係ないもので、單に一種の學說乃至理想を表現するものとして見ておくことにする。此の樣にみれば製作者を異にする各篇の間に強ひて矛盾を統一する必要もない。（中略）禮記各篇の製作者間に學派の差異を認める人々もあるが、いまは必ずしもかかる相違に拘泥せず、これを一括して平面的に研究する。」

方，而且僅能舉出與《禮記》直接關連者，無法提到《禮記》研究史
關係的論著，非常遺憾。都是因為筆者筆力不足，尚請多多包涵原諒。

附錄

近百年來日本學者《三禮》研究論著目錄

凡例

一　本目錄著錄自一九〇〇至二〇一〇年日本學者研究《三禮》的成
　　果，主要由五個部分而成：

　　1.《三禮》及禮學總論

　　2.《周禮》

　　3.《儀禮》

　　4.《禮記》

　　5. 其他

二　關於「《三禮》及禮學總論」部分，再分為「專著」和「論文、
　　論說」兩項目。

三　關於「《周禮》」、「《儀禮》」與「《禮記》」部分，均由「註譯、校
　　勘、索引」、「專著」和「論文、論說」三個項目而成。

四　關於「其他」部分，含有「概說」與「研究目錄、研究回顧」。

五　各項所載錄的學術性成果，包含下列論著：

　　1. 日本人士在本國出版或本國期刊發表的論著。

　　2. 日本人士在外國期刊發表之論文。

　　3. 外國人士在日本刊物發表之論文。

　　4. 外國人士在對日本經學研究成果的介紹和批評。

5. 日本人士翻印之中國人著作。

六　各項所載錄的論著，皆依出版時間先後排列，但若是一系列作
　品，就一拼放置於第一篇發表的年份之處。

一　《三禮》及禮學總論

(一) 專著

1. 穗積陳重：《祭祀及禮と法律》（東京：岩波書店，《法律進化論
　叢》第2冊，1928年7月）。

2. 內野熊一郎：《秦代に於ける經書經說の研究》（東京：東方文化
　學院，1939年3月）。

3. 西晉一郎、小糸夏次郎：《禮の意義と構造》（東京：國民精神文
　化研究所，《國民精神文化研究》第24冊，1937年3月；東
　京：畝傍書房，1941年9月）。

4. 武內義雄：《禮の倫理思想》（東京：岩波書店，《岩波講座倫理
　學》第10卷，1941年10月），後收於《武內義雄全集》（東
　京：角川書店，1979年1月），第3卷，頁443-474。

5. 內野熊一郎：《漢初經書學の研究》（東京：清水書店，1942年6
　月）。

6. 加藤常賢：《禮の起源と其の發達》（東京：中文館書店，1943年
　4月），後改為《中國原始觀念の發達》（東京：青龍社，
　1951年3月）。

7. 重澤俊郎：《原始儒家思想と經學》（東京：岩波書店，1949年9
　月）。

8. 竹內照夫：《四書五經：中國思想の形成と展開》（東京：平凡
　社，1965年6月）。

9. 藤川正數：《魏晉時代における喪服禮の研究》（東京：敬文社，1960年3月）。

10. 藤川正數：《漢代における禮學の研究》（東京：風間書房，1968年2月；1985年6月增訂）。

11. 長澤規矩也（編）：《和刻本經書集成：正文之部（第2輯）》（東京：汲古書院，1975年12月）。

12. 長澤規矩也（編）：《和刻本經書集成：古注之部（第2輯）》（東京：汲古書院，1976年12月）。

13. 栗原圭介：《中國古代樂論の研究》（東京：大東文化大學東洋研究所，1978年3月）。

14. 小南一郎（編）：《中國古代禮制研究》（京都：京都大學人文科學研究所，1995年3月）。

15. 小南一郎（編）：《中國の禮制と禮學》（京都：朋友書店，2001年10月）。

16. 石川英昭：《中國古代禮法思想の研究》（東京：創文社，《東洋學叢書》，2003年1月）。

17. 小島毅：《東アジアの儒教と禮》（東京：山川出版社，2004年10月）。

18. 渡邊義浩（編）：《兩漢における易と三禮》（東京：汲古書院，2006年9月）。

19. 岡村秀典：《中國文明　農業と禮制の考古學》（京都：京都大學學術出版會，學術選書36，《諸文明の起源》6，2008年6月）。

20. 吾妻重二、二階堂善弘（編）：《東アジアの儀禮と宗教》（東京：雄松堂出版，2008年8月）。

21. 小島康敬（編）：《「禮樂」文化》（東京：ぺりかん社，2013年7月）。

（二）論文、論說

1. 須和文孝：〈禮樂論〉，《漢學知津》（1896年10月），葉3-4。

2. 穗積陳重：〈禮と法〉，《法學協會雜誌》第24卷第1-2號（1906年1-2月），頁碼未詳，後收於穗積重遠（編）：《穗積陳重遺文集》第3冊（東京：岩波書店，1934年1月），頁201-224。

3. 馬陵大人（口義）：〈禮樂〉，《大經正論》上編之下（1874年5月），葉11-14。

4. 元良勇次郎：〈社會倫理（三）禮義論〉，《倫理講話　中等教育前編》（東京：右文館，1900年2月），頁101-108。

5. 遠藤隆吉（述）：〈禮〉，《東洋倫理學》（東京：早稻田大學出版部，早稻田大學四十二年度文學科第一學年講義錄，1909年），頁318-322；《東洋倫理學》（東京：早稻田大學出版部，早稻田大學四十三年度文學科第一學年講義錄，1910年），頁214-218。

6. 坪內逍遙：〈禮の分析〉，《倫理卜文學》（東京：冨山房，1908年10月）。

7. 岩垂憲德：〈禮〉，《儒學大觀》（東京：文華堂，1909年10月），頁396-401。

8. 三島中洲：〈古禮即今法の說〉，《中洲講話》（東京：文華堂，1909年11月），頁120-138。

9. 服部宇之吉：〈支那古禮と現代社會〉，《東亞之光》第9卷第11號（1914年11月），頁71-77。

   服部宇之吉：〈支那古禮と現代社會（承前）〉，《東亞之光》第9卷第12號（1914年12月），頁38-49。

10. 加藤常賢：〈支那古代の宗教的儀禮に就て〉，《斯文》第2編第6
號（1920年12月），頁29-41，後收於《中國古代文化の研
究》（東京：二松學舍大學出版部，1980年7月），頁82-
92。

加藤常賢：〈支那古代の宗教的儀禮に就て（續）〉，《斯文》第3
編第1號（1921年2月），頁25-37，後收於《中國古代文化
の研究》（東京：二松學舍大學出版部，1980年7月），頁
92-102。

11. 田崎仁義：〈禮の原始的意義と其三段の變化〉，《國家學會雜
誌》第34卷第12號（1920年12月），頁52-69，後收入《增
補支那古代經濟思想及制度》（京都：內外出版，1932年4
月），頁281-298。

12. 本田成之：〈古禮說〉，《支那學》第1卷第8號（1921年4月），頁
19-31。

13. 鵜澤總明：〈禮と法〉，《東洋文化（東洋文化學會）》，第2號
（1924年2月），頁9-28。

14. 津田左右吉：〈儒教の禮樂說（其一）〉，《東洋學報》第19卷第1
號（1931年3月），頁1-48，後收於《儒教の研究》，第1卷
（東京：岩波書店，1950年3月），頁197-238以及《津田
左右吉全集》，第16卷（東京：岩波書店，1965年1月），
頁197-238。

津田左右吉：〈儒教の禮樂說（其二）〉，《東洋學報》第19卷第2
號（1931年8月），頁66-98，後收於《儒教の研究》，第1
卷（東京：岩波書店，1950年3月），頁239-267以及《津
田左右吉全集》，第16卷（東京：岩波書店，1965年1
月），頁239-267。

津田左右吉：〈儒教の禮樂說（其三）〉，《東洋學報》第19卷第3號（1931年12月），頁59-83，後收於《儒教の研究》，第1卷（東京：岩波書店，1950年3月），頁268-289以及《津田左右吉全集》，第16卷（東京：岩波書店，1965年1月），頁268-289。

津田左右吉：〈儒教の禮樂說（其四）〉，《東洋學報》第19卷第4號（1932年3月），頁91-136，後收於《儒教の研究》，第1卷（東京：岩波書店，1950年3月），頁290-328以及《津田左右吉全集》，第16卷（東京：岩波書店，1965年1月），頁290-328。

津田左右吉：〈儒教の禮樂說（其五）〉，《東洋學報》第20卷第1號（1932年7月），頁61-98，後收於《儒教の研究》，第1卷（東京：岩波書店，1950年3月），頁329-361以及《津田左右吉全集》，第16卷（東京：岩波書店，1965年1月），頁329-361。

津田左右吉：〈儒教の禮樂說（其六）〉，《東洋學報》第20卷第2號（1932年12月），頁98-117，後收於《儒教の研究》，第1卷（東京：岩波書店，1950年3月），頁361-377以及《津田左右吉全集》，第16卷（東京：岩波書店，1965年1月），頁361-377。

津田左右吉：〈儒教の禮樂說（其七）〉，《東洋學報》第20卷第3號（1933年3月），頁51-120，後收於《儒教の研究》，第1卷（東京：岩波書店，1950年3月），頁378-417以及《津田左右吉全集》，第16卷（東京：岩波書店，1965年1月），頁378-417。

15. 田崎仁義：〈支那古代の「禮」に就て（其一）（「禮」なる文字

の解剖）〉，《東亞經濟研究》第17卷第1號（1933年1月），頁1-12。

16. 東川德治：〈禮の種類〉，《東洋文化（東洋文化學會）》第110號（1933年8月），頁63-69。

17. 內野台嶺：〈儒教における禮の地位〉，《漢文學會會報（東京文理科大學漢文學會）》第2號（1934年2月），頁18-41。

18. 長谷川如是閑：〈儒教に於ける「禮」の意義と其の「變質」〉，《思想》第155號（1935年4月），頁161-176。

19. 齋伯守：〈禮治思想の淵源──特に文字より見たる禮の起原──〉，《思想と文學》第1輯（1935年7月），頁36-46。

20. 李覺鐘：〈禮義の話〉，《朝鮮》第240號（1935年），頁碼未詳。

21. 相良政雄：〈法學思想と古の禮について〉，《東洋文化（東洋文化學會）》第136號（1935年10月），頁11-18。

22. 服部宇之吉：〈禮の思想──附實際──〉，《岩波講座東洋思潮（第13回）》（東京：岩波書店，1935年11月），頁1-45。

23. 高田眞治：〈禮の思想に就いて〉，《斯文》第18編第9號（1936年9月），頁1-14。

24. 上村幸次：〈三國時代喪葬禮俗私考〉，《大谷學報》第17卷第2號（1936年6月），頁137-148。

25. 加藤常賢：〈禮の原始的意味〉，《精神科學》昭和12年第1卷（1937年1月），頁129-166。

26. 石井文雄：〈儒教の禮樂に就いて〉，《斯文》第19編第3號（1937年3月），頁17-32。

27. 內野台嶺：〈禮の現代的意義〉，《漢學研究》第2號（1937年4月），頁2-13。

28. 高田眞治：〈東洋思想の特徵と禮樂の道〉，《斯文》第19編第12

號（1937年12月），頁13-31，後收於《東洋思潮の研究》，第1卷（東京：春秋社，1944年3月），頁180-202。

29. 服部武：〈禮に見はれた古代支那人の精神〉，《東方學報（東京）》第8冊（1938年1月），頁231-245。

30. 狩野直喜：〈禮經と漢制〉，《東方學報（京都）》第10冊第2分冊（1939年7月），頁171-198，後收於《讀書籑餘》（東京：吉川弘文堂，1947年7月；東京：みすず書房，1980年6月），頁16-35。

31. 山本幹夫：〈中禮の構造〉，《哲學雜誌》第55卷第639號（1940年5月），頁1-33。

32. 宇野精一：〈書評：《禮の意義と構造》〉，《漢學會雜誌》第9卷第3號（1941年12月），頁380-382，後收於《宇野精一著作集》，第5卷（東京：明治書院，1989年6月），頁265-268。

33. 齋伯守：〈禮法分化說に對する試論〉，龍谷學會（編）：《京都漢學大會紀要（龍谷學報附錄）》（京都：興教會館，1942年4月），頁32-37。

34. 鵜澤總明：〈禮法の本質──經學と法學との統合研究への新提案──〉，《大東文化學報》第7、8輯合併號（1942年11月），頁1-30。

35. 木村英一：〈舊支那社會における禮の作用について〉，《東亞人文學報》第2卷4號（1943年3月），頁616-642。

36. 小畑龍雄：〈（紹介）禮の起源と其の發達〉，《史林》第29卷第2號（1944年5月），頁72-74。

37. 森三樹三郎：〈（書評）《禮の起源と其の發達》〉，《支那學》第11卷第3號（1944年9月），頁139-147。

38. 貝塚茂樹：〈威儀──周代貴族の理念とその儒教化──〉，《史

林》第32卷第1號（1948年10月），頁48-64，後收於《貝
塚茂樹著作集》，第5卷（東京：中央公論社，1976年9
月），頁363-386。

39. 吉田熊次：〈儒教における禮の根源〉，《弘道》第59卷657號
（1950年8月），頁1-4。

40. 島田正郎：〈中國法に對する禮の意義〉，《法律論叢》第24卷第4
號（1951年4月），頁碼未詳。

41. 貝塚茂樹：〈禮〉，《新倫理講座（2）──道德とは何か》（東
京：創文社，1952年6月），頁123-128，後收於《貝塚茂
樹著作集》，第5卷（東京：中央公論社，1976年9月），頁
383-391。

42. 石黑俊逸：〈先秦儒家以前の禮の概念〉，《山口大學文學會誌》
第3卷第2號（1952年11月），頁65-82。

43. 滋賀秀三：〈（書評）島田三郎「中國法に對する禮の意義」〉，
《法制史研究》第3號（1953年11月），頁243。

44. 中村璋八：〈五行大義引禮考〉，《中國文化研究會會報》第4卷第
2號（1955年2月），頁22-36。

45. 松岡慎一郎：〈禮の思想〉，《史泉》第4號（1956年3月），頁19-
30。

46. 佐藤嘉祐：〈禮の本質について〉，《倫理學年報》第5集（1956年
6月），頁126-135。

47. 鈴木由次郎：〈明日の倫理──禮の再認識──〉，《自門》第8卷
第7號（1956年7月），頁碼未詳。

48. 藤川正數：〈魏晉時代における喪服禮說に關する一考察〉，《日
本中國學會報》第8集（1956年10月），頁55-70。

49. 藤川正數：〈唐代（貞觀期）服制改制における二三の動向〉，

《漢文學會會報（東京教育大學漢文學會）》第17號（1957年6月），頁28-36。

50. 內野熊一郎：〈禮樂について〉，《兒童心理》第12卷第6號（1958年6月），頁74-78。

51. 池田末利：〈禮文獻に見える祭祀の等級性〉，《廣島大學文學部紀要》第15號（1959年3月），頁23-45，後收於《中國古代宗教史研究》（東京：東海大學出版社，1981年2月），頁423-444。

52. 金谷治：〈秦漢期の禮學〉，《集刊東洋學》第1集（1959年5月），頁49-59。

53. 宇野精一：〈南北朝禮學の一斑〉，《日本中國學會報》第11集（1959年10月），頁103-111，後收於《宇野精一著作集》，第2卷（東京：明治書院，1986年3月），頁375-394。

54. 木村英一：〈前漢に於ける禮學の傳受について〉，《立命館文學》第180號（1960年6月），頁610-627。

55. 越智重明：〈六朝における喪服制上の二問題〉，《史淵》第88輯（1962年7月），頁39-69。

56. 藤川正數：〈前漢時代における宗廟禮說の變遷とその思想的根底〉，《東方學》第28輯（1964年7月），頁11-34，後收於《漢代における禮學の研究》（東京：風間書房，1968年2月；增訂版，1985年6月），頁91-138。

57. 瀧澤俊亮：〈禮と拜について（上）〉，《東洋文學研究》第14號（1966年4月），頁49-55，後收於《中國關係論說資料》第6號第1分冊（1966年），頁469-472。

瀧澤俊亮：〈禮と拜について（下）〉，《東洋文學研究》第15號（1967年3月），頁29-37，後收於《中國關係論說資料》第8號第1分冊（1967年），頁397-401。

58. 町田三郎：〈評「漢代における禮學の研究」（藤川正數著）〉，
　　《集刊東洋學》第19集（1968年5月），頁92-96。

59. 常盤井賢十：〈禮節と衣食〉，《東洋文化（東洋文化振興會）》第
　　15號（1968年12月），頁44-50，後收於《中國關係論說資
　　料》第9號第1分冊（1968年），頁297-300。

60. 吉田清：〈禮の研究〉，《名古屋女子商科短期大學紀要》第9號
　　（1969年12月），頁47-68。

61. 田中利明：〈禮と法——前漢までの經緯〉，《待兼山論叢》第3號
　　（1969年12月），頁47-66，後收於《中國關係論說資料》
　　第11號第1分冊上（1969年），頁584-594。

62. 松本雅明：〈詩書禮樂：中國古典の誕生とその展開〉，《日本と
　　世界の歷史（古代：中國、インドの古代文明）》，第3卷
　　（東京：學研，1969年12月），頁78-83，後改題為〈詩書
　　禮樂——中國古典の誕生とその展開——〉，收於《松本
　　雅明著作集（中國古代史研究）》，第10冊（東京：弘生書
　　林，1988年6月），頁309-321。

63. 大野實之助：〈禮と法〉，東洋文化研究所創立三十周年記念委員
　　會（編）：《東洋文化研究所創立三十周年記念論集——東
　　洋文化と明日——》（東京：無窮會，1970年11月），頁
　　35-50。

64. 尾形勇：〈漢唐間の「家人之禮」について〉，《山梨大學教育學
　　部研究報告（第1分冊：人文社會科學系）》第23號（1972
　　年2月），頁50-58，後收於《中國關係論說資料》第15號
　　第1分冊上（1973年），頁439-443。

65. 尾形勇：〈漢唐間の「殊禮」について〉，《山梨大學教育學部研
　　究報告（第1分冊：人文社會科學系）》第24號（1974年2
　　月），頁105-114。

66. 田中利明：〈禮〉，《中國哲學を學ぶ人のために》（東京：世界思想社，1975年1月），頁83-88。

67. 中村龍人：〈中國古代の「禮樂書」と「詩の發想」〉，《琉球大學國文學、哲學論集》第19號（1975年3月），頁43-59。

68. 栗原圭介：〈禮樂思想形成における相關關係と禮的機能〉，《日本中國學會報》第29集（1977年10月），頁1-14。

69. 神矢法子：〈晉時代における王法と家禮：第1部〉，《東洋學報》第60卷第1、2合併號（1978年11月），頁19-53。

70. 神矢法子：〈後漢時代における「過禮」をめぐって——所謂後漢末風俗再考の試み——〉，《九州大學東洋史論集》第7號（1979年3月），頁27-40。

71. 栗原圭介：〈經典に見える「禮」の概念〉，《池田末利博士古稀記念東洋學論集》（廣島：池田博士古稀記念事業會，1980年9月），頁379-400。

72. 高橋忠彥：〈《三禮注》より見た鄭玄の禮思想〉，《日本中國學會報》第32集（1980年10月），頁84-95。

73. 栗原圭介：〈古代中國における儀禮の信念とその時日の觀念〉，《大東文化大學紀要（人文科學）》第19號（1981年3月），頁113-128，後收於《中國關係論說資料》第23號第1分冊上（1981年），頁208-216。

74. 八木正一：〈音樂用具論の批判的檢討——儒教における樂論を中心にして——〉，《高知大學學術研究報告（社會科學）》第29號（1981年3月），頁25-36。

75. 北村良和：〈前漢末の改禮について〉，《日本中國學會報》第33集（1981年10月），頁43-57。

76. 神矢法子：〈漢晉間における喪服禮の規範的展開——婚姻習俗

「拜時」をめぐって──〉,《東洋學報》第63卷第1、2合
併號（1981年12月），頁63-92。

77. 神矢法子：〈禮の規範的位相と風俗〉,《史朋》第15號（1982年
12月），頁1-12。

78. 豐島靜英：〈「禮教」の形成と女性束縛〉,《歷史評論》第383號
（1982年3月），頁25-47。

79. 栗原圭介：〈禮的構造と言語の類緣性について〉,《大東文化大
學紀要（人文科學）》第21號（1983年3月），頁115-130。

80. 栗原圭介：〈古代中國における儀禮的慣行と原始心性──セム
族宗教との比較を通して──〉,《日本中國學會報》第35
集（1983年10月），頁1-14。

81. 栗原圭介：〈古代中國後期の「禮」における儒教と道教との融
合について〉,《東洋研究》第68號（1983年12月），頁27-
60。

82. 藤川正數：〈禮の構成とその理念〉,《櫻美林大學中國文學論
叢》第9號（1984年3月），頁1-25。

83. 栗原圭介：〈中國古代の禮構造に見る「四時」の概念〉,《大東
文化大學創立六十周年記念中國學論集》（東京：大東文
化學園，1984年12月），頁395-419。

84. 藤川正數：〈古代中國における禮說とその習俗〉,《櫻美林大學
中國文學論叢》第10號（1985年3月），頁34-83。

85. 石川英昭：〈R・アンガーの中國古代禮法論〉,《鹿兒島大學法
學論集》第22卷第2號（1987年3月），頁97-123。

86. 栗原圭介：〈禮と思想史的知見〉,《大東文化大學紀要（人文科
學）》第27號（1989年3月），頁127-146，後收於《中國關
係論說資料》第31號第1分冊上（1989年），頁243-253。

87. 加賀榮治：〈「禮」經典の定立をめぐって〉，《人文論究（北海道
　　學藝大學函館人文學會）》第50號（1990年3月），頁1-
　　23，後收於《中國關係論說資料》第32號第1分冊下
　　（1990年），頁230-241。

88. 松本幸男：〈漢初の禮樂祭祀と樂府（官署）の情況〉，《學林》
　　第20號（1994年2月），頁29-47。

89. 栗原圭介：〈三禮鄭注に見る訓詁と科學思想（上）〉，《大東文化
　　大學紀要（人文科學）》第32號（1994年3月），頁119-
　　136。

　　栗原圭介：〈三禮鄭注に見る訓詁と科學思想（下）〉，《大東文化
　　大學紀要（人文科學）》第33號（1995年3月），頁195-206。

90. 栗原圭介：〈禮概念の形成に見る《詩經》的志向形態〉，《漢學
　　研究（日本大學文理學部中國文學會）》第33號（1996年3
　　月），頁39-53。

91. 南部英彦：〈前漢代の制詔、上奏等に見える禮の辭句の引用に
　　ついて──前漢代における經術主義の一側面──〉，《集
　　刊東洋學》第77集（1997年5月），頁1-21。

92. 小島毅：〈禮〉，《月刊しにか（特集：儒教のキーワード──21
　　のことばと思想）》第8期第12號（1997年12月），頁34-
　　37。

93. 佐川繭子：〈東漢における三禮の生成について〉，《二松》第15
　　號（2001年3月），頁154-178。

94. 桂小蘭：〈三禮における犬肉の食用およびその意義について〉，
　　《大阪經大論集》第52卷第2號（2001年7月），頁225-
　　245，後改題為〈鄉飲酒禮や鄉射禮における犬肉の食用
　　およびその意義〉，收於《古代中國の犬文化：食用と祭

祀を中心に》（大阪：大阪大學出版會，2005年2月），頁
60-77。

95. 寄金義紀、高崎讓治、石曉岩：〈古典の《論語》、《禮記》、《周
禮》、《春秋左氏傳》、《史記》、《戰國策》、《齊國史》、《郭
沫若全集》に見る春秋戰國期の主要大國の榮枯盛衰の考
察〉，《研究論集儒學文化》第4號（2003年3月），頁230-
276。

96. 有馬卓也：〈書評：石川英昭著《中國古代禮法思想の研究》〉，
《中國哲學論集》第28、29合併號（2003年10月），頁
138-152。

97. 桂小蘭：〈《三禮》からみた古代中國の犧牲制度〉，《古代文化》
第55卷第8號（2003年8月），頁442-454，後收於《古代中
國の犬文化：食用と祭祀を中心に》（大阪：大阪大學出
版會，2005年2月），頁77-106。

98. 渡邊義浩：〈後漢における禮と故事〉，渡邊義浩（編）：《兩漢に
おける易と三禮》（東京：汲古書院，2006年9月），頁
175-200（含田中麻紗巳的評論與質疑應答）。

99. 堀池信夫：〈漢代の「權」について〉，渡邊義浩（編）：《兩漢に
おける易と三禮》（東京：汲古書院，2006年9月），頁
201-229（含影山輝國的評論與質疑應答）。

100. 池田秀三：〈鄭學の特質〉，渡邊義浩（編）：《兩漢における易と
三禮》（東京：汲古書院，2006年9月），頁287-325（含間
嶋潤一的評論與質疑應答）。

101. 王啟發（著）、孫險峰（譯）：〈鄭玄《三禮注》とその思想史的
意義〉，渡邊義浩（編）：《兩漢における易と三禮》（東
京：汲古書院，2006年9月），頁411-480。

102. 原田信:〈聶崇義《三禮圖》の編纂について〉,《早稻田大學大學院文學研究科紀要》第55輯第2分冊（2010年2月）,頁115-127。

103. 浦山きか:〈鄭玄「三禮注」における「氣」字の用法の一側面〉,《集刊東洋學》第105集（2011年6月）,頁1-20。

104. 濱久雄:〈禮の起源とその展開:凌廷堪の《禮經釋例》を中心として〉,《東洋研究》第183號（2012年1月）,頁45-69。

105. 古藤友子:〈中國古代の飲食文化と禮樂——孝子の三道をめぐって——〉,小島康敬（編）:《「禮樂」文化》（東京:ぺりかん社,2013年7月）,頁10-35。

106. 小島毅:〈王安石から朱熹へ——宋代禮學の展開——〉,小島康敬（編）:《「禮樂」文化》（東京:ぺりかん社,2013年7月）,頁53-75。

二 《周禮》

（一）註譯、校勘、索引

1. 加藤虎之亮:〈周禮經注疏音義校勘總說〉,《東洋文化（無窮會）》第143號（1936年7月）,頁1-14。

加藤虎之亮:〈周禮經注疏音義校勘總說（承前）〉,《東洋文化（無窮會）》第144號（1936年8月）,頁15-24。

加藤虎之亮:〈周禮經注疏音義校勘總說（三）〉,《東洋文化（無窮會）》第145號（1936年9月）,頁25-38。

加藤虎之亮:〈周禮經注疏音義校勘總說（四）〉,《東洋文化（無窮會）》第146號（1936年10月）,頁37-50。

加藤虎之亮：〈周禮經注疏音義校勘總說（五）〉，《東洋文化（無窮會）》第147號（1936年11月），頁51-62。

加藤虎之亮：〈周禮經注疏音義校勘總說（六）〉，《東洋文化（無窮會）》第148號（1936年12月），頁63-70。

加藤虎之亮：〈周禮經注疏音義校勘總說（七）〉，《東洋文化（無窮會）》第149號（1937年1月），頁71-82。

加藤虎之亮：〈周禮經注疏音義校勘總說（八）〉，《東洋文化（無窮會）》第150號（1937年2月），頁83-90。

加藤虎之亮：〈周禮經注疏音義校勘總說（九）〉，《東洋文化（無窮會）》第151號（1937年3月），頁91-98。

加藤虎之亮：〈周禮經注疏音義校勘總說（十）〉，《東洋文化（無窮會）》第152號（1937年4月），頁99-108。

加藤虎之亮：〈周禮經注疏音義校勘總說（十一）〉，《東洋文化（無窮會）》第153號（1937年6月），頁109-112。

加藤虎之亮：〈周禮經注疏音義校勘總說（十二）〉，《東洋文化（無窮會）》第154號（1937年7月），頁113-120。

加藤虎之亮：〈周禮經注疏音義校勘總說（十二）〉，《東洋文化（無窮會）》第155號（1937年8月），頁121-128。

加藤虎之亮：〈周禮經注疏音義校勘總說（十三）〉，《東洋文化（無窮會）》第157號（1937年10月），頁129-130。

加藤虎之亮：〈周禮經注疏音義校勘總說（十四）〉，《東洋文化（無窮會）》第158號（1937年11月），頁131-136。

加藤虎之亮：〈周禮經注疏音義校勘總說（十五）〉，《東洋文化（無窮會）》第160號（1938年3月），頁137-141。

加藤虎之亮：〈周禮經注疏音義校勘總說（十六）〉，《東洋文化（無窮會）》第163號（1938年7月），頁139-146。

加藤虎之亮:〈周禮經注疏音義校勘總說(十七)〉,《東洋文化
　　(無窮會)》第164號(1938年8月),頁147-154。

加藤虎之亮:〈周禮經注疏音義校勘總說(十八)〉,《東洋文化
　　(無窮會)》第165號(1938年9月),頁155-160。

加藤虎之亮:〈周禮經注疏音義校勘總說(十九)〉,《東洋文化
　　(無窮會)》第167號(1938年11月),頁161-166。

加藤虎之亮:〈周禮經注疏音義校勘總說(二十)〉,《東洋文化
　　(無窮會)》第168號(1938年12月),頁167-174。

加藤虎之亮:〈周禮經注疏音義校勘總說(二十一)〉,《東洋文化
　　(無窮會)》第170號(1939年2月),頁175-182。

加藤虎之亮:〈周禮經注疏音義校勘總說(二十二)〉,《東洋文化
　　(無窮會)》第171號(1939年3月),頁183-190。

加藤虎之亮:〈周禮經注疏音義校勘總說(二十三)〉,《東洋文化
　　(無窮會)》第173號(1939年5月),頁191-201。

加藤虎之亮:〈周禮經注疏音義校勘總說(二十四)〉,《東洋文化
　　(無窮會)》第174號(1939年6月),頁202-210。

加藤虎之亮:〈周禮經注疏音義校勘總說(二十五)〉,《東洋文化
　　(無窮會)》第175號(1939年7月),頁211-218。

加藤虎之亮:〈周禮經注疏音義校勘總說(二十六)〉,《東洋文化
　　(無窮會)》第176號(1939年8月),頁219-222。

加藤虎之亮:〈周禮經注疏音義校勘總說(二十七)〉,《東洋文化
　　(無窮會)》第177號(1939年9月),頁223-230。

加藤虎之亮:〈周禮經注疏音義校勘總說(二十七)〉,《東洋文化
　　(無窮會)》第178號(1939年10月),頁231-283。

加藤虎之亮:〈周禮經注疏音義校勘總說(二十八)〉,《東洋文化
　　(無窮會)》第179號(1939年11月),頁239-246。

加藤虎之亮：〈周禮經注疏音義校勘總說（二十八）〉，《東洋文化
（無窮會）》第180號（1939年12月），頁247-250。

加藤虎之亮：〈周禮經注疏音義校勘總說（二十九）〉，《東洋文化
（無窮會）》第181號（1940年1月），頁251-256。

加藤虎之亮：〈周禮經注疏音義校勘總說（三十）〉，《東洋文化
（無窮會）》第183號（1940年3月），頁257-264。

加藤虎之亮：〈周禮經注疏音義校勘總說（三十一）〉，《東洋文化
（無窮會）》第184號（1940年4月），頁267-274。

加藤虎之亮：〈周禮經注疏音義校勘總說（三十二）〉，《東洋文化
（無窮會）》第186號（1940年6月），頁275-282。

加藤虎之亮：〈周禮經注疏音義校勘總說（三十三）〉，《東洋文化
（無窮會）》第187號（1940年7月），頁283-290。

加藤虎之亮：〈周禮經注疏音義校勘總說〔（三十四）〕〉，《東洋文
化（無窮會）》第189號（1940年9月），頁291-294。

加藤虎之亮：〈周禮經注疏音義校勘總說〔（三十五）〕〉，《東洋文
化（無窮會）》第190號（1940年10月），頁295-296。

加藤虎之亮：〈周禮經注疏音義校勘總說（三十五〔六〕）〉，《東
洋文化（無窮會）》第193號（1941年2月），頁297-302。

加藤虎之亮：〈周禮經注疏音義校勘總說（三十七）〉，《東洋文化
（無窮會）》第195號（1941年4月），頁303-306。

2. 加藤虎之亮：《周禮經注疏音義校勘記（上）》（東京：財團法人
無窮會常務理事清田清發行，1957年10月）。

加藤虎之亮：《周禮經注疏音義校勘記（下）》（東京：財團法人
無窮會常務理事清田清發行，1958年9月）。

3. 宇野哲人：〈周禮經注疏音義校勘記の上梓〉，《雅友》第35卷4、
5號（1958年2月），頁碼未詳。

4. 宇野精一：〈書評：加藤虎之吉著「周禮經注疏音義校勘記」〉，《斯文》第21號（1958年），頁71，後收於《宇野精一著作集》，第5卷（東京：明治書院，1989年6月），頁285-286。

5. 周哲（點校）：《周禮（上、下）》（東京：菜根出版，1976年1月）。

6. 本田二郎：《周禮通釋（上）》（東京：秀英出版社，1977年7月）。
   本田二郎：《周禮通釋（下）》（東京：秀英出版社，1979年11月）。

7. 三上順：〈周禮考工記匠人譯稿（1）〉，《たまゆら》第8號（1978年月），頁53-65，後收於《中國關係論說資料》第20號第3分冊下（1978年），頁519-525。
   三上順：〈周禮考工記匠人譯稿（2）〉，《たまゆら》第9號（1978年月），頁59-72，後收於《中國關係論說資料》第20號第3分冊下（1978年），頁526-532。

8. 池田秀三：〈周禮疏序譯注〉，《東方學報（京都）》第53號（1981年3月），頁547-588。

9. 野間文史：《周禮索引》（福岡：中國書店，1989年9月）。

10. 原田悅穗（著）、二松學舍大學附屬東洋學研究所（編）：《訓讀周禮正義》（東京：二松學舍，1988年9月），第2-6冊。
   原田悅穗（著）、二松學舍大學附屬東洋學研究所（編）：《訓讀周禮正義》（東京：二松學舍，1990年3月），第7-9冊。
   原田悅穗（著）、二松學舍大學附屬東洋學研究所（編）：《訓讀周禮正義》（東京：二松學舍，1992年3月），第10-11冊。
   原田悅穗（著）、二松學舍大學附屬東洋學研究所（編）：《訓讀周禮正義》（東京：二松學舍，1994年3月），第12-14冊。
   原田悅穗（著）、二松學舍大學附屬東洋學研究所（編）：《訓讀周禮正義》（東京：二松學舍，1995年11月），第15-17冊。

原田悅穗（著）、二松學舍大學東アジア學術總合研究所（編）：
《訓讀周禮正義》（東京：二松學舍，2005年11月），第
18-28冊。

11. 大竹健介：〈周禮正義（抄）解讀〉，《武藏大學人文學會雜誌》
第28卷第1號（1996年9月），頁1-76。

大竹健介：〈周禮正義（抄）解讀承前〉，《武藏大學人文學會雜
誌》第28卷第2號（1997年1月），頁1-76。

（二）專著

1. 林泰輔：《周公と其時代》（東京：大倉書店，1915年9月）。
2. 東川德治：《王道最古之法典周禮講義錄（1-36）》（名古屋：周
禮講義錄發行所，1933年9月-1936年8月）。
3. 濱薰明：《周禮研究》（東京：東洋政治學會，1949年4月）。
4. 宇野精一：《中國古典學の展開》（東京：北隆館，1949年6月）。
5. 山田勝芳：《中國のユートピアと「均の理念」》（東京：汲古書
院，2001年7月）。
6. 間嶋潤一：《鄭玄と《周禮》——周の太平國家の構想——》（東
京：明治書院，2010年11月）。

（三）論文、論說

1. 林泰輔：〈周官考〉，《史學雜誌》第13編第5號（1902年5月），頁
82-95。
2. 松平治郎吉：〈周禮〉，《漢學講義》（東京：修文堂，1907年8
月），頁42-47。
3. 兒島獻吉郎：〈儀禮周禮及び爾雅〉，《支那大文學史　古代編》
（東京：冨山房，1909年3月），頁330-344。

4. 田崎仁義：〈周禮ニ現レタル商業諸制度（一）〉，《國民經濟雜誌》第9卷第4號（1910年10月），頁116-125。

田崎仁義：〈周禮ニ現レタル商業諸制度（二）〉，《國民經濟雜誌》第9卷第5號（1910年11月），頁116-125。

5. 岩垂憲德：〈周禮〉，《儒學大觀》（東京：文華堂，1909年10月），頁536-542。

6. 林泰輔：〈周官に見えたる人倫の關係〉，《東亞研究》第2卷第10號（1912年12月），頁碼未詳，後收於《支那上代之研究》（東京：光風館，1927年5月），頁335-345。

7. 林泰輔：〈周官に見えたる衞生制度〉，《東亞研究》第3卷第9號（1913年9月），頁碼未詳，後收於《支那上代之研究》（東京：光風館，1927年5月），頁347-354。

8. 林泰輔：〈周官制作時代考（一）〉，《東亞研究》第3卷第12號（1913年12月），頁1-8，後收於《支那上代之研究》（東京：光風館，1927年5月），頁303-314。

林泰輔：〈周官制作時代考（二）〉，《東亞研究》第4卷第1號（1914年1月），頁17-23，後收於《支那上代之研究》（東京：光風館，1927年5月），頁315-324。

林泰輔：〈周官制作時代考（完）〉，《東亞研究》第4卷第2號（1914年2月），頁16-21，後收於《支那上代之研究》（東京：光風館，1927年5月），頁325-333。

9. 小柳司氣太：〈管子と周禮〉，《東亞研究》第4卷第2號（1914年5月），頁22-30，後收於《東洋思想の研究》（東京：關書院，1934年5月；東京：森北書店，1942年10月），頁215-226。

10. 服部宇之吉：〈井田私考〉，《漢學》第2編第1-3號（年月未詳），

頁碼未詳，後收於《支那研究》（東京：明治出版社，1916年12月），頁381-419。

11. 石濱純太郎：〈周禮賈疏の舜典孔傳〉，《支那學》第1卷第1號（1920年9月），頁27-31。

12. 服部宇之吉：〈周禮の荒政及び保息について〉，《斯文》第3編第5號（1921年10月），頁12-31。

13. 神田喜一郎：〈影舊鈔卷子本周禮鄭注殘卷跋〉，《支那學》第3卷第1號（1922年10月），頁68-69，後收於西田直二郎（編）：《內藤博士頌壽記念史學論叢》（京都：弘文堂，1930年6月），頁69-70。

14. 那波利貞：〈周官官制瑣言〉，《支那學》第3卷第2號（1922年11月），頁76-80。

15. 田崎仁義：〈周禮及び其封建制度〉，《支那古代經濟思想及制度》（京都：內外出版，1924年11月），頁360-444；王學文（譯）：〈周禮及其封建制度〉，《中國古代經濟思想及制度》（臺北：臺灣商務印書館，1965年8月），頁217-276。

16. 田崎仁義：〈周禮に表はれたる土地制度〉，《支那古代經濟思想及制度》（京都：內外出版，1924年11月），頁345-562；王學文（譯）：〈周禮之土地制度〉，《中國古代經濟思想及制度》（臺北：臺灣商務印書館，1965年8月），頁277-344。

17. 田崎仁義：〈周の官制（周官又は周禮）〉，《王道天下之研究：支那古代政治思想及制度》（京都：內外出版，1926年5月），頁623-675。

18. 丹羽正義：〈周禮文化の成立略考〉，《歷史與地理》第23卷第4號（1929年4月），頁1-17。

19. 諸橋轍次：〈王安石の新法及び新義〉，《儒學の目的と宋儒：慶

曆至慶元百六十年の活動》（東京：大修館書店，1929年
10月），頁493-533；《諸橋轍次著作集》，第1卷（東京：
大修館書店，1975年6月），頁319-343。

20. 諸橋轍次：〈周官新義の影響と周官の補亡〉，《儒學の目的と宋
儒：慶曆至慶元百六十年の活動》（東京：大修館書店，
1929年10月），頁533-543；《諸橋轍次著作集》，第1卷
（東京：大修館書店，1975年6月），頁344-349。

21. 東川德治：〈秋官司寇の沿革及び罪名の司寇〉，《東洋文化（東
洋文化學會）》第106號（1933年4月），頁47-51。

22. 森谷克己（著）、司印昌（譯）：〈詩經、孟子、周禮上的中國古
代田制及稅法〉，《師大月刊》第22期（1935年10月），頁
47-55。

23. 原田淑人（講）：〈周官考工記の考古學的檢討〉，《東方學報（東
京）》第6冊（1936年12月），頁835。

24. 津田左右吉：〈周官の研究〉，《滿鮮地理歷史研究報告》第15號
（1937年1月），頁355-636，後收於《津田左右吉全集》，
第2卷（東京：岩波書店，1965年2月），頁305-480。

25. 最所顯文：〈八議に就いて〉，《漢學會雜誌》第5卷第2號（1937
年6月），頁122-134。

26. 宇野精一：〈書評：周官の研究（津田左右吉著）〉，《漢學會雜
誌》第5卷第2號（1937年6月），頁147-149。

27. 安井小太郎：〈周禮解題〉，《大東文化（大東文化學院）》第16號
（1937年7月），頁6-32。

28. 米澤嘉國：〈周官考工記の設色之工に就て〉，《國華》第47編第9
冊（1937年9月），頁碼未詳。

29. 小澤文：〈周禮補疏寫本引〉，《斯文》第20編第1號（1938年1
月），頁62-63。

30. 宇野精一：〈冬官未亡論に就いて〉，《漢文學會雜誌》第6卷第2
　　　號（1938年7月），頁198-218，後收於《中國古典學の展
　　　開》（東京：北隆館，1949年6月），頁295-322；《宇野精
　　　一著作集》，第2卷（東京：明治書院，1986年8月），頁
　　　259-282。

31. 福田福一郎：〈司中、司命について（1）〉，《大東文化（大東文
　　　化學院）》第18號（1938年7月），頁53-78。

　　　福田福一郎：〈司中、司命について（2）〉，《大東文化（大東文
　　　化學院）》第19號（1938年12月），頁36-56。

32. 宇野精一：〈王莽と周禮〉，《東方學報（東京）》第11冊之1（1940
　　　年3月），頁122-129，後收於《中國古典學の展開》（東
　　　京：北隆館，1949年6月），頁323-334；《宇野精一著作
　　　集》，第2卷（東京：明治書院，1986年8月），頁283-292。

33. 佚名：〈昭和の周禮〉，《斯文》第23編第4號（1941年4月），
　　　頁1。

34. 宇野精一：〈周禮劉歆偽作說について〉，《東亞論叢》第5輯
　　　（1941年11月），頁235-241，後收於《中國古典學の展
　　　開》（東京：北隆館，1949年6月），頁105-116；《宇野精
　　　一著作集》，第2卷（東京：明治書院，1986年8月），頁
　　　98-107。

35. 花村美樹：〈周官六翼及其著者〉，《京城帝國大學法學會論集》
　　　第23卷3、4合併號（1941年12月），頁452-467。

36. 宇野精一：〈周禮の實施について〉，《東方學報（東京）》第13冊
　　　之1（1942年5月），頁83-108，後改為〈周禮の實施につ
　　　いての諸問題〉，收於《中國古典學の展開》（東京：北隆
　　　館，1949年6月），頁358-381；《宇野精一著作集》，第2卷
　　　（東京：明治書院，1986年8月），頁313-232。

37. 小林太市郎：〈方相毆疫攷〉，《支那學》第11卷第4號（1946年7月），頁1-47。

38. 飯島忠夫：〈周禮の著作年代〉，《古代世界文化と儒教》（東京：中文館書店，1946年11月），頁155-163。

39. 宇野精一：〈周禮の制作年代について〉，《斯文》復刊第3號（1949年8月），頁3-7。

40. 市古宙三：〈周禮の製作年代と質劑、傅別、里布の中國紙幣起源說に就いて〉，《紅陵大學論集》第1號（1951年3月），頁115-135。

41. 佐野學：〈《周禮》の描く理想國〉，《殷周革命——古代中國國家生成史論——》（東京：青山書院，1951年11月），頁275-353。

42. 佐藤武敏：〈周禮に見える大宰〉，《人文研究》第3卷第7號（1952年7月），頁47-61。

43. 重澤俊郎：〈周禮の思想史的研究〉，《東洋の文化と社會》第4輯（1954年6月），頁42-57。
    重澤俊郎：〈周禮の思想史的研究（續）〉，《東洋の文化と社會》第5輯（1956年9月），頁31-44。
    重澤俊郎：〈周禮の思想史的研究（又續）〉，《東洋の文化と社會》第7輯（1958年12月），頁46-59。
    重澤俊郎：〈周禮の思想史的研究（四）〉，《中國の文化と社會》第9輯（1962年6月），頁1-19。

44. 池田末利：〈肆獻祼、饋食考——周禮大宗伯所見の祖神儀禮——〉，《廣島大學文學部紀要》第6號（1954年12月），頁25-63，後改為〈周禮大宗伯所見の祖神儀禮——肆獻祼、饋食考——〉，收於《中國古代宗教史研究：制度と思想》（東京：東海大學出版會，1981年2月），頁645-681。

45. 池田末利：〈血祭、貍沈、副辜考——周禮大宗伯所見の祖神儀禮——〉，《哲學（廣島哲學會）》第5集（1955年3月），頁29-43，收於《中國古代宗教史研究：制度と思想》（東京：東海大學出版會，1981年2月），頁713-733。

46. 會田範治：〈周禮を中心として見た中國上代の訴訟制度〉，《早稻田法學》第31卷第1、2冊（1955年6月），頁1-25；駱永嘉譯：〈以周禮為中心所見中國古代訴訟制度〉，《東方雜誌》復刊第5卷第8期（1972年2月），頁47-55。

47. 平中苓次：〈漢代の復除と周禮の施舍〉，《立命館文學》第138號（1956年11月），頁1-17。

48. 曾我部靜雄：〈律令の根源としての周禮〉，《日本上古史研究》第1卷第3號（1957年3月），頁53-54。

49. 土橋文雄：〈周禮の商業政策概說〉，《中京大學論叢》第5號（1957年7月），頁碼未詳。

50. 櫻井芳郎：〈孟子と周禮との關係について〉，《東京學藝大學研究報告（史學）》第9集（1958年3月），頁1-8，後收於《中國關係論說資料》第2號第1分冊（1964年），頁279-283。

51. 吉田光邦：〈周禮考工記の一考察〉，《東方學報（京都）》第30冊（1959年12月），頁167-226。

52. 林巳奈夫：〈周禮考工記の車制〉，《東方學報（京都）》第30冊（1959年12月），頁275-310。

53. 宇都木章：〈"社に戮す"ことについて——周禮の社の制度に關する一考察——〉，中國古代史研究會（編）：《中國古代史研究》，第1（東京：雄山閣，1960年10月），頁161-188。

54. 曾我部靜雄：〈中國古代の施舍制度〉,《東北大學文學部研究年報》第12號（1961年3月），頁1-66。

55. 櫻井芳郎：〈詩經と周禮との關係について〉,《東京學藝大學研究報告》第12集第10分冊（1961年2月），頁1-8，後收於《中國關係論說資料》第2號第1分冊（1964年），頁283-287。

56. 池田末利：〈告祭考（上）——周禮大祝を中心とする祈禱儀禮——〉,《廣島大學文學部紀要》第21號（1962年2月），後收於《中國古代宗教史研究：制度と思想》（東京：東海大學出版會，1981年2月），頁822- 893。

池田末利：〈告祭考（中）——周禮大祝を中心とする祈禱儀禮——〉,《廣島大學文學部紀要（哲學）》第22卷第1號（1963年3月），後收於《中國古代宗教史研究：制度と思想》（東京：東海大學出版會，1981年2月），頁822-893。

池田末利：〈告祭考（下）——周禮大祝を中心とする祈禱儀禮——〉,《廣島大學文學部紀要（哲學）》第23卷第1號（1964年3月），後收於《中國關係論說資料》第2號第1分冊（1964年），頁1-7以及《中國古代宗教史研究：制度と思想》（東京：東海大學出版會，1981年2月），頁822-893。

57. 櫻井芳郎：〈書經と周禮との關係について〉,《東京學藝大學研究報告》第13集第10分冊（1962年2月），頁1-6，後收於《中國關係論說資料》第2號第1分冊（1964年），頁287-290。

58. 神谷正男：〈「周禮」の泉府と「管子」の輕重斂散法〉,《東京支那學報》第9號（1963年6月），頁43-58。

59. 櫻井芳郎：〈禮記王制と周禮との關係について〉,《東京學藝大學研究報告》第15集第10分冊（1964年8月）,頁1-6,後收於《中國關係論說資料》第2號第1分冊（1964年）,頁290-293。

60. 櫻井芳郎：〈左傳と周禮との關係について〉,《東京學藝大學研究報告（歷史學）》第16集（1964年12月）,頁1-7,後收於《中國關係論說資料》第2號第1分冊（1964年）,頁293-296；《中國關係論說資料》第3號第1分冊（1965年）,頁468-471。

61. 西嶋定生：〈《周禮》稻人鄭玄注の稻田管理〉,《中國經濟史研究》（東京：東京大學出版會,1966年3月）,頁191-195。

62. 西岡弘：〈吉夢の獻〉,《國學院雜誌》第67卷第7號（1966年7月）,頁1-15,後收於《中國關係論說資料》第6號第1分冊（1966年）,頁184-191以及《中國古代の葬禮と文學》（東京：三光社,1970年7月；東京：汲古書院,2002年5月再版）,頁645-669。

63. 曾我部靜雄：〈周禮の施舍制度の日唐の律令に及ぼした影響〉,《文化》第30卷2號（1966年8月）,頁61-95,後收於《中國關係論說資料》第6號第3分冊（1966年）,頁508-525。

64. 櫻井芳郎：〈管子と周禮との關係について〉,《東京學藝大學研究報告（第3部門・社會科學）》第18集（1966年11月）,頁1-7,後收於《中國關係論說資料》第5號第1分冊（1966年）,頁379-383。

65. 戶村朋敏：〈周禮九拜考——孫氏正義訓讀、摘解〉,《東洋文化研究所紀要（無窮會）》第7輯（1967年3月）,頁1-24。

66. 原田淑人：〈周官考工記の性格とその製作年代とについて〉,《聖心女子大學論叢》第30號（1967年12月）,頁15-27,

後收於《中國關係論說資料》第8號第3分冊（1967年），頁400-406。

67. 高田克己：〈規矩考──「周禮考工記」よりの考察（1）〉，《大手前女子大學論集》第3號（1969年11月），頁155-178，後收於《中國關係論說資料》第11號第1分冊下（1969年），頁79-91。

高田克己：〈規矩考──「周禮考工記」よりの考察（2）〉，《大手前女子大學論集》第4號（1970年11月），頁194-222，後收於《中國關係論說資料》第12號第1分冊上（1970年），頁73-87。

高田克己：〈規矩考──「周禮考工記」よりの考察（3）〉，《大手前女子大學論集》第5號（1971年11月），頁122-132，後收於《中國關係論說資料》第14號第3分冊下（1974年），頁42-47。

高田克己：〈規矩考──「周禮考工記」よりの考察（補遺）〉，《大手前女子大學論集》第7號（1973年11月），頁44-58，後收於《中國關係論說資料》第15號第3分冊下（1973年），頁67-70。

68. 大久保莊太郎：〈周禮考工記について〉，《羽衣學園短期大學紀要》第6號（1969年12月），頁25-40。

69. 東一夫：〈傳統的酷評と其の基盤〉，《王安石新法の研究》（東京：風間書房，1956年4月），頁3-23。

70. 東一夫：〈王安石の萬言書と政治理念〉，《王安石新法の研究》（東京：風間書房，1956年4月），頁921-977。

71. 庄司莊一：〈王安石「周官新義」の大宰について〉，《集刊東洋學》第23號（1970年5月），頁64-85。

72. 田中利明：〈周禮成立一考察〉，《東方學》第42輯（1971年8月），頁16-31。

73. 藤野岩友：〈周禮九拜考〉，《漢文學會會報》第18輯（1973年3月），頁1-16，後收於《中國の文學と禮俗》（東京：角川書店，1976年12月），頁317-338。

74. 平間三季子：〈周禮・春官司几筵考──葦席を中心として〉，《國學院雜誌》第75卷第2號（1974年2月），頁24-34，後收於《中國關係論說資料》第16號第1分冊下（1974年），頁110-115。

75. 藤野岩友：〈頓首考〉，《國學院大學大學院紀要》第5輯（1974年3月），頁23-38，後收於《中國の文學と禮俗》（東京：角川書店，1976年12月），頁339-363。

76. 鳥羽田重直：〈周禮春官籥章考〉，《國學院雜誌》第75卷第4號（1974年4月），頁39-50，後收於《中國關係論說資料》第16號第1分冊下（1974年），頁115-121。

77. 鈴木隆一：〈井田考──周禮における雙分組識の特徵としての──〉，《日本中國學會報》第26集（1974年10月），頁14-25。

78. 田中和夫：〈豳風七月の鄭箋と《周官》籥章の記述〉，《目加田誠博士古稀記念中國文學論集》（東京：龍溪書舍，1974年10月），頁1-25。

79. 本田二郎：〈周官天官に見える飲食物と其の官吏達〉，《大東文化大學漢學會誌》第14號（1975年3月），頁184-200。

80. 吉川幸次郎：〈周禮について〉，《展望》第212號（1976年8月），頁143-165，後收於《文明の三極》（東京：筑摩書房，1978年4月），頁56-93。

81. 間嶋潤一：〈鄭玄の周禮解釋に就いて〉，《東洋文化（無窮會）》
　　　復刊第40號（1976年12月），頁11-25。

82. 重澤俊郎：〈古文學および「周禮」の思想史的考察〉，《中國の
　　　傳統と現代》（東京：日中出版，1977年11月），頁188-
　　　247。

83. 宇野精一：〈即論《周禮》中所見的禮〉，《東洋文化研究所紀要》
　　　第10卷（1978年3月），頁碼未詳，後收於《宇野精一著作
　　　集》，第2卷（東京：明治書院，1986年8月），頁395-408。

84. 池田末利：〈燔柴考〉，森三樹三郎博士頌壽記念事業會（編）：
　　　《森三樹三郎博士頌壽記念東洋學論集》（京都：朋友書
　　　店，1979年12月），頁79-93，後收於《中國古代宗教史研
　　　究：制度と思想》（東京：東海大學出版會，1981年2月），
　　　頁79-93。

85. 林巳奈夫：〈《周禮》の六尊六彝と考古學遺物〉，《東方學報（京
　　　都）》第52號（1980年3月），頁1-62。

86. 越智重明：〈井田と轅田〉，池田博士古稀記念事業會（編）：《池
　　　田末利博士古稀記念東洋學論集》（廣島：池田博士古稀
　　　記念事業會，1980年9月），頁211-224。

87. 西岡弘：〈惡夢の贈〉，池田博士古稀記念事業會（編）：《池田末
　　　利博士古稀記念東洋學論集》（廣島：池田博士古稀記念
　　　事業會，1980年9月），頁313-328。

88. 濱口富士雄：〈周禮保氏五射考〉，池田博士古稀記念事業會
　　　（編）：《池田末利博士古稀記念東洋學論集》（廣島：池
　　　田博士古稀記念事業會，1980年9月），頁329-344。

89. 富田健市：〈西魏、北周の制度に關する一考察——特に《周
　　　禮》との關係をめぐって——〉，《史朋》第12號（1980年
　　　9月），頁碼未詳。

90. 間嶋潤一：〈鄭玄に至る《周禮》解釋の變遷について〉,《中國文化》第38號（1980年6月）,頁15-28。

91 上山春平：〈《周禮》の六官制と方明〉,《東方學報（京都）》第53號（1981年3月）,頁109-188,後收於《上山春平著作集》,第7卷,頁435-523。

92. 越智重明：〈周禮の財政制度、田制、役制をめぐって〉,《九州大學東洋史論集》第9集（1981年3月）,頁1-31。

93. 若林力：〈林羅山手校の周禮について〉,《漢文教室》第143號（1982年12月）,頁碼未詳。

94. 高橋忠彥：〈《儀禮疏》《周禮疏》に於ける「省文」について〉,《中哲文學學報》第8號（1983年6月）,頁39-58。

95. 曾我部靜雄：〈周禮の郷、遂と稍、縣、都について——卷頭言にかえて〉,《集刊東洋學》第50集（1983年10月）,頁1-3。

96. 山田勝芳：〈中國古代における均の理念——均輸平準と《周禮》の思想史的檢討——〉,《思想》第721號（1984年7月）,頁56-73。

97. 曾我部靜雄：〈周禮の井田法〉,《社會經濟史學》第50卷第4號（1984年10月）,頁391-410,後收於《中國關係論說資料》第27號第3分冊上（1985年）,頁297-307。

98. 金藤行雄：〈《周禮》の命について〉,《待兼山論叢（哲學篇）》第18號（1984年12月）,頁31-47。

99. 邊土那朝邦：〈鄭玄の《周禮》調人職注にことよせて〉,《九州大學中國哲學論集》第10集（1984年10月）,頁108-125。

100. 間嶋潤一：〈鄭玄の「曰若稽古帝堯」解釋をめぐる問題と《周禮》國家〉,《中國文化》第42號（1984年6月）,頁1-12,後改為〈〈堯典〉解釋と《周禮》〉,收於《鄭玄と《周

禮》——周の太平國家の構想——》（東京：明治書院，
2010年11月），頁289-325。

101. 栗原圭介：〈周禮「天官」篇形成における時間論〉，《東洋研
究》第76號（1985年10月），頁1-34，後收於《中國關係
論說資料》第27號第1分冊上（1985年），頁376-393。

102. 西岡弘：〈《周禮》に見える大喪〉，《國學院雜誌》第86卷第11號
（1985年11月），頁49-61。

103. 山田勝芳：〈均の理念の展開——「《周禮》の時代」とその終
焉——〉，《集刊東洋學》第54集（1985年11月），頁160-
179。

104. 山田勝芳：〈均の理念の展開——王莽から鄭玄へ——〉，《東北
大學教養部紀要》第43集（1985年12月），頁79-98。

105. 兒玉憲明：〈「周禮」樂律解釋史初探——鄭注の位置〉，《新潟大
學人文科學研究》第69號（1986年7月），頁47-73，後收
於《中國關係論說資料》第28號第1分冊下（1986年），頁
282-295。

106. 申英秀：〈中國古代戰車考——《周禮》考工記の戰車と秦の戰
車——〉，《史觀》第117冊（1987年9月），頁66-87，後收
於《中國關係論說資料》第29號第3分冊下（1987年），頁
300-310。

107. 間嶋潤一：〈鄭玄の祭天思想に就いて——《周禮》國家に於け
る圜丘祀天と郊天〉，《中國文化》第45號（1987年6月），
頁25-38，後改為〈圜丘祀天と南郊祀天〉，收於《鄭玄と
《周禮》——周の太平國家の構想——》（東京：明治書
院，2010年11月），頁235-260。

108. 佚名：〈原田悅穗著「訓讀周禮正義」卷一、二について〉，《東
洋文化（無窮會）》復刊第60號（1988年3月），頁74。

119. 堀池信夫：〈《周禮》の一考察〉，《漢魏思想史研究》（東京：明治書院，1988年11月），頁145-169。

110. 川本芳昭：〈五胡十六國、北朝期における周禮の受容をめぐって〉，《佐賀大學教養部研究紀要》第23號（1991年3月），頁1-14。

111. 栗原圭介：〈地官司徒に於ける征賦の構造と科學思想（上）〉，《東洋研究》第101號（1991年12月），頁1-37。

112. 間嶋潤一：〈鄭玄の祀地の思想と大九州說〉，中村璋八（編）：《緯學研究論叢──安居香山博士追悼──》（東京：平河出版社，1992年2月），頁347-375，後改為〈方丘祀地と北郊祀地〉，收於《鄭玄と《周禮》──周の太平國家の構想──》（東京：明治書院，2010年11月），頁261-285。

113. 栗原圭介：〈地官司徒に於ける征賦の構造と科學思想（下）〉，《東洋研究》第108號（1993年8月），頁43-63。

114. 大川俊隆：〈《周禮》における齎について〉，小南一郎（編）：《中國古代禮制研究》（京都：京都大學人文科學研究所，1995年3月），頁165-194。

115. 田中麻紗巳：〈《五經異義》の周禮說について〉，小南一郎（編）：《中國古代禮制研究》（京都：京都大學人文科學研究所，1995年3月），頁313-337，後改題為〈《五經異義》の周禮說〉，收於《後漢思想の研究》（東京：研文出版，2003年7月），頁28-54。

116. 西川利文：〈《周禮》鄭注所引の「漢制」の意味──特に官僚制を中心として──〉，小南一郎（編）：《中國古代禮制研究》（京都：京都大學人文科學研究所，1995年3月），頁339-358。

117. 吾妻重二：〈王安石《周官新義》の考察〉，小南一郎（編）：《中國古代禮制研究》（京都：京都大學人文科學研究所，1995年3月），頁515-558，後收於《宋代思想の研究》（大阪：關係大學出版部，2009年3月），頁65-119。

118. 栗原圭介：〈《周禮》に於ける基礎理念と科學思想〉，《東洋研究》第116號（1995年8月），頁33-58。

119. 栗原圭介：〈周禮夏官の設立と理念形態〉，《東洋研究》第120號（1996年7月），頁1-30。

120. 中村太一：〈藤原京と《周禮》王城プラン〉，《日本歷史》第582號（1996年11月），頁91-100。

121. 新井宏：〈《考工記》の尺度について〉，《計量史研究》第19卷第1號（1997年12月），頁1-15。

122. 南昌宏：〈《周禮》天官の構成〉，《高野山大學論叢》第35號（2000年2月），頁65-83。

123. 喬秀岩：〈賈公彥新義〉，收於氏著：《義疏學衰亡史論》（東京：白峰社，《東京大學東洋文化研究所研究報告》，2001年2月），頁211-237；中文版：〈賈公彥新義〉，《義疏學衰亡史論》（臺北：萬卷樓，《經學研究叢書・經學史研究叢刊》，2013年7月），頁153-170。

124. 喬秀岩：〈賈疏通例〉，收於氏著：《義疏學衰亡史論》（東京：白峰社，《東京大學東洋文化研究所研究報告》，2001年2月），頁239-266；中文版：〈賈公彥新義〉，《義疏學衰亡史論》（臺北：萬卷樓，《經學研究叢書・經學史研究叢刊》，2013年7月），頁171-189。

125. 阿部幸信：〈前漢末～後漢における地方官制と《周禮》〉，《東洋文化》第81號（2001年3月），頁161-179。

126. 平势隆郎：〈《周禮》の構成と成書國〉，《東洋文化》第81號
　　　（2001年3月），頁181-212。

127. 平势隆郎：〈《周禮》の内容分類（部分）〉，《東洋文化》第81號
　　　（2001年3月），頁213-229。

128. 齋藤英敏：〈秦漢以前の水稻作と彌生、古墳時代の水田跡——
　　　《周禮》稻人條の「以列舍水」と小區劃水田の列狀構
　　　成——〉，《中央大學アジア史研究（中央大學東洋史專攻
　　　創設五十周年記念アジア史論叢）》第26號（東京：刀水
　　　書房，2002年3月），頁205-228。

129. 井上了：〈《周禮》の構成とその外族觀〉，《中國研究集刊》第30
　　　號（2002年6月），頁43-62。

130. 間嶋潤一：〈鄭玄の「豳の三體」の解釋（上）：《周禮》「春官・
　　　籥章」注と《詩》「豳風・七月」箋〉，《香川大學國文研
　　　究》第28號（2003年9月），頁71-79。

　　　間嶋潤一：〈鄭玄の「豳の三體」の解釋（下）：《周禮》「春官・
　　　籥章」注と《詩》「豳風・七月」箋〉，《香川大學國文研
　　　究》第29號（2004年9月），頁28-37。

131. 吉本道雅：〈周禮小考〉，《中國古代史論叢》（2004年3月），頁
　　　1-12。

132. 叢小榕：〈儒學における周禮の位置づけ〉，《いわき明星大學人
　　　文學部研究紀要》第17號（2004年3月），頁175-182。

133. 森賀一惠：〈《周禮》の「壹」と「參」〉，《富山大學人文學部紀
　　　要》第43號（2005年8月），頁45-57。

134. 山田崇仁：〈《周禮》の成書時期、地域について〉，《中國古代史
　　　論叢》三集（2006年3月），頁96-150。

135. 徐剛：〈《周禮》「任人」解〉，《開篇》第25號（2006年5月），頁
　　　24-27。

136. 蜂屋邦夫:〈水の哲學（12）古代中國の水の思想（12）《周禮》
　　　に見える水の思想〉,《季刊河川レビュー》第35號（3）
　　　（2006年秋）,頁126-131。
　　　蜂屋邦夫:〈水の哲學（13）古代中國の水の思想（13）《周禮》
　　　に見える水の思想（續）〉,《季刊河川レビュー》第35號
　　　（4）（2006年冬）,頁32-37。

137. 谷井俊仁:〈官制は如何に敘述されるか──《周禮》から《會
　　　典》へ〉,《人文論叢（三重大學）》第23號（2006年3
　　　月）,頁81-98。

138. 間嶋潤一:〈杜子春《周禮》解釋小考〉,《香川大學國文研究》
　　　第32號（2007年9月）,頁1-8,後改為〈杜子春の《周
　　　禮》解釋〉,收於《鄭玄と《周禮》──周の太平國家の
　　　構想──》（東京:明治書院,2010年11月）,頁124-155。

139. 上野洋子:〈陳士元《夢占逸旨》の占夢理論とその構造──
　　　《周禮》の占夢法との關係から〉,《中國語中國文化》第
　　　5號（2008年3月）,頁181-164。

140. 外村中:〈賈公彥疏《周禮疏》と藤原京について〉,《古代學研
　　　究》第181號（2009年3月）,頁26-33。

141. 孫青:〈作為表達方式的《周禮》:清末變局與中國傳統典籍〉,
　　　《東アジア文化交涉研究》第3號（2010年3月）,頁221-
　　　235。

142. 近藤則之:〈中國古代における「情」の語義の思想史的研究
　　　（その1）──詩經、書經、論語、孟子、易經、孝經、
　　　周禮における「情」の語義の檢證──〉,《佐賀大國文》
　　　第39號（2010年12月）,頁33-48。

143. 井ノ口哲也:〈《易》の台頭から《周禮》の台頭へ（覺書）〉,《中
　　　央大學紀要（哲學科）》第54號（2012年3月）,頁41-53。

144. 渡邊浩：〈王莽の經濟政策と《周禮》〉,《大東文化大學漢學會誌
　　　（池田教授、三浦教授退休記念號）》第51號（2012年3
　　　月）,頁163-183。

145. 李霖（著）、橋本秀美（譯）：〈南宋越刊《易》、《書》、《周禮》
　　　八行本小考〉,《汲古》第61號（2012年6月）,頁60-66。

146. 布野修司：〈《周禮》「考工記」匠人營國條考〉,《Traverse: Kyoto
　　　University architectural journal》第14號（2013年10月）,
　　　頁80-95。

147. 田中有紀：〈朱載堉の樂律論における《周禮》考工記・嘉量
　　　の——後期の數學書及び樂律書を中心に——〉,《經濟學
　　　季報》第64卷第4號（2014年3月）,頁119-155。

148. 關口直佑：〈元田永孚と《周禮》〉,《法史學研究會會報》第18號
　　　（2015年3月）,頁1-20。

三　《儀禮》

（一）註譯、校勘、索引

　　1. 服部宇之吉：〈儀禮鄭注補正〉,《支那學研究（斯文會）》第1編
　　　　（1929年4月）,頁43-131。
　　　服部宇之吉：〈儀禮鄭注補正二〉,《支那學研究（斯文會）》第2
　　　　編（1931年12月）,頁1-105。
　　　服部宇之吉：〈儀禮鄭注補正三〉,《支那學研究（斯文會）》第3
　　　　編（1933年6月）,頁69-134。

　　2. 倉石武四郎：〈賈公彥の儀禮疏——喪服篇——（一）〉,《漢學會
　　　　雜誌》第10卷第1號（1942年5月）,頁77-86。

3. 影山誠一：《儀禮通義》，全8冊（千葉縣富來田町：松翠庵，油
　　印本，1949-1959年）。

4. 川原壽市：《儀禮釋攷（第一、生誕禮）》（京都：作者自印本，
　　1955年11月）。

　　川原壽市：《儀禮釋攷——士喪禮（上）——》（京都：作者自印
　　本，1958年12月）。

5. 廣島大學中國哲學研究室：《儀禮國譯（1上）葬制集錄
　　（1）——士喪禮》（廣島：廣島大學文學部中國哲學研究
　　室，1958年9月）。

　　廣島大學中國哲學研究室：《儀禮國譯（1下）葬制集錄
　　（2）——既夕禮、士虞禮》（廣島：廣島大學文學部中國
　　哲學研究室，1959年4月）。

　　廣島大學中國哲學研究室：《儀禮國譯（2）祖先の祭祀儀禮——
　　特牲禮、少牢禮、有司徹》（廣島：廣島大學文學部中國
　　哲學研究室，1960年10月）。

　　廣島大學中國哲學研究室：《儀禮國譯（3）士冠禮、士昏禮、士
　　相見禮、公食大夫禮》（廣島：廣島大學文學部中國哲學
　　研究室，1963年10月）。

　　廣島大學中國哲學研究室：《儀禮國譯（4）鄉飲食禮、鄉射禮》
　　（廣島：廣島大學文學部中國哲學研究室，1967年10
　　月）。

　　廣島大學中國哲學研究室：《儀禮國譯（5）大射禮、燕禮》（廣
　　島：廣島大學文學部中國哲學研究室，1968年9月）。

　　廣島大學中國哲學研究室：《儀禮國譯（6）聘禮、覲禮》（廣
　　島：廣島大學文學部中國哲學研究室，1968年10月）。

　　廣島大學中國哲學研究室：《儀禮國譯（7）喪服》（廣島：廣島
　　大學文學部中國哲學研究室，1971年2月）。

6. 影山誠一：《喪服經傳注疏補義》（千葉縣富來田町：松翠庵，
　　1964年；東京：大東文化學園，1984年3月）。

7. 影山誠一：《少牢饋食禮注疏補義》（千葉縣富來田町：松翠庵，
　　1965年）。

8. 影山誠一：《有司徹注疏補義》（千葉縣富來田町：松翠庵，1966
　　年）。

9. 小南一郎：〈儀禮〉，吉川幸次郎、福永光司（編）：《五經、論語
　　集》（東京：筑摩書房，《世界文學全集》3，1970年11
　　月），頁201-255。

10. 池田末利：《儀禮（Ⅰ）》（東京：東海大學出版會，東海大學古
　　典叢書，1973年3月）。
　　池田末利：《儀禮（Ⅱ）》（東京：東海大學出版會，東海大學古
　　典叢書，1974年3月）。
　　池田末利：《儀禮（Ⅲ）》（東京：東海大學出版會，東海大學古
　　典叢書，1975年3月）。
　　池田末利：《儀禮（Ⅳ）》（東京：東海大學出版會，東海大學古
　　典叢書，1976年3月）。
　　池田末利：《儀禮（Ⅴ）》（東京：東海大學出版會，東海大學古
　　典叢書，1977年3月）。

11. 川原壽市：《儀禮釋攷（第一冊）解說篇》（京都：朋友書店，
　　1973年4月）。
　　川原壽市：《儀禮釋攷（第二冊）士昏禮、士冠禮、士相見禮》
　　（京都：朋友書店，1974年3月）。
　　川原壽市：《儀禮釋攷（第三冊）鄉飲食禮、鄉射禮》（京都：朋
　　友書店，1974年6月）。
　　川原壽市：《儀禮釋攷（第四冊）燕禮、大射禮》（京都：朋友書
　　店，1974年8月）。

川原壽市:《儀禮釋攷（第五冊）聘禮》（京都：朋友書店，1974
　　年10月）。

川原壽市:《儀禮釋攷（第六冊）公食大夫禮、覲禮》（京都：朋
　　友書店，1974年12月）。

川原壽市:《儀禮釋攷（第七冊）喪服（上）》（京都：朋友書
　　店，1975年2月）。

川原壽市:《儀禮釋攷（第八冊）喪服（下）》（京都：朋友書
　　店，1975年4月）。

川原壽市:《儀禮釋攷（第九冊）士喪禮》（京都：朋友書店，
　　1975年7月）。

川原壽市:《儀禮釋攷（第十冊）既夕禮》（京都：朋友書店，
　　1975年10月）。

川原壽市:《儀禮釋攷（第十一冊）士虞禮、特牲饋食禮》（京
　　都：朋友書店，1976年2月）。

川原壽市:《儀禮釋攷（第十二冊）少牢饋食禮、有司徹》（京
　　都：朋友書店，1976年5月）。

川原壽市:《儀禮釋攷（第十三冊）生辰禮、育成禮》（京都：朋
　　友書店，1976年5月）。

川原壽市:《儀禮釋攷（第十四冊）索引（上）》（京都：朋友書
　　店，1978年6月）。

川原壽市:《儀禮釋攷（第十五冊）索引（下）、贅語錄》（京
　　都：朋友書店，1978年10月）。

12. 周哲（點校）:《儀禮》（東京：菜根出版，1976年7月）。

13. 倉石武四郎:《儀禮疏攷正（上、下）》（東京：東京大學東洋文
　　化研究所附屬東洋學文獻センター刊行委員會，1979年3
　　月），後為《儀禮疏攷正》（東京：汲古書院，1980年2
　　月）。

14. 長澤規矩也、戶川芳郎（編）:《和刻本儀禮經傳通解》第一輯
　　　（東京：汲古書院，1980年4月）。

　　長澤規矩也、戶川芳郎（編）:《和刻本儀禮經傳通解》第二輯
　　　（東京：汲古書院，1980年5月）。

　　長澤規矩也、戶川芳郎（編）:《和刻本儀禮經傳通解》第三輯
　　　（東京：汲古書院，1980年10月）。

15. 笠川直樹:〈《儀禮》士喪禮私注〉,《京都精華學園研究紀要》第
　　　21號（1983年），頁碼未詳。

16. 蜂屋邦夫:《儀禮士冠疏》（東京：東京大學東洋文化研究所，
　　　1984年3月）。

　　蜂屋邦夫:《儀禮士昏疏》（東京：東京大學東洋文化研究所，
　　　1986年3月）。

17. 野間文史:〈儀禮索引（1）〉,《新居濱工業高等專門學校紀要
　　　（人文科學編）》第24卷（1988年1月），頁28-48，後收於
　　　《中國關係論說資料》第30號第1分冊上（1988年），頁
　　　184-194。

18. 野間文史:《儀禮索引》（福岡：中國書店，1988年6月）。

19. 石田梅次郎、原田種成（主編）:〈訓注儀禮正義（第一回）〉,
　　　《東洋文化（無窮會）》復刊第65、66合併號（1990年10
　　　月），頁111-133。

（二）專著

1. 谷田孝之:《中國古代喪服の基礎的研究》（廣島：廣島大學文學
　　　部中國哲學研究室，1961年1月；東京：風間書房，1970
　　　年5月）。

2. 倉林正次:《饗宴の研究──儀禮編》（東京：南雲堂櫻楓社，
　　　1965年8月）。

3. 谷田孝之：《禮經の儀禮主義——宗教學的研究——》（廣島：廣
島大學文學部中國哲學研究室，1965年9月），後附載於
《中國古代喪服の基礎的研究》（東京：風間書房，1970
年5月），頁447-459。

4. 影山誠一：《喪服總說》（東京：大東文化大學東洋研究所，1969
年3月）。

5. 西岡弘：《中國古代の葬禮と文學》（東京：三光社，1970年7月；
東京：汲古書院，2002年5月）。

（三）論文、論說

1. 松平治郎吉：〈儀禮〉，《漢學講義》（東京：修文堂，1907年8
月），頁47-49。

2. 兒島獻吉郎：〈儀禮周禮及び爾雅〉，《支那大文學史古代編》（東
京：冨山房，1909年3月），頁330-344。

3. 岩垂憲德：〈儀禮〉，《儒學大觀》（東京：文華堂，1909年10
月），頁542-546。

4. 廣池千九郎：〈中國喪服制度の研究〉，《東洋法制史本論》（東
京：早稻田大學出版部，1915年3月），頁401-588，後收
於《廣池博士全集》（千葉縣小金町：道德科學研究所，
1937年4月），第2冊，頁401-588，以及《廣池博士全集》
（柏：廣池學園出版部，1968年3月），第3卷，頁673-
834，內田智雄（校訂）：《東洋法制史研究》（東京：創文
社，1983年10月），頁485-619。

5. 林泰輔：〈儀禮制作年代考〉，《周公と其年代》（東京：大倉書
店，1915年9月），頁825-849。

6. 狩野直喜：〈支那古代祭尸の風俗に就きて（上）〉，《支那學》第

　　　2卷第5號（1927年1月），頁1-26，後與（下）共收於《支
　　　那學文藪》（東京：みすず書房，1973年3月），頁63-87。

7. 狩野直喜：〈支那古代祭尸の風俗に就きて（下）〉，《支那學》第
　　　2卷第9號（1927年5月），頁29-39，後與（上）共收於
　　　《支那學文藪》（東京：みすず書房，1973年3月），頁63-
　　　87。

8. 松浦嘉三郎：〈儀禮の成立について〉，《支那學》第5卷第4號
　　　（1929年12月），頁77-101。

9. 松浦嘉三郎：〈喪服源流考〉，《東方學報（京都）》第3冊（1933
　　　年3月），頁150-181。

10. 郭明昆：〈喪服經傳攷〉，《哲學雜誌フィロソフィア》第3卷
　　　（1933年12月），頁碼未詳，後收於李獻璋（編）：《中國
　　　の家族制及び言語の研究》（東京：早稻田大學出版部，
　　　1963年9月），頁37-79；金培懿（譯）：〈〈喪服〉經傳
　　　考〉，林慶彰（主編）：《日據時期臺灣儒學參考文獻》，卷
　　　上（臺北：臺灣學生書局，2000年10月），頁433-482。

11. 郭明昆：〈儀禮喪服考〉，《東洋學報》第21卷第2號（1934年1
　　　月），頁271-303，後收於李獻璋（編）：《中國の家族制及
　　　び言語の研究》（東京：早稻田大學出版部，1963年9
　　　月），頁1-36；李寅生（譯）：〈《儀禮・喪服》考〉，林慶
　　　彰（主編）：《日據時期臺灣儒學參考文獻》，卷上（臺
　　　北：臺灣學生書局，2000年10月），頁395-432。

12. 平岡武夫：〈士昏禮に見えたる用鴈の古俗に就いて〉，《支那
　　　學》第7卷第4號（1935年5月），頁33-78。

13. 後藤俊瑞：〈儀禮冠禮の道德的意義（上）〉，《斯文》第18編第3
　　　號（1936年3月），頁1-7。

後藤俊瑞：〈儀禮冠禮の道德的意義（下）〉，《斯文》第18編第4
　　　號（1936年4月），頁27-31。

14. 內野台嶺：〈「復」禮について〉，《東洋學研究（駒澤大學東洋學
　　　會）》第7號（1938年），頁碼未詳。

15. 赤塚忠：〈士冠禮の構成及意義（一）〉，《漢學會雜誌》第9卷第3
　　　號（1941年12月），頁319-332，後改題為〈士冠禮の構成
　　　および意義〉，收於《儒家思想研究》（東京：研文社，赤
　　　塚忠著作集，第3卷，1986年11月），頁327-340。

　　　赤塚忠：〈士冠禮の構成及意義（二）〉，《漢學會雜誌》第9卷第3
　　　號（1941年12月），頁319-332，後改題為〈士冠禮の構成
　　　および意義〉，收於《儒家思想研究》（東京：研文社，赤
　　　塚忠著作集，第3卷，1986年11月），頁327-340。

16. 牧野巽：〈儀禮及び禮記に於ける家族と宗族（上）〉，《思想》第
　　　236號（1942年1月），頁1-22，後收於《牧野巽著作集》，
　　　第1卷（東京：御茶の水書房，1979年10月），頁59-85。

　　　牧野巽：〈儀禮及び禮記に於ける家族と宗族（中）〉，《思想》第
　　　237號（1942年2月），頁28-42，後收於《牧野巽著作集》，
　　　第1卷（東京：御茶の水書房，1979年10月），頁85-100。

　　　牧野巽：〈儀禮及び禮記に於ける家族と宗族（下）〉，《思想》第
　　　238號（1942年3月），頁24-41，後收於《牧野巽著作
　　　集》，第1卷（東京：御茶の水書房，1979年10月），頁
　　　100-118。

17. 飯島忠夫：〈儀禮の著作年代〉，《古代世界文化と儒教》（東京：
　　　中文館書店，1946年11月），頁147-154。

18. 狩野直喜：〈儀禮喪服について〉，《讀書籑餘》（東京：吉川弘文
　　　堂，1947年7月；東京：みすず書房），頁297-314。

19. 池田末利：〈立尸考——その宗教的意義と原初形態〉，《廣島大
　　　學文學部紀要》第5號（1954年3月），頁48-70，後收於
　　　《中國古代宗教史研究：制度と思想》（東京：東海大學
　　　出版會，1981年2月），頁623-644。

20. 山口義男：〈儀禮、禮記に於ける家族倫理〉，《哲學（廣島哲學
　　　會）》第4集（1954年6月），頁131-145。

21. 谷田孝之：〈古代血液儀禮〉，《支那學研究（廣島支那學會）》第
　　　11號（1954年9月），頁42-48。

22. 藤川正數：〈鄉飲食禮に現われたる秩序の原理〉，《內野台嶺先
　　　生追悼論文集》（東京：內野台嶺先生追悼論文集刊行
　　　會，1954年12月），頁66-76。

23. 谷田孝之：〈古代中國の日食儀禮〉，《哲學（廣島哲學會）》第5
　　　集（1955年3月），頁44-58。

24. 谷田孝之：〈經の絞、散についての一考察〉，《哲學（廣島哲學
　　　會）》第7集（1957年4月），頁14-28。

25. 滋賀秀三：〈「承重」について〉，《國家學會雜誌》第71卷第8號
　　　（1958年1月），頁碼未詳。

26. 藤川正數：〈隸釋を資料とする喪服禮の研究〉，《香川大學學藝
　　　學部研究報告（第1部）》第11號（1958年8月），頁46-81。

27. 伊藤清司：〈古代中國の射禮〉，《民族學研究》第23卷第3號
　　　（1959年7月），頁11-28。

28. 谷田孝之：〈古代喪服の辟領について〉，《支那學研究（廣島支
　　　那學會）》第22號（1959年7月），頁24-33。

29. 谷田孝之：〈古代中國の服喪における深衣について〉，《東方
　　　學》第19號（1959年11月），頁13-27。

30. 谷田孝之：〈中國古代の服喪における兼服について〉，《支那學

研究（廣島支那學會）》第24、25號（1960年10月），頁
62-74，後收於《中國古代喪服の基礎的研究》（東京：風
間書房，1970年5月），頁386-412。

31. 谷田孝之：〈儀禮喪服篇に見える婦人不杖について〉，《哲學
（廣島哲學會）》第13集（1961年10月），頁13-24，後改
為〈婦人不杖〉，收於《中國古代家族制度論考》（東京：
東海大學出版會，1989年10月），頁351-364。

32. 栗原圭介：〈虞祭の儀禮的意義〉，《日本中國學會報》第13集
（1961年10月），頁19-33。

33. 西岡市祐：〈「特牲饋食禮」における「祭食」について〉，《漢文
學會會報（國學院大學漢文學會）》第12輯（1961年4
月），頁21-27。

34. 影山誠一：〈喪服禮の特異性について〉，《大東文化大學紀要》
第1輯第1分冊（1963年3月），頁73-90，後收於《喪服總
說》（東京：大東文化大學東洋研究所，1969年3月），頁
152-175。

35. 谷田孝之：〈儀禮喪服を中心として觀た相續の次序について〉，
《日本中國學會報》第15集（1963年10月），頁8-24，後
改為〈儀禮喪服篇より觀た相續の次序〉，收於《中國古
代家族制度論考》（東京：東海大學出版會，1989年10
月），頁9-39。

36. 影山誠一：〈喪服義例考（上）〉，《大東文化大學紀要（文學
部）》第2號（1964年3月），頁21-37，後收於《中國關係
論說資料》第1號第1分冊（1964年），頁303-311以及《喪
服總說》（東京：大東文化大學東洋研究所，1969年3
月），頁209-233。

　　影山誠一：〈喪服義例考（下）〉，《大東文化大學紀要（文學
　　　　部）》第3號（1965年4月），頁83-100，後收於《中國關係
　　　　論說資料》第3號第1分冊（1965年），頁124-133以及《喪
　　　　服總說》（東京：大東文化大學東洋研究所，1969年3
　　　　月），頁234-258。

37. 谷田孝之：〈儀禮喪服篇大功章大夫の妾の條について〉，《支那
　　　　學研究（廣島支那學會）》第30號（1965年3月），頁1-
　　　　10，後收於《中國古代家族制度論考》（東京：東海大學
　　　　出版會，1989年10月），頁365-385。

38. 影山誠一：〈喪服立文考〉，《大東文化大學紀要（文學部）》第4
　　　　號（1966年3月），頁1-11，後收於《喪服總說》（東京：
　　　　大東文化大學東洋研究所，1969年3月），頁259-275。

39. 市川任三：〈漢石經儀禮篇次考〉，《城南漢學》第9號（1967年10
　　　　月），頁碼未詳。

40. 田中利明：〈儀禮の「記」の問題──武威漢簡をめぐって〉，
　　　　《日本中國學會報》第19集（1967年11月），頁93-108。

41. 影山誠一：〈喪服概說（一）〉，《大東文化大學紀要（文學部）》
　　　　第6號（1968年1月），頁23-38，後收於《中國關係論說資
　　　　料》第9號第1分冊（1968年），頁254-261以及《喪服總
　　　　說》（東京：大東文化大學東洋研究所，1969年3月），頁
　　　　1-26。

42. 栗原圭介：〈「綏祭」について〉，《東方學》第35號（1968年1
　　　　月），頁27-41。

43. 栗原圭介：〈擇日考──禮經少牢饋食禮を中心として〉，《大東
　　　　文化大學漢學會誌》第8號（1968年2月），頁31-41。

44. 三上順：〈中國古代の射禮に就いての一考察〉，《哲學（廣島哲

學會)》第21集（1970年3月），頁91-114，後收於《中國
關係論說資料》第12號第1分冊下（1970年），頁96-105。

45. 栗原圭介：〈喪服論辨攷──盧鄭二家の說を繞って〉，《大東文
化大學漢學會誌》第11號（1972年6月），頁5-16。

46. 栗原圭介：〈復の習俗について〉，《東洋文化研究所紀要（無窮
會）》第8輯（1972年），頁碼未詳。

47. 田中正春：〈「儀禮」士冠禮の祝辭について〉，《漢文學會會報
（國學院大學漢文學會）》第18輯（1973年3月），頁25-
34。

48. 栗原圭介：〈飲食儀禮にあらわれた餕について〉，《大東文化大
學漢學會誌》第12號（1973年2月），頁19-43。

49. 上山春平：〈朱子の禮學──「儀禮經傳通解」研究序說──〉，
《人文學報（京都大學人文科學研究所）》第41號（1976
年3月），頁1-54。

50. 金田成雄：〈中國飲酒儀禮管見──特に巡酒と強酒とについ
て〉，《京都女子大學人文論叢》第26號（1977年12月），
頁78-95。

51. 栗原圭介：〈喪の期間における儀禮の諸相〉，《大東文化大學漢
學會誌》第19號（1980年3月），頁34-53。

52. 林巳奈夫：〈《儀禮》と敦〉，《史林》第63卷第6號（1980年11
月），頁1-25。

53. 上山春平：〈朱子の《家禮》と《儀禮經傳通解》〉，《東方學報
（京都）》第54冊（1982年3月），頁173-256。

54. 高橋忠彥：〈《儀禮疏》《周禮疏》に於ける「省文」について〉，
《中哲文學學報》第8號（1983年6月），頁39-58。

55. 栗原圭介：〈古代中國の禮經主義──特牲、少牢饋食禮につい

て──〉,《大東文化大學漢學會誌》第23號（1984年3
月）,頁13-32。

56. 谷田孝之:〈儀禮喪服篇大功章に見える厭降服に關する一考
察〉,《廣島文化女子短期大學紀要》第17號（1984年7
月）,頁1-17,後改為〈厭降服〉,收於《中國古代家族制
度論考》（東京：東海大學出版會,1989年10月）,頁386-
421。

57. 栗原圭介:〈古代中國の服喪制度と親屬稱謂〉,《漢學研究（日
本大學中國文學會）》第22、23號（1985年3月）,頁15-
31。

58. 栗原圭介:〈喪禮に見る「反哭」の心理原理〉,《大東文化大學
漢學會誌》第24號（1985年3月）,頁1-19。

59. 宇野精一:〈儀禮についての二三の問題〉,《國學院雜誌》第86
卷第11號（1985年11月）,頁39-48,後收於《宇野精一著
作集》（東京：明治書院,1986年8月）,第2卷,頁409-
429。

60. 谷田孝之:〈中國古代喪服運用上における報について〉,《廣島
文化女子短期大學紀要》第19號（1986年9月）,頁1-17,
後改為〈報服〉,收於《中國古代家族制度論考》（東京：
東海大學出版會,1989年10月）,頁422-459。

61. 谷田孝之:〈儀禮喪服篇緦麻章庶子為父後者為其母について〉,
《中國古代家族制度論考》（東京：東海大學出版會,
1989年10月）,頁49-67。

62. 高木智見:〈春秋時代の聘禮について〉,《東洋史研究》第47卷
第4號（1989年3月）,頁109-139。

63. 佚名:〈學習參考ビデオ解說──「儀禮」士昏禮の復元、臺灣

省における現代の或る葬禮の記錄〉,《中國研究集刊》特別號（1994年10月），頁1263-1274。

64. 閒瀨收芳：〈珛について〉，小南一郎（編）：《中國古代禮制研究》（京都：京都大學人文科學研究所，1995年3月），頁11-46。

65. 小南一郎：〈射の儀禮化をめぐって──その二つの段階──〉，小南一郎（編）：《中國古代禮制研究》（京都：京都大學人文科學研究所，1995年3月），頁47-116。

66. 栗原圭介：〈《儀禮》鄭玄注における禮經理念〉,《大東文化大學紀要（人文科學）》第35號（1997年3月），頁165-182。

　　栗原圭介：〈《儀禮》鄭玄注における禮經理念（二）〉,《大東文化大學紀要（人文科學）》第36號（1998年3月），頁117-134。

　　栗原圭介：〈《儀禮》鄭玄注における禮經理念（三）〉,《大東文化大學紀要（人文科學）》第37號（1999年3月），頁87-110。

　　栗原圭介：〈《儀禮》鄭玄注における禮經理念（四）〉,《大東文化大學紀要（人文科學）》第38號（2000年3月），頁1-23。

　　栗原圭介：〈《儀禮》鄭玄注における禮經理念（五）〉,《大東文化大學紀要（人文科學）》第40號（2002年3月），頁51-78。

67. 佐川繭子：〈中國古代に於ける鄉飲食の概念形成について──《儀禮》《禮記》の關係を中心に──〉,《日本中國學會報》第49集（1997年10月），頁15-28。

68. 栗原圭介：〈巨大農耕社會の形成と禮經制度の展開──古代中

國に於ける〉,《東洋研究》第127號（1998年1月）,頁1-
26。

69. 栗原圭介:〈古代中國に觀る思想體系形成と禮經理念〉,《大東
文化大學漢學會誌》第38號（1999年3月）,頁1-31。

70. 小林徹行:〈《儀禮》士冠禮篇にみえる女禮〉,《日本中國學會
報》第51集（1999年10月）,頁1-15。

71. 喬秀岩:〈賈公彥新義〉,收於氏著:《義疏學衰亡史論》（東京:
白峰社,《東京大學東洋文化研究所研究報告》,2001年2
月）,頁211-237;中文版:〈賈公彥新義〉,《義疏學衰亡
史論》（臺北:萬卷樓,《經學研究叢書‧經學史研究叢
刊》,2013年7月）,頁153-170。

72. 喬秀岩:〈賈疏通例〉,收於氏著:《義疏學衰亡史論》（東京:白
峰社,《東京大學東洋文化研究所研究報告》,2001年2
月）,頁239-266;中文版:〈賈公彥新義〉,《義疏學衰亡
史論》（臺北:萬卷樓,《經學研究叢書‧經學史研究叢
刊》,2013年7月）,頁171-189。

73. 小南一郎:〈飲酒禮と祼禮〉,小南一郎（編）:《中國の禮制と禮
學》（京都:朋友書店,2001年10月）,頁65-99。

74. 山口智哉:〈宋代鄉飲酒禮考——儀禮空間としてみた人的結合
の〈場〉〉,《史學研究（廣島史學研究會）》第241號
（2003年7月）,頁66-96。

75. 高木智見:〈古代中國の儀禮における三の象徵性〉,《東洋史研
究》第62卷第3號（2003年12月）,頁33-68。

76. 水上雅晴:〈阮元《十三經注疏校勘記》——《儀禮》の校勘を
中心に〉,《中國哲學》第32號（2004年3月）,頁123-
158。

77. 山口智哉：〈地方の士大夫と鄉飲酒禮〉，《アジア遊學》第64號
（2004年6月），頁89-98。

78. 蜂屋邦夫：〈《儀禮》鄭玄注と服部宇之吉の《儀禮鄭注補正》〉，
渡邊義浩（編）：《兩漢における易と三禮》（東京：汲古
書院，2006年9月），頁261-286（含辛賢的評論與質疑應
答）。

79. 蜂屋邦夫：〈水の哲學（11）古代中國の水の思想（11）《儀禮》
を中心として〉，《季刊河川レビュー》第35期第2號
（2006年），頁24-29。

80. 小南一郎：〈漢代の喪葬儀禮──その宇宙論的構造──〉，《ア
ジア文化交流研究》第2號（2007年3月），頁175-188。

81. 大形徹：〈《儀禮》士喪禮にみえる「復」をめぐって──「復」
は蘇生をねがう儀禮なのか──〉，《アジア文化交流研
究》第2號（2007年3月），頁189-233。

82. 大形徹：〈《儀禮》凶禮と魂、魄、鬼、神〉，吾妻重二、二階堂
善弘（編）：《東アジアの儀禮と宗教》（東京：雄松堂出
版，2008年8月），頁263-282。

83. 王萊特：〈《儀禮》と漢代の政治──冠禮を中心として（後漢の
場合）〉，《岩大語文》第15號（2010年7月），頁64-59。

84. 丸橋充拓：〈中國射禮の形成過程：「儀禮」鄉射、大社射と「大
唐開元禮」のあいだ〉，《社會文化論集（島根大學法文學
部紀要社会文化學科）》第10集（2014年3月），頁45-64。

85. 末永高康：〈《儀禮》の「記」をめぐる一考察〉，《東洋古典學研
究》第39集（2015年5月），頁1-18。

四　《禮記》

（一）註譯、校勘、索引

1. 山井幹六（述）：《禮記》（東京：哲學館，哲學館漢學專修科漢學講義，1899年）。

2. 久保得二：《四書新釋：大學》（東京：博文館，1902年7月）。

   久保得二：《四書新釋：中庸》（東京：博文館，1902年10月）。

3. 加藤弘齊（述）：《四書議義》（東京：春江堂，1905年10月）。

4. 服部宇之吉：《大學說、大學章句、中庸說、中庸章句、論語集說、孟子定本》（東京：冨山房，《漢文大系》第1卷，1909年12月）。

5. ジェームス・レッグ（著）、依田喜一郎（訓點）《大學及中庸》（東京：嵩山房，1910年1月）。

6. 八木龍三郎：《四書活解》（東京：中澤明盛堂，1910年10月）。

7. 松本豐多：《四書辨妄》（東京：松本豐多，1911年1月）。

8. 興文社編：《四書講義》（東京：興文社，1911年12月）。

9. 大町桂月：《四書》（京都：至誠堂，1912年4月）。

10. 服部宇之吉：《禮記》（東京：冨山房，《漢文大系》第17卷，1913年10月）。

11. 毛利貞齋（述）、久保得二（校訂）：《大學、中庸（四書俚諺抄）》（東京：博文館，《漢文叢書》第3冊，1913年3月）。

12. 桂湖村：《禮記國字解（上）》（東京：早稻田大學出版部，《先哲遺著追補漢籍國字解全集》第13卷，1914年4月）。

    桂湖村：《禮記國字解（下）》（東京：早稻田大學出版部，《先哲遺著追補漢籍國字解全集》第14卷，1914年5月）。

13. 宇野哲人：《四書講義　大學》（東京：大同館，1916年11月），
　　　後改題為《大學》（東京：講談社，1983年1月）。
　　宇野哲人：《四書講義　中庸》（東京：大同館，1918年10月），
　　　後改題為《中庸》（東京：講談社，1983年2月）。

14. 安井小太郎：《禮記》（東京：國民文庫刊行會，《國譯漢文大成》
　　　第1卷，經史子部第4卷，1920年12月；1922年12月再版）。

15. 宇野哲人：《四書集註》（東京：世界聖典全集刊行會，《世界聖
　　　典全集》，1920年）。

16. 林泰輔：《禮記》（東京：有朋堂，塚田哲三（編）：《有朋堂漢文
　　　叢書》，1921年12月）。

17. 森本角藏：《四書索引》（東京：經書索引刊行所，1921年5月；
　　　京都：臨川書店，1971年9月）。

18. 小牧昌業等：《四書、孝經》（東京：國民文庫刊行會，《國譯漢
　　　文大成》第1卷，經史子部第1卷，1922年10月）。

19. 關儀一郎（編）：《日本名家四書註釋全書（學庸部）》（東京：東
　　　洋圖書刊行會，1923年2月）。

20. 牧野謙次郎：〈講經：凡學之道。嚴師為難。師嚴然後道尊。道
　　　尊然後民知學。〉，《東洋文化（東洋文化學會）》第11號
　　　（1924年12月），頁2-9。

21. 大川周明：《中庸新註》（東京：大阪屋號書店，1927年6月）。

22. 著者未詳：《四書》（東京：有朋堂，塚田哲三（編）：《有朋堂漢
　　　文叢書》，1927年6月）。

23. 牧野謙次郎：〈講經：四郊多壘，此卿大夫之辱也〉，《東洋文化
　　　（東洋文化學會）》第53號（1928年10月），頁2-10。

24. 鹽谷溫、諸橋轍次、宇野哲人：《孝經、大學、中庸新釋》（東
　　　京：弘道館，《昭和漢文叢書》，1929年4月；東京：致知
　　　出版社，2005年12月）。

25. 宇野哲人、飯島忠夫：《新觀大學中庸》（東京：三省堂，《支那哲學思想叢書》，1931年）。

26. 安井朝康（校）：《身延本禮記正義殘卷校勘記》（東京：東方文化學院，1931年12月）。

27. 牧野謙次郎：〈講經：人情者聖王之田也修禮以耕之〉，《東洋文化（東洋文化學會）》第106號（1933年4月），頁2-12。

   牧野謙次郎：〈講經：禮雖然先王未之有可以義起也〉，《東洋文化（東洋文化學會）》第107號（1933年5月），頁2-11。

28. 內野台嶺：《四書新釋：大學》（東京：賢文館，1935年3月）。

29. 森本角藏：《五經索引（本文）》（東京：目黑書店，1935年9月）。

   森本角藏：《五經索引》，第1卷（東京：目黑書店，1935年9月）。

   森本角藏：《五經索引》，第2卷（東京：目黑書店，1938年5月）。

   森本角藏：《五經索引》，第4卷（東京：目黑書店，1944年3月），後全4冊（京都：臨川書店，1970年12月）。

30. 麻生義輝：《樂記講義》（東京：春陽堂，1937年10月）。

31. 常盤井賢十：《宋本禮記疏校記》（京都：東方文化學院京都研究所，1937年12月）。

32. 小林一郎：《孟子（下）、中庸》（東京：平凡社，《經書大講》第18卷，1939年8月）。

   小林一郎：《大學、禮記抄》（東京：平凡社，《經書大講》第25卷，1940年1月）。

33. 谷口武：《學記論攷──東洋教育論最古の原典「學記」と現代日本教育論》（東京：青磁社，1942年10月）。

34. 西晉一郎：《中庸解通釋》（大阪：敞文館，《黎明選書》，1943年7月）。

35. 武內義雄：《學記、大學》（東京：岩波書店，1943年11月），後

收於《武內義雄全集》，第3卷（東京：岩波書店，1979年1月），頁307-363。

36. 安岡正篤：〈年頭讀書記──禮記抄〉，《師友》第27號（1952年1月），頁碼未詳。

37. 鈴木由次郎：〈禮記子本疏義殘卷考文序〉，《中央大學文學部紀要》第11號（1958年3月），頁25-26。

38. 島田虔次：《大學、中庸》（東京：朝日出版社，《新訂中國古典選》4，1967年1月）。

39. 赤塚忠：《大學、中庸》（東京：明治書院，《新釋漢文大系》2，1967年4月）。

40. 俁野太郎：《大學、中庸》（東京：明德出版社，《中國古典新書》，1968年2月）。

41. 倉石武四郎等：《論語、孟子、大學、中庸》（東京：筑摩書房，《世界文學大系》69，1968年3月）。

42. 戶村朋敏：〈講經：嚴師為難〉，《東洋文化（無窮會）》復刊第19、20合併號（1969年9月），頁碼未詳。

43. 竹內照夫：《論語、孟子、荀子、禮記（抄）》（東京：平凡社，《中國古典文學大系》3，1970年1月）。

44. 荒井健：〈禮記〉，吉川幸次郎、福永光司（編）：《五經、論語集》（東京：筑摩書房，《世界文學全集》3，1970年11月），頁257-318。

45. 竹內照夫：《禮記（上）》（東京：明治書院，《新釋漢文大系》27，1971年4月）。
　　竹內照夫：《禮記（中）》（東京：明治書院，《新釋漢文大系》28，1977年8月）。
　　竹內照夫：《禮記（下）》（東京：明治書院，《新釋漢文大系》29，1979年3月）。

46. 下見隆雄：《禮記》（東京：明德出版社，《中國古典新書》，1973
　　　年5月）。

47. 山下龍二：《大學、中庸》（東京：集英社，《全釋漢文大系》3，
　　　1974年3月）。

48. 諸橋轍次、安岡正篤監修：《四書集注（上）》（東京：明德出版
　　　社，《朱子學大系》第7卷，1974年4月）。

　　諸橋轍次、安岡正篤監修：《四書集注（下）》（東京：明德出版
　　　社，《朱子學大系》第8卷，1974年9月）。

49. 市原亨吉、今井清、鈴木隆一：《禮記（上）》（東京：集英社，
　　　《全釋漢文大系》12，1976年6月）。

　　市原亨吉、今井清、鈴木隆一：《禮記（中）》（東京：集英社，
　　　《全釋漢文大系》13，1977年12月）。

　　市原亨吉、今井清、鈴木隆一：《禮記（下）》（東京：集英社，
　　　《全釋漢文大系》14，1979年7月）。

50. 吉川幸次郎：〈禮記注疏曲禮校記〉，《吉川幸次郎全集》（東京：
　　　筑摩書房，1985年11月），第21卷，頁598-667。

51. 禮記注疏研究班：〈禮記注疏檀弓篇譯注（一）〉，《中國學志》第
　　　3號（1988年12月），頁39-53。

　　禮記注疏研究班：〈禮記注疏檀弓篇譯注（二）〉，《中國學志》第
　　　4號（1989年12月），頁69-82。

　　禮記注疏研究班：〈禮記注疏檀弓篇譯注（三）〉，《中國學志》第
　　　5號（1990年12月），頁103-116。

　　禮記注疏研究班：〈禮記注疏檀弓篇譯注（四）〉，《中國學志》第
　　　6號（1991年12月），頁35-47。

　　禮記注疏研究班：〈禮記注疏檀弓篇譯注（五）〉，《中國學志》第
　　　7號（1992年12月），頁91-107。

禮記注疏研究班：〈禮記注疏檀弓篇譯注（六）〉，《中國學志》第8號（1993年12月），頁57-77。

禮記注疏研究班：〈禮記注疏檀弓篇譯注（七）〉，《中國學志》第9號（1994年12月），頁65-75。

禮記注疏研究班：〈禮記注疏檀弓篇譯注（八）〉，《中國學志》第10號（1996年2月），頁125-142。

禮記注疏研究班：〈禮記注疏檀弓篇譯注（九）〉，《中國學志》第11號（1996年12月），頁101-109。

禮記注疏研究班：〈禮記注疏檀弓篇譯注（十）〉，《中國學志》第12號（1998年2月），頁43-64。

禮記注疏研究班：〈禮記注疏檀弓篇譯注（十一）〉，《中國學志》第13號（1998年12月），頁127-146。

禮記注疏研究班：〈禮記注疏檀弓篇譯注（十二）〉，《中國學志》第14號（1999年12月），頁143-161。

禮記注疏研究班：〈禮記注疏檀弓篇譯注（十三）〉，《中國學志》第15號（2000年12月），頁149-168。

禮記注疏研究班：〈禮記注疏檀弓篇譯注（十四）〉，《中國學志》第16號（2001年12月），頁123-139。

禮記注疏研究班：〈禮記注疏檀弓篇譯注（十五）〉，《中國學志》第17號（2002年12月），頁105-119。

禮記注疏研究班：〈禮記注疏檀弓篇譯注（十六）〉，《中國學志》第18號（2003年12月），頁159-170。

禮記注疏研究班：〈禮記注疏檀弓篇譯注（十七）〉，《中國學志》第19號（2004年12月），頁43-63。

禮記注疏研究班：〈禮記注疏檀弓篇譯注（十八）〉，《中國學志》第20號（2005年12月），頁119-132。

禮記注疏研究班：〈禮記注疏檀弓篇譯注（十九）〉，《中國學志》
　　　　第21號（2006年12月），頁51-72。

禮記注疏研究班：〈禮記注疏檀弓篇譯注（二十）〉，《中國學志》
　　　　第22號（2007年12月），頁89-116。

禮記注疏研究班：〈禮記注疏檀弓篇譯注（二十一）〉，《中國學
　　　　志》第23號（2008年12月），頁67-93。

禮記注疏研究班：〈禮記注疏檀弓篇譯注（二十二）〉，《中國學
　　　　志》第24號（2009年12月），頁79-90。

禮記注疏研究班：〈禮記注疏檀弓篇譯注（二十三）〉，《中國學
　　　　志》第25號（2010年12月），頁75-96。

52. 金谷治：《大學、中庸》（東京：岩波書店，1998年4月）。

53. 池田知久、近藤浩之、李承律、渡邊大、芳賀良信、廣瀨薰雄、
　　　　曹峰：〈郭店楚墓竹簡《緇衣》譯注（上）〉，《郭店楚簡の
　　　　思想的研究》第3卷（2000年1月），頁4-63，後收於池田
　　　　知久（編）：《郭店楚簡儒教研究》（東京：汲古書院，
　　　　2003年2月），頁5-56。

　　　池田知久、近藤浩之、李承律、渡邊大、芳賀良信、廣瀨薰雄、
　　　　曹峰：〈郭店楚墓竹簡《緇衣》譯注（下）〉，《郭店楚簡の
　　　　思想的研究》第4卷（2000年6月），頁11-113，後收於池
　　　　田知久（編）：《郭店楚簡儒教研究》（東京：汲古書院，
　　　　2003年2月），頁57-118。

54. 末永高康：〈禮記注疏譯注稿（一）──冠義第四十三
　　　　（全）──〉，《東洋古典學研究》第38集（2014年10
　　　　月），頁111-128。

　　　末永高康：〈禮記注疏譯注稿（二）──昏義第四十四
　　　　（一）──〉，《東洋古典學研究》第39集（2015年5月），
　　　　頁129-150。

末永高康：〈禮記注疏譯注稿（三）── 昏義第四十四
（二）── 〉，《東洋古典學研究》第40集（2015年10月），
頁101-128。

（二）專著

1. 得能文：《中庸の哲學》（東京：岩波書店，1932年8月）。
2. 內野台嶺：《四書通論》（東京：賢文館，1934年6月）。
3. 能田忠亮：《禮記月令天文攷》（京都：東方文化學院京都研究
   所，《東方文化學院京都研究所研究報告》，第12冊，1938
   年3月），後收於《東洋天文學史論叢》（東京：恒星社，
   1943年10月），頁407-610。
4. 武內義雄：《易と中庸の研究》（東京：岩波書店，1943年6月），
   後收於《武內義雄全集》，第2卷（東京：角川書店，1979
   年1月），頁8-212。
5. 栗原圭介：《禮記宗教思想の研究》（作者自印本，1969年1月）。
6. 島邦男：《五行思想と禮記月令の研究》（東京：汲古書院，1971
   年3月）。
7. 森三樹三郎：《上古より漢代に至る性命觀の展開》（東京：創文
   社，1971年10月）。
8. 佐野公治：《四書學史の研究》（東京：創文社，1988年2月）。
9. 竹內弘行：《康有為と近代大同思想の研究》（東京：汲古書院，
   2008年1月）。
10. 井出元（監修）：《《禮記》にまなぶ人間の禮》（東京：ポプラ
    社，2010年1月）。

（三）論文、論說

1. 松平治郎吉：〈禮記〉，《漢學講義》（東京：修文堂，1907年8月），頁49-54。

2. 兒島獻吉郎：〈論語禮記〉，《支那大文學史古代編》（東京：冨山房，1909年3月），頁287-296。

3. 兒島獻吉郎：〈孝經と大學〉，《支那大文學史古代編》（東京：冨山房，1909年3月），頁297-305。

4. 兒島獻吉郎：〈子思と中庸〉，《支那大文學史古代編》（東京：冨山房，1909年3月），頁305-314。

5. 岩垂憲德：〈禮記〉，《儒學大觀》（東京：文華堂，1909年10月），頁546-554。

6. 瀧本誠一：〈經濟漫錄（四）〉，《經濟論叢》第7卷第3號（1918年9月），頁143-144。

7. 稻葉岩吉：〈王制ノ作者ニ就テ〉，《經濟論叢》第7卷第5號（1918年11月），頁139-140。

8. 瀧本誠一：〈稻葉氏に謝す〉，《經濟論叢》第8卷第4號（1919年4月），頁144-145。

9. 稻葉岩吉：〈再び王制作者に就て〉，《經濟論叢》第8卷第5號（1919年5月），頁139-140。

10. 小島祐馬：〈公羊家の理想とする大同の社會〉，《經濟論叢》第8卷第6號（1919年6月），頁12-24，後改題為〈禮運篇の大同小康の世〉，收於《中國の社會思想》（東京：筑摩書房，1967年11月），頁132-140。

11. 武內義雄：〈子思子について〉，《支那學》第1卷第6號（1921年2月），頁71-84。

12. 本田成之：〈禮運と秦漢時代の儒家〉，《支那學》第1卷第11號
（1921年7月），頁1-17；江俠菴（譯）：〈禮運考〉，《先秦
經籍考（上）》（上海：商務印書館，1933年10月；臺北：
河洛出版社，1975年10月；臺北：新欣出版社，1980年9
月），頁214-225。

13. 武內義雄：〈曲禮考〉，《支那學》第2卷第1號（1921年9月），頁
11-27，後收於《武內義雄全集》，第3卷（東京：角川書
店，1979年1月），頁475-487；江俠菴（譯）：〈曲禮考〉，
《先秦經籍考（上）》（上海：商務印書館，1933年10月；
臺北：河洛出版社，1975年10月；臺北：新欣出版社，
1980年9月），頁186-204。

14. 武內義雄：〈先秦儒學史上に於ける中庸の位置〉，《支那學》第2
卷第9號（1922年5月），頁17-28。

15. 武內義雄：〈禮運考〉，《支那學》第2卷第11號（1922年7月），頁
16-26，後收於《武內義雄全集》，第3卷（東京：角川書
店，1979年1月），頁488-494；江俠菴（譯）：〈禮運考〉，
《先秦經籍考（上）》（上海：商務印書館，1933年10月；
臺北：河洛出版社，1975年10月；臺北：新欣出版社，
1980年9月），頁204-213。

16. 武內義雄：〈大學篇成立年代考〉，《支那學》第3卷第9號（1924
年9月），頁20-27。

17. 紀平正美：〈中庸に就て〉，《哲學雜誌》第39冊第451號（1924年
9月），頁1-15。

18. 津田左右吉：〈太一について〉，《白鳥博士還曆記念東洋史論集》
（東京：岩波書店，1925年12月），頁659-690。

19. 田島錦治：〈大學に見はれたる經濟思想〉，《經濟論叢》第22卷
第3號（1926年3月），頁1-25。

20. 武內義雄：〈儒學史上として見たる兩戴記〉，《內藤博士還曆祝賀支那學論叢》（京都：弘文堂，1926年5月），頁445-473，後收於《武內義雄全集》，第3卷（東京：角川書店，1979年1月），頁420-442。江俠菴（譯）：〈兩戴記考〉，《先秦經籍考（上）》（上海：商務印書館，1933年10月；臺北：河洛圖書出版社，1975年10月；臺北：新欣出版社，1980年9月），頁153-158。

21. 田島錦治：〈中庸に見はれたる經濟思想〉，《經濟論叢》第23卷第4號（1926年10月），頁1-18。

22. 內藤虎次郎：〈宋版禮記正義について〉，《書物禮讚》第6號（1928年4月），頁碼未詳，後收於《目睹書譚》（東京：吉川弘文館，1948年9月），頁361-365；《內藤湖南全集》（東京：筑摩書房，1970年6月），第12卷，頁272-275。

23. 高瀨武次郎：〈中庸管窺〉，《桑原博士還曆記念東洋史論叢》（京都：弘文堂，1931年1月），頁905-936。

24. 津田左右吉：〈禮記及び大戴禮記の編纂時代について〉，《史學雜誌》第42編第2號（1931年2月），頁1-40，後收於《儒教の研究》，第1卷（東京：岩波書店，1950年3月）以及《津田左右吉全集》，第16卷（東京：岩波書店，1965年1月），頁439-469。

25. 常盤井賢十：《宋紹熙板禮記正義について ── 足利本と潘氏本の比較 ──》，《東方學報（京都）》第4冊（1933年12月），頁59-105。

26. 鄭孝胥：〈大同三年之觀念〉，《東洋文化（東洋文化學會）》第115號（1934年1月），頁39。

27. 藤川熊一郎：〈月令諸文考〉，《東方學報（東京）》第5冊（1934年12月），頁325-417。

28. 內野熊一郎:〈詩經毛傳引月令句考〉,《東方學報(東京)》第6
　　　冊(1936年2月),頁627-648。

29. 森三樹三郎:〈月令と明堂〉,《支那學》第8卷第2號(1936年4
　　　月),頁53-76。

30. 津田左右吉:〈大學の致知格物について〉,《東洋思想研究》第1
　　　號(1937年1月),頁1-32,後收於《儒教の研究》,第3卷
　　　(東京:岩波書店,1956年2月)以及《津田左右吉全集》,
　　　第18卷(東京:岩波書店,1965年3月),頁253-281。

31. 藤塚鄰:〈中庸秦漢儒作說の檢討〉,《漢學會雜誌》第5卷第2號
　　　(1937年6月),頁1-12。

32. 能田忠亮講:〈禮記月令の天象〉,《東方學報(京都)》第8冊
　　　(1937年10月),頁333-335。

33. 石田代治:〈禮記に現れたる老莊思想の研究——基礎論——〉,
　　　《漢學會雜誌》第6卷第2號(1938年7月),頁28-39。

34. 安井小太郎:〈禮記解題——名義及編者、各篇の原書及作者〉,
　　　《大東文化(大東文化學院)》第18號(1938年7月),頁
　　　4-6。

35. 吉川幸次郎:〈書評:能田忠亮禮記月令天文攷〉,《東方學報
　　　(京都)》第9冊(1938年10月),頁372-378,《吉川幸次
　　　郎全集》,第3卷(東京:筑摩書房,1969年9月),頁511-
　　　517。

36. 吉川幸次郎:〈舊鈔本禮記正義を校勘して〉,《東方學報(京
　　　都)》第9冊(1938年10月),頁30-56,後收於《吉川幸次
　　　郎全集》,第10卷(東京:筑摩書房,1970年10月),頁
　　　425-445。

37. 白尾陽光:〈禮記に表れたる優老の禮の淵源に就て(一)〉,《東
　　　亞經濟研究》第22卷第4號(1938年10月),頁24-48。

38. 日本師道研究會：〈學記講義〉，《師道》第2卷第11號（1938年），頁碼未詳。

39. 石黑俊逸：〈禮記成立に關する一考察〉，《斯文》第21編第1號（1939年1月），頁27-47。

40. 白尾陽光：〈禮記に表れたる優老の禮の淵源に就て（二）〉，《東亞經濟研究》第23卷第1號（1939年2月），頁67-85。

41. 宇野哲人：〈大學の三綱領〉，《斯文》第21編第5號（1939年5月），頁1-5。

42. 原田正己：〈禮記中庸篇の鄭玄の解釋について〉，《東洋思想研究》第3號（1939年5月），頁425-471。

43. 矢野三治：〈大學は荀學と為すの說〉，《漢學研究》第4輯（1939年6月），頁16-21。

44. 飯島忠夫：〈禮記月令天文攷を讀む〉，《東洋學報》第27卷第1號（1939年11月），頁105-120。

45. 野村瑞峰：〈大小戴禮編成考〉，《東洋學研究（駒澤大學東洋學會）》第8號（1939年），頁碼未詳。

46. 西晉一郎：〈禮記に見えたる禮の意義〉，《東洋道德研究》（東京：岩波書店，1940年1月），頁1-21。

47. 津田左右吉：〈漢儒の述作のしかた──禮記諸篇の解剖──〉，《東洋思想研究》第3號（1940年5月），頁1-89，後收於《儒教の研究》，第3卷（東京：岩波書店，1956年2月）以及《津田左右吉全集》，第18卷（東京：岩波書店，1965年3月），頁173-251。

48. 藪內清：〈飯島博士の「禮記月令天文攷を讀む」について〉，《東洋學報》第27卷第3號（1940年5月），頁435-440。

49. 張源祥：〈文化政策より見たる樂記〉，《東亞人文學報》第1卷第2號（1941年9月），頁157-175。

50. 牧野巽：〈儀禮及び禮記に於ける家族と宗族（上）〉，《思想》第236號（1942年1月），頁1-22，後收於《牧野巽著作集》，第1卷（東京：御茶の水書房，1979年10月），頁59-85。

　　牧野巽：〈儀禮及び禮記に於ける家族と宗族（中）〉，《思想》第237號（1942年2月），頁28-42，後收於《牧野巽著作集》，第1卷（東京：御茶の水書房，1979年10月），頁85-100。

　　牧野巽：〈儀禮及び禮記に於ける家族と宗族（下）〉，《思想》第238號（1942年3月），頁24-41，後收於《牧野巽著作集》，第1卷（東京：御茶の水書房，1979年10月），頁100-118。

51. 上村幸次：〈禮記檀弓私考〉，《東亞經濟研究》第26卷第4號（1942年11月），頁75-93。

52. 橋本增吉：〈禮記月令の曆法思想〉，《東洋學報（白鳥博士記念論文集）》第29卷第3、4合併號（1944年1月），頁540-559。

53. 飯島忠夫：〈禮記の著作年代〉，《古代世界文化と儒教》（東京：中文館書店，1946年11月），頁163-168。

54. 飯島忠夫：〈月令の天文〉，《古代世界文化と儒教》（東京：中文館書店，1946年11月），頁168-184。

55. 狩野直喜：〈檀弓に就いて〉，《讀書籑餘》（東京：吉川弘文堂，1947年7月；東京：みすず書房，1980年6月），頁315-319。

56. 黑田亮：〈禮記〉，《支那心理思想史》（東京：小山書店，1948年11月），頁121-132。

57. 栗田直躬：〈「學」と「教」との觀念——上代シナの典籍に於いて——〉，《中國古代思想の研究》（東京：岩波書店，1949年8月），頁147-242。

58. 手塚良道：〈讀禮記王制私考〉，《藤塚博士古稀記念論文集》，第
　　1輯（東京：玄同社，1949年），頁碼未詳。

59. 金谷治：〈中と和〉，《文化》第15卷第4號（1950年7月），頁80-
　　103。

60. 安岡正篤：〈大同と小康〉，《師友》第34號（1952年8月），頁碼
　　未詳。

61. 金谷治：〈中庸について——その倫理としての性格——〉，《東
　　北大學文學部研究年報》第4號（1953年12月），頁1-32，
　　後收於《儒家思想と道家思想：金谷治中國思想論集
　　（中）》（東京：平河出版社，1997年7月），頁150-185。

62. 大濱晧：〈中の思想——中庸と荀子の場合——〉，《名古屋大學
　　文學部研究論集（哲學3）》第4號（1954年3月），頁1-
　　26，後收於《中國古代思想論》（東京：勁草書房，1977
　　年10月），頁241-289。

63. 山口義男：〈儀禮、禮記に於ける家族倫理〉，《哲學（廣島哲學
　　會）》第4集（1954年6月），頁131-145。

64. 內野熊一郎：〈奈良興福寺本禮記釋文殘卷私考〉，《中國文化研
　　究會會報》第4卷第2號（1955年2月），頁1-7。

65. 內野熊一郎：〈興福寺本禮記釋文の研究〉，《中國文化研究會會
　　報》第5卷第1號（1955年4月），頁碼未詳。

66. 諸戶素純：〈禮記における宗教の理念〉，《人文研究》第6卷第4
　　號（1955年5月），頁86-101。

67. 宇野精一：〈禮記檀弓篇の性格〉，《東京支那學報》第1號（1955
　　年6月），頁91-104，後收於《宇野精一著作集》，第2卷
　　（東京：明治書院，1986年8月），頁347-362。

68. 神谷正男：〈「禮運」における大同思想の本質〉，《東京支那學
　　報》第1號（1955年6月），頁105-129。

69. 杖下隆之：〈禮記月令篇の一考察〉，《東洋大學紀要》第8集
　　（1956年2月），頁47-62。

70. 板野長八：〈禮記の大同〉，《北海道大學文學部紀要》第5號
　　（1956年3月），頁87-115。

71. 常盤井賢十：〈大小戴禮記成立考〉，《日本中國學會報》第8集
　　（1956年10月），頁36-42。

72. 宇野精一：〈禮記成立に關する二三の問題〉，《東京支那學報》
　　第4號（1958年6月），頁34-43，後收於《宇野精一著作
　　集》，第2卷（東京：明治書院，1986年8月），頁363-374。

73. 谷田孝之：〈扱任について〉，《支那學研究（廣島支那學會）》第
　　20號（1958年8月），頁47。

74. 赤塚忠：〈辟雍について〉，《大東文化大學漢學會誌》第1號
　　（1958年10月），頁21-22，後收於《中國古代文化史》（東
　　京：研文社，赤塚忠著作集第1卷，1988年7月），頁515-
　　517。

75. 裏善一郎：〈樂記篇の成立について〉，《研究紀要（鹿兒島大學
　　教育學部教育研究所）》第10卷（1958年12月），頁22-33。

76. 佐藤震二：〈禮運の大同小康思想〉，《東洋の文化と社會》第7號
　　（1958年12月），頁19-45。

77. 西岡市祐：〈禮記月令嘗記考〉，《漢文學會會報（國學院大學漢
　　文學會）》第10輯（1959年1月），頁62-70。

78. 原田種成：〈文獻に表われたる辟雍について〉，《大東文化大學
　　漢學會誌》第2號（1959年10月），頁14-21。

79. 高田克己：〈禮記にあらわされている造形的形式について〉，
　　《大阪市立大學家政學部紀要》第7卷（1959年3月），頁
　　69-76。

80. 宇都木章：〈禮記の郊祀についての臆說〉，《和田博士古稀記念
　　　東洋史論叢》（東京：講談社，1961年2月），頁175-186。

81. 津下正章：〈學記管見〉，《熊本大學教育學部紀要》第10號（1962
　　　年2月），頁27-36。

82. 板野長八：〈大學篇の格物致知〉，《史學雜誌》第71編第4號
　　　（1962年4月），頁1-55。

83. 木村英一：〈禮記の大學篇について〉，《東方學會創立十五周年
　　　記念東方學論集》（東京：東方學會，1962年7月），頁71-
　　　84，後收於《中國哲學の探究》（東京：創文社，1981年2
　　　月），頁219-234。

84. 板野長八：〈《中庸篇》の成り立ち〉，《廣島大學文學部紀要》第
　　　22卷第2號（1963年5月），頁74-139，後收於《儒教成立
　　　史の研究》（東京：岩波書店，1995年7月），頁239-312。

85. 松本雅明：〈戰國末期の尚書——禮記第二類にみえる——〉，
　　　《東方古代研究》第11號（1963年5月），頁21-34，也收
　　　於《中國關係論說資料》第1號第1分冊（1963年），頁
　　　335-338，後改題為〈禮記第二類に見える尚書——文王
　　　世子、學記、大學〉，收於《春秋戰國における尚書の展
　　　開》（東京：風間書房，1966年2月），頁560-571以及《松
　　　本雅明著作集（春秋戰國における尚書の展開）》，第12冊
　　　（東京：弘生書林，1988年5月），頁485-495。

86. 楠山春樹：〈中庸の成立に關する漢初の資料〉，《漢魏文化》第4
　　　號（1963年10月），頁碼未詳。

87. 楠山春樹：〈「中庸」に見える中和〉，《フィロソフィア》第45號
　　　（1963年9月），頁27-43。

88. 太田辰夫：〈檀弓文法略說〉，《神戶外大論叢》第14卷第3號

（1963年10月），頁19-39，後收於《中國關係論說資料》
第1號第2分冊（1964年），頁17-27。

89. 新田大作：〈中國思想に於ける形象性について——禮記曲禮の
疏を中心として〉，《斯文》復刊第39號（1964年3月），頁
12-28。

90. 櫻井芳郎：〈禮記王制と周禮との關係について〉，《東京學藝研
究報告》第16集（1964年3月），頁1-6，後收於《中國關
係論說資料》第2號第1分冊（1964年），頁290-293。

91. 松本雅明：〈禮記第一類に見える尚書——坊記、表記、緇衣〉，
《春秋戰國における尚書の展開》（東京：風間書房，
1966年2月），頁529-559以及《松本雅明著作集（春秋戰
國における尚書の展開）》，第12冊（東京：弘生書林，
1988年5月），頁459-484。

92. 伊東倫厚：〈《禮記》坊記、表記、緇衣篇について——いわゆる
《子思子》殘篇の再檢討——〉，《東京支那學報》第15號
（1969年6月），頁17-38。

93. 吉川幸次郎：〈忘れえぬ書物——禮記について——〉，《吉川幸
次郎全集》，第3卷（東京：筑摩書房，1969年9月），頁
508-510。

94. 島邦男：〈禮記月令の成立〉，《集刊東洋學》第22號（1969年11
月），頁1-20，後收於《五行思想と禮記月令の研究》（東
京：汲古書院，1971年3月），頁163-224。

95. 杉浦豐治：〈鄭玄と盧植——禮記注をめぐって——〉，《金城國
文》第44號（1970年3月），頁1-10。

96. 松本幸男：〈禮記樂記篇の成立について〉，《立命館文學》第300
號（1970年3月），頁29-62，後收於《中國關係論說資
料》第12號第1分冊下（1970年），頁415-432。

97. 內山俊彥：〈中庸新經一解釋〉，《東方學》第41輯（1971年1月），頁16-31。

98. 三上順：〈寢、廟、明堂の規模に就いての一考察〉，《比治山女子短期大學紀要》第6號（1972年3月），頁11-24，後收於《中國關係論說資料》第14號第3分冊下（1972年），頁85-95。

99. 栗原圭介：〈禮記「大傳」における思想構造とその背景について〉，《大東文化大學紀要（人文科學）》第11號（1973年3月），頁1-23，後收於《中國關係論說資料》第15號第1分冊下（1973年），頁281-292。

100. 田中麻紗巳：〈禮記樂記篇の音樂論と性說〉，《文化》第36卷第4號（1973年3月），頁70-91，後收於《中國關係論說資料》第14號第2分冊下（1973年），頁346-456。

101. 伊東倫厚：〈樂記本文における引用の問題について〉，《比較文化研究》第13輯（1974年4月），頁113-163，後收於《中國關係論說資料》第16號第1分冊下（1974年），頁464-488。

102. 伊藤計：〈月令論──月令形式について──〉，《日本中國學會報》第26集（1974年10月），頁58-80。

103. 島森哲男：〈《中庸》篇の構成とその思想──個のあり方をたずねて──〉，《集刊東洋學》第32集（1974年10月），頁84-100。

104. 栗原圭介：〈曾子問考〉，《大東文化大學紀要（人文科學）》第13號（1975年3月），頁71-89，後收於《中國關係論說資料》第17號第1分冊下（1975年），頁273-284。

105. 高田克己：〈禮記にみられる數表現について〉，《大手前女子大

學論集》第9號（1975年11月），頁69-81，後收於《中國
關係論說資料》第17號第1分冊下（1975年），頁59-65。

106. 栗原圭介：〈「禮記」に見える天人相關の形而上學的思考〉，《大
東文化大學漢學會誌》第15號（1976年3月），頁13-33。

107. 中林史朗：〈鬼神の性格に關する一考察——禮記を中心とし
て〉，《大東文化大學漢學會誌》第15號（1976年3月），頁
90-108。

108. 柳本實：〈辟雍について（その一）〉，《新潟大學教育學部紀要
（人文、社會科學編）》第17卷（1976年3月），頁108-
114，後收於《中國關係論說資料》第18號第1分冊上
（1976年），頁74-77。

柳本實：〈辟雍について（その二）〉，《新潟大學教育學部紀要
（人文、社會科學編）》第18卷（1977年3月），頁111-
118。

柳本實：〈辟雍について（その三）〉，《新潟大學教育學部紀要
（人文、社會科學編）》第19卷（1978年3月），頁73-80，
後收於《中國關係論說資料》第20號第1分冊下（1978
年），頁78-82。

柳本實：〈辟雍について（その四）〉，《新潟大學教育學部紀要
（人文、社會科學編）》第20卷（1979年3月），頁53-65，
後收於《中國關係論說資料》第21號第3分冊上（1979
年），頁94-100。

109. 林田剛：〈禮記に見える社會保障の研究——老人對策を中心と
して——〉，《尚絅短期大學研究紀要》第9號（1976年12
月），頁94-87，後收於《中國關係論說資料》第19號第1
分冊下（1977年），頁256-260。

110. 栗原圭介：〈秦、漢における王制篇成立の思想史的背景〉，《大東文化大學紀要（人文科學）》第15號（1977年3月），頁21-40，後收於《中國關係論說資料》第19號第1分冊下（1977年），頁303-312。

111. 片山一：〈大學篇八條目に關する一考察〉，《大正大學大學院研究論集》第1集（1977年3月），頁151-163。

112. 今濱通隆：〈儒學思想に於ける言語觀の變遷（五）〉，《並木の里》第14號（1977年10月），頁51-63，後改題為〈「禮」と「言」──《禮記》の「言語」觀──〉，收於《儒教と「言語」觀》（東京：笠間書院，1978年10月），頁99-121。

112. 板野長八：〈中庸篇の修道〉，《廣島修大論集（人文編）》第18卷第2號（1978年3月），頁75-83。

113. 武內義雄：〈禮記の研究〉，《武內義雄全集》，第3卷（東京：角川書店，1979年1月），頁213-309。

114. 根岸政子：〈禮記郊特牲篇の「裼」をめぐる訓詁學說の展開〉，《お茶の水女子大學人文科學紀要》第32卷（1979年3月），頁15-28。

115. 島森哲男：〈慎獨の思想〉，《文化》第42卷3、4合併號（1979年3月），頁1-14。

116. 木村英一：〈中國哲學における中庸思想〉，《日本中國學會報》第31集（1979年10月），頁16-30，後收於《中國哲學の探究》（東京：創文社，1981年2月），頁551-578。

117. 林田剛：〈儒家に於ける弟子教育の一考察──禮記檀弓篇を中心として──〉，《研究紀要（尚絅大學）》第3號（1980年2月），頁51-61，後收於《中國關係論說資料》第22號第1分冊上（1980年），頁176-181。

118. 楠山春樹:〈禮記曾子問篇に見える老聃について〉,池田博士古
　　　稀記念事業會（編）:《池田末利博士古稀記念東洋學論
　　　集》（廣島:池田博士古稀記念事業會,1980年9月）,頁
　　　345-360,後改題為〈《禮記》曾子問篇に見える老聃につ
　　　いて〉,《道家思想と道教》（東京:平河出版社,1992年7
　　　月）,頁174-188;中文版〈禮記曾子問篇的老聃〉,《日本
　　　學者論中國哲學史》（臺北:駱駝出版社,1987年8月）,
　　　頁123-137。

119. 俣野太郎:〈七十弟子關係資料としての檀弓篇〉,池田博士古稀
　　　記念事業會（編）:《池田末利博士古稀記念東洋學論集》
　　　（廣島:池田博士古稀記念事業會,1980年9月）,頁361-
　　　378。

120. 林田剛:〈禮記に見えたる幼兒教育に就いて〉,《研究紀要（尚
　　　絅大學）》第4號（1981年3月）,頁35-43,後收於《中國
　　　關係論說資料》第23號第1分冊下（1981年）,頁236-240。

121. 久保田剛:〈呂氏春秋十二紀と禮記月令篇──若干の相違點に
　　　ついて──（その一）〉,《哲學（廣島哲學會）》第33集
　　　（1981年10月）,頁95-109。

　　　久保田剛:〈呂氏春秋十二紀と禮記月令篇──若干の相違點に
　　　ついて──（その二）〉,《武庫川國文》第20號（1982年3
　　　月）,頁117-126,後收於《中國關係論說資料》第24號第
　　　1分冊上（1982年）,頁694-699。

122. 町田三郎:〈「學記」篇について〉,《荒木教授退休記念中國哲學
　　　史研究論集》（福岡:葦書房,1981年12月）,頁43-59。

123. 細田惠士:〈禮記「禮」概念小考〉,《聖德學園短期大學紀要》
　　　第14號（1982年）,頁碼未詳。

124. 島一：〈禮記樂記の人性論とその周圍〉，金谷治（編）：《中國における人間性の探究》（東京：創文社，1983年2月），頁185-204。

125. 片山一：〈禮記・大學篇の「大學之道」——天子の道としての——〉，《大正大學綜合佛教研究所年報》第5號（1983年3月），頁73-89。

126. 栗原圭介：〈古代中國後期の禮における儒教と道教との融合について〉，《東洋研究（大東文化大學東洋研究所）》第68號（1983年12月），頁27-60。

127. 山本巖：〈禮記成書考〉，《宇都宮大學教育學部紀要（第1部）》第35號（1984年12月），頁29-40。

128. 俣野太郎：〈檀弓篇についての一考察——史料的側面を主として——〉，《大東文化大學創立六十周年記念中國學論集》（東京：大東文化學園，1984年12月），頁905-930。

129. 吉田照子：〈大學篇の經濟思想〉，《福岡女子短大紀要》第28號（1984年12月），頁153-163。

130. 吉田照子：〈中庸篇の「性」と「誠」〉，《福岡女子短大紀要》第29號（1985年6月），頁135-147。

131. 吉田照子：〈學記篇の教育論〉，《福岡女子短大紀要》第30號（1985年12月），頁101-112，後收於《中國關係論說資料》第27號第1分冊下（1985年），頁509-515。

132. 玉木尚之：〈「樂」と文化意識——儒家樂論の成立をめぐって——〉，《日本中國學會報》第38集（1986年10月），頁47-60。

133. 齋木哲郎：〈秦儒の活動素描——《尚書》堯典の改訂と《禮記》大學篇の成立をめぐって〉，《日本中國學會報》第38

集（1986年10月），頁61-74，後改題為〈秦儒と《禮記》大學篇〉，收於《秦漢儒教の研究》（東京：汲古書院，2004年1月），頁92-116。

134. 神田喜一郎：〈投壺の遊戲について〉，《神田喜一郎全集》第2卷（京都：同朋社，1986年11月），頁171-191。

135. 山本巖：〈禮記子本疏義考〉，《宇都宮大學教育學部紀要（第1部）》第37號（1987年2月），頁15-28。

136. 栗原圭介：〈「禮」構造に見る月令的思考形態——中國古代後期における思想形成の一環として〉，《集刊東洋學》第57集（1987年5月），頁1-18。

137. 小瀧敬道：〈投壺禮の起源と儀禮的意義づけ〉，《日本中國學會報》第39集（1987年10月），頁1-13。

138. 增野弘幸：〈禮記における日月祭祀について〉，《筑波中國文化論叢》第7號（1987年12月），頁1-11。

139. 淺野裕一：〈受命なき聖人——《中庸》の意圖——〉，《集刊東洋學》第61集（1989年5月），頁1-23，後收於《孔子神話——宗教としての儒教の形成》（東京：岩波書店，1997年3月），頁55-75。

140. 吉田照子：〈禮記禮運篇における禮の性格〉，《福岡女子短大紀要》第37號（1989年6月），頁77-91，後收於《中國關係論說資料》第31號第1分冊上（1989年），頁411-418。

141. 齋木哲郎：〈秦儒と中庸〉，《東洋文化》復刊第63號（1989年10月），頁碼未詳，後收於《秦漢儒教の研究》（東京：汲古書院，2004年1月），頁117-144。

142. 池田秀三：〈盧植とその禮記解詁（上）〉，《京都大學文學部研究紀要》第29號（1990年3月），頁1-36，後收於《中國關係論說資料》第32號第1分冊下（1990年），頁135-153。

池田秀三：〈盧植とその禮記解詁（下）〉，《京都大學文學部研究
紀要》第30號（1991年3月），頁1-39。

143. 張競：〈先秦時代の「情」の文化的意味について──《禮記》
の記述を中心に〉，《都留文科大學研究紀要》第34集
（1991年3月），頁172-158。

144. 吉本道雅：〈檀弓考〉，《古代文化》第44卷第5號（1992年5月），
頁38-46。

145. 加藤道理：〈《禮記》學記篇小考──その教育觀と教育方針を中
心に〉，《櫻美林大學中國文學論集》第19號（1994年3
月），頁1-22。

146. 吉本道雅：〈曲禮考〉，小南一郎（編）：《中國古代禮制研究》
（京都：京都大學人文研究所，1995年3月），頁117-163。

147. 橋本昭典：〈《禮記》樂記篇における感情の問題〉，《關西大學中
國文學會紀要》第16號（1995年3月），頁49-67。

148. 小瀧敬道：〈《禮記》投壺篇の○及□を繞って〉，《中國研究集
刊》第17號（1995年10月），頁25-38。

149. 趙亞夫：〈《禮記‧樂記》教育論的現代意義〉，《三重大學教育學
部紀要（人文、社會科學）》第46號（1995年），頁137-
151。

150. 山邊進：〈《禮記》冠義篇に關する一考察──漢代禮學に於ける
加冠儀禮の倫理化〉，《二松學舍大學論集》第39號（1996
年3月），頁199-216。

151. 栗原圭介：〈〈大傳〉の尊嚴と基本理念〉，《大東文化大學漢學會
誌》第36號（1997年3月），頁74-97。

152. 佐川繭子：〈中國古代に於ける鄉飲食の概念形成について──
《儀禮》《禮記》の關係を中心に〉，《日本中國學會報》
第49集（1997年10月），頁15-28。

153. 澤田多喜男：〈郭店楚簡緇衣篇攷〉，《郭店楚簡の思想的研究》
第3卷（2000年1月），頁66-89，後改題為〈郭店楚簡《緇
衣》考索〉，收於池田知久（編）：《郭店楚簡儒教研究》
（東京：汲古書院，2003年2月），頁315-340；也收入氏
著：《《論語》考索》（東京：知泉書館，2009年1月），頁
183-210。

154. 栗原圭介：〈人間存立の基本理念志向──《詩經》を源泉に
〈坊記〉の形成──〉，《大東文化大學漢學會誌》第39號
（2000年3月），頁1-25。

155. 陳來著、吾妻重二譯：〈郭店楚簡の儒書と先秦儒學──また郭
店儒書と《禮記》の關係について〉，《關西大學中國文學
會紀要》第21號（2000年3月），頁1-22。

156. 喬秀岩：〈《禮記正義》簡論〉，收於氏著：《義疏學衰亡史論》
（東京：白峰社，《東京大學東洋文化研究所研究報告》，
2001年2月），頁139-176；中文版：〈《禮記正義》簡論〉，
《義疏學衰亡史論》（臺北：萬卷樓，《經學研究叢書‧經
學史研究叢刊》，2013年7月），頁101-128。

157. 喬秀岩：〈佚書による驗證〉，收於氏著：《義疏學衰亡史論》（東
京：白峰社，《東京大學東洋文化研究所研究報告》，2001
年2月），頁177-210；中文版：〈佚書驗證〉，《義疏學衰亡
史論》（臺北：萬卷樓，《經學研究叢書‧經學史研究叢
刊》，2013年7月），頁129-152。

158. 鶴成久章：〈《禮記》を選んだ人達の事情──明代科舉と禮學〉，
《福岡教育大學紀要（第1分冊：文科編）》第50集（2001
年2月），頁1-15。

159. 彭國躍：〈古代中國の言語禁則とその社會的コンテクスト──

《禮記》言語規範の研究——〉,《神奈川大學言語研究》
第23號（2001年3月），頁135-154。

160. 古橋紀宏：〈《通典》に見える《禮記》の解釋とその問題點——
雜記下「大功之末，可以冠子，可以嫁子」の一節の鄭注
について——〉,《中國文化論叢》第10號（2001年7月），
頁1-14。

古橋紀宏：〈《通典》に見える《禮記》の解釋（二）——大傳
「公子の宗道」について——〉,《後漢經學研究會論集》
創刊號（2002年3月），頁65-83。

161. 佐川繭子：〈郭店楚簡《緇衣》と《禮記》緇衣篇の關係に就い
て——先秦儒家文獻の成立に關する一考察〉,《日本中國
學會報》第52集（2001年10月），頁14-27。

162. 末永高康：〈《禮記》中庸篇の「誠」の說について〉,小南一郎
（編）：《中國の禮制と禮學》（京都：朋友書店，2001年
10月），頁371-401。

163. 淺野裕一：〈郭店楚簡《緇衣》の思想史的意義〉,《集刊東洋
學》第86集（2001年11月），頁1-20，後收於淺野裕一
（編）：《古代思想史と郭店楚簡》（東京：汲古書院，
2005年11月），頁39-65。

164. 彭國躍：〈古代中國における呼稱の社會的變異——《禮記》言
語規範の研究〉,《社會言語科學》第5編第1號（2002年9
月），頁5-20。

165. 高崎謙治：〈古代中國の夏、商、周代の法制史に關する序章的
研究——《論語》、《孔子家語》、《詩經》、《禮記》、《尚
書》の諸規定の中の刑法と民法と婚姻法の成立史を焦點
として〉,《東日本國際大學研究紀要》第8編第1號（2003
年1月），頁45-80。

166. 大坊真伸：〈《禮記子本疏義》と《禮記正義》との比較研究〉，《大東文化大學漢學會誌（大東文化大學創立八十周年記念號）》第43號（2004年3月），頁79-110。

167. 井上了：〈《禮記》經解篇の時期とその思想的位置〉，《種智院大學研究紀要》第5號（2004年3月），頁51-58。

168. 鈴木溫子：〈《うつほ物語》の「親」と《孝經》《禮記》〉，《物語研究》第4號（2004年3月），頁12-28。

169. 井上亘：〈《禮記》の文獻學的考察──「冊書」としての《禮記》〉，《東方學》第108號（2004年7月），頁35-54。

170. 金谷治：〈楚簡「性自命出」篇の考察〉，《日本學士院紀要》第59卷第1號（2004年9月），頁21-36。

171. 山邊進：〈《禮記》昏義篇に關する一考察──漢代禮學に於ける婚姻儀禮の倫理化〉，《二松學舍大學人文論叢》第73號（2004年10月），頁74-93。

172. 吉本道雅：〈緇衣考〉，《東亞文史論叢》第2號（2004年），頁碼未詳。

173. 竹田健二：〈郭店楚簡《性自命出》、上博楚簡《性情論》の性說〉，《國語教育論叢》第14號（2005年3月），頁127-139，後收於淺野裕一（編）：《古代思想史と郭店楚簡》（東京：汲古書院，2005年11月），頁179-198。

174. 山田崇仁：〈《禮記》中庸篇の成書時期について──N-gramモデルを利用した分析──〉，《中國古代史論叢》續集（2005年3月），頁97-143。

175. 鶴成久章：〈明代餘姚の《禮記》學と王守仁──陽明學成立の一背景について──〉，《東方學》第111號（2006年1月），頁123-137。

176. 栗原圭介：〈月令の起源と生活規範〉，《大東文化大學紀要（人
　　　文科學）》第44號（2006年3月），頁65-88。

177. 王啟發（著）、李承律（譯）：〈《禮記》王制篇と古代國家法思
　　　想〉，渡邊義浩（編）：《兩漢における易と三禮》（東京：
　　　汲古書院，2006年9月），頁231-260（含李承律的評論、
　　　質疑應答）。

178. 栗原圭介：〈樂記の形成に至る理念の總合的考察〉，《大東文化
　　　大學紀要（人文科學）》第45號（2007年3月），頁269-
　　　285。

179. 田村航：〈一條兼良の朱子說受容──《禮記》をめぐって〉，
　　　《小山工業高等專門學校研究紀要》第39號（2007年3
　　　月），頁158-150。

180. 栗原圭介：〈〈祭統〉の祭祀に於ける典型的規範の考察〉，《東洋
　　　研究（大東文化大學東洋研究所）》第166號（2007年12
　　　月），頁1-17。

181. 蜂屋邦夫：〈水の哲學（14）古代中國の水の思想（14）《禮記》
　　　に見える水の思想〉，《季刊河川レビュー》第36期第1號
　　　（2007年3月），頁20-25。
　　　蜂屋邦夫：〈水の哲學（15）古代中國の水の思想（15）《禮記》
　　　に見える水の思想（續）〉，《季刊河川レビュー》第36期
　　　第2號（2007年7月），頁24-29。

182. 山口美和：〈《禮記》の「和」〉，《比較文化研究》第83號（2008
　　　年9月），頁41-49。

183. 西山尚志：〈《禮記》孔子閒居篇の成立過程について──上博楚
　　　簡《民之父母》を出發點として〉，《中國出土資料研究》
　　　第12號（2008年12月），頁31-43。

184. 野間文史：〈五經正義の禮記評價──讀五經正義（11）〉，《東洋古典學研究》第27集（2009年5月），頁149-165，後收於《五經正義研究論攷──義疏學から五經正義へ》（東京：研文出版，2013年10月），頁91-119。

185. 清水徹：〈東洋の學藝：伊藤仁齋の思想における《中庸》の役割〉，《東洋文化（無窮會）》第104號（2010年4月），頁36-50。

186. 井上了：〈今本《禮記》の篇次構成について〉，《中國研究集刊》第50號（2010年1月），頁135-153。

187. 西山尚志：〈《子思子》と《禮記》四篇の關係──楚簡本《緇衣》を出發點として──〉，《出土文獻と秦楚文化》第5號（2010年3月），頁84-104。

188. 竹內重雄：〈鵝の皮の衣服を着けた神──少名毘古那神、《禮記》「冊封」との關わりから〉，《沖繩文化》第44卷第2號（2010年11月），頁93-115。

189. 淺野裕一：〈《大學》の著作意圖──「大學之道」再考──〉，《東洋古典學研究》第32集（2011年10月），頁1-23，後收於淺野裕一、小澤賢二：《出土文獻から見た古史と儒家經典》（東京：汲古書院，2012年8月），頁105-144。

190. 工藤卓司：〈《禮記》所述的「禮」之作用〉，潘朝陽（主編）：《跨文化視域下的儒家倫常（下）》（臺北：國立臺灣師範大學出版中心，2012年12月），頁325-358。

191. 玉置重俊：〈子思と《中庸》について〉，《北海道情報大學紀要》第25卷第1號（2013年11月），頁101-117。

192. 丸橋充拓：〈中國古代の戰爭と出征儀禮──《禮記》王制と《大唐開元禮》のあいだ──〉，《東洋史研究》第72卷第3號（2013年12月），頁32-58。

193. 高橋智：〈真言宗御室派總本山仁和寺御所藏慶長刊本《四書》の
　　　研究〉，《斯道文庫論集》第48輯（2014年2月），頁71-95。
194. 會谷佳光：〈東洋文庫藏重要文化財《禮記正義》について〉，
　　　《東洋文庫書報》第46號（2015年3月），頁1-17。
195. 安岡正篤：〈禮記講話〉，《師友》第15號（年月未詳），頁碼未詳。

五　其他

（一）概說

1. 桂湖村：《漢籍解題》（東京：明治書院，1905年8月；東京：東
　　出版，1997年2月復刊；東京：明治書院，2005年5月復
　　刻）。
2. 本田成之：《支那經學史論》（京都：吉川弘文堂，1927年11
　　月），江俠菴（譯）：《經學史論》（上海：商務印書館，
　　1934年5月）；孫俍工（譯）：《中國經學史》（上海：中華
　　書局，1935年6月；臺北：古亭書屋，1975年4月；臺北：
　　廣文書局，1979年5月）。
3. 武田熙：《支那學文獻の解題と其研究法》（東京：大同館書店，
　　1931年1月）。
4. 大東文化學院研究部（編）：《經學史》（東京：松雲堂書店，
　　1933年10月）。
5. 瀧熊之助：《支那經學史略說》（東京：大明堂書店，1934年4
　　月），陳清泉（譯）：《中國經學史概說》（長沙：商務印書
　　館，1941年8月）。
6. 諸橋轍次：《經學研究序說》（東京：目黑書店，1936年10月），
　　後收於《諸橋轍次著作集》，第2卷（東京：大修館書店，
　　1976年9月）。

7. 近藤杢：《支那學藝大辭彙》（東京：立命館出版部，1936年12月）。

8. 影山誠一：《中國經學史綱》（東京：大東文化大學東洋研究所，1970年）。

9. 近藤春雄：《中國學藝大事典》（東京：大修館書店，1978年10月）。

10. 武內義雄：〈中國經學史〉，《武內義雄全集》（東京：角川書店，1978年11月），第8卷，頁327-405。

11. 日原利國（編）：《中國思想辭典》（東京：研文出版，1984年4月）。

12. 溝口雄三、丸山松幸、池田知久（編）：《中國思想文化事典》（東京：東京大學出版會，2001年7月）。

13. 內山知也：《漢籍解題事典》（東京：明治書院，《新釋漢文大系》別卷，2013年5月）。

（二）研究目錄、研究回顧

1. 阿部吉雄：〈東方文化學院東京研究所經部禮類善本に就いて〉，《東方學報（東京）》第6冊（1936年2月），頁295-334。

2. 齋木哲郎：《禮學關係文獻目錄》（東京：東方書店，1985年10月）。

3. 南昌宏：〈〈日本における《周禮》研究論考〉略述〉，《中國研究集刊》第10號（1991年6月），頁84-92。

4. 彭林：〈禮學研究五十年〉，《中國史學》第10號（2000年12月），頁33-56。

5. 佐藤將之：〈「建構體系」與「文獻解構」之間──近代日本學者之〈中庸〉思想研究〉，《政大中文學報》第16期（2011年12月），頁43-86。

6. 野間文史（著）、童嶺（譯）：〈近代以來日本的十三經注疏校勘記研究〉，《中國經學》第11輯（2013年6月），頁15-57，日文版後收於《五經正義研究論攷——義疏學から五經正義へ》（東京：研文出版，2013年10月），頁367-433。

7. 鍋島亞朱華：〈近一百年日本《大學》研究概況——1900-2014年之回顧與展望〉，《中國文哲研究通訊》第25卷第4期（2015年12月），頁49-70。

經學研究叢書・經學史研究叢刊 0501018

近百年來日本學者《三禮》之研究

作　　　者	工藤卓司
責任編輯	邱詩倫
特約校稿	林秋芬

發 行 人	林慶彰
總 經 理	梁錦興
總 編 輯	張晏瑞
編 輯 所	萬卷樓圖書股份有限公司
	臺北市羅斯福路二段 41 號 6 樓之 3
	電話 (02)23216565
	傳真 (02)23218698

發 　 行	萬卷樓圖書股份有限公司
	臺北市羅斯福路二段 41 號 6 樓之 3
	電話 (02)23216565
	傳真 (02)23218698
	電郵 SERVICE@WANJUAN.COM.TW
香港經銷	香港聯合書刊物流有限公司
	電話 (852)21502100
	傳真 (852)23560735

ISBN 978-957-739-979-3

2018 年 8 月初版三刷
2016 年 9 月初版二刷
2016 年 3 月初版
定價：新臺幣 540 元

如何購買本書：

1. 劃撥購書，請透過以下郵政劃撥帳號：
　帳號：15624015
　戶名：萬卷樓圖書股份有限公司

2. 轉帳購書，請透過以下帳戶
　合作金庫銀行 古亭分行
　戶名：萬卷樓圖書股份有限公司
　帳號：0877717092596

3. 網路購書，請透過萬卷樓網站
　網址 WWW.WANJUAN.COM.TW

大量購書，請直接聯繫我們，將有專人為
您服務。客服：(02)23216565 分機 610

如有缺頁、破損或裝訂錯誤，請寄回更換
版權所有・翻印必究
Copyright©2018 by WanJuanLou Books CO., Ltd.
All Rights Reserved　　　**Printed in Taiwan**

國家圖書館出版品預行編目資料

近百年來日本學者《三禮》之研究 / 工藤卓司
著. -- 初版. -- 臺北市：萬卷樓, 2016.03
　面；　公分
ISBN 978-957-739-979-3(平裝)
1.三禮 2.研究考訂

531.8　　　　　　　　　　　104026087